MATHYS · LIEBE DEINEN NÄCHSTEN

ORBIS BIBLICUS ET ORIENTALIS

Im Auftrag des Biblischen Instituts der Universität
Freiburg Schweiz
des Seminars für biblische Zeitgeschichte
der Universität Münster i. W.
und der Schweizerischen Gesellschaft
für orientalische Altertumswissenschaft
herausgegeben von
Othmar Keel
unter Mitarbeit von Erich Zenger und Albert de Pury

Zum Autor:

Hans-Peter Mathys (1951) studierte in Bern Theologie. Nach dem Vikariat in Adelboden war er als Assistent von Prof. M. A. Klopfenstein an der Evangelisch-theologischen Fakultät der Universität Bern tätig, wo er 1983 mit der vorliegenden Arbeit zum Dr. theol. promovierte. Danach wirkte er als Pfarrer in der «Paroisse réformée des Franches Montagnes» (JU). Gegenwärtig weilt er als Stipendiat des Schweizerischen Nationalfonds zur Förderung der wissenschaftlichen Forschung in Göttingen.

ORBIS BIBLICUS ET ORIENTALIS 71

HANS-PETER MATHYS

LIEBE DEINEN NÄCHSTEN WIE DICH SELBST

Untersuchungen zum alttestamentlichen Gebot
der Nächstenliebe (Lev 19, 18)

UNIVERSITÄTSVERLAG FREIBURG SCHWEIZ
VANDENHOECK & RUPRECHT GÖTTINGEN
1986

CIP-Kurztitelaufnahme der Deutschen Bibliothek

Mathys, Hans-Peter:

Liebe deinen Nächsten wie dich selbst. Untersuchungen zum alttestamentlichen Gebot der Nächstenliebe (Lev 19, 18).
Freiburg (Schweiz): Universitätsverlag
Göttingen: Vandenhoeck und Ruprecht, 1986.

(Orbis biblicus et orientalis; 71)
ISBN 3-7278-0357-6 (Universitätsverlag)
ISBN 3-525-53698-4 (Vandenhoeck und Ruprecht)
NE: GT

Veröffentlicht mit Unterstützung des Hochschulrates
der Universität Freiburg Schweiz

Paulusdruckerei Freiburg Schweiz

Johann Jakob Stamm
als kleines Zeichen
der Dankbarkeit

Vorwort

Das vorliegende Buch bildet die überarbeitete und für den Druck leicht gekürzte Fassung meiner im Sommersemester 1983 von der Evangelisch-theologischen Fakultät der Universität Bern angenommenen Doktorarbeit.

Mein erster Dank geht an Herrn Prof. M.A. Klopfenstein, meinen Doktorvater. Er hat mich auf das von der Forschung vernachlässigte Thema aufmerksam gemacht und mir während meiner Assistentenzeit genügend Zeit zu seiner Ausarbeitung eingeräumt. Ich verdanke ihm viele Hinweise und Anregungen. An die Stunden, in denen wir die Arbeit gemeinsam besprachen, denke ich gerne zurück.

Mein alttestamentliches Rüstzeug verdanke ich Herrn Prof. J.J. Stamm, der mich auch in die semitischen Sprachen eingeführt hat. Auch er hat mir viele Anregungen gegeben.

Die Herren Proff. A. Schenker aus Freiburg, Korreferent der Arbeit, und R. Smend aus Göttingen haben mich auf Kürzungs - und Verbesserungsmöglichkeiten hingewiesen und dadurch, wie ich meine, die Arbeit lesbarer gemacht. In diesem Zusammenhang habe ich neben ihnen auch der Paroisse réformée des Franches Montagnes und der Eglise réformée évangélique de la République et Canton du Jura zu danken. Sie haben ihrem Pfarrer in nicht selbstverständlicher Weise Zeit zu wissenschaftlicher Tätigkeit eingeräumt und diese mit Freude und sogar etwas Stolz begleitet. Wenn ich mich bei der Überarbeitung der Dissertation auf das Wesentliche zu konzentrieren suchte, verdanke ich das nicht zuletzt meinen ehemaligen Gemeindegliedern.

Der Synodalverband Bern-Jura und die Erziehungsdirektion des Kantons Bern (Trächselstiftung) unterstützen die Publikation der vorliegenden Arbeit mit namhaften Druckkostenzuschüssen, wofür ich ihnen herzlich danken möchte.

Weiter zu danken habe ich Herrn Prof. O. Keel für die Aufnahme der Arbeit in die Reihe "Orbis Biblicus et Orientalis" sowie Frau Pastorin B. Schroven (Göttingen) für die Mithilfe beim Korrekturlesen.

Last but not least geht mein Dank an Frau Pia Gunti aus Les Sairains. Sie hat mit sehr viel Kompetenz und Liebe die Druckvorlage erstellt. Vor wievielen Fehlern sie mich bewahrt hat, bleibt unter uns.

Ich hoffe, daß die vorliegende Arbeit, die sich auf das alttestamentliche Liebesgebot beschränkt, auch Neutestamentlern und Ethikern Anregungen geben kann.

Bern, Göttingen, im Januar 1986 — Hans-Peter Mathys

INHALT

I. DIE ÜBERSETZUNG DES LIEBESGEBOTES

A. Der Anschluß an die vorangehenden Gebote: w^{e}ʾahăbta

Das Gebot der Nächstenliebe wird durch ein Perfectum consecutivum (w^{e}ʾahăbta) mit den vorangehenden Bestimmungen verbunden:

> **Lev 19,17f**
> Du sollst deinen Bruder nicht hassen in deinem Herzen; zurechtweisen sollst du deinen Nächsten, daß du nicht seinethalben Sünde auf dich ladest. Du sollst dich nicht rächen, auch nicht deinen Volksgenossen etwas nachtragen, sondern du sollst deinen Nächsten lieben wie dich selbst; ich bin der Herr (loʾ- tiśnaʾ ʾät- ʾaḥîka bilbabäka hokê^{a}ḥ tôkî^{a}ḥ ʾät- ʿ^{a}mîtäka w^{e}loʾ- tiśśaʾ ʿalâw ḥetʾ: loʾ- tiqqom w^{e}loʾ- tiṭṭor ʾät- b^{e}nê ʿămmäka w^{e}ʾahăbta l^{e}reʿ^{a}ka kamôka ʾ^{a}ni jhwh).

Die Konjunktion w^{e} weist im Hebräischen eine große Bedeutungsbreite auf[1]. Ihre beste Übersetzung ins Deutsche muß nach dem jeweiligen Kontext gewählt werden. In bezug auf das w^{e} in w^{e}ʾahăbta gestaltet sich diese Aufgabe recht schwierig. Es gibt, wie ein Blick auf wichtige Bibelübersetzungen zeigt, nicht weniger als vier verschiedene Möglichkeiten, dieses w^{e} zu übersetzen. Hinter ihnen verstecken sich unterschiedliche Deutungen des Liebesgebotes.

Vulgata, Luther- und Einheitsübersetzung lassen das w^{e} unübersetzt:

> diliges amicum tuum sicut temet ipsum
> Du sollst deinen Nächsten lieben wie dich selbst.

Die genannten drei Versionen übersetzen die in Lev 19,17f noch zweimal vorkommende Konjunktion[2] durchgehend, ja, Vulgata und Lutherübersetzung verbinden – sachlich zu Recht – die beiden ersten Gebote von V. 17 mit einem sed/sondern, dem im Urtext kein w^{e} entspricht. Um so mehr fällt es auf, daß sie das w^{e} von w^{e}ʾahăbta unübersetzt lassen. Dadurch wird das Gebot der Nächstenliebe von den vorangehenden – unserer Meinung nach eng miteinander verbundenen[3] – Geboten und Verboten abgetrennt und kann als ihre Zusammenfassung oder Begründung verstanden werden, zieht man es nicht vor, es mit ihnen in keinen Zusammenhang zu bringen.

Die LXX gibt das w^{e} in Lev 19,17f stereotyp mit και wieder. Das Gebot der Nächstenliebe wird also von den übrigen Verboten und Geboten nicht als ihre Zusammenfassung oder Begründung abgehoben, sondern bildet einfach ein Glied in ihrer Reihe.

Nach verneinenden Sätzen hat w^{e} oft die Bedeutung "sondern"[4]. Dementsprechend übersetzt die Zürcher Bibel[5] Lev 19,18:

> Du sollst dich nicht rächen, auch nicht deinen Volksgenossen etwas nachtragen, sondern du sollst deinen Nächsten lieben wie dich selbst.

Das Liebesgebot gehört nach dieser Übersetzung eng mit den beiden vorangehenden Geboten zusammen. Es schließt Rache und Nachträgerei aus, erschöpft sich aber nicht darin, sondern formuliert das dem Nächsten gegenüber gebotene Verhalten positiv.

1 Vgl. dazu KÖNIG, Syntax 493ff.

2 Einige Handschriften haben allerdings vor tiśśaʾ (V. 17) nur loʾ und nicht w^{e}loʾ.

3 Vgl. dazu unten S. 66f.

4 KÖNIG, Syntax 494.

5 Im folgenden abgekürzt mit ZB. – Ein "sondern" enthält auch die Übersetzung der Jerusalemer Bibel (= JB).

Nicht nur eine bloße Übersetzung, sondern bereits eine kleinere Exegese des w^{e} enthält die Traduction oecuménique de la Bible[6], die Lev 19,17f wie folgt wiedergibt:

> N'aie aucune pensée de haine contre ton frère, mais n'hésite pas à réprimander ton compatriote pour ne pas te charger d'un péché à son égard; ne te venge pas, et ne sois pas rancunier à l'égard des fils de ton peuple; c'est ainsi que tu aimeras ton prochain comme toi-même.

Nach dieser Übersetzung besteht Nächstenliebe in der Erfüllung der übrigen Verbote und Gebote in Lev 19,17f.

Welche der vorgeschlagenen Übersetzungen des w^{e} die richtige ist, können wir vorläufig noch nicht sagen, da es im Hebräischen keine sicheren sprachlichen Anhaltspunkte für diese Entscheidung gibt. “Zurechtweisen sollst du deinen Nächsten” und “Du sollst deinen Nächsten lieben wie dich selbst” gelten im allgemeinen als redaktionelle Ergänzungen zu den Verboten aus Lev 19,17f[7]. Erst wenn feststeht, in welche Beziehung zum Grundbestand der Ergänzer sie setzen wollte, können wir auch sagen, wie das w^{e} in w^{eɔ}ahăbta zu übersetzen ist. Mit andern Worten: Erst die Exegese erlaubt eine Entscheidung über die beste Übersetzung.

In diesem Abschnitt ging es nur darum, die in den Übersetzungen enthaltenen Deutungen des Liebesgebotes herauszuarbeiten. Es sind dies folgende:

- Das Liebesgebot ist ein Einzelgebot, das abgelöst von seinem Kontext untersucht werden muß.
- Es schließt Rache und Nachträgerei aus, führt aber positiv darüber hinaus.
- Es bildet die (weiterführende) Zusammenfassung oder die Begründung der Verbote und Gebote von Lev 19,17f.
- Seinen Nächsten liebt, wer die Bestimmungen von Lev 19,17f erfüllt.

In noch einer Beziehung spielt das w^{e} von w^{eɔ}ahăbta in der Auslegung des Liebesgebotes eine Rolle. Die ihm vorangehenden Verbote, sich zu rächen und nachzutragen, beziehen sich auf die Volksgenossen (b^{e}nê ʿằmmäka). Von daher liegt es nahe, auch re^{ʿa}ka im Liebesgebot in diesem Sinne zu verstehen. Dagegen wendet sich der jüdische Religionsphilosoph COHEN mit einer Erwägung über das waw copulativum in w^{eɔ}ahăbta:

“Es wäre übrigens schon Sache der philologischen Exegese, die Annahme zu prüfen und als ein träges Vorurteil zu erkennen, daß bei kopulativ verbundenen Sätzen das Subjekt [besser wohl: das Objekt, Vf.] des Folgesatzes genau dieselbe Bedeutung haben müßte, wie das des Vordersatzes; daß nicht vielmehr eine Steigerung und Verallgemeinerung dabei eintreten könnte. Wenn der Vordersatz die ‘Söhne deines Volkes’ apostrophiert, so hat dies seinen verständlichen Grund gegenüber dem Laster der Rachsucht. Der Nachsatz dagegen erhebt sich im Gebote der Liebe zu einer Verallgemeinerung, die der Begriff der Liebe, der neue Begriff der Menschenliebe zur Entstehung bringt”[8].

COHENs Vermutung läßt sich nicht allein und nicht einmal in erster Linie von der Grammatik her erhärten oder zurückweisen. Wir treten deshalb erst bei der Exegese des Liebesgebotes darauf ein[9].

6 Abgekürzt TOB.

7 Vgl. dazu unsere Ausführungen auf S. 70 Anm. 67.

8 COHEN, Nächste 21.

9 Vgl. unten S. 38f.

B. ʾhb l^e

1. Das jüdische Verständnis der Konstruktion

BUBER hat aus der Tatsache, daß ʾhb Lev 19,18.34 mit l^e und nicht der Nota accusativi konstruiert ist, weitreichende Schlüsse gezogen:

"Es heißt nicht, man solle jemanden, sondern man solle 'jemandem' lieben. Diese seltsame Dativkonstruktion ist im Alten Testament nur in diesem Leviticus-Kapitel zu finden. Ihre Bedeutung ist, wenn erst die Frage danach gestellt ist, leicht zu ermitteln: das Liebesgefühl zwischen Menschen läßt sich im allgemeinen seinen – durch den Akkusativ bezeichneten – Gegenstand nicht vorschreiben; wogegen eine liebreiche Wesenshaltung zu einem Mitmenschen, einem – durch den Dativ bezeichneten – Empfänger meiner Hilfe, meines tätigen Wohlwollens, meines persönlichen Einsatzes für ihn sich recht wohl gebieten läßt" [1].

Dieses Verständnis der Verbindung teilt auch ULLENDORFF, der wie BUBER darauf hinweist, daß sie nur Lev 19,18.34 zu finden sei:

"And there clearly is a significant difference between ʾhb ʾt and ʾhb l. The former is used of loving a woman, of loving God... But ʾhb l means something slightly different, slightly less, if you like: it means to have love, liking for somebody, to treat kindly" [2].

Schon HOFFMANN hat in seinem Leviticuskommentar diese Deutung vertreten:

"wʾhbt l dürfte, zum Unterschiede von ʾhb ʾt, die durch Thaten bewiesene Liebe bezeichnen, also soviel wie 'Jemand Liebe erweisen' bedeuten" [3].

Diese drei Erklärungen der Verbindung ʾhb l^e unterscheiden sich nur in Nuancen voneinander, was vorerst verwundert. Nun fällt es auf, daß alle drei Exegeten dem jüdischen Glauben angehören; ihre Erklärung von ʾhb l^e könnte also traditionell jüdisch sein. Weder bei BUBER noch HOFFMANN, der jüdische Quellen, wo er sie heranzieht, jeweils zuverlässig angibt, findet sich ein Hinweis in dieser Richtung, und machte nicht ULLENDORFF in seinem Aufsatz darauf aufmerksam, daß sich diese Deutung von ʾhb l^e bereits bei NAḤMANIDES findet [4], wäre uns ihr Ursprung im Mittelalter verborgen geblieben.
NAḤMANIDES schreibt zum Liebesgebot:

"The phrase 'love thy neighbour as thyself' is not meant literally, since man cannot be expected to love his neighbour as his own soul. Rabbi Akiva himself ruled the contrary, that 'your life takes precedence over your fellowman's'. The Torah here implied that we should wish our neighbour to enjoy the same well-being that we wish ourselves. Perhaps this is the reason for the dative instead of the accusative form of the verb phrase. It does not state, 'Love thy-neighbour', but, 'Love / for(le)-thy – neighbour, / as thyself' " [5].

Vergleicht man BUBERs, ULLENDORFFs und HOFFMANNs Ausführungen mit NAḤMANIDES' Interpretation, so springt ins Auge, daß jene den philologischen Tatbestand schon als wesentlich beweiskräftiger ansehen als er. NAḤMANIDES legt seiner Auslegung den Satz zugrunde, daß von niemandem erwartet werden könne, "to love his neighbour as his own soul", und interpretiert von daher – eher fragend – das befremdende l^e. BUBER, ULLENDORFF und HOFFMANN dagegen gehen von der ungewohnten grammatikalischen Konstruktion aus

1 BUBER, Glaubensweisen 701.

2 ULLENDORFF, Thought Categories 277 (tr.).

3 HOFFMANN, Leviticus 43 (tr.).

4 ULLENDORFF, Thought Categories 288 Anm. 1.

5 Übersetzung nach LEIBOWITZ, Studies 195. – NAḤMANIDES, auch RAMBAN genannt (ein Akronym von Rabbi Moses Ben Naḥman), ein spanischer Jude, lebte von 1194 bis 1270; Angaben nach: KAPLAN, Art. NAḤMANIDES 774.

und leiten von daher Konsequenzen für das Verständnis des Liebesgebotes ab. Der Verdacht stellt sich ein, daß sie die bei NAḤMANIDES zu beobachtende Reihenfolge umgekehrt haben, um ihrer Auslegung einen wissenschaftlichen Anstrich zu verleihen. Ihr Interesse geht ja auch nicht dahin, die ungewöhnliche grammatikalische Konstruktion ʾhb lᵉ zu erklären. Sie wollen zeigen, daß das Liebesgebot erfüllbar ist. Diese ihre Annahme, auf die wir weiter unten ausführlicher eingehen, bringt am deutlichsten ULLENDORFF zum Ausdruck:

"The Old Testament shows above all a very practical, human, approach; it sometimes makes ideal, but never superhuman demands"[6].

2. lᵉ als Nota accusativi

Die von jüdischer Seite gebotene Erklärung von ʾhb lᵉ hält einer philologischen Überprüfung nicht stand. Schon die Behauptung ULLENDORFFs und BUBERs, ʾhb werde nur Lev 19,18.34 mit lᵉ konstruiert, trifft nicht zu. Die Konstruktion findet sich auch IIChr 19,2[7]:

> Da trat der Seher Jehu, der Sohn Hananis, ihm entgegen, und er sprach zu König Josaphat: Mußtest du dem Gottlosen helfen und Freundschaft pflegen mit denen, die den Herrn hassen (ûlᵉśonʾê jhwh täʾähab)?

ʾhb wird Lev 19,18.34 entgegen der Ansicht jüdischer Exegeten nicht aus theologischen Gründen mit lᵉ konstruiert. Vor allem in späten Texten des Alten Testaments wird das Objekt manchmal mit lᵉ anstelle der Nota accusativi eingeleitet[8]. Das geht auf den Einfluß des Aramäischen zurück, in dem diese Konstruktion, die auch im Äthiopischen vorkommt, vorherrscht[9]. Einen Bedeutungsunterschied zwischen den beiden Konstruktionen gibt es nicht. Besonders deutlich wird dies an denjenigen Stellen, die beide nebeneinander verwenden, wie z.B. IChr 29,20[10]:

> Dann sprach David zu der ganzen Volksgemeinde: So preiset denn den Herrn (barᵉkû‑ naʾ ʾät‑ jhwh), euren Gott! Und die ganze Gemeinde pries den Herrn (wăjᵉbarᵃkû kål‑ hăqqahal lᵉjhwh), den Gott ihrer Väter.

Wir halten es für sicher, daß die Dativrektion auf aramäischen Einfluß zurückgeht und ʾhb lᵉ sich inhaltlich nicht von ʾhb ʾt unterscheidet, dies um so mehr, als Lev 19 noch weitere Aramaismen[11] enthält und das Liebesgebot wahrscheinlich in exilischer Zeit anzusetzen ist[12].

6 ULLENDORFF, Thought Categories 278.

7 Diese Stelle wird von ULLENDORFF, Thought Categories, und BUBER, Glaubensweisen, nicht erwähnt. IIChr 19,2 ließe sich die Übersetzung von ʾhb lᵉ mit "Liebe erweisen" o.ä. überzeugender vertreten als beim Liebesgebot.

8 Eine Liste dieser Fälle findet sich bei GESENIUS-KAUTZSCH, Hebräische Grammatik § 117n S. 381f; Ergänzungen dazu bei BROCKELMANN, Hebräische Syntax 87 (Lit.!). Vgl. weiter KÖNIG, Syntax 269ff.

9 So GESENIUS-KAUTZSCH, Hebräische Grammatik § 117n S. 381. – Im Akkadischen wird etwa zur gleichen Zeit, da im Hebräischen lᵉ als Nota accusativi dienen kann, die Dativpräposition ana in dieser Funktion verwendet; die Konstruktion findet sich im Neuassyrischen und (seltener) im Neu- und Spätbabylonischen (VON SODEN, Grundriß 164, 198).

10 GESENIUS-KAUTZSCH, Hebräische Grammatik § 117n S. 382 nennt weiter folgende Beispiele für das Nebeneinander von lᵉ und ʾät: Ps 135,11 – vgl. Ps 135,10; IIChr 10,6 – vgl. IIChr 10,9 (IReg 12,9); IIChr 24,12.

11 Vgl. JAGERSMA, leviticus 19 22 (zu V. 9), 25 (zu V. 19), 29 (zu V. 28).

12 Vgl. dazu Teile III und IV unserer Arbeit (passim).

C. kamôka

1. Die Zurückweisung der Übersetzung "wie dich selbst" in der jüdischen Exegese

BUBER hat nicht als erster die Übersetzung des kamôka im Liebesgebot mit "wie dich selbst" als falsch zurückgewiesen. Aber erst ihm ist es gelungen, diese Übersetzung auch bei Christen ernsthaft zu diskreditieren. Er ersetzt sie durch folgende:

"Halte lieb deinen Genossen, dir gleich"[1].

BUBER begründet seine Ablehnung der uns vertrauten Übersetzung wie folgt:

"[kamôka] bezieht sich weder auf das Maß noch auf die Art des Liebens, als ob man den andern so sehr wie sich selbst oder in solcher Weise wie sich selbst lieben sollte (der Begriff der Selbstliebe kommt im Alten Testament gar nicht vor); es bedeutet: dir gleich, und gemeint ist: verhalte dich darin so, als gelte es dir selber"[2].

Wie dieser Satz näherhin zu verstehen ist, geht aus dem Geleitwort hervor, das BUBER den vier Abhandlungen von COHEN über den Nächsten vorausgeschickt hat: "Sei liebend zu deinem Genossen als zu einem der wie du ist", übersetzt er dort und legt den Vers wie folgt aus: Dem Nächsten ist Liebe zu erweisen, "und zwar als einem, der 'wie ich' ist: liebesbedürftig wie ich, der Liebestat eines Rea bedürftig wie ich"[3]. In diesem Satz liegt eine anthropologisch vertiefte Form der Goldenen Regel vor: Die Liebe, derer du bedarfst und die du erhoffst, sollst du deinem Nächsten, der sie auch nötig hat und erwartet, erweisen. Im Unterschied zur Goldenen Regel liegt bei BUBER der Akzent allerdings stärker auf der Liebe, die dem Nächsten zu erweisen ist, als auf der, die ich von ihm erwarten kann; sie wird nur zum Vergleich eingebracht.

Ohne Bezug auf BUBER oder einen andern Ausleger des Liebesgebotes zu nehmen, verwirft auch ULLENDORFF die gewohnte Übersetzung von kamôka und ersetzt sie durch folgende:

"he is like you, a human being created in God's image"[4].

Beider Ausführungen sind einer recht breiten Öffentlichkeit bekannt. Theologen und vor allem theologisch gebildete Laien haben mich bei Gesprächen über das Liebesgebot recht häufig auf BUBERs Auslegung angesprochen. Nach DERRETTs Auskunft ist ULLENDORFF dafür verantwortlich, daß Lev 19,18 in der "New English Bible" wie folgt übersetzt ist:

"you shall love your neighbour as a man like yourself"[5].

Wo liegen die Wurzeln für die Zurückweisung der üblichen Übersetzung? Nur durch Zufall sind wir auf das bereits mehrfach erwähnte Büchlein von COHEN gestoßen und haben dort BUBERs und ULLENDORFFs Quelle, die beide nicht erwähnen, gefunden: Naftali Herz WESSELYs Leviticuskommentar[6]. In der deutschen Übersetzung zu seinem Kommentar lau-

1 BUBER, Bücher der Weisung 326.

2 BUBER, Glaubensweisen 701.

3 COHEN, Nächste 6.

4 ULLENDORFF, Thought Categories 276. – Die gleiche Übersetzung bietet auch MAYBAUM, Assimilation: "der wie du (dir gleichberechtigt) ist". Er glaubte bei der Abfassung dieses Artikels noch, er sei der erste, der diese Übersetzung vorgeschlagen habe; GÜDEMANN machte ihn dann auf WESSELYs Leviticuskommentar aufmerksam, worauf MAYBAUM in Erklärung 406 hinweist.

5 Vgl. DERRETT, Love 55.

6 Der genaue Titel des 1782 erschienenen Kommentars, den wir im folgenden mit "WESSELY, Leviticus" abkürzen, lautet: hqdmt whtnṣlwt kwtb hbʾwr ʿl spr wjqrʾ. Naftali Herz WESSELY, Poet, Linguist und Exeget, verfaßte diesen Kommentar auf Bitten MENDELSSOHNs für den Biur, eine Kommentarreihe über den Pentateuch; diese Angaben nach: BARZILLAY, Art. WESSELY 461f.

tet Lev 19,18 noch:

"Liebe deinen Nächsten, so wie du dich selbst liebst" [7].

In seiner hebräischen Auslegung des Verses verwirft er – unseres Wissens als erster – diese Wiedergabe und ersetzt sie durch folgende:

"Liebe den Nächsten, der dir gleich ist" [8].

2. Die grammatikalischen Begründungen für die Zurückweisung der Übersetzung "wie dich selbst". Diskussion

Gegen die Übersetzung von kamôka mit "wie dich selbst" werden verschiedene grammatikalische Einwände von unterschiedlichem Gewicht beigebracht. WESSELY weist u.a. darauf hin, daß unter l^{e}re^{ca}ka der trennende Akzent Tifcha steht, durch dessen Setzung der Punktator zu erkennen geben wollte, daß kamôka von den vorangehenden Wörtern abzutrennen sei [9]. Diesem Argument kommt nur wenig Beweiskraft zu. Selbst wenn der Punktator kamôka durch diesen Akzent ganz vom Liebesgebot abtrennen wollte – dies braucht durchaus nicht der Fall zu sein, da Tifcha nicht zu den stärksten Akzenten gehört [10] –, gab er damit ja nur seiner Meinung vom richtigen Verständnis des Liebesgebotes Ausdruck. Dieses braucht nicht mit seiner ursprünglichen Bedeutung übereinzustimmen.

Schon stärker überzeugt sein Argument, es gebe eine Wendung, die "jemanden lieben wie sich selbst" bedeute, nämlich ʾhb k^{e}năpšô [11]. Sie findet sich dreimal in der Geschichte von Jonathan und David: ISam 18,1.3; 20,17. Das Gebot, seinen Nächsten zu lieben wie sich selbst, müßte also lauten: w^{eʾ}ahăbta l^{e}re^{ca}ka k^{e}năpš^{e}ka. Nun hat suffigiertes näpäš öfters pronominale Bedeutung und heißt je nach seiner Stellung im Satz "ich, du, mich, ihn, sich" u.a.m. [12]. kamôka ist also, grammatikalisch betrachtet, gleichbedeutend mit k^{e}näpš^{e}ka.

Gegen die Übersetzung von kamôka mit "wie dich selbst" (Akk.) könnte etwa noch eingewandt werden, in kamôka sei das l^{e} ausgefallen [13]. Aber auch dieses Argument stäche nicht, denn nach k^{e} fallen Präpositionen aus, wie etwa Jes 9,3 zeigt [14]:

7 Dies ist die Übersetzung MENDELSSOHNs; er hat sie für die Kommentarreihe Biur verfaßt. 1822 ist seine Pentateuchübersetzung unter dem Titel ḥmšh ḥwmšj twrh in Basel erschienen. – Nach MAYBAUM, Erklärung 406 hat zwischen MENDELSSOHN und WESSELY eine Auseinandersetzung um die richtige Übersetzung des Liebesgebotes stattgefunden. Leider gibt MAYBAUM nicht an, wo diese Debatte ausgetragen worden ist.

8 WESSELY, Leviticus z.St. – Zu den Gründen für diese Neuübersetzung s. unten S. 49.

9 WESSELY, Leviticus z.St.: "Auch hat der Akzentsetzer das Tifcha unter l^{e}re^{ca}ka gestellt, denn hätte er mit dem Akzent kamôka und re$^{c a}$ka verbunden, dann würde man es erklären: ein re^{ac}, der kamôka ist in Gerechtigkeit, Weisheit und dergleichen. Deshalb hat er den Akzent mit w^{eʾ}ahăbta l^{e}re^{ca}ka verbunden, daß er alle lieben soll" (mir mündlich vorgetragene Übersetzung von Rabbiner ENGELMEIER in Thun).

10 Zudem erscheint er regelmäßig mit Atnach, "even if atnaḥ is only preceded by one word which is closely connected to it" (YEIVIN, Introduction 180). Diese enge Verbindung besteht unseres Erachtens in Lev 19,18 auch zwischen l^{e}re^{ca}ka und kamôka.

11 WESSELY, Leviticus z.St.

12 Vgl. dazu WESTERMANN, Art. näpäš 88-90.

13 Soweit wir sehen, ist dieser Einwand in der Forschung nicht erhoben worden. Vgl. aber ULLENDORFF, Thought Categories 276, der behauptet, "wie dich selbst" (Akkusativ) müßte kʾt ʿṣmk oder kʾt npšk lauten. Der Hinweis auf ISam 18,1.3; 20,17 genügt, um diese Auffassung als irrig zu erweisen.

14 Vgl. dazu GESENIUS-KAUTZSCH, Hebräische Grammatik § 118s-w S. 392f.

Denn das Joch, das auf ihm lastet, den Stab auf seiner Schulter und den Stock seines Treibers zerbrichst du wie am Tage Midians (k^{e}jôm midjan).

Von der Grammatik her spricht also nichts gegen die gewohnte Übersetzung des kamôka.

Ebensogut läßt sich nun aber, grammatikalisch gesprochen, kamôka als Apposition[15] zum vorangehenden Nomen, l^{e}re^{ca}ka, verstehen. Dazu gibt es Parallelen, von denen einige aufgeführt seien:

Hi 35,8
Dem Manne, wie du einer bist, schadet dein Frevel (l^{e}ʾîš kamôka rišʿäka), und dem Menschenkinde nützt deine Gerechtigkeit.

Neh 6,11
Ich aber sprach: Sollte ein Mann wie ich fliehen (hăʾîš kamônî jibraḥ)?

Dtn 18,15
Einen Propheten wie mich (nabîʾ... kamonî) wird dir der Herr, dein Gott, [je und je] erstehen lassen aus der Mitte deiner Brüder.

Wie hier kamônî und kamôka als Apposition bei Nomina stehen, läßt sich kamôka im Liebesgebot als Apposition zu l^{e}re^{ca}ka deuten. Diese Lösung wählt EHRLICH, ohne allerdings auf die suffigierten Belege von k^{e} einzugehen:

“Tatsächlich ist kmwk epexegetisch zu r^{c}k und = deinesgleichen, das heißt in diesem Zusammenhang ‘der wie du ein Israelit ist’ ”[16].

Gegen diese grammatikalisch mögliche Deutung erheben sich zwei inhaltliche Bedenken. Es leuchtet nicht recht ein, warum l^{e}re^{ca}ka der epexegetischen Ergänzung kamôka bedarf. Sie ergibt nur einen Sinn, wenn wir sie als Begründung des Liebesgebotes verstehen: Liebe deinen Nächsten, denn er ist ein Volksgenosse wie du. Gegenüber dem Gebot, den Fremdling zu lieben wie sich selbst, versagt diese Deutung allerdings ganz:

Lev 19,34
Wie ein Einheimischer aus eurer eignen Mitte (k^{e}ʾäzraḥ mikkäm) soll euch der Fremdling gelten, der bei euch wohnt, und du sollst ihn lieben wie dich selbst (w^{e}ʾahăbta lô kamôka).

Die Auslegung von EHRLICH, der kamôka auf das vorangehende k^{e}ʾäzraḥ mikkäm bezieht und übersetzt: “wie deinesgleichen, d.i., wie einen Volksgenossen” [17] wirkt künstlich und überzeugt

15 Zur Apposition im allgemeinen s. GESENIUS-KAUTZSCH, a.a.O. § 131 S. 443-447.

16 EHRLICH, Randglossen 65 (tr.).

17 EHRLICH, a.a.O. 68.

nicht[18].

Dies sind die beiden einzigen Übersetzungsmöglichkeiten für kamôka. Einige Exegeten trennen zwar kamôka ganz vom Liebesgebot ab und übersetzen es mit "der dir gleich ist"[19], "er ist wie Du"[20], wie wenn kamôka ein vollständiger Neben- oder Hauptsatz wäre. In korrektem Hebräisch lauteten diese jedoch: ʾ^{a}šär kamôka hûʾ, respektive kamôka hûʾ[21]. Nur in unselbständigen Relativsätzen[22] kann suffigiertes k^{e} für sich alleine stehen. Zwei Beispiele:

Gen 44,15
Da sprach Joseph zu ihnen: Was ist das für eine Tat, die ihr begangen habt! Wußtet ihr nicht, daß ein Mann wie ich es gewiß erkunden würde (h^{a}lôʾ j^{e}dă^{c}tām kî⁻ năḥeš j^{e}năḥeš ʾîš ʾ^{a}šär kamonî)?

IISam 9,8
Da verneigte er sich und sprach: Was ist dein Knecht, daß du dich um einen toten Hund wie mich bekümmerst (kî panîta ʾäl⁻hăkkäläb hămmet ʾ^{a}šär kamônî)?

Wir fassen kurz zusammen: Es ist nicht erlaubt, kamôka als selbständigen Neben- oder Hauptsatz aufzufassen und zu übersetzen: "der dir gleich ist" oder: "Er ist dir gleich". Hingegen kann, rein grammatikalisch geurteilt, kamôka als epexegetische Apposition zu l^{e}re^{c}^{a}ka verstanden werden. Diese Übersetzung ist jedoch mit einer inhaltlichen Hypothek belastet: Es will nicht recht einleuchten, warum nach l^{e}re^{c}^{a}ka noch einmal gesagt sein soll: "der wie du ein Israelit ist". l^{e}re^{c}^{a}ka und der Gesamtzusammenhang von Lev 19,17f machen dies deutlich genug. Die genannte Schwierigkeit erhöht sich noch, bezieht man Lev 19,34 in die Diskussion ein. Es spricht also nichts gegen die traditionelle Übersetzung des Liebesgebotes, wie sie sich auch in alten Versionen findet, aber viel gegen die von jüdischer Seite vorgeschlagene[23].

18 Eine ähnliche Sicht wie EHRLICH vertritt MURAOKA, Syntactic Problem 294, nach dem re^{c}^{a}ka kamôka "syntactic variant" für re^{c}^{a}ka ʾ^{a}šär kamôka, respektive re^{c}^{a}ka ʾ^{a}šär hûʾ kamôka sein kann. Er hält dann zu Recht fest, daß kamôka in Lev 19,34 die gleiche Bedeutung haben muß wie in V. 18. "This, however, entails a new grammatical problem, for in Lev. xix. 34 we have w^{e}ʾahăbta lô kamôka. Now, to the best of my knowledge, it has not yet been established that a pronominal suffix attached to a noun, verb or preposition can be immediately followed by an adjective or its equivalent modifying the suffix. This dilemma can be resolved only by postulating that kamôka in both cases is not, strictly speaking, an adjectival but a nominal in apposition, 'the like of you', 'a person who is like you'. The phrase would then contain a vestige of the ancient substantive k^{e} meaning 'likeness', or it would be a case of ellipsis, that is, kamôka for ʾîš kamôka. Such an understanding of k^{e} is perfectly compatible with our explanation of kamôka developed from EHRLICH's suggestion" (294f; Transkription der hebräischen Wörter nach ZAW). – Von der hebräischen Grammatik her spricht nichts dafür, daß in kamôka das postulierte alte Substantiv k^{e} vorliegt oder Ellipse für ʾîš kamôka ist. Bezeichnenderweise führt MURAOKA weder für die eine noch für die andere Erklärung Parallelen an.

19 WESSELY, Leviticus z.St.

20 MAYBAUM, Erklärung 407.

21 So richtig NISSEN, Gott 283 Anm. 841.

22 Als unselbständige Relativsätze bezeichnet GESENIUS-KAUTZSCH, Hebräische Grammatik § 155a S. 508 solche, "die zur Näherbestimmung eines Nomens... dienen"; sie brauchen nicht durch ʾ^{a}šär oder ein Demonstrativpronomen mit dem vorangehenden Nomen verbunden zu sein.

23 Die Wendung re^{c}^{a}ka ʾ^{a}šär k^{e}năpš^{e}ka (Dtn 13,7) trägt nichts zum Verständnis des Liebesgebotes bei, obwohl sie sich sprachlich mit diesem berührt. Wie der Zusammenhang zeigt, bedeutet sie: "dein Freund, den du wie dich selbst liebst", vgl. dazu die Übersetzungen und Kommentare.

II. ʾHB, REAʿ (UND VERWANDTE BEGRIFFE), GER, KAMÔKA: IHRE BEDEUTUNG IN LEV 19,18.34

A. ʾhb

1. Einleitung

In der Erforschung des alttestamentlichen Liebesgebotes hat die Frage, was es heißt, seinen Nächsten zu *lieben* wie sich selbst, eine untergeordnete Rolle gespielt, nimmt man die jüdische Exegese aus. Das Interesse der Ausleger konzentrierte sich auf die Frage, ob mit dem re^{a}ʿ Lev 19,18 nur der Volksgenosse oder jedermann, mit dem man es zu tun hat, gemeint sei.

Wir versuchen diese verwunderliche Forschungslücke zu schließen, zum einen durch einen Vergleich von Lev 19,18 mit inhaltlich verwandten Stellen, zum andern durch die Untersuchung alttestamentlicher und anderer altorientalischer Texte, in denen das Wort "Liebe" in politischen Zusammenhängen verwendet wird.

Nach verbreiteter jüdischer Auslegung meint ʾhb in Lev 19,18 "die durch Thaten bewiesene Liebe"[1]. Obwohl die philologischen Erwägungen, auf denen dieses Verständnis des Liebesgebotes beruht, der Stichhaltigkeit entbehren, ist damit noch nicht gesagt, daß es falsch sei.

Die jüdischen Exegeten erleichtern unsere Arbeit wesentlich. Sie haben durch ihre pointierte Auslegung des w^{e}ʾahăbta einen Bezugspunkt geschaffen, an dem wir uns orientieren können. Die Auseinandersetzung mit ihnen hat die vorliegende Arbeit stärker bestimmt, als in ihr unmittelbar zum Ausdruck kommt.

2. Enge Parallelen zum Gebot der Nächstenliebe

a. Dtn 10,19

Dtn 10,19 findet sich das Gebot, den Fremdling zu lieben. Von Lev 19,34, der Übertragung von Lev 19,18 auf den Fremdling, unterscheidet es sich durch den anderen Numerus, das Fehlen eines Suffixes bei ger und von kakäm (wie euch selbst). Dtn 10,19 ist neben Lev 19,18.34 die einzige Stelle im Alten Testament, an der Liebe zu einer Menschengruppe geboten wird.

Wir zitieren den Vers in seinem Zusammenhang, um ihn besser auslegen zu können:

> **Dtn 10,16-19**
> So beschneidet nun eure Herzen und seid fortan nicht mehr halsstarrig. Denn der Herr, euer Gott, ist der Gott der Götter und der Herr der Herren, der große, starke und furchtbare Gott, der die Person nicht ansieht und nicht Bestechung annimmt, der der Waise und der Witwe Recht schafft und den Fremdling liebhat, sodaß er ihm Brot und Kleidung gibt (w^{e}ʾoheb ger latät lô läḥäm w^{e}śimlā). Und ihr sollt den Fremdling lieben (wăʾ^{a}hăbtäm ʾät- hăgger); denn ihr seid [auch] Fremdlinge gewesen im Lande Ägypten.

Was beinhaltet die Liebe, die nach V. 19 dem Fremdling zu erweisen ist? Nach dem zitierten Abschnitt ist Gott unparteiisch, unbestechlich, schafft er Witwe und Waise Recht und liebt den Fremdling. Er tut also genau das, was an andern Stellen des Alten Testaments den Israeliten zu tun geboten wird. Wenn sich nun seine Liebe zum Fremdling darin äußert, daß er ihm zu Kleidern und Nahrung verhilft, so bedeutet das Gebot, den Fremdling zu lieben, sicher: dafür schauen, daß er genug zu essen und etwas zum Anziehen hat.

Von andern den Fremdling betreffenden Geboten her (u.a. Dtn 24,17; 27,19; Lev 24,22) bestimmt NISSEN die Bedeutung von Dtn 10,19 wie folgt:

1 HOFFMANN, Leviticus 43.

"Den Fremdling 'lieben' heißt demnach wenigstens: sein Recht unangetastet lassen, ihn – der rechtlich dem Einheimischen gleichgestellt ist – nicht benachteiligen und nicht unterdrücken, sondern sich in Belangen seines Rechts schützend und helfend seiner annehmen... und ihm in diesem Zusammenhang das zum Leben Nötige, auf das er einen rechtlichen Anspruch hat, verschaffen"[2].

Es scheint uns gefährlich zu sein, andere Stellen die den Fremdling betreffen, zur Auslegung des untersuchten Gebotes heranzuziehen. Es heißt in V. 19 eben gerade nicht, man solle den Fremdling nicht unterdrücken. Für NISSENs Deutung spricht allerdings, daß der vorliegende Abschnitt außer ᵓhb praktisch nur Termini der Rechtssprache enthält. Dies läßt sich so deuten, daß der Fremdling ein *Recht* auf Nahrung und Kleidung hat, die Liebe zu ihm sich also darin äußert, daß man seine grundlegenden Rechte respektiert.

Die Dtn 10,19 geforderte Liebe beinhaltet also das, was nach jüdischer Auslegung Lev 19, 18.34 fordert. Von Dtn 10,19 her liegt es nahe, das Liebesgebot wie folgt zu verstehen: Hilf deinem Nächsten, wenn er sich in Schwierigkeiten befindet und tatkräftiger Unterstützung bedarf, so wie du ja selber dafür schaust, daß du keine Not leidest und es dir gut geht.

b. Prov 17,17
bᵉkål⁻ ᶜet ᵓoheb hareaᶜ
wᵉᵓaḥ lᵉṣarā jiwwaled:

Je nachdem wie dieser Vers zu übersetzen ist, liegt in ihm ein synthetischer oder antithetischer Parallelismus vor.

> Zu jeder Zeit liebt der [wahre] Freund;
> in der Not wird er als Bruder geboren[3].
>
> Zu jeder Zeit liebt der wahre Freund,
> Der Bruder aber ist für die Stunde der Not geschaffen[4].

Der Text enthält keine Anhaltspunkte, die eindeutig für die eine oder die andere Lösung sprechen[5]. Ist der Parallelismus synthetisch, besagt der Vers – wir paraphrasieren –: Auf einen richtigen Freund ist Verlaß, er hält nicht nur zu einem, wenn man reich ist und es einem gut geht, sondern auch dann, wenn man materielle Not leidet, krank ist, von allen andern Leuten verlassen wird. Leider können die Notsituationen, in denen sich die Liebe eines Freundes nach Prov 17,17 bewährt, nicht genau bestimmt werden. Inwieweit ᵓhb im vorliegenden Vers stärker eine Haltung, Einstellung oder konkrete Liebeshandlungen umschreibt, läßt sich auch nicht entscheiden. Das hängt damit zusammen, daß in den Proverbien vor allem allgemeingültige Erfahrungen festgehalten sind.

Liegt in Prov 17,17 ein synthetischer Parallelismus vor, könnte man sagen, daß das Liebesgebot von jedem Israeliten verlangt, was nach dem vorliegenden Maschal der wahre Freund tut: sich in der Not als Helfer – so zuverlässig oder zuverlässiger als der eigene Bruder – bewähren.

2 NISSEN, Gott 283.

3 Übersetzung der ZB.

4 FRANKENBERG, Sprüche 104.

5 FRANKENBERG, a.a.O. 104f, meint zwar aus dem Gegensatz von bekål⁻ᶜet und lᵉṣarā auf einen antithetischen Parallelismus schließen zu können. Der Vers kann aber auch, und dies spricht gegen die Schlüssigkeit dieses Arguments, wie folgt übersetzt, respektive paraphrasiert werden: Liebt einen der Freund schon zu jeder beliebigen Zeit, so steht er einem erst recht in Notsituationen bei.

Ist der Parallelismus dagegen antithetisch, besagt der Vers: Freunde wählt man aufgrund ihrer persönlichen Qualitäten; man verbringt seine Zeit mit ihnen, weil einem ihre Gesellschaft lieb ist. An einem Bruder hängt man nicht unbedingt. Aber in Notsituationen kommen die Blutsbande zum Tragen: Es ist Verlaß darauf, daß einem der Bruder hilft. In diesem Fall erhält ᵓhb stärker die Bedeutung von: "freundschaftlichen Umgang pflegen mit". So interpretiert läßt sich Prov 17,17 nicht gut mit dem Liebesgebot vergleichen.

Gegen alle von uns herangezogenen Kommentare halten wir es nicht zum vornherein für ausgeschlossen, daß mit re^{ac} an dieser Stelle der Nachbar und nicht der Freund gemeint ist. Der Vers wäre dann wie folgt auszulegen: Im Alltag hilft einem der Nachbar durch den Erweis von kleinen Freundschaftsdiensten. Wenn man sich in einer schweren Notlage befindet, kann man sich nur auf den leiblichen Bruder verlassen.

c. Prov 19,8

Gegen die übliche Übersetzung des Liebesgebotes hat BUBER eingewandt, die Vorstellung der Selbstliebe sei dem Alten Testament fremd[6]. Eine Stelle hat er dabei übersehen, Prov 19,8:

> qonā‾ leb ᵓoheb nǎpšô
> šomer t^{e}bûnā limṣoᵓ‾ ṭôb:

Die wichtigsten deutschen Übersetzungen geben nǎpšô mit "sein Leben" wieder, so z.B. die Zürcher:

> Wer Verstand erwirbt, der liebt sein Leben,
> und wer Einsicht bewahrt, der findet Glück.

Diese Übersetzung ist auslegungsbedürftig. Man braucht den ersten Stichos nicht so zu deuten, daß "Weisheit langes Leben schenkt"[7]; diese Auslegung ist im Gegenteil recht unwahrscheinlich. Er bedeutet eher: Wer Verstand erwirbt, befördert sein Wohlergehen. Diese Deutung von nǎpšô legt das limṣoᵓ‾ ṭôb des zweiten Stichos nahe. Man übersetzt also besser:

> Wer Verstand erwirbt, liebt sich selbst,
> wer Einsicht bewahrt, findet sein Glück[8].

Mit andern Worten: nǎpšô ist Reflexivpronomen[9].

Prov 19,8 handelt von der richtigen Selbstliebe. Sie hat zur Voraussetzung, daß man Verstand erwirbt und Einsicht bewahrt. Prov 19,8 besagt damit indirekt auch, daß es eine falsche Selbstliebe gibt, die meint, darauf verzichten zu können.

Die bisher einzige Stelle, welche terminologisch präzis von Selbstliebe redet, kennt keinen neutralen Begriff der Selbstliebe. Es gibt nur richtige und falsche Selbstliebe. Daß sich dieser doppelte Begriff der Selbstliebe in einer weisheitlichen Sentenz findet, ist gewiß nicht Zufall.

d. Die Liebe zwischen Jonathan und David. Dazu eine Parallele aus dem mesopotamischen Bereich: Gilgamesch und Enkidu

Wir kommen zu den Stellen, welche die Bedeutung von Lev 19,18 am besten erschließen helfen: ISam 18,1.3; 20,17; IISam 1,26. Sie gehören in die Geschichte von Jonathan und David, die von der schönsten, tiefsten und vielschichtigsten Freundschaft handelt, die das Alte Testament kennt.

6 BUBER, Glaubensweisen 701.

7 WILDEBOER, Sprüche 56.

8 Übersetzung der Einheitsübersetzung, zitiert nach der Endfassung von 1980.

9 JOÜON, Grammaire 453f, führt weitere Stellen auf, an denen suffigiertes näpäš als "suppléant de l'accusatif réfléchi" (453) dient.

Da für die anschließenden Erörterungen der genaue Wortlaut der behandelten Stellen von entscheidender Bedeutung ist, führen wir sie an:

ISam 18,1[10]
Und als sein Gespräch mit Saul zu Ende war, schloß Jonathan den David in sein Herz, und er gewann ihn lieb wie sein eignes Leben/wie sich selbst (w^{e}näpäš j^{e}hônatan niqš^{e}rā b^{e}näpäš dawid wăjjäˀ^{ä}habeû[11] j^{e}hônatan k^{e}năpšô).

ISam 18,3
Und Jonathan schloß einen Bund mit David, weil er ihn liebhatte wie sein eignes Leben/wie sich selbst (wajjikrot j^{e}hônatan w^{e}dawid b^{e}rît b^{e}ˀăh^{a}batô ˀotô k^{e}năpšô).

(ISam 19,1)
Nun redete Saul zu seinem Sohne Jonathan und zu allen seinen Dienern davon, David zu töten. Aber Jonathan, der Sohn Sauls, war David sehr zugetan (ḥapeṣ b^{e}dawid m^{e}ˀod).

ISam 20,17
Dann schwur Jonathan dem David noch einmal, weil er ihn liebte; denn er liebte ihn wie sein eignes Leben/wie sich selbst (wăjjôsäp j^{e}hônatan l^{e}hăšbî^{a}ˁ ˀät-dawid b^{e}ˀăh^{a}batô ˀotô kî- ˀăh^{a}băt năpšô ˀ^{a}hebô).

(IISam 1,26)
Es ist mir leid um dich, mein Bruder Jonathan, du warst mir so hold! Deine Liebe war mir köstlicher als Frauenliebe (naˁămta lî m^{e}ˀod nipl^{e}ˀătā ˀăh^{a}bat^{e}ka lî meˀăh^{a}băt našîm)!

Liest man den Text derjenigen Kapitel, in denen von Jonathan und David die Rede ist, nur oberflächlich, steht man leicht in der Versuchung, ihre Freundschaft als gegenseitige zu charakterisieren und in David den dominierenden Partner zu erblicken. Bei näherer Betrachtung der angeführten Stellen erweist sich dieser Eindruck als falsch. Jonathan liebt David. Immer ist Jonathan das Subjekt dieser Aussage und David das Objekt, nie umgekehrt. Wir glauben nicht, daß das zufällig ist. Die Initiative bei der Freundschaft zwischen Jonathan und David geht vom Königssohn als dem gesellschaftlich Höherstehenden aus. Er schließt den Sohn Isais in sein Herz und unterstellt ihn seinem Schutz. Ihre Freundschaft kann als Schutzfreundschaft bezeichnet werden. Jonathan schützt David wirksam vor den geplanten Anschlägen seines Vaters Saul und kann dem Sohn des Isai das Angebot machen: Was begehrst du denn von mir? (ISam 20,4). Und dieser darf ihn bitten: So übe nun Barmherzigkeit an deinem Knechte (V. 8).

Die Beziehungen zwischen Jonathan und David werden nicht allein unter dem Aspekt der Liebe, sondern auch dem des Bundes dargestellt[12]. Geht man die einschlägigen Stellen durch, so ist man gezwungen, das bisher erarbeitete Bild leicht zu modifizieren.

10 Dies ist das erste Zusammentreffen zwischen Jonathan und David, von dem das Alte Testament berichtet. Die Freundschaft zwischen den beiden erhält dadurch besonderes Gewicht, daß der Redaktor – bestimmt mit Absicht – den Bericht über den Sohn Sauls und dessen Nachfolger mit ihrer Schilderung eröffnet.

11 Viele Handschriften haben wjˀhbhw (Qere).

12 Die Diskussion über den Bundesbegriff kann hier nicht aufgenommen werden; wir halten uns stark an KUTSCH, Verheißung.

Ein erstes Mal ist ISam 18,3 von einem Bund zwischen Jonathan und David die Rede:

> Und Jonathan schloß einen Bund mit David (wajjikrot j^ehônatan w^edawid b^erît), weil er ihn liebhatte wie sein eignes Leben.

Von der Formulierung her zwingt nichts dazu, den Bund als einseitigen zu verstehen. Die Korrektur l^edawid für w^edawid[13] drängt sich nicht auf, und die Tatsache, daß das Verb im Singular steht, ist nicht beweiskräftig[14],

"die Fortsetzung aber – 'weil er (Jonathan) ihn (David) wie sich selbst liebte' (v. 3b) – und die Tatsache, daß Jonathan dem David seinen Mantel und seine Waffen gibt, ohne Gegengabe, kennzeichnen die b^erît als eine einseitige Gewährung des Jonathan"[15].

Daß diese Deutung zutrifft, ergibt sich aus ISam 20,8, wo David den Jonathan auf seine Selbstverpflichtung (b^erît) ihm gegenüber anspricht:

> So übe nun Barmherzigkeit an deinem Knechte; denn du hast ja mit deinem Knechte einen Gottesbund geschlossen (bib^{e}rît jhwh hebeʾta ʾät- ʿăbd^{e}ka ʿimmak).

Nach ISam 23,18 sind die beiden eine gegenseitige Verpflichtung eingegangen:

> Dann schlossen die beiden einen Bund miteinander vor dem Herrn (wăjjikr^{e}tû š^{e}nêhäm b^erît lipnê jhwh).

Leider geht aus der Stelle nicht deutlich hervor. worin die Bundesverpflichtungen der beiden bestanden[16].

Wir fassen kurz zusammen: Überall wo terminologisch präzise (d.h. im Zusammenhang mit der Wurzel ʾhb) von der Freundschaft zwischen Jonathan und David die Rede ist, erscheint der Königssohn als Gebender, David als Empfangender. Die Rollenverteilung ist nicht mehr so eindeutig in bezug auf den Bundesschluß der beiden.

Bleibt man nicht an einzelnen Vokabeln hängen, sondern wendet sich dem Textganzen zu, so ändert sich das Bild noch einmal. Normalerweise ist David der Bittende und Jonathan der Gewährende. ISam 20,11-16 jedoch anerkennt Jonathan David als zukünftigen König und bittet ihn nur, an ihm und seinem Hause Barmherzigkeit zu üben. Er gibt also zu, daß trotz seiner höheren Stellung David faktisch bereits der stärkere ist.

Trotz der zuletzt gemachten Einschränkung ist klar: Die Freundschaft Jonathans mit David darf als Schutzfreundschaft bezeichnet werden. Das bedeutet nun nicht, daß das emotionale Element in ihr zurücktritt, ganz im Gegenteil. Daß Jonathan dem zukünftigen König Kleider und Waffen verschenkt (ISam 18,4), hat STOEBE zu Recht als "Zeichen vorbehaltloser Verbundenheit und äußersten Vertrauens"[17] interpretiert. Zeigt diese Stelle, wie stark Jonathan sich David verbunden fühlte, so kommt in dessen Klage um Saul und Jonathan zum Ausdruck, wie sehr er den Königssohn liebte:

> **IISam 1,26**
> Es ist mir leid um dich, mein Bruder Jonathan,
> du warst mir so hold!
> Deine Liebe war mir köstlicher als Frauenliebe!

13 Sie wird u.a. vorgeschlagen von BEGRICH, Berît 55 Anm. 4. Nimmt man sie vor, ist – darauf will er hinaus – eindeutig von einem einseitigen Bund die Rede.

14 Vgl. dazu etwa JOÜON, Grammaire 458.

15 KUTSCH, Verheißung 54.

16 KUTSCH, a.a.O. 55.

17 STOEBE, ISamuel 348.

Wir kommen auf die am Anfang dieses Abschnittes gemachte Aussage zurück, die Beziehung zwischen Jonathan und David sei die tiefste, von der das Alte Testament berichte. Eben dies bringt der Satz, wonach Jonathan den David liebte wie sich selbst / wie sein eignes Leben, zum Ausdruck. "Jemanden lieben wie sich selbst" heißt – wir deuten den Ausdruck auf dem Hintergrund der Jonathan-David-Geschichte – ihm so zugetan sein, so stark an ihm hängen, daß man bereit ist, für sein Leben gleichviel zu tun wie für das eigene, ja es nötigenfalls über dieses zu stellen. (ʾhb) k^{e}năpšô enthält also eine Maßangabe. Es bedeutet: jemanden so stark lieben, wie das nur irgend möglich ist. Mit andern Worten: Jonathan ließ David das denkbar stärkste Maß an Liebe zukommen, das man sich vorstellen kann.

Jemanden wie sein eignes Leben / wie sich selbst lieben heißt beides: ihm emotional zugetan sein und ihm helfen, sich für ihn aufopfern. Das stärkere Gewicht liegt jedoch auf dem emotionalen Aspekt. Die Liebe Jonathans bildet nach ISam 18,3 und 20,17 deutlich den Grund für den ihm zugesagten Bund, und ISam 18,1 steht wăjjäʾ^{ä}habeû... k^{e}năpšô parallel zu w^{e}näpäš j^{e}hônatan niqš^{e}rā b^{e}näpäš dawid. Um dies zu verdeutlichen, führen wir die drei Stellen noch einmal an und heben hervor, was diese Auffassung stützt.

ISam 18,1
Und als sein Gespräch mit Saul zu Ende war, *schloß Jonathan den David in sein Herz*, und er gewann ihn lieb wie sein eignes Leben.

ISam 18,3
Und Jonathan schloß einen Bund mit David, *weil* (kî) er ihn liebhatte wie sein eignes Leben.

ISam 20,17
Dann schwur Jonathan dem David noch einmal, *weil* (kî) er ihn liebte; ja (kî) er liebte ihn wie sein eignes Leben.

Das zweite kî in ISam 20,17 übersetzen wir jetzt im Unterschied zur ZB nicht mehr mit "denn", sondern bekräftigendem "ja"; der Satz "er liebte ihn wie sein eignes Leben" ist nur dann sinnvoll, wenn er als Steigerung des vorangehenden ("weil er ihn liebte") verstanden wird [18]; "jemanden lieben wie sich selbst" meint mehr als "jemanden lieben".

Wir halten vorläufig inne und wenden uns dem einzigen Text aus der Literatur des Alten Orients zu, in dem eine ähnlich tiefe Beziehung zwischen zwei Männern geschildert wird: dem Gilgameschepos mit seiner ergreifend dargestellten Freundschaft zwischen Gilgamesch und Enkidu. Dieses Thema durchzieht das ganze Werk, dessen Charakterisierung als "Hymnus auf die Freundschaft" [19] durchaus berechtigt erscheint.

Nicht um die Frage nach Leben und Tod kreist, so FURLANI, im Gilgameschepos alles. Sie rückt nach ihm erst gegen Ende des Epos, dann allerdings immer stärker, in den Vordergrund. Nein:

"die fundamentale und zentrale Idee... [des Gilgameschepos ist] die der sehr engen Freundschaft (ibritalīmūtu...) zwischen dem ältesten und zum Teil legendären König von Uruk und Enkidu, den beiden Nationalhelden Mesopotamiens" [20].

18 Dies kommt in den verbreiteten Übersetzungen kaum zum Ausdruck. Stärker differenziert nur die Einheitsübersetzung (provisorische Ausgabe 1974) zwischen den beiden kî, allerdings anders, als wir vorgeschlagen: "Und Jonathan schwor David noch einmal, wie sehr er ihn liebte, denn er liebte ihn wie sein eignes Leben".

19 FURLANI, Gilgamesch-Epos 219 (Teil der Aufsatzüberschrift).

20 FURLANI, a.a.O. 222f.

Zu Beginn des Epos werden sie als Typen beschrieben, die einander feindlich gegenüberstehen und erst nach einem heftigen Kampf Freunde werden[21]. Im weiteren Verlauf des Epos wird der Dichter nicht müde zu betonen, wie groß "ihre gegenseitige Freundschaft und wechselseitige Liebe"[22] war. Sie wird Gilgamesch (wie andere wichtige Ereignisse) in einem Traum vorausgesagt, den ihm seine Mutter auslegt. Er besagt, daß derjenige, der auf ihn niederfalle und über den er sich beuge wie über eine Frau, ihm helfen und ihn nie verlassen werde[23]. Gilgamesch und Enkidu werden häufig als Freunde (ibru) bezeichnet. Ninsun, die Mutter Gilgameschs, nimmt Enkidu, wie im Traum vorausgesagt, schließlich sogar zum Adoptivsohn an[24]. Zusammen bestehen die beiden viele Abenteuer. Vor allem ist der Sieg über das Ungeheuer Ḫumbaba ihr gemeinsames Werk[25].

Als Enkidu stirbt, ist Gilgamesch untröstlich:

> Hört mich, ihr Ältesten von Uruk, ihr Männer hört mich an!
> Um Enkidu weine ich, um meinen Freund,
> Wie ein Klageweib bitterlich klagend!
> Du Axt an meiner Seite, so verläßlich in meiner Hand!
> Du Schwert an meinem Gurt, du Schild, der vor mir ist!
> Du mein Festgewand, du Gurt für meine Kraftfülle!
> Ein böser Dämon stand auf und nahm ihn mir weg!
> Mein Freund, du flüchtiger Maulesel, Wildesel des Gebirges, Panther der Steppe!...
> Der aber schlägt die Augen nicht auf,
> Und da er nach seinem Herzen faßte, schlug es nicht mehr!
> Nun, da er dem Freund gleich einer Braut des Gesicht verhüllt hat,
> Springt er über ihm umher wie ein Adler,
> Wie eine Löwin, die ihrer Jungen beraubt ist.
> Er wendet sich immer wieder vorwärts und rückwärts,
> Rauft sich das gelockte Haar, schüttet es zu Boden,
> Reißt seine schönen Kleider ab und wirft sie hin wie etwas Unberührbares[26].

Vom Ton her erinnert dieser Abschnitt aus dem Gilgameschepos an Davids Klage um Saul und Jonathan in IISam 1,17ff. FURLANI mag das Gilgameschepos zu stark von der Freundschaft zwischen Gilgamesch und Enkidu her deuten; daß sie in ihm eine zentrale Rolle spielt, bleibt davon unberührt.

Die beiden Freundespaare Jonathan/David und Gilgamesch/Enkidu lassen sich in mehr als einer Hinsicht miteinander vergleichen:

– Die Freundschaft der beiden Paare, die sich in gegenseitiger Hilfeleistung bewährt, stößt in tiefste seelische Bereiche vor. Daß die engste Liebesbeziehung, Freundschaft, von der das Alte Testament und die altorientalische Literatur berichten, je eine zwischen Männern ist, kann nicht zufällig sein, auch wenn wir dafür keinen Grund angeben können.

21 II,II,209ff (altbabylonische Fassung); Zählung nach: SCHOTT-VON SODEN, Gilgamesch-Epos.

22 FURLANI, Gilgamesch-Epos 228.

23 I,V,15ff; I,VI,24ff.

24 III,IV,17-23; vgl. dazu FURLANI, Gilgamesch-Epos 230.

25 II – III.

26 VIII,II,1ff; Übersetzung nach: SCHOTT-VON SODEN, Gilgamesch-Epos 72f.

- Eine homoerotische Note ist im Gilgameschepos deutlich zu erkennen, aus dem Klagelied Davids über Saul und Jonathan wenigstens herauszuhören[27].
- Einen Vergleichspunkt zweiter Ordnung bildet, daß beide Freundespaare einander als Brüder bezeichnen[28].

Der erste Vergleichspunkt allein reichte vollkommen aus, um eine enge Verwandtschaft zwischen dem Gilgameschepos und der Jonathan-David-Geschichte zu behaupten.

Etwas überspitzt könnte man sagen: Das Gilgameschepos enthält eine ausführlichere Darstellung dessen, was es heißt, jemanden zu lieben wie sich selbst, als die Geschichte von Jonathan und David. Es ist daher verständlich, daß THOMPSON in seiner Ausgabe des Gilgameschepos eine lakunenhafte Stelle wie folgt ergänzt:

II, II, 21
ta-[ra-am-šu ki-ma] ra-ma-an-ka[29].
Du wirst ihn [gemeint ist Enkidu, Vf.] lieben wie dich selbst.

Diese verlockende Ergänzung läßt sich nicht halten[30]. Immerhin enthält das Gilgameschepos eine andere Wendung, die in ihrer Bedeutung ᵓhb k^enăpšô nahekommt: râmu danniš = über die Maßen lieben. Ein Beispiel:

X, II,2
^{ilu}EN.KI.DU ša a-ra-am-mu-šu da-an-ni-iš[31].
Enkidu, den ich sehr/über die Maßen liebte.

Die zahlreichen Berührungspunkte zwischen der Jonathan-David-Geschichte und dem Gilgameschepos werden damit um einen entscheidenden vermehrt und die Verwandtschaft zwischen den beiden Werken noch enger als bereits dargestellt.

e. Zusammenfassung

Von den untersuchten alttestamentlichen Stellen werfen Prov 19,8 indirekt und ISam 18,1.3; 20,17 direkt Licht auf das Liebesgebot. Die erste Stelle zeigt, daß dem Alten Testament der Begriff der Selbstliebe nicht ganz fremd ist. Allerdings wird ᵓoheb năpšô Prov 19,8, was für einen weisheitlichen Text bezeichnend ist, nicht in einem neutralen Sinne verwendet. Nur wer darauf aus ist, Verstand zu erwerben, liebt sich selbst auf richtige Weise. Es gibt nach diesem Text nur richtige und falsche Selbstliebe.

Lev 19,18 handelt nicht von richtiger oder falscher Selbstliebe. Das kamôka enthält nur eine Maßangabe, es bedeutet: so stark wie du dich natürlicherweise selbst liebst. Es dient nur als Vergleichsgröße. Was es bedeutet, jemanden zu lieben wie sich selbst, geht aus der Geschichte von Jonathan und David hervor. Der dort verwendete Ausdruck ᵓhb k^enăpšô heißt, jemanden über

27 Anders COHEN, Role 83f.

28 Vgl. Gilgamesch-Epos VII,I,19 (eine hethitische Fassung; Zählung nach SCHOTT-VON SODEN) mit IISam 1,26.

29 THOMPSON, Epic of Gilgamesh 21.

30 "Die Ergänzung zu ta-r [a-am] ist nach einer Kollation der Stelle durch A. WESTENHOLZ – Kopenhagen falsch. Das Zeichen nach ta hat nur einen waagrechten Keil oder beginnt mit einem solchen. aš ist am wahrscheinlichsten. Dann wird die Ergänzung einer Gtn-Form eines Verbums I š am wahrscheinlichsten. Welches Verbum da zu ergänzen ist, bleibt vorläufig unklar" (briefliche Mitteilung von SODENs vom 11.11.81).

31 Zitiert nach: THOMPSON, Epic of Gilgamesh 56; Lesung korrigiert nach: VON SODEN, Beiträge 220.

alle Maßen lieben, so stark wie nur irgend möglich. Lev 19,18 gebietet den Israeliten also, ihre Nächsten so stark zu lieben, wie Jonathan den David geliebt hat, oder besser: fast so stark, da ᵓhb kᵉ möglicherweise ein leicht schwächeres Maß an Liebe beinhaltet als ᵓhb kᵉnăpš...[32].

3. "Liebe" in politischem Zusammenhang

Auf den ersten Blick hat das Gebot der Nächstenliebe mit der Verwendung von ᵓhb in politischen Zusammenhängen wenig zu tun. Wir weisen aber am Ende dieses Abschnittes nach, daß sich die engste Parallele zum Liebesgebot in einem altorientalischen Vasallenvertrag findet.

Zum vorliegenden Thema sind bereits einige größere und kleinere Veröffentlichungen erschienen, die praktisch alle auf MORANs Aufsatz: "The Ancient Near Eastern Background of the Love of God in Deuteronomy" basieren[33].
Bis heute fehlt es jedoch an einer Arbeit, in der die Belege, die einige Forscher fast nur aufzählend aneinanderreihen, systematisch miteinander verglichen werden. Deshalb holen wir etwas weiter aus und beschränken uns nicht darauf zu zeigen, daß die Untersuchung von ᵓhb als politischem Begriff zum Verständnis des Liebesgebotes beiträgt.

a. Der Befund im Alten Testament

ᵓhb steht im Alten Testament recht häufig für politische und religiöse Buhlerei. Zwischen ihnen wird häufig ein enger Zusammenhang bestanden haben. Es erstaunt deshalb nicht, daß sich nicht immer zweifelsfrei entscheiden läßt, ob ᵓhb politische oder aber religiöse Buhlerei meint[34]. Die Stellen, an denen ᵓhb pejorative Bedeutung (politische/religiöse Buhlerei) aufweist, lassen wir im folgenden unberücksichtigt.

Bei der Untersuchung der übrigen Belege stößt man recht bald auf eine Schwierigkeit: ob ᵓhb an ihnen politische Bedeutung hat oder nicht, ist auch hier nicht immer klar auszumachen. An einigen Stellen weist ᵓhb nur eine politische Färbung auf. Sie wäre kaum erkannt worden, gäbe es daneben nicht noch einige Stellen, an denen ᵓhb eindeutig politische Bedeutung hat. Mit ihnen setzen wir ein.

> **IReg 5,15**
> Und Hiram, der König von Tyrus, sandte seine Diener zu Salomo; denn er hatte gehört, daß man ihn an seines Vaters Statt zum König gesalbt hatte. Hiram war nämlich zeitlebens mit David befreundet gewesen (kî̂ ᵓoheb hajā ḥîram lᵉdawid kål¯ hăjjamîm).

Daß sich ᵓhb auf die politischen Verbindungen zwischen David und Hiram bezieht, ist klar. Worauf genau, muß aus dem näheren und weiteren Kontext der Stelle erschlossen werden. Aus der

32 WESTERMANN, Art. näpäš 89, weist darauf hin, daß, wo suffigiertes näpäš in pronominaler Bedeutung verwendet wird, "die Intentionalität und Intensität, die dem Wort eignet, durchaus erhalten bleibt".

33 THOMPSON, Significance; ACKROYD, Verb; WEINFELD, Loyalty Oath; THOMPSON, Israel's "Lovers"; ders., Israel's "haters".

34 Politische Bedeutung hat ᵓhb Jer 22,20.22; 30,14 (DUHM, Jeremia 241 zu Jer 30,14 schwankt: "Die Buhlen können die Baale, aber auch fremde Völker sein; letzteres ist wahrscheinlicher"); Ez 16,33.36f; 23,5.9.22; Hos 8,9; Thr 1,2.19. – Religiöse Bedeutung weist ᵓhb Jer 2,25; 8,2; 14,10; Hos 2,7 auf (JACOB, Osée 28, weist darauf hin, daß nach dem Targum und den jüdischen Kommentatoren Kimchi und Raschi mit den mᵉᵓăhᵃbăj fremde Mächte, Ägypten und Assur, gemeint seien, was aber dem Zusammenhang nach unmöglich sei. Daß dieses offensichtliche Mißverständnis aufkommen konnte, kommt daher, daß politische und religiöse Hurerei vielfach eng zusammengingen). – Jer 2,33 läßt sich nicht mit Sicherheit einer der beiden Gruppen zuteilen.

Angabe von IISam 5,11, wonach Hiram dem David Zedernstämme lieferte und Handwerker für den Bau des Palastes zur Verfügung stellte, zieht SOGGIN den Schluß:

"A covenant between equal partners was established with David by Hiram of Tyre"[35].

IISam 5,11 spricht zwar nicht explizit von einem Bundesschluß zwischen den beiden Königen. Trotzdem wird SOGGINs Deutung zutreffen, um so mehr als dann später IReg 5,26 von einem Bundesschluß zwischen Hiram und Salomo berichtet, bei dem sicher auch die Handelsbeziehungen (vgl. V. 22-25) geregelt wurden[36]. Solche unterhielten auch Hiram und David[37]. Zusammenfassend können wir zu IReg 5,15 festhalten: David und Salomon pflegten mit Tyrus freundschaftliche Beziehungen, vor allem auf wirtschaftlichem Gebiet. In diesem Zusammenhang wird das Wort ᵓhb verwendet.

Wie IReg 5,15 dient auch IIChr 19,2 zur Umschreibung freundschaftlicher Beziehungen zwischen zwei Königen:

> Da trat der Seher Jehu, der Sohn Hananis, ihm entgegen, und er sprach zu König Josaphat: Mußtest du dem Gottlosen helfen und Freundschaft pflegen mit denen, die den Herrn hassen (hᵃlarašaᶜ lăᶜzor ûlᵉśonᵓê jhwh täᵓᵃhab)?

ᵓhb bezieht sich an dieser Stelle auf das Zusammengehen in einer konkreten Angelegenheit, nämlich einem Kriegszug. Josaphat, der König von Juda, wird vom Propheten Jehu dafür getadelt, daß er mit dem König von Israel in den Krieg gezogen ist. Wie bei David und Hiram hören wir nichts vom Abschluß einer bᵉrît. Immerhin mag in IIChr 18,3 darauf angespielt sein:

> Ahab, der König von Israel, sprach zu Josaphat, dem König von Juda: Willst du mit mir nach Ramoth in Gilead ziehen? Er erwiderte ihm: Wie du, so ich, mein Volk wie dein Volk! Ich will mit dir in den Krieg.

Ein großer Teil der Stellen, an denen ᵓhb politische Bedeutung aufweist, findet sich in der Geschichte von David: ISam 16,21; 18,1.3.16.22(28); 20,17; IISam 19,7. Diese Konzentration auf David ist schon immer aufgefallen. STOEBE kommentiert diesen Tatbestand wie folgt:

"Daß die Einstellung der Umwelt zu David unter dem Begriff ᵓhb dargestellt wird, ist übrigens charakteristisches Merkmal des ganzen Überlieferungskomplexes und wohl etwas Besonderes"[38].

NÜBEL[39] hat die häufige Verwendung der Vokabel ᵓhb in der Davidgeschichte sogar als stilkritisches Mittel für die Lösung literarkritischer Fragen verwendet, u.E. zu Unrecht.

Wir setzen mit der Auslegung der Stelle ein, die am wenigsten Probleme aufwirft:

> **IISam 19,6f**
> Da ging Joab zum König ins Haus und sprach: Allen deinen Knechten, die doch heute dir, deinen Söhnen und Töchtern, deinen Frauen und Kebsweibern das Leben gerettet haben, hast du heute einen Schimpf angetan, indem du die liebst, die dich hassen, und die hassest, die dich lieben (lᵉᵓăhᵃbā ᵓät- śonᵓâka wᵉliśnoᵓ ᵓät- ᵓohᵃbâka).

35 In: HAYES-MILLER, History 351.

36 Vgl. weiter IReg 9, 10ff; 10,11.22 und die Parallelen im chronistischen Geschichtswerk.

37 Daß wir nichts über Lieferungen Davids an Hiram hören, ist gewiß Zufall.

38 STOEBE, ISamuel 348 (tr.).

39 NÜBEL, Aufstieg 26, 101 u.ö.

Mit denen, die David hassen, sind Absalom und seine Anhänger gemeint, mit denen, die David lieben, seine Parteigänger. Zwei Bemerkungen zu dieser Stelle:

- Hinter IISam 19,6f steht die Erwartung, daß die Unterstützung des Königs durch seine Parteigänger von jenem auch erwidert werde. ʾhb weist in diesem Vers zwei Bedeutungen auf: unterstützen, protegieren; Parteigänger sein.
- Auch für die politische Gegnerschaft gibt es IISam 19,7 einen terminus technicus: śnʾ[40].

Etwas schwieriger sind die Stellen zu beurteilen, die von der Liebe Jonathans zu David handeln. Treffen unsere oben gezogenen Schlüsse zu, so hat ʾhb an ihnen u.a. die Bedeutung, daß Jonathan David, der hierarchisch unter ihm stand, politisch schützte.

Wir beschränken uns im folgenden auf die noch nicht untersuchten Belege.

> **ISam 16,21**
> So kam David zu Saul und trat in seinen Dienst, und er gewann ihn sehr lieb, (wăjjäʾähabehû meʾod), sodaß er sein Waffenträger wurde.

Nach dieser Stelle protegiert Saul den David. Er bringt dies dadurch zum Ausdruck, daß er ihn zu seinem Waffenträger macht.
"Fördern", "protegieren" ist eine der Bedeutungsnuancen, die ISam 16,21 in ʾhb mitschwingt, mag auch das emotionale Element überwiegen.

Der Protégé David wird seinem Förderer Saul gefährlich. Betont hält ISam 18,16 fest, daß das Volk David liebt:

> Bei ganz Israel und Juda aber war David beliebt (wekål⁻ jiśraʾel wîhûdā ʾoheb ʾät⁻ dawid); denn er zog aus und ein vor ihnen her.

Die Liebe des Volkes gilt David als erfolgreichem Heerführer (und zukünftigem König); der zweite Teil des Verses bezieht sich auf seine Kriegszüge, weist also politische Bedeutung auf.

In der Auseinandersetzung mit den Philistern erwies sich David schnell als der fähigere Kriegsmann. Sauls Popularität sank. Diesen Zusammenhang bringt mit kaum zu überbietender Deutlichkeit der Abschnitt ISam 18,5-8 zum Ausdruck, wo V. 5 festgehalten wird, daß David beim ganzen Volk und auch bei den Dienern Sauls beliebt war (wăjjiṭăb beᶜênê kål⁻ haᶜam wegăm beᶜênê ᶜăbdê šaʾûl). Dieser versuchte darauf, David auszuschalten, indem er als Brautpreis für seine Tochter Mikal die Vorhäute von hundert Philistern verlangte. Er hoffte, daß David bei diesem Unternehmen umkäme. Der Plan scheiterte jedoch.

ISam 18,22 läßt sich ʾhb nicht auf den ersten Blick politisch deuten. Als David zögerte, Sauls Schwiegersohn zu werden, greift dieser zu einer List:

> Und Saul gebot seinen Dienern: Redet heimlich mit David und sagt: Siehe, der König hat Gefallen an dir, und bei all seinen Dienern bist du beliebt (wekål⁻ ᶜabadâw ʾahebûka); so werde doch nun des Königs Tochtermann.

Saul versucht hier auf geschickte Weise, David an sich zu binden und als Rivalen auszuschalten. Sollte er da auf die politische Beliebtheit anspielen, die David nach ISam 18,5 bei den Dienern des Königs genießt? Geht ʾhb an dieser Stelle also jeder politische Unterton ab? Wir halten diese

40 THOMPSON, Israel's "haters" 201, hat herausgearbeitet, daß "the counterpart of 'love' and 'lover' with political overtones... is śnʾ, 'hate' ". Er führt die einschlägigen Stellen an, ohne sie ausführlich zu diskutieren. Unseres Erachtens geht THOMPSON jedoch zu weit, wenn er z.B. Ps 18,18 in die Liste der Belege aufnimmt und 203 dazu ausführt: "Sometimes the Psalmists seem to refer to victory over their political foes and give thanks to Yahweh".

Möglichkeit für nicht sehr wahrscheinlich. In einem Amarnabrief versichert ein Vasallenfürst dem Pharao, die Leute des Ortes liebten ihn, das heißt anerkennten die Herrschaft, die er stellvertretend für den Pharao ausübt[41]. Möglicherweise besagt ᵓhb ISam 18,22 nicht mehr, als daß die David unterstellten Diener des Königs seine ihm von Saul delegierte und dadurch eingeschränkte Macht anerkennen.

In ISam 18 bildet kol ein Schlüssel- oder Leitwort[42]: Ganz Israel liebt David, der in allem, was er tut, Erfolg hat. Von daher ist es verständlich, daß die LXX ISam 18,28f den masoretischen Text[43], der Vertrauen verdient und gut in den Kontext paßt, abgeändert hat und liest:

> Als aber Saul sah und erkannte, daß der Herr mit David war und daß ganz Israel ihn liebte, da fürchtete er sich noch mehr vor David. So wurde Saul Davids Feind für alle Zeit.

Diese Leseart der LXX ist ein weiterer Hinweis darauf, wie stark die Vorstellung von der politischen Beliebtheit Davids ISam 18 bestimmt.

Ebenfalls in politischer Bedeutung verwendet wird ᵓhb in den Büchern Jeremia und Esther.

Jer 20,4.6 ist der politische Unterton, der in ᵓohᵃbâka mitschwingt, eher schwach. Bei den Freunden des Priesters Paschurs handelt es sich um diejenigen, sicher hochgestellten Persönlichkeiten, die seine Politik mittragen (und dafür belohnt werden). Mehr läßt sich dazu nicht sagen.

Die ᵓohᵃbîm des Königs Ahasveros (Est 5,10.14; 6,13) sind wahrscheinlich mit den Waisen von Est 6,13 identisch[44]. Wir können nur Mutmaßungen darüber anstellen, warum die Ratgeber des Königs ᵓohᵃbîm genannt werden. Sie haben ihm zu dienen, sein Bestes zu suchen, und müssen deshalb seine Interessen zu den ihren machen. Das können sie nur, wenn sie ihn schützen und lieben. Es läßt sich allerdings auch umgekehrt argumentieren: Der König machte seine Freunde auch zu Ratgebern[45].

Überblickt man die Belege, so fällt auf, wie viele Bedeutungen ᵓhb in politischer Verwendung aufweist: gemeinsame Sache machen mit, einen Vertrag schließen, diplomatische Beziehungen unterhalten, Anhänger/Parteigänger sein, protegieren.

Dieses breite Spektrum ruft einer Erklärung. Wir holen etwas aus. Schon seit längerer Zeit weiß man, daß ṣdq ein gemeinschaftsbezogener Begriff ist[46]. Als ṣăddîq gilt, wer sich gemeinschaftskonform verhält. In einer Beziehung zwischen Gleichgestellten sieht das ṣăddîq-Verhalten für alle gleich aus, nicht hingegen in einer solchen zwischen "Vorgesetzten" und "Untergebenen": Der König verhält sich gemeinschaftskonform, wenn er seine Untertanen schützt, diese sind ṣăddîqîm, wenn sie ihm loyal ergeben sind[47].

Eine ähnliche Verwendungsstruktur weist nun auch ᵓhb auf. Es wird bei Beziehungen zwischen gleich- wie nicht gleichgestellten Personen verwendet. Seine Bedeutung wechselt dementsprechend:

41 EAT 137, 46-48.

42 Belege: V. 5(2x).6.14.16.22.29.30.

43 ûmîkăl băt- šaᵓûl ᵓᵃhebăthû.

44 So u.a. PATON, Esther 238.

45 Das trifft wohl auf den Titel "Freund des Königs" (reᵃᶜ hămmäläk, reᶜă hămmäläk, reᶜă dawid) zu. – DONNER, Freund 270f schreibt dazu: "Es könnte sich um das Amt eines königlichen Ratgebers gehandelt haben, dessen Tätigkeit mit dem Verbum jᶜṣ umschrieben wurde und der später die Amtsbezeichnung jôᶜeṣ trug – nicht in dem Sinne, als sei jeder Ratgeber 'Freund des Königs' gewesen, sondern so, daß der Freund des Königs die Funktionen eines Ratgebers ausübte" (tr.).

46 Vgl. dazu KOCH, Art. ṣdq 515f.

47 Vgl. KOCH, a.a.O. 512.

– Daß Josaphat Ahab liebt, bedeutet, daß er gemeinsam mit diesem in den Krieg zieht und dabei die gleichen Pflichten übernimmt wie dieser[48] (vgl. weiter IReg 5,15).
– Nach IISam 19,6f hätten die Anhänger Davids, die ihm den Thron zu sichern halfen, also loyal zu ihm standen, von ihm gefördert werden müssen. Die Verpflichtungen für König und Untertanen sehen hier je verschieden aus, werden aber mit dem gleichen Wort ᵓhb umschrieben.

Wie die Wurzel ṣdq bedeutet ᵓhb also häufig: sich gemeinschaftskonform verhalten. Von daher drängt sich die Frage auf, warum denn in den untersuchten Texten ᵓhb Verwendung findet und nicht ṣdq, respektive ein damit verwandter Begriff. Eine einleuchtende Antwort auf diese Frage kann erst nach der Untersuchung einiger altorientalischer Stellen, an denen "lieben" in politischen Zusammenhängen verwendet wird, gegeben werden.

b. "Liebe" als politischer terminus technicus im Alten Orient und das Gebot der Nächstenliebe

Im Deuteronomium findet sich einige Male das Gebot, Gott zu lieben. In einem grundlegenden Aufsatz ist MORAN der Frage nachgegangen, ob es zu dieser Liebe, die er als "covenantal love" [49] charakterisiert, Analogien gibt. Bei dieser Suche ist er auf einen Brief aus den Archiven von Mari [50] und viele Belege aus der Amarnazeit [51] gestoßen, in denen "Liebe" als politischer Begriff ebenfalls in die Bundesvorstellung eingebettet ist. Geht man sie durch, entdeckt man, daß râmu als politischer terminus technicus die gleichen Bedeutungen aufweist wie ᵓhb im Alten Testament.

α. Liebe zwischen unabhängigen und gleichgestellten Herrschern (Brüdern)

Praktisch alle Briefe aus Mitanni an den Pharao enthalten im Briefeingang einen Hinweis auf die gegenseitige Liebe [52]. Ein Beispiel genüge:

> **EAT 19,1-4** [53]
> [Zu] Nimmuria, dem großen König,
> König von Ägypten, [meinem] Brud[er,]
> meinem Schwiegersohn, der mich liebt (ša i-ra-ᵓa-am-an-ni),
> und den ich lie[be] (ù ša a-ra-a [m-mu-uš]),
> hat also gesprochen Tušratta,
> der große König, [dein] Schwiegervater,
> der dich liebt (ša i-ra-ᵓa-a-mu – ú-ka),
> König von Mitanni, dein Bruder.

Man beachte, wie der König von Mitanni durch die symmetrische Gestaltung des Briefeingangs (Nimmuria, dem großen König/Tušratta, der große König; meinem Bruder/dein Bruder; der mich liebt/den ich liebe) zu erkennen gibt, daß er sich als dem Pharao gleichwertig betrachtet. Gleich wird ᵓhb im Alten Testament in bezug auf David und Hiram, Josaphat und Ahab verwendet.

48 Dies schwingt sicher in der Aussage des israelitischen Königs in IReg 22,4 (vgl. IIChr 18,3) mit: "Wie du, so ich, mein Volk wie dein Volk, meine Rosse wie deine Rosse!"

49 MORAN, Background 82.

50 ARM.T. V, Brief 76,4: "[w]arad-k[a] ù ra-im-ka-a-ma"; zitiert nach: DOSSIN, Correspondance 106.

51 Die Belege können erschlossen werden über: KNUDTZON, EAT 1493f, 1498f.

52 Ausnahmen: EAT 17; 18 (nur fragmentarisch erhalten).

53 KNUDTZON, EAT, Text 136, Übersetzung 137.

β. Der Pharao muß seine Vasallen und diese ihn lieben

> **EAT 123,23-28**[54]
> [We]nn liebt (i-ra-am) der Köni[g],
> mein [Her]r, [seinen] treue[n] Diener,
> [s]o sende
> die 3 Leut(e zurück)! So werde ich leben
> und schützen
> die Stadt für den König.

Rib Addi fordert den Pharao hier auf, seine Bundespflichten einzuhalten[55] und sichert ihm gleichzeitig zu, er werde die seinen nicht verletzen.

> Ein weiterer Beleg:
> **EAT 53,40-44**[56]
> O Herr, wie ich den König, m[eine]n Herrn,
> liebe (a-ra-aḫ-am), so auch der König von Nuḫaššše,
> der König von Nii, der König von Zinzar
> und der König von Tunanat; ja diese
> Könige alle sind meinem Herrn dienstbar (^{amêlu}ardūtu-m[a]).

Liebe für den Pharao bedeutet nach dieser Stelle Knechtschaft (ardūtu). Allerdings zeigt dieser Brief wiederum deutlich, daß der Vasall auch Gegenleistungen erwartet: Akizzi bittet den Pharao unterwürfig um die Entsendung von Truppen[57]. Gleich wie an diesen beiden Stellen râmu wird IISam 19,7 ʾhb verwendet.

Das Alte Testament und die einige Jahrhunderte ältere El-Amarna-Korrespondenz zeigen, daß es nahelag, politische Beziehungen mit dem Wort "Liebe" zu umschreiben. Und tatsächlich beschränken sich die Belege nicht auf diese beiden Komplexe. WEINFELD hat darauf hingewiesen, daß in akkadischen "Loyalty Oaths", im hethitischen Bereich, in griechischer, hellenistischer und römischer Zeit für die Forderung, dem Oberherrn gegenüber treu zu sein, das Wort Liebe verwendet wird[58]. Die entsprechenden Ausdrücke lauten: râmu, aššija, φιλεῖν, εὐνοεῖν, εὔνοια[59]. "Liebe" ist wohl deshalb ein so verbreitetes Wort der politischen Terminologie, weil die Beziehungen zwischen Staaten als persönliche (solche zwischen Königen) betrachtet wurden. (Auch die Vasallen waren nicht einem unpersönlichen Staat, sondern dem Oberherrn verpflichtet). Kein Wort eignete sich nun besser zur Umschreibung gewünschter "enger" Beziehungen als "Liebe"; dies ist sicher der Hauptgrund für seine häufige Verwendung in politischen Zusammenhängen.

54 KNUDTZON, a.a.O; Text 530, Übersetzung 531.

55 Vgl. weiter EAT 123,41-43, wo er ihn um die Entsendung von Truppen bildet.

56 KNUDTZON, a.a.O; Text 326, Übersetzung 327.

57 EAT 53,47f.

58 WEINFELD, Loyalty Oath 383f.

59 Vgl. dazu WEINFELD, a.a.O. 383f.

Zudem wußte man von familiären Erfahrungen her, was es bedeutet, jemanden zu lieben. Es ist deshalb kein Zufall, daß es in einer "adjuration of Hittite military personnel" heißt:

> Just as you love your wives, your children, and your houses, so you shall love the king's business[60].

Im Alten Testament ist ᵓhb gewiß aus den gleichen Gründen in politischen Zusammenhängen verwendet worden wie im übrigen Alten Orient.

Von den bisher untersuchten Texten wirft keiner direkt Licht auf Lev 19,18. Nun hat VRIEZEN in seinem Aufsatz über das alttestamentliche Liebesgebot darauf hingewiesen, daß sich in akkadischen Texten einige Male die Wendung "jemanden lieben wie sich selbst" finde: râmu kīma ramānika / napištika.

Leider führt VRIEZEN in seiner Arbeit nur drei Stellen an[61]. Diejenige aus dem Gilgameschepos scheidet aus, da ihr eine falsche Lesung zugrundeliegt. Damit entfällt der einzige von ihm angeführte Beleg für die Wendung râmu kīma ramānika, welche die genaue akkadische Entsprechung zu ᵓhb kamôka bildet. Von den beiden verbleibenden Stellen wirft vor allem die aus den Vasallenverträgen Asarhaddons Licht auf das Gebot der Nächstenliebe:

iv,266-268[62]
šum-ma at-t[u-nu] a-na ᵐaššur-DÙ.A DUMU XX GAL šá E UŠ-ti
DUMU ᵐaššur-PAB.AŠ [X-] X ᵏᵘʳaššur EN-ku-nu
ki-i nap-šate[63] -ku-nu la tar-ᵓa-ma-ni
(You swear) that you will love Ashurbanipal, the crown-prince,
son of Esarhaddon, king of Assyria, your lord
as (you do) yourselves.

In diesem Text schwören die Vasallen Asarhaddons, unter ihnen wahrscheinlich auch König Manasse von Juda[64], den Kronprinzen zu lieben wie sich selbst. Das Liebesgebot findet sich also nicht erst im Alten Testament, sondern bereits in einem altorientalischen Text. Vielleicht gelingt es von ihm aus, noch etwas besser zu bestimmen, was die Wendung "jemanden lieben wie sich selbst" bedeutet. VON SODEN hat darauf hingewiesen, daß napištu an der vorliegenden Stelle nicht "selbst" heißt, sondern "Leben"[65]. Ihre genaue Übersetzung lautet also:

> Ihr schwört, daß ihr Assurbanipal... lieben werdet wie (ihr) euer (eigenes) Leben (liebt).

Mit andern Worten: Die Vasallen haben das Leben des Kronprinzen gleich stark zu lieben wie das eigene (oder noch mehr); notfalls müssen sie bereit sein, für ihn zu sterben. Unseres Erachtens besteht allerdings im vorliegenden Zusammenhang inhaltlich zwischen "euer (eigenes) Leben lieben" und "euch selbst lieben" kein allzu großer Unterschied.

60 Übersetzung a.a.O. 383.

61 VRIEZEN, Auslegung 5f u. Anm. 11. Es handelt sich um folgende Texte: LAESSØE, Shemshara Tablets 81: "ù [ša]-tu be-el-šu ki-ma na-pí-iš-ti-šu i-ra-mu-šu (Z. 57f): "Und ihn liebt sein Herr wie sein Leben / wie sich selbst" (VRIEZEN, a.a.O. 6 Anm. 11, übersetzt falsch mit: "und er seinen Herrn liebte wie sich selber"); WISEMAN, Vassal-Treaties IV,266-268 (im Text aufgeführt); THOMPSON, Epic of Gilgamesh II,II,21 (vgl. dazu Anm. 30).

62 WISEMAN, Vassal-Treaties; Text 49, Übersetzung 50; râmu wird hier mit ana konstruiert; vgl. oben S. 5.

63 Korrigierte Lesung (schriftliche Mitteilung VON SODENs vom 11.11.81).

64 So VRIEZEN, Auslegung 5.

65 Briefliche Mitteilung vom 11.11.81.

Die Forderung nach Selbstopferung wird recht oft in Loyalitätseiden und Vasallenverträgen erhoben, auch in denen Asarhaddons:

> **iiif,229-231**[66]
> [(You swear) that you will fight for Ashurbanipal,] the crown-prince, son of Asarhaddon, your lord, and will die (for him).

Einige weitere Belege verschiedener Herkunft:

> And if you... Šaušgamuwa do not come to aide with full heart... with your army and your chariots and will not be prepared to die... with your wives and your sons (for the King)[67]...
>
> If we will not fight against him stubbornly... if the life of our lord will not be more precious to us than our own lives[68]...
>
> If our death is not your death, if our life is not your life, if you do not seek the life of Ashurnirari, his sons... as your own life, and the life of your sons[69]...

(Die letzte Stelle enthält – dies nur nebenbei – Formulierungen, die sich eng mit dem Gebot der Nächstenliebe berühren). Aus den aufgeführten Belegen geht eindeutig hervor, daß in altorientalischen Loyalitätseiden und Vasallenverträgen das Selbstopfer eine wichtige Rolle spielt.

râmu kī napšātēkunu bedeutet in den Vasallenverträgen Asarhaddons wohl nicht "bereit sein zu sterben", auch wenn dies die ursprüngliche Bedeutung der Wendung gewesen sein mag. Wahrscheinlich meint sie "Assurbanipal völlig loyal dienen" und enthält wie k^{e}năpš^{e}ka (kamôka) die Maßangabe "so stark wie nur immer möglich".

Sie eignet sich, so meinen wir, besonders gut zur Umschreibung der geforderten Loyalität, gibt es doch nichts, was man stärker liebt als das eigene Leben. Sicher konnten sich auch die Vasallen die Antwort zu eigen machen, mit der Hammurabi ein Ersuchen um militärische Hilfe beantwortete:

> **ARM 72,24**[70]
> [ki]-ma na-pí-iš-tam a-ra-am-mu at-ta ú-ul ti-de-e
> Weißt du nicht, daß ich das Leben liebe?

Wenn also von den Vasallen verlangt wird, ihren Herrn zu lieben wie das eigene Leben, so bedeutet dies: so stark wie nur irgendmöglich. Diese Uneingeschränktheit der geforderten Loyalität bringen andere Texte mit Wendungen wie šakuuaššarit ZI-it, ina kun libbi..., *παντὶ σθένει, ὅυι ἄν δύνωμαι, κατὰ τὸ δυνατόι/δύναμιν, μετὰ πάσης προθυμίας, καὶ πάσηι δυνάμει* zum

66 WISEMAN, Vassal-Treaties 46.

67 Aus einem hethitischen Vertrag; Übersetzung von WEINFELD, Loyalty Oath 384.

68 Loyalitätseid hethitischer Armeeoffiziere; Übersetzung von WEINFELD, a.a.O. 384.

69 Staatsvertrag Aššurniraris V von Assyrien mit Mati'ilu von Bit-Agusi; Übersetzung a.a.O. 385.

70 Text nach: JEAN, Lettres diverses 137.

Ausdruck[71]. Wir betrachten sie als mit kīma napšātēkunu verwandt. Sie erinnern auch an Dtn 6,5:

> Und du sollst den Herrn, deinen Gott, lieben von ganzem Herzen, von ganzer Seele und mit aller deiner Kraft (b^e^kål⁻ l^e^bab^e^ka ûb^e^kål⁻ năpš^e^ka ûb^e^kål⁻ m^eʾ^odäka).

Dtn 6,5 und Lev 19,18 stimmen also darin miteinander überein, daß sie unbedingte, uneingeschränkte Liebe gebieten.

In der Geschichte von Jonathan und David und in den Vasallenverträgen Asarhaddons umschreiben die Wendungen ʾhb k^e^năpšô / râmu kī napšātēkunu das höchste Maß an Liebe, das sich vorstellen läßt. Asarhaddon erwartet von seinen Vasallen, daß sie bereit sind, für seinen Sohn wenn nötig das Leben zu lassen. Jonathan schützt David, wo er nur kann, und überläßt ihm das Königtum. Asarhaddon fordert ein Höchstmaß an Liebe, Jonathan gewährt es.

Auf Lev 19,18 angewandt: Das gleiche Maß an Liebe, das Asarhaddon von seinen Vasallen erwartet, das gleich große Maß an Liebe, das Jonathan David schenkt, muß der Israelit seinem Nächsten erweisen. Die Einhaltung des Gebotes der Nächstenliebe läßt sich allerdings – in diesem Punkte unterscheidet es sich fundamental von der Liebesforderung in den Vasallenverträgen Asarhaddons – nicht erzwingen oder durchsetzen[72].

71 Die Texte, in denen sich diese Wendungen finden, sind verzeichnet bei: WEINFELD, Loyalty Oath 384f.

72 Da das Liebesgebot, wie noch näher auszuführen, ein ethischer Spitzensatz ist und in eine bestimmte geschichtliche Situation hinein gehört, braucht es nicht zu erstaunen, daß hb nur selten in ethischem Zusammenhang verwendet wird. RÜCKER, Nächstenliebe 14, argumentiert also ahistorisch und interpretiert den statistischen Befund falsch, wenn er schreibt:

> "Im Verhältnis zum Nächsten im allgemeinen und zu den Hilfsbedürftigen und sozial Schwachen im besonderen wurde… nicht zuerst gefühlsmäßige Verbundenheit für notwendig erachtet. Deshalb erscheint das Verb ʾāhab so selten, wenn es um das rechte Verhalten zum Nächsten geht. Die praktische Hilfe gegenüber dem sozial Schwachen hat den Vorrang, und diese fordern die Propheten".

B. re^{ac} und verwandte Begriffe

1. Einleitung

a. Das Problem

Der Hauptgrund dafür, daß bisher die Frage, wer mit dem re^{ac} in Lev 19,18 gemeint sei, die Diskussion um das alttestamentliche Liebesgebot so stark bestimmt hat, ist im Neuen Testament zu suchen. Der Gesetzeskundige, von Jesus auf seine Frage nach dem ewigen Leben auf das Doppelgebot der Liebe hingewiesen, will wissen:

> **Lk 10,29**
> Und wer ist mein Nächster?

Diese Frage hat zusammen mit der darauf gegebenen Antwort dazu geführt, daß man den Unterschied zwischen alt- und neutestamentlichem Liebesgebot oft nur in seinem unterschiedlichen Geltungsbereich sah: Während das Alte nur fordere, seinen Volksgenossen (und den ger) zu lieben, gebiete Jesus die Liebe zu jedem Menschen[1]. Diese Behauptung ist nicht unwidersprochen geblieben.

Heute stehen sich zwei Positionen fast unversöhnlich gegenüber.

BUBER schreibt in seinem Buch "Zwei Glaubensweisen":

"das von der Septuaginta mit 'der nah daneben, der Nahe' übersetzte Nomen re^{ac} bedeutet alttestamentlich zunächst einen, zu dem ich in einer unmittelbaren und gegenseitigen Beziehung stehe, und zwar durch irgendwelche Lebensumstände, durch Ortsgemeinschaft, durch Volksgemeinschaft, durch Werkgemeinschaft, durch Kampfgemeinschaft, besonders auch durch Wahlgemeinschaft oder Freundschaft; es überträgt sich auf den Mitmenschen überhaupt und sodann auf den andern überhaupt. 'Liebe deinen re^{ac} bedeutet also in unserer Sprache: sei liebreich zugewandt den Menschen, mit denen du je und je auf den Wegen deines Lebens zu schaffen bekommst... Damit sich aber im Volksbewußtsein keine Einschränkung des Begriffs vollziehe, wozu die erste Hälfte des Satzes ('Heimzahle nicht und grolle nicht den Söhnen deines Volkes') leicht verführen könnte, wird bald darauf im selben Kapitel (Vers 33) das Gebot nachgetragen, auch dem ger, dem unter Israel wohnenden nichtjüdischen 'Gastsaßen', liebreich zu begegnen"[2].

FICHTNER dagegen meint:

"Das Gebot der 'Nächstenliebe' gilt... zunächst eindeutig gegenüber dem Genossen des Jahwebundes..., nicht ohne weiteres gegenüber allen Menschen... [Das] wird bestätigt durch die ausdrückliche Einbeziehung des ger, des Fremden, der im Lande wohnt, in den Geltungsbereich des Liebesgebotes in v. 34 desselben Kapitels"[3].

Die Positionen sind klar bezogen, und wir könnten uns darauf beschränken, auf wenigen Seiten zu untersuchen, ob BUBER oder FICHTNER recht zu geben ist, wobei sich – was das Liebesgebot betrifft – rasch die Überlegenheit von FICHTNERs Argumentation herausstellte. Dieser Weg wäre, wie gleich zu zeigen, zu einfach und leistete gefährlichen Mißverständnissen Vorschub.

1 So etwa HOLZINGER, in: KAUTZSCH, Heilige Schrift 188.

2 BUBER, Glaubensweisen 701f. – Eine ähnliche Position hat bereits MICHAELIS, Mosaisches Recht 19 vertreten: "An und vor sich kann... [re^{ac}] bey den Hebraͤern zweyerley bedeuten, 1) einen Freund, 2) einen jeden, mit dem ich etwas, es sey im Guten oder Boͤsen, zu thun habe. Diese Bedeutung... ist so gewiß, daß die Hebraͤer auch wohl einen, mich sonst nichts angehenden, Menschen, deswegen re^{ac} nennen, weil er jezt mein Gegenpart ist, z.B. einen Proceß mit mir hat, sich mit mir schlaͤgt, u.s.f. 2 B. Mos. 18,16. 5 B. Mos. 22,26... In Gesetzen darf ich Reg nie anders, als in dieser leztern Bedeutung nehmen" (tr.).

3 FICHTNER, Begriff 102.

b. Das Liebesgebot als Gegenstand jüdisch-christlicher Polemik

Daß BUBER und FICHTNER so unterschiedliche Antworten auf die Frage nach der Bedeutung von re^{ac} in Lev 19,18 geben, hängt ein Stück weit sicher mit ihrer Konfessionszugehörigkeit zusammen. Ihren Äußerungen geht zum Glück der polemische Ton ab, der besonders im letzten Jahrhundert die heftigen Auseinandersetzungen von Christen und Juden um das Liebesgebot geprägt hat. In diesem Streit, auf den wir mit einigen Zitaten hinweisen – ohne ihn groß zu kommentieren –, haben die Christen die größere Aggressivität an den Tag gelegt.

Ein erstes Beispiel. 1886 behauptete ein Marburger Lehrer auf einer Versammlung, "der Talmud sei das Gesetz der Juden, und es stehe darin, daß das Gesetz Mosis nur vom Juden zum andern gelte; auf 'Gojims' habe es keinen Bezug, die dürften sie bestehlen und betrügen"[4]. Der Vorsteher der Marburger Cultusgemeinde erhob wegen dieser Aussage bei Gericht Strafantrag. Dieses bestellte den Antisemiten LAGARDE und den jüdischen Religionsphilosophen COHEN zu Sachverständigen. COHEN ging in seinem Gutachten – das LAGARDEsche steht uns nicht zur Verfügung – eingehend auf das Gebot der Nächstenliebe ein und behauptete, es beziehe sich auf jedermann und nicht bloß den Volksgenossen[5].

Ein zweites Beispiel. In seinem Buch "Talmudjude" stellte ROHLING die Behauptung auf:

"Einem Israeliten, sagt der Talmud, ist es erlaubt, einem Goj Unrecht zu thun, weil geschrieben steht: Deinem Nächsten sollst du nicht Unrecht thun (Lev. 19,13)"[6].

DELITZSCH, der ROHLINGs Pamphlet in einer Broschüre energisch entgegentrat, weist diesem zwar nach, daß er Lev 19,13 falsch übersetzt und die Einstellung des Talmuds zu den Gojim stark verzerrt wiedergibt[7]. Aber auch er hält noch fest:

"Es ist erst das Christenthum, welches gelehrt hat, daß der Mensch als solcher ohne Unterschied des Volksthums der Nächste des Menschen ist. Dort im Leviticus ist, wie 19,18 zeigt, der Nächste s.v.a. Volksgenosse. Alttestamentliche Moral ist noch nicht christliche, obgleich das Humanitätsprinzip auch da schon die Schranke zu durchbrechen beginnt"[8].

Am polemischsten äußert sich STADE in seiner Geschichte des Volkes Israel zur jüdischen Auslegung des Liebesgebotes:

"Es ist ein durch seine Unverfrorenheit auffallendes Beginnen, wenn versammelte Rabbiner dem christlichen Publikum einzureden suchen, daß die Juden durch Gebote wie Lev. 19,18. 24,22. zu gleichem sittlichen Verhalten gegen alle Menschen verpflichtet seien, und das Judenthum zur Religion der Menschenliebe stempeln. Man speculirt hierbei auf die falsche Übersetzung von rê^{ac} 'Volksgenosse' mit 'Nächster' und ger mit 'Fremder' in der deutschen Bibel"[9].

Auch die jüdische Seite verfährt in ihren Vorwürfen an die Christen nicht immer zimperlich. So umschreibt MAYBAUM, und bei diesem Beispiel habe es sein Bewenden, den Unterschied zwischen christlicher und jüdischer Interpretation des Liebesgebotes wie folgt:

"Dort [bei den Christen, Vf.] das Gebot überschwänglicher Hingebung für den Nächsten, das aber über die Kraft geht und dessen Erfüllung an dem natürlichen Trieb der Selbsterhaltung immer scheitern muß; hier die auf Gleichberechtigung gegründete Menschenliebe, die erfüllbar ist und daher stets geübt wird. Dort völlige Selbstentäußerung für den Nächsten, die oft ins Gegen-

4 Dies berichtet COHEN, Nächste 29 Anm. 1.

5 COHEN, a.a.O. 33f.

6 Zitiert nach: DELITZSCH, Talmudjude 12.

7 DELITZSCH, a.a.O. 13.

8 A.a.O. 12f.

9 STADE, Geschichte 510 Anm. 3.

teil umschlägt und dann das Heiligtum menschlicher Persönlichkeit mißachtet; hier würdevolle Gehaltenheit des Subjektes im Dienste der Menschenliebe, die aber auch dem Objekte die gleiche Selbstbehauptung einräumt"[10].

Während Christen also den Juden vorwerfen, den Geltungsbereich des Liebesgebotes auf Angehörige ihrer Gruppe zu beschränken, tadelt MAYBAUM an jenen die gefährliche Folgen zeitigende Überforderung der moralischen Fähigkeiten des Menschen durch eine falsche Auslegung des Liebesgebotes.

c. Das Vorgehen

Daß die Diskussion um das Gebot der Nächstenliebe durch Streitereien zwischen Christen und Juden belastet ist, darf uns nicht davon abhalten, deutlich herauszustellen, daß mit dem re^{ac} in Lev 19,18 nicht jeder Mensch gemeint ist, um ein Resultat dieses Kapitels vorwegzunehmen.

Damit sind allerdings noch nicht alle Probleme gelöst. Zwei Fragen vor allem rufen einer eingehenderen Behandlung:

- Bedeutet re^{ac} nicht jeden Menschen, mit dem es der Israelit zu tun bekam, wie ist der Ausdruck in Lev 19,18 dann zu übersetzen: mit Sippen-, Volks- oder Glaubensgenosse? Enthält auch BUBERs Sicht eine particula veri?
- Gilt die nach Lev 19,18 dem re^{ac} geschuldete Liebe nur dem Volksgenossen, bedeutet dies dann, daß der Israelit den Fremden hassen darf oder gar muß? Mit andern Worten: Enthält re^{c}aka implizit die Abgrenzung "den Fremden aber nicht", wie es Mt 5,43 voraussetzt: Ihr habt gehört, daß gesagt ist: 'Du sollst deinen Nächsten lieben' und deinen Feind hassen?[11].

Diese Fragen lassen sich erst dann abschließend beantworten, wenn der Sitz im Leben des Liebesgebotes bestimmt ist. In diesem Teil unserer Arbeit geht es vorerst darum, die verschiedenen Bedeutungen von re^{ac} möglichst genau zu erarbeiten und mit denen verwandter Begriffe wie ʾaḥ und ʿamît zu vergleichen. Da wir keine Monographie über re^{ac} schreiben können und Lev 19,18 Bestandteil eines Gesetzeskorpus ist, liegt es nahe, seine Bedeutung in den drei Korpora Bundesbuch, Deuteronomium und Heiligkeitsgesetz zu untersuchen.

2. re^{ac} im Bundesbuch

Im Bundesbuch wird re^{ac} an folgenden Stellen verwendet: Ex 21,14.18.35;22,6.7.8.9.10.13. 25. Die ZB übersetzt re^{ac} an allen Stellen (Ausnahmen: Ex 21,14; 22,10) mit "anderer". Ein Beispiel:

> **Ex 22,25**
> Wenn du den Mantel eines andern (śǟlmăt reʿäka) zum Pfande nimmst, so sollst du ihm denselben zurückgeben, ehe die Sonne untergeht.

Mit dieser Übersetzung bringt die ZB zum Ausdruck, daß re^{ac} in diesen Versen nicht den Sippen- oder Stammesgenossen in betonter Abgrenzung zum Fremdling/Fremden meint, sondern jedermann, mit dem es die in diesen Bestimmungen angesprochenen Israeliten im Alltag zu tun bekamen.

10 MAYBAUM, Assimilation.

11 GRUNDMANN, Matthäus 176, betont zu Recht, daß der Satz "und deinen Feind hassen" "im Alten Testament und auch in der rabbinischen Tradition in dieser allgemeinen Form nicht nachweisbar" ist. Mit ihm (a.a.O. 176f) nehmen wir an, daß sich Matthäus hier gegen die Sekte von Qumran wendet, die IQS I,10 gebietet, "alle Söhne der Finsternis zu hassen" (LOHSE, Texte 5).

Das Bundesbuch enthält einige Hinweise darauf, daß damit die Bedeutung von re^{ac} richtig bestimmt ist. Das Hauptinteresse ruht in den aufgeführten Bestimmungen auf dem jeweiligen Tatbestand, nicht auf den in ihn verwickelten Personen. re^{ac} wird in ihnen verwendet, weil die Satzkonstruktion ein Wort für "anderer" verlangt. Von den dafür theoretisch zur Verfügung stehenden Ausdrücken re^{ac}, ᵓaḥ, ᶜamît[12], bän⁻ ᶜam findet nur die "neutrale" Vokabel re^{ac} Verwendung, was einen Hinweis darauf bildet, daß es nicht mit "Volksgenosse" oder ähnlich übersetzt werden darf.

Andere Beobachtungen gehen in die gleiche Richtung. In zwei Fällen verwendet das Bundesbuch ᵓîš, respektive suffigiertes re^{ac}, während in den Parallelbestimmungen aus dem Deuteronomium präzisiert wird, um wen es sich handelt. Besonders aufschlußreich ist die Gegenüberstellung von Ex 21,16 und Dtn 24,7:

> **Ex 21,16**
> Wer einen Menschen (ᵓîš) raubt – ob er ihn nun verkaufe, oder ob man ihn noch bei ihm finde –, der soll getötet werden.
>
> **Dtn 24,7**
> Wenn jemand dabei betroffen wird, daß er einen von seinen Brüdern, einen Israeliten (näpäš meᵓäḥâw mibb^{e}nê jiśraᵓel), stiehlt und ihn als Sklaven behandelt oder verkauft, so soll ein solcher Dieb sterben.

Ex 21,16 untersagt Diebstahl und Verkauf eines freien Mannes. Die Deuteronomiumfassung hält präzisierend fest, daß es sich um einen Bruder, einen Israeliten, handelt. Die Bestimmung erhält dadurch eine implizite Begründung: Einen Israeliten darfst du nicht verkaufen, denn er ist ja dein Bruder.

Interessant ist auch ein Vergleich zwischen Ex 22,25 und Dtn 24,10.12f[13]:

> **Ex 22,25**
> Wenn du den Mantel eines andern (śălmăt reᶜäka) zum Pfande nimmst, so sollst du ihm denselben zurückgeben, ehe die Sonne untergeht.
>
> **Dtn 24,10.12f**
> Wenn du deinem Nächsten (b^{e}re^{ca}ka) irgend etwas leihst, so sollst du nicht in sein Haus hineingehen und ihm ein Pfand nehmen. Und ist es ein armer Mann (ᵓîš ᶜanî), so sollst du dich mit seinem Pfande nicht schlafen legen, sondern du sollst ihm sein Pfand zurückgeben, wenn die Sonne untergeht, daß er in seinem Mantel schlafen könne und dich segne.

Was sicher auch für Ex 22,25 gilt, hält Dtn 24,12 ausdrücklich fest: Das Pfand wurde dem Armen abgenommen. Aus dieser Präzisierung zu schließen, Ex 22,25 sei im Unterschied zu Dtn 24,12f nicht sozial motiviert, wäre falsch. Nur thematisiert das Deuteronomium dies und verrät dadurch ein gegenüber dem Bundesbuch gesteigertes Interesse an der Frage: Wer ist der Nächste, um den es in den Gesetzen geht?

12 Diese Vokabel taucht erst in späten Texten auf; vgl. dazu unsere Ausführungen auf S. 37-39.

13 Im Unterschied zur Exodus- ist die Deuteronomiumfassung insofern umfassender, als sie in V. 10 von einem Pfand im allgemeinen und erst in V. 13(12) vom Mantel als Pfand spricht.

re^{ac} wird im Bundesbuch meist den Sippen-, Stammes- oder Volksgenossen bezeichnen[14], an einigen Stellen wird aber auch der Fremdling/Fremde unter diesen Begriff fallen. So ist es etwa kaum vorstellbar, daß die hinterlistige Ermordung eines Fremdlings/Fremden unbestraft blieb; Ex 21,14 wird re^{ac} also auch den ger/nåkrî einschließen.

3. re^{ac} im Deuteronomium

Das Deuteronomium richtet sich im Unterschied zum Bundesbuch betont an die Gemeinschaft der Israeliten[15]. Von daher bezeichnet re^{ac} den Bundes- und Volksgenossen. In bezug auf die einzelnen Stellen trifft dies jedoch nicht zu. Nur Dtn 15,2f meint re^{ac} betont den Volksgenossen:

> Und so soll man es mit dem Erlaß halten: Erlassen soll jeder Schuldherr das Darlehen, das er seinem Nächsten (b^{e}re^{c}ehû) geliehen hat; er soll seinen Nächsten und Bruder (ʾät⁻ re^{c}ehû w^{e}ʾät⁻ ʾaḥîw) nicht drängen; denn man hat einen Erlaß zu Ehren des Herrn ausgerufen. Den Ausländer magst du drängen; aber was du bei deinem Bruder [ausstehen] hast, das sollst du erlassen.

Es ist gewiß kein Zufall, daß an dieser Stelle re^{ac} zuerst durch ʾaḥ näher bestimmt und dann ersetzt wird[16]. Offenbar genügte re^{ac} nicht, um die Forderung nach Schulderlaß recht eindringlich zu machen; das vermag erst das hinzugefügte ʾaḥ, das eine implizite Begründung enthält: Dränge bei deinem Nächsten nicht auf die Rückerstattung des Handdarlehens, denn er ist ja dein Bruder.

An den andern Stellen aus dem Deuteronomium werden "faktisch meist nur Volksgenossen in Frage kommen"[17], aber doch nicht immer: Einige Gesetzesbestimmungen können sich gut auf Fremdlinge oder sogar Fremde beziehen (Bsp: Dtn 4,42; 27,24).

Eine von der Forschung noch ungenügend herausgestellte Tatsache verdient besondere Beachtung: An der überwiegenden Zahl von Stellen, an denen im Deuteronomium re^{ac} verwendet wird, geht es um Situationen, in die alle Israeliten – ungeachtet ihrer ökonomischen Stellung – verwickelt werden konnten[18]. Folgende Stichwortreihe zeigt dies deutlich:

Dtn 4,42: Unvorsätzlicher Totschlag eines re^{ac}
Dtn 5,18: Ehebruch mit der Frau eines re^{ac}
Dtn 5,20: Falsches Zeugnis gegen den re^{ac}
Dtn 5,21: Begehren der Frau eines re^{ac}
(Dtn 13,7: Verführung zum Abfall durch einen re^{ac} [19])
Dtn 19,4f: Nicht vorsätzlicher Totschlag eines re^{ac} beim Holzen
Dtn 19,11: Ermordung eines re^{ac}
Dtn 19,14: Verrücken der Grenze des re^{ac}
Dtn 23,25: Traubenessen im Weinberg eines re^{ac}
Dtn 23,26: Ährenreißen im Felde eines re^{ac}

14 In absteigender Reihenfolge: der Israelit der Frühzeit wird es am stärksten mit seinen Sippen-, etwas weniger mit seinen Stammesgenossen und sicher noch weniger mit Stammesfremden zu tun gehabt haben.

15 Dies ist noch immer am besten herausgearbeitet bei VON RAD, Gottesvolk passim.

16 Vgl. dazu PERLITT, Volk 32f.

17 KÜHLEWEIN, Art re^{ac} 789. Diese Aussage ist bei ihm nicht auf das Deuteronomium beschränkt.

18 Wir nehmen hier auch die Stellen aus dem Dekalog auf. Bei seiner Einarbeitung ins Deuteronomium hätte theoretisch die Möglichkeit bestanden, re^{ac} durch ʾaḥ zu ersetzen. Daß dies nicht geschah, zeigt, daß dazu offensichtlich kein Anlaß bestand.

19 An dieser Stelle bedeutet re^{ac} Freund; vgl. dazu die Kommentare.

Dtn 27,17: Verrücken der Grenze des re^{ac}
Dtn 27,24: Heimliche Ermordung eines re^{ac}

Wo es um elementare Regeln des Zusammenlebens der Israeliten geht, steht im Deuteronomium re^{ac}. In Geboten sozialen Inhalts dagegen wird, wie gleich zu zeigen, meist ʾaḥ verwendet. Nur in den beiden Bestimmungen über das Darlehen in Dtn 24,10 und 15,2 (wo re^{ac} durch ʾaḥ ergänzt und dadurch präzisiert wird), bezieht sich re^{ac} eindeutig auf den armen Volksgenossen.

re^{ac} bezeichnet weder im Bundesbuch noch im Deuteronomium mit Betonung den Volksgenossen, schon gar nicht in Abgrenzung gegen den Fremdling (den Fremden). In dieser Beziehung ist BUBER recht zu geben.

Hat sich diese Bedeutung von re^{ac} im Heiligkeitsgesetz erhalten? Mit andern Worten: Bezieht sich das Gebot der Nächstenliebe nicht mit Nachdruck auf den Volksgenossen? Bevor diese Frage beantwortet werden kann, müssen wir auf einige mit re^{ac} verwandte Begriffe eingehen.

4. Mit re^{ac} verwandte Begriffe. Ihre Verwendung in den Gesetzeskorpora

a. ʾaḥ

Während das Bundesbuch keine Belege der Vokabel ʾaḥ enthält, taucht sie massiert in Heiligkeitsgesetz[20] und Deuteronomium[21] auf.

Die Belege des Deuteronomium lassen sich in verschiedenen Gruppen einteilen. Unberücksichtigt bleiben im folgenden Stellen, die von der Stellung der Leviten unter ihren Brüdern handeln[22] oder in denen mit Israel verwandte Völker als seine Brüder bezeichnet werden[23].

Wir gehen von den Stellen aus, die den Schutz armer und wehrloser Volksgenossen zum Inhalt haben[24]. Daß sie einen gewichtigen Prozentsatz der Belege aus dem Deuteronomium ausmachen, ist gewiß nicht Zufall.

Nur bei zwei dieser Vorschriften wird zwischen dem Verhalten dem Bruder und dem Fremden gegenüber unterschieden, Dtn 15,2f und 23,20f. Wie PERLITT wahrscheinlich gemacht hat, handelt es sich bei Dtn 15,3 und 23,21 jeweils um eine spätere "Nachinterpretation", war also ursprünglich gar nicht vom Verhalten dem Fremden gegenüber die Rede[25]. Schon daraus wird deutlich, daß ʾaḥ Dtn 15,2 und 23,20 ursprünglich nicht betont den Volksgenossen im Unterschied zum Fremdling und Fremden meint. Es hat an dieser und weiteren Stellen eine andere Funktion. Wir veranschaulichen dies anhand von Dtn 15,7f:

> Wenn bei dir ein Armer ist, einer deiner Brüder (meʾăḥăd ʾăḥâka)[26], in irgendeiner Ortschaft in deinem Lande..., so sollst du nicht hartherzig sein und deine

20 Lev 19,17; 25,14.25.35.36.39.46.47.48; (26,37). – Nicht aufgenommen sind hier die Stellen, an denen ʾaḥ den leiblichen Bruder, den Verwandten oder Priester bezeichnet.

21 Dtn 1,16.28; 2,4.8; 3,18.20; 10,9; 15,2.3.7.9.11.12; 17,15.20; 18,2.7.15.18; 19,18.19; 20,8; 22,1.2.3.4; 23,8.20.21; 24,7.14; 25,3.11. – Nicht aufgenommen sind hier die Stellen, an denen ʾaḥ den leiblichen Bruder oder den Freund bezeichnet.

22 Dtn 10,9; 18,2.7.

23 Dtn 2,4.8; 23,8.

24 Dtn 15,2.3.7.9.11.12; 23,20.21; 24,14.

25 PERLITT, Volk 34f.

26 Zur Konstruktion vgl. GESENIUS-KAUTZSCH, Hebräische Grammatik § 139d S. 469.

> Hand vor deinem armen Bruder (meʾaḥîka haʾäbjôn) nicht verschließen, sondern willig sollst du deine Hand für ihn auftun und ihm gerne leihen, so viel er nur bedarf.

Der Schutz des armen Mitisraeliten wird (da nicht selbstverständlich?)[27] den Israeliten hier durch den Hinweis darauf ans Herz gelegt, daß der Schwache ein Bruder ist. Das Wort "Bruder" hat in dieser Gesetzesbestimmung also die Funktion einer impliziten Begründung mit starker appellativer Kraft: Wie man sich einem Bruder gegenüber zu verhalten hatte, wußte man ja vom Zusammenleben in der Familie her.

Der appellative Charakter, der im Wort ʾaḥ liegt, erfährt dadurch eine Verstärkung, daß es in einigen Kapiteln dauernd wiederholt wird, besonders ausgeprägt in Dtn 15. In der Verwendung von ʾaḥ kommt deutlich ein "Willen zur Vertiefung der Mitmenschlichkeit"[28] zum Ausdruck. So heißt es Dtn 15,7 nicht einfach: "Wenn bei dir ein Armer ist", sondern es wird hinzugefügt: "einer deiner Brüder". meʾăḥăd ʾaḥâka dient dazu, das Gebot zu motivieren und zu vertiefen.

Dtn 15,7.9 findet sich je einmal die Verbindung me/beʾaḥîka haʾäbjôn. Auch hier will diese eigentlich überflüssige Näherbestimmung zum Gesetzesgehorsam einladen[29]. In V. 11 folgt auf die Feststellung, daß es immer Arme im Lande geben werde, die Mahnung, die Hand weit aufzutun leʾaḥîka lăʿanijjäka ûleʾäbjoneka[30]. Rein vom Inhalt der Bestimmung her erübrigte sich auch hier ʾaḥ.

Daß ʾaḥ der Motivierung dient, tritt besonders deutlich in V. 2 hervor:

> Und so soll man es mit dem Erlaß halten: Erlassen soll jeder Schuldherr das Darlehen, das er seinem Nächsten (bereʿehû) geliehen hat; er soll seinen Nächsten und Bruder (ʾät‾ reʿehû weʾät‾ ʾaḥîw) nicht drängen.

ʾaḥîw wird etwa als "Glosse"[31] oder "korrigierender Zusatz"[32] gestrichen. Doch damit ist verkannt, daß weʾät‾ʾaḥîw auf Gesetzesinterpreten zurückgeht, die das Gebot vertiefen wollen und die dann in den V. 7-11 durchgehend das Wort ʾaḥ verwenden[33].

ʾaḥ findet auch in einer Gruppe von Gesetzen Verwendung, in denen es nicht den armen Israeliten bezeichnet. Wir setzen mit den Bestimmungen aus Dtn 22,1-4, die in Ex 23,4f eine Parallele aufweisen, ein:

> **Dtn 22,1-4**[34]
> Wenn du das Rind oder das Schaf deines Bruders (ʾaḥîka) versprengt siehst, so sollst du dich ihnen nicht entziehen, sondern sollst sie deinem Bruder (leʾaḥîka) wieder zuführen. Wenn aber dein Bruder (ʾaḥîka) nicht nahe bei dir wohnt oder wenn du ihn nicht kennst, so sollst du es in dein Haus nehmen, und es soll bei dir bleiben, bis es dein Bruder (ʾaḥîka) sucht; dann sollst du es ihm

27 Anders läßt sich nicht gut erklären, warum im Deuteronomium so eindringlich um den Schutz des armen Israeliten geworben wird.

28 PERLITT, Volk 42.

29 Vgl. zu dieser Stelle unsere Ausführungen auf S. 144f.

30 Wahrscheinlich verwendet ihr Verfasser deshalb gleich zwei Ausdrücke für den Armen, um ihr dadurch noch mehr Nachdruck zu verleihen, noch stärker zu ihrer Befolgung zu motivieren.

31 SEITZ, Studien 168 Anm. 234.

32 STEUERNAGEL, Deuteronomium 109.

33 So PERLITT, Volk 33.

34 Zu dieser Stelle s. auch PERLITT, a.a.O. 39 Anm. 39.

> zurückgeben. Ebenso sollst du es mit seinem Esel halten, ebenso mit seinem Kleide und ebenso mit allem, was deinem Bruder (ʾaḥîka) verlorengeht; du darfst dich nicht entziehen. Wenn du den Esel oder das Rind deines Bruders (ʾaḥîka) auf dem Wege stürzen siehst, so sollst du dich ihnen nicht entziehen, sondern sollst sie ihm aufrichten helfen.

In Dtn 22,1-4 geht es um die Hilfe für das Vieh des Bruders, in der Bundesbuchparallele um die Hilfe für das Vieh des Feindes. VON RAD meint dazu einleuchtend:

"Dieser Unterschied erklärt sich... nicht daraus, daß die strengere, schwerer zu erfüllende Forderung im Laufe der Zeit einer bequemeren Auffassung gewichen sei, derzufolge solche Dienste nur dem 'Bruder' zu leisten seien. Im Bundesbuch steht die Bestimmung innerhalb einer Gruppe von Gesetzen, die alle vom Verhalten in Prozessen handeln, deshalb ist der Sinn der dortigen Bestimmung wohl der, daß auch eine Prozeßgegnerschaft von der allgemeinen Pflicht der Hilfeleistung nicht entbindet... Im Dt. dagegen ist diese Bestimmung auf ihre allgemeinste Formel gebracht; sie gilt jedem Volksgenossen gegenüber"[35].

Dtn 22,1-4 handelt zwar nur von den Hilfeleistungen für den *Bruder*. Aber der Verfasser dieses Abschnitts will durch die Verwendung von ʾaḥ nicht (in erster Linie) sagen: Dem Fremden gegenüber darfst du dich anders verhalten. Nein, aḥ weist auch an dieser Stelle Appellfunktion auf: Du darfst das versprengte Vieh deines Nachbarn nicht sich selbst überlassen, es geht ja schließlich um deinen Bruder. Darf aus der Verwendung von ʾaḥ statt re^{ac} geschlossen werden, die Versuchung, sich der Hilfeleistung zu entziehen, sei groß gewesen? Die Frage kann nur gestellt, aber nicht beantwortet werden.

Appellfunktion weist ʾaḥ auch Dtn 25,3 auf.

> **Dtn 25,1-3** [36]
> Wenn Männer miteinander einen Streit haben und sie treten vor Gericht und man spricht ihnen Recht und gibt demjenigen Recht, der im Rechte ist, und demjenigen Unrecht, der im Unrecht ist, so soll der Richter, falls der, der im Unrecht ist, Streiche verdient, ihn hinstrecken und ihm in seiner Gegenwart so viel Streiche geben lassen, als er für seine Schuld verdient. Vierzig Streiche darf er ihm geben lassen, nicht mehr, daß dein Bruder (ʾaḥîka) in deinen Augen nicht entehrt werde, wenn er ihm noch viel mehr Streiche geben ließe.

V. 3 besagt: Schlage deinen Bruder nicht mehr als vierzigmal, denn er ist ja dein Bruder.

In Dtn 1,16 wird ʾaḥ als Gegenbegriff zu ger verwendet, bezeichnet also eindeutig den Volksgenossen:

> Höret eure Volksgenossen (ʾ^{a}ḥêkäm) an und richtet gerecht in der Sache, die einer mit einem Volksgenossen oder einem Fremdling (bên-ʾîš ûbên-ʾaḥîw ûbên gerô) hat.

Allerdings unterscheidet dieser Vers nur deshalb zwischen ʾaḥ und ger, um deutlich machen zu können, daß vor Gericht der Fremdling gleich behandelt werden muß wie der Volksgenosse.

35 VON RAD, Deuteronomium 101.

36 Dieser Abschnitt, der sich im Unterschied zu Lev 19,17f eindeutig auf die Gerichtssituation bezieht, berührt sich von seinem Geist her recht eng mit dieser Stelle. Beide Abschnitte fordern die Bestrafung des Schuldigen, nach Lev 19,18 durch Zurechtweisung, nach Dtn 25,3 durch Verabreichen von bis zu vierzig Schlägen. Dabei muß jedoch berücksichtigt werden, daß der Schuldige ein Bruder ist: Nach Lev 19,18 darf der Betroffene sich nicht rächen, Dtn 25,3 verbietet, dem Bruder mehr als vierzig Schläge zu geben.

Wir belassen es bei der Diskussion dieser Stellen[37]. Das Resultat erstaunt. Wider Erwarten wird ᵓaḥ nur selten gebraucht, um die Israeliten von den Fremdlingen und Fremden zu unterscheiden. Der Ausdruck ᵓaḥîka, den das Deuteronomium und nicht etwa die Prophetie des 8. Jahrhunderts einführt[38], ist "eine religiös zentrale und durchaus emotional gefärbte Näherbestimmung des Traditionsausdrucks 'dein Nachbar/Nächster'. Diese Akzentverschiebung ist gerade nicht aus einer ethnischen oder nationalistischen Intention, sondern aus dem Willen zur Vertiefung der Mitmenschlichkeit derer zu verstehen, die allesamt von der befreienden Liebe Gottes leben; darum steht Dtn 15 geradezu programmatisch am Anfang dieses dtn Stromes"[39]. Der Begriff ᵓaḥ enthält also einen Appell: So wie du normalerweise deinen Bruder behandelst (oder behandeln solltest), mußt du auch mit deinem Nächsten umgehen; noch einfacher ausgedrückt: Behandle deinen Nächsten als Bruder[40].

Das Heiligkeitsgesetz hat die deuteronomische Brüderlichkeitssprache weitergeführt. Die Belege von ᵓaḥ konzentrieren sich in Lev 25[41]. In diesem Kapitel geht es wie Dtn 15 um den Schutz des armen Israeliten; er soll nicht völlig verarmen und seine Unabhängigkeit verlieren. Die Brüderlichkeitssprache hat sich, wie Dtn 15 zeigt, bei den Humanitätsgeboten ausgebildet; daß Lev 25 sie aufnimmt, erscheint als folgerichtig.

b. ᶜamît

Der Ausdruck, dessen Etymologie nicht gesichert ist[42], findet sich außer Lev 5,21 (2x) und Sach 13,7 nur noch im Heiligkeitsgesetz: Lev 18,20; 19,11.15.17; 24,19; 25,14f (3x).17. Die Belege konzentrieren sich also in späteren Texten[43]. Innerhalb des Heiligkeitsgesetzes gehören sie, soweit sich das überhaupt noch bestimmen läßt, vor allem sekundären Schichten an[44].

ᶜamît findet sich in keinem der Gebote, welche dem Schutz armer Volksschichten dienen, sondern in Bestimmungen, die alle Israeliten ungeachtet ihrer wirtschaftlichen Stellung betreffen können. Es hat also im Heiligkeitsgesetz ungefähr die gleiche Bedeutung wie reaᶜ im Deuteronomium.

An keiner Stelle wird ᶜamît dem ger, tôšab oder nåkrî gegenübergestellt[45].

37 Zu den Belegen von ᵓaḥ im Deuteronomium vgl. weiter VON RAD, Gottesvolk 20ff.

38 PERLITT, Volk 43.

39 PERLITT, a.a.O. 42.

40 Eine etwas andere Sicht als PERLITT vertritt BÄCHLI, Israel 123.

41 Vgl. dazu Anm. 20.

42 Vgl. dazu PERLITT, Volk 49 Anm. 72.

43 Vgl. dazu KLOPFENSTEIN, Lüge 9: "Der Begriff scheint nur nachexilischen Texten anzugehören, was freilich für das Alter der Gebote und Verbote, in denen er vorkommt, noch nichts beweist. Man darf aber vielleicht doch vermuten, daß Gebote mit einem solchen eindeutig nachexilischen Wort auf babylonisches Gedanken-, insbesondere Gesetzesgut zurückgehen könnten, das auf dem Umweg über das Exil in die nachexilische Priesterschrift eingedrungen ist". Dieser Vorschlag erscheint bedenkenswert. Allerdings ist nicht erwiesen, daß die Gesetzesvorschriften aus dem Heiligkeitsgesetz, die ᶜamît enthalten, der nachexilischen Zeit angehören. Sie können auch bereits exilisch sein. – Vgl. dazu unsere Ausführungen zur zeitlichen Ansetzung von Lev 19 und des Heiligengesetzes in Teil III der Arbeit (passim).

44 Vgl. die Kommentare zu den Stellen und unten S. 65.

45 Vgl. allerdings Lev 24,19 mit 24,22.

5. Lev 19,17f

Bei der Behandlung von re^{ac}, ᵓaḥ und ᶜamît sind wir nicht näher auf Lev 19,17f eingegangen, weil die beiden Verse gesondert behandelt werden müssen.

Im Heiligkeitsgesetz finden sich nur vier Belege von re^{ac}, drei davon im wichtigen Kapitel 19[46]. Während re^{ac} in Lev 20,10 die gleiche Bedeutung aufweisen kann wie im Bundesbuch, meint es Lev 19,13.16.18 klar den Volksgenossen[47]. In bezug auf Lev 19,18 ergibt sich dies aus der auffällig inkonsequenten "Bezeichnung der anderen"[48]. Nebeneinander werden in Lev 19,17f re^{ac}, ᵓaḥ, ᶜamît und bän ᶜam verwendet.

Die drei ersten, oben untersuchten Ausdrücke, zwischen denen im vorliegenden Zusammenhang kein sachlicher Unterschied besteht[49], zwingen allerdings noch nicht zu dieser Auslegung, sondern allein b^{e}nê ᶜămmäka von V. 18. Es enthält eine nationale, ethnische Bedeutung[50] und legt die andern Ausdrücke eindeutig in diesem Sinne fest (Das gilt auch für re^{ac} in den V. 13 und 16).

Das Nebeneinander verschiedener Ausdrücke zur Bezeichnung des "Nächsten" erklärt NOTH so, "daß in V. 15-18 unter dem sachlichen Gesichtspunkt des Verhaltens in der Rechtsgemeinde Sätze verschiedener Herkunft zusammengestellt worden sind"[51]. Für diese Lösung spricht, daß in den Gesetzestexten des Alten Testaments der "Nächste" im allgemeinen nicht promiscue mit verschiedenen Termini bezeichnet wird[52]. Sollte NOTHs Deutung zutreffen, wäre es erlaubt, die Bestimmungen von Lev 19,17f nicht nur von ihrem jetzigen Zusammenhang her, in dem sie sich eindeutig auf den Volksgenossen beziehen, zu interpretieren, sondern auch einzeln. Die Gebote und Verbote von Lev 19,17f bildeten dann ursprünglich Teile von Reihen, in denen der "Nächste" je mit dem gleichen Worte bezeichnet wurde. Das wiederum hieße: In Lev 19,17f wäre ursprünglich nur das Verbot, (sich zu rächen[53] und) nachzutragen, klar auf den Volksgenossen bezogen gewesen. Die beiden Bestimmungen "Du sollst deinen Bruder nicht hassen in deinem Herzen. Lade seinethalben nicht Sünde auf dich." könnten eine kleine Gesetzesgruppe gebildet (oder einer größeren angehört) haben, die ein dem Deuteronomium verwandtes Brüderlichkeitsethos enthielte[54].

46 Lev 19,13.16.18; 20,10.

47 Eine Kuriosität sei in diesem Zusammenhang erwähnt. Die Vulgata übersetzt das Liebesgebot in Lev 19,18 wie folgt: "diliges amicum tuum sicut temet ipsum". Das Problem, vor das diese Übersetzung die Katholiken stellt, formuliert FERNÁNDEZ, Diliges 27 wie folgt: "Miraberis forsan, neque immerito, Deum iubere ut amicus diligatur, cum in eo scilicet sit ratio amicitiae ut qui aliquem tamquam amicum habet, illum certe amore prosequatur. Quodsi amor desit, eo ipso amicitia evanescit". Er löst a.a.O. 28 dieses Problem, indem er nachweist, daß "proximum tuum" die richtige Übersetzung von re^{ca}ka ist. – Unerheblich für die Frage, wer Lev 19,18 mit dem Nächsten gemeint sei, ist HOGG, Love.

48 NOTH, Leviticus 122.

49 NOTH, a.a.O. 122.

50 Er spricht stärker von den einzelnen Volksangehörigen als vom Volk als ganzem. Vgl. dazu ZIMMERLI, Ezechiel 799, der in seiner Aufzählung der Belege von b^{e}nê ᶜămmäka Lev 19,18 übersehen hat.

51 NOTH, Leviticus 122.

52 Besonders gut ist dies im Dekalog und im sichemitischen Dodekalog zu erkennen, wo nur re^{ac} verwendet wird. Zum Nebeneinander von re^{ac} und ᵓaḥ in einigen Deuteronomiumtexten s. oben S. 33ff.

53 Möglicherweise bezieht sich b^{e}nê ᶜămmäka auch auf loᵓ tiqqom, denn nqm wird, ist von Rache an Menschen die Rede, nicht nur mit b^{e}, l^{e} und min, sondern auch dem Akkusativ konstruiert (Jos 10,13).

54 GERSTENBERGER, Wesen 81, rechnet damit, daß Lev 19,17a.bβ und 19,18a ursprünglich zwei kurze, selbständige Prohibitivreihen gebildet haben.

Diese Lösung befriedigt allerdings nicht ganz. Es ist nämlich communis opinio der Forschung, daß das Gebot der Nächstenliebe sowie die Bestimmung "Zurechtweisen sollst du deinen Nächsten" redaktionelle Zufügungen sind. Gehen sie auf den gleichen Redaktor zurück, hat er zwei verschiedene Wörter für den "Nächsten" gebraucht, also Variation im Ausdruck angestrebt. Weiter bilden V. 17f (auch ohne redaktionelle Ergänzungen) eine inhaltliche Einheit und brauchen nicht unbedingt eine Zusammenstellung von zwei ursprünglich selbständigen zweigliedrigen Reihen zu sein. Gehörten sie von Anfang an zusammen, gab es also eine Zeit, in der bei Gesetzesreihen nicht mehr durchgehend der gleiche Ausdruck zur Bezeichnung des "Nächsten" Verwendung fand (Der "ursprüngliche" Bestand von V. 17f enthält nebeneinander ʾaḥ und bän ʿam)[55].

Ob nun der Vielzahl der Ausdrücke in Lev 19,17f eine entsprechende Anzahl von Quellen und Überarbeitungen entspricht oder ob sie sich aus dem Bestreben, sie zu variieren, erklärt: Im jetzigen Zusammenhang bezieht sich das Gebot der Nächstenliebe klar auf den Volksgenossen.

Es ist möglich, daß die drei Ausdrücke re^{ac} , ʾaḥ und bän ʿam von Lev 19,17f wie ʾaḥ im Deuteronomium und Lev 25 motivierende Kraft haben, also meinen: Bedenke beim Umgang mit dem Nächsten stets, daß er dein Bruder, dein ʿamît, dein Nächster ist. In diesem Falle bedeutete b^{e}nê ʿămmäka also: Wenn du in der Versuchung stehst, dich zu rächen oder nachzutragen, so bedenke, daß dein Nächster zum gleichen Volke gehört wie du.

Das Gebot der Nächstenliebe bezieht sich im jetzigen Zusammenhang auf den Volksgenossen. Es hätte aber in der Geschichte niemals eine derartige Bedeutung gewinnen können, wäre es nicht recht allgemein formuliert gewesen. Anders ausgedrückt: Mit b^{e}nê ʿămmäka anstelle von re^{ca}ka wäre es wohl nicht zu einem ethischen Spitzensatz im Judentum, der christlichen Gemeinde und darüber hinaus geworden. Dies bedenken diejenigen Exegeten zuwenig, die betonen, daß sich das Liebesgebot nur auf den Volksgenossen bezieht[56].

55 Zu den hier aufgeworfenen redaktionsgeschichtlichen Fragen s. unten S. 65ff.

56 In Teil III und vor allem IV (passim) unserer Arbeit werden wir das Resultat dieses Abschnitts dahingehend präzisieren, daß es sich beim re^{ac} von Lev 19,18 aller Wahrscheinlichkeit nach um den Glaubensbruder handelt.

C. ger (ʾäzraḥ)

1. Einleitung

1896 hat BERTHOLET seine Dissertation über "Die Stellung der Israeliten und der Juden zu den Fremden" veröffentlicht. Wir referieren kurz einige Hauptergebnisse seiner grundsätzlich noch nicht überholten Arbeit, die uns im Hinblick auf Lev 19,34 als besonders wichtig erscheinen – für Einzelheiten sei auf die einschlägigen Wörterbuchartikel verwiesen[1].

Im Deuteronomium läßt sich nach BERTHOLET eine zweifache Entwicklung in der Einstellung zum Fremden feststellen, einerseits "Die Abkehr von allen Fremden nach außen", anderseits "Die beginnende Angliederung der Fremden nach innen"[2]. Wie kam es zu dieser Trennung in der Einstellung gegenüber dem Fremden? Im Deuteronomium finden zwei Tendenzen, die sich schon vorher angebahnt hatten, kräftigen Niederschlag:

- Die Fremden sind den Israeliten nicht mehr bloß nationalfremd, sie werden als Heiden betrachtet, von denen sich Israel als Volk Gottes radikal zu trennen hat[3].
- Da der eine Gott Jahwe "größer geworden ist als sein Volk, ... werden wenigstens die Fremden, die mitten unter Israel weilen, in seine Verehrung mit hineingezogen"[4]. Mit andern Worten: "Man überwindet die Fremden und macht sie unschädlich dadurch, daß man sie in den eigenen religiösen Verband aufnimmt... Damit ist aber nun gegeben, daß der Ausdruck Ger in einen Wandel der Bedeutung eintritt: Ger ist fortan ein in Israel sich aufhaltender Fremder, der zur religiösen Verfassung des Volkes in eine gewisse Beziehung getreten ist"[5].

Diese beiden Tendenzen verstärken sich im Fortlauf der Geschichte zusehends, wenn die Einstellung zum ger auch noch starken Schwankungen unterlag. Im Exil wurde Israel selber zum ger, was etwa bei Ezechiel dazu führte, daß ger und ʾäzraḥ einander angenähert wurden. Nach dem Exil wurde das Fremde zuerst vehement abgewiesen; erst später, als man mit dem Bau des Tempels wieder eine Identität und damit eine gewisse Sicherheit gewonnen hatte, öffnete man sich dem Fremden wieder vermehrt. Bei P wurde der Fremde endgültig zum Proselyten[6].

2. Das Problem in bezug auf Lev 19,34

Das Bundesbuch enthält nur zwei Bestimmungen über den ger: Er darf wirtschaftlich (Ex 22,20) und im Gericht (Ex 23,9) nicht bedrückt werden. Das Deuteronomium hat jene Bestimmung des Bundesbuches aufgenommen und um andere vermehrt[7]. Im Heiligkeitsgesetz dagegen finden sich – Lev 19,33f ausgenommen – nur zwei ähnlich lautende Bestimmungen sozialen Inhalts, die im Deutoronomium eine Parallele aufweisen: In ihnen wird geboten, die Nachlese dem Fremdling zu überlassen (Lev 19,9f; 23,22). Der Inhalt der übrigen Stellen läßt sich dahingehend zusammenfassen, daß der ger den gleichen Bestimmungen unterworfen wird wie der Voll-

1 MARTIN-ACHARD, Art. gwr; KELLERMANN, Art. gwr.

2 BERTHOLET, Stellung 105.

3 BERTHOLET, a.a.O. 87f.

4 A.a.O. 100.

5 A.a.O. 101.

6 A.a.O. 174f.

7 Dtn 10,19; 14,28f; 24,14f.17f (vgl. Ex 22,20).19-22; 26,12-14; 27,19.

bürger[8]. Ein Bespiel:

> **Lev 17,12**
> Darum habe ich den Israeliten geboten: Niemand unter euch darf Blut essen; auch der Fremdling, der unter euch wohnt (w^{e}hăgger hăggar b^{e}tôk^{e}käm), darf kein Blut essen.

Welche Bestimmungen sind für Israeliten und Fremdlinge gleichermaßen verbindlich? An zwei Stellen (Lev 18,26; 24,22) werden Teilsammlungen als für beide geltend dargestellt: einmal die "Ehe- und Keuschheitsgesetze" von Lev 18 und zum andern die Talionsbestimmungen von Lev 24,17-21. Auf zwei Einzelgebote, die Israeliten und Fremdlinge befolgen müssen, sei noch besonders hingewiesen: auf die Verbote, die Kinder dem Moloch zu übergeben und den Namen Gottes zu lästern (Lev 20,2; 24,16). Sie sind für die Tendenz des Heiligkeitsgesetzes besonders bezeichnend, und nicht zufällig wird bei ihnen festgehalten, daß sie auch für den ger gelten. Aufs Ganze gesehen werden wesentlich mehr Gebote kultischen als ethischen Inhalts als für Vollbürger und Fremdlinge gleich verbindlich bezeichnet. Das hat einen klaren theologischen Grund: Die Gemeinde hat sich (und das Land, auf dem sie lebt), rein zu halten. Damit dies möglich ist, muß sich auch der ger kultischer Reinheit befleißigen. Diesen Aspekt entfalten wir weiter unten ausführlicher.

Ein Punkt, auf den in der Regel nicht hingewiesen wird, sei besonders hervorgehoben. Wir gehen wiederum von einem Beispiel aus:

> **Lev 20,2**
> Zu den Israeliten sollst du sagen: Wer von den Israeliten oder von den Fremden, die in Israel wohnen (ûmin¯ hăgger hăggar b^{e}jiśra$^{\supset}$el), eines seiner Kinder dem Moloch hingibt, der soll getötet werden; das Volk des Landes soll ihn steinigen.

Adressaten dieses Gebots sind die Israeliten allein; es muß aber auch von den gerîm befolgt werden. Daraus geht hervor, daß den Fremdlingen zwar die gleichen Pflichten zukommen wie den Vollbürgern, sie diesen aber nicht völlig gleichgestellt sind.

Angesichts der Tatsache, daß im Heiligkeitsgesetz Vollbürger und Fremdling die gleichen Pflichten auferlegt werden, versteht es sich von selbst, daß der ger gleich behandelt werden muß wie der Einheimische:

> **Lev 19,33f**[9]
> Wenn ein Fremdling (ger) bei dir wohnt in eurem Lande, so sollt ihr ihn nicht bedrücken. Wie ein Einheimischer aus eurer eignen Mitte soll euch der Fremdling gelten (k$^{e\supset}$äzraḥ mikkäm jihjă lakäm hăgger hăggar $^{\supset}$itt^{e}käm), und du sollst ihn lieben wie dich selbst – seid ihr doch auch Fremdlinge gewesen im Lande Ägypten; ich bin der Herr, euer Gott.

Aus den beiden Versen geht nicht deutlich hervor, ob sich "Wie der Einheimische soll euch der Fremdling gelten" ursprünglich auf V. 33 oder das Liebesgebot bezog. Interessant ist allein die

8 Lev 17,8.10.12.13.15; 18,26; 20,2; 22,18; 24,16.22. – Lev 25,(35.)47 handelt von reichgewordenen Fremdlingen.

9 Zur Bedeutung des Gebotes der Fremdlingsliebe s. unten S. 80f.

Tatsache, daß dem Verbot, den Fremdling zu bedrücken, oder dem Gebot, ihn zu lieben, diese Mahnung beigegeben wurde, die sich angesichts so vieler Pflichten des ger eigentlich von selbst verstand.

Wie ist dieser Satz zu beurteilen? Eine Durchsicht der Belege von ᵓäzraḥ ergibt, daß der Ausdruck praktisch ausschließlich in kultisch-rituellen Zusammenhängen auftaucht und meistens mit ger zusammen[10]. Die beiden Stellen, an denen sich die Zusammenordnung von ᵓäzraḥ und ger nicht auf die gleichen Pflichten, sondern Rechte von Vollbürgern und Fremdlingen beziehen, gewinnen als Ausnahmen ein besonderes Gewicht, das ihnen allerdings schon von ihrem Inhalt her zukommt: Lev 19,34 und Ez 47,22[11].

Wer ist mit dem ᵓäzraḥ – nach MARTIN-ACHARD "terminus technicus für den einheimischen Vollbürger"[12] – gemeint? Die Ansichten darüber gehen denkbar weit auseinander. BERTHOLET nimmt an, daß im Exil die Unterschiede zwischen Vollbürgern und Fremdlingen stark zurücktraten:

"Was Beide im Exile verband, das gemeinsame Erleben, war jedenfalls mächtiger als was den Einen von dem Anderen trennte. Man war nur noch Ein Volk von fremden Ansiedlern, nicht blos Geschlecht und Geschlecht, sondern Israeliten und Gerim. ᵓzrḥ und gr, – was bisher auseinander gefallen war, wurde jetzt zusammengeschlossen. Es scheint mir nicht ganz unwahrscheinlich, daß die Zusammenfassung beider Ausdrücke, die sich im Heiligkeitsgesetz zur ständigen Formel ausgeprägt hat, der Zeit des Exils ihre Entstehung verdankt. Wenigstens findet sich ihre Koordination erstmalig bei Ezechiel (Ez 47_{22}). Er ist auch der erste, der die wiederum im Heiligkeitsgesetze öfter vorkommende Formel gebraucht: 'Jeder, von Israels Hause und von den Fremdlingen, die in Israel weilen' (14_{7})"[13].

Eine ganz andere Sicht der Dinge haben neuerdings CAZELLES[14] und GRELOT[15] vertreten. Dieser glaubt nachweisen zu können, daß am Ende des 5. Jahrhunderts (unter Esra) die Vereinheitlichung einer jüdisch-samaritanischen Gemeinde auf der Grundlage des pentateuchischen Gesetzes stattgefunden hat, – das samaritanische Schisma fand erst später statt –. Esra wollte die Grundlage für die "communauté" derer schaffen, die sich zur Religion Israels bekannten, lebten sie nun in Judäa, Samaria oder zerstreut in der Diaspora. Dieses Bestreben schlägt sich nach GRELOT in einer letzten Etappe der priesterschriftlichen Redaktion nieder, die sich auf den ganzen Pentateuch, also nicht nur die Priesterschrift erstreckt. Sie weist folgende Charakteristika auf:

– Häufig finden sich Exkommunikationsformeln: Wer bestimmte Gebote übertritt, wird aus der Gemeinde der Israeliten ausgeschlossen (oder Gott nimmt die Exkommunikation vor). Besonders häufig tauchen die diesbezüglichen Formeln im Heiligkeitsgesetz auf[16].

10 Ex 12,19.48.49; Lev 16,29; 17,15; 18,26; 19,34; 23,42 (Diese Bestimmung gilt nur für den Einheimischen, nicht aber den Fremdling); 24,16.22; Num 9,14; 15,13.29f; Jos 8,33 (Verlesung des Gesetzes vor Einheimischen und Fremdlingen) ; Ez 47,22; (Ps 37,35; verdorbener Text) .

11 Zu dieser Stelle vgl. unten S. 134.

12 MARTIN-ACHARD, Art. gwr. 411.

13 BERTHOLET, Stellung 110f (tr.).

14 CAZELLES, Mission.

15 GRELOT, Etape.

16 Ein Beispiel: Denn alle, die irgendeinen dieser Greuel verüben, solche, die das tun, sollen aus ihren Volksgenossen ausgerottet werden (wᵉnikrᵉtû hännᵉpašôt haᶜośot miqqäräb ᶜämmam) (Lev 18,29). – Vgl. dazu auch ZIMMERLI, Eigenart 162-169.

- Einige Stellen enthalten – unter anderem in der Formel b^{e}kol môš^{e}botêkäm – Hinweise darauf, daß die Gemeinschaft der Juden auf der ganzen Erde zerstreut lebt (Bsp: Lev 23,3).
- Nicht nur in den Exkommunikationsformeln, sondern auch sonst findet das Bedürfnis nach ritueller Reinheit Ausdruck (Bsp: Lev 10,10).

Vor allem aber gehören, so GRELOT, die Bestimmungen, an denen sich nebeneinander die Ausdrücke ger und ʾäzraḥ finden, dieser letzten redaktionellen Bearbeitung des Pentateuchs an[17].

Die gerîm sind nach CAZELLES diejenigen, die ins Exil geführt oder geflüchtet sind.

"L'autre catégorie, c'est l'ézraḥ, mot plus rare que le premier... il ne désigne pas tant celui qui est de la race d'Israel, que celui qui est né sur le pays, et le mot n'a pas une résonnance favorable mais évoque les anciens habitants paiens du pays"[18].

CAZELLES glaubt in der Einstellung von Nehemia und Esra zu den beiden Gruppen einen signifikanten Unterschied feststellen zu können:

"A la différence de la mission de Néhémie qui oppose la communauté de Jérusalem à ses voisins et surtout aux samaritains, la mission d'Esdras apparaît ainsi comme destinée à unir sous une seule législation les rapatriés de Jérusalem, les gêrîm ou gârîm et les samaritains, ézraḥ sous l'égide du sacerdoce de Jérusalem"[19].

Nach GRELOT umfaßt die Gruppe der ʾäzraḥ nicht nur die Samaritaner, sondern alle Landsässigen. Die Gegenüberstellung von ger und ʾäzraḥ erklärt er wie folgt:

"Le plus simple est de penser qu'en distinguant ces deux catégories d'hommes, les juristes se placent non au point de vue du peuple saint (comme précédemment), mais à celui de la terre sainte, où certains membres du peuple sont enracinés depuis longtemps, indigènes, autochtones (ezraḥ), tandis que d'autres sont qualifiés de gerim, soit parce qu'ils n'y sont jamais que des hôtes de passage, soit plutôt parce qu'ils séjournent dans les pays étrangers"[20].

GRELOT ist weiter der Meinung, mit der Unterscheidung von ʾäzraḥ und ger hätten die jüdischen Juristen möglicherweise die Sicht der persischen Administration übernommen, nach der sich die dem Gesetz des Himmelsgottes unterstellten Juden in zwei Kategorien unterteilten: die Bewohner der beiden Präfekturen Judäa und Samaria auf der einen und die im persischen Reiche lebenden Juden auf der anderen Seite[21].

Wir können die Sicht von CAZELLES und GRELOT keiner grundlegenden Kritik unterziehen. Wir weisen nur darauf hin, daß einige Elemente, die GRELOT als typisch für die letzte priesterschriftliche Redaktion des Pentateuchs ansieht, sich auch gut von der Exilsituation her erklären lassen, so etwa das Bestreben nach Reinhaltung der Gemeinde und der Hinweis auf die Zerstreuung der Juden; auch die Einteilung des Volkes in "Einheimische" und "Fremdlinge" kann bereits im Exil aufgekommen sein, wobei sich die Deportierten den Einheimischen zurechneten. Wie unwahrscheinlich GRELOTs und besonders CAZELLES' Sicht ist, zeigt sich auch, versucht man Lev 19,33f von ihr her zu interpretieren: Samaritaner/Einheimische, unterdrückt die Leute, die aus dem Exil zurückgekehrt sind oder als Jahweverehrer in fremden Ländern leben, nicht, sondern liebt sie wie euch selbst. Die Rückkehrer, nicht die Einheimischen (oder gar die Samaritaner) haben in Jerusalem den entscheidenden Einfluß ausgeübt.

17 Vgl. GRELOT, Etape 177f.

18 CAZELLES, Mission 129.

19 CAZELLES, a.a.O. 131.

20 GRELOT, Etape 177.

21 GRELOT, a.a.O. 177.

Wir gehen das Problem von einer andern Seite her an und nehmen dabei frühere Beobachtungen wieder auf. Die Ausdrücke ʾäzraḥ und ger finden sich nebeneinander vor allem in kultischen Geboten, die beide Volksgruppen befolgen müssen[22]. Ein Beispiel:

> **Lev 17,15**
> Und ein jeder, der ein verendetes oder zerrissenes Tier ißt, er sei Einheimischer oder Fremdling (baʾäzraḥ ûbăgger), der soll seine Kleider waschen und sich in Wasser baden, und er bleibt unrein bis zum Abend; dann ist er wieder rein.

Man vergleiche damit die Parallele aus dem Deuteronomium[23]:

> **Dtn 14,21**
> Von irgendeinem Tierleichnam dürft ihr nicht essen; dem Fremdling, der an deinem Orte wohnt, magst du es zum Essen überlassen oder es einem Ausländer verkaufen; denn du bist ein dem Herrn, deinem Gott, geweihtes Volk.

Wie erklärt sich dieser Unterschied? Das Deuteronomium denkt vom heiligen Volk her. Es hat sich reinzuhalten; was außerhalb seiner passiert, ist gleichgültig; deshalb dürfen die Fremdlinge auch von Tierleichnamen essen. Das Heiligkeitsgesetz denkt darüber hinaus auch von der Reinheit des Landes her: Wer Ehe- und Keuschheitsgesetze verletzt, die Ehe des Nächsten bricht, dem Moloch Kinder opfert, Homosexualität oder Sodomie begeht, verunreinigt das Land. Deshalb dürfen weder Einheimische noch gerîm einen dieser Greuel begehen, denn sonst spuckt sie das Land aus, wie es die Heiden ausgespuckt hat, die vor den Israeliten im Lande wohnten (Lev 18,28; vgl. Lev 20,22). Die gerîm müssen sich also der gleichen Reinheit befleißigen wie die Einheimischen, damit das Land nicht verunreinigt wird. Noch allgemeiner formuliert: Es darf in Israel überhaupt keine Unreinheit geben. Eine Bestätigung findet unsere These darin, daß sich der ger zwar der gleichen Reinheit befleißigen muß wie der ʾäzraḥ und wie dieser etwa sieben Tage lang kein Gesäuertes essen darf (Ex 12,19), aber nicht gezwungen wird, das Passa zu feiern, sondern freiwillig daran teilnehmen darf (Ex 12,48f; Num 9,14): Ißt ein ger Gesäuertes, gibt es in Israel Unreinheit, nicht jedoch, wenn er auf eine Teilnahme am Passa verzichtet[24].

Bevor wir untersuchen, wer in der Zusammenstellung ger/ʾäzraḥ mit dem "Fremdling" gemeint ist, fragen wir kurz nach dem Inhalt der Stellen, an denen einander ger und bêt (b^e^nê) jiśraʾel gegenübergestellt werden[25]. Nach Lev 17,8 muß auch der Fremdling, der ein Opfer darbringt, dies an den Eingang des heiligen Zeltes bringen; tut er es nicht, wird er aus seinen Volksgenossen ausgerottet. Die gleiche Strafe trifft zu, wenn er Blut ißt (Lev 17,10-14) oder dem Moloch eines seiner Kinder übergibt (Lev 20,2f). Wie das Haus Israel darf auch der Fremdling in Israel nur wohlgefällige Opfer darbringen (Lev 22,18ff).

22 Ex 12,19.48f (Die Teilnahme des Fremdlings am Passa ist freiwillig; nimmt er jedoch daran teil, muß er sich beschneiden lassen); Lev 16,29; 17,15; (18,26); Num 9,14 (Der Fremdling, der freiwillig am Passa teilnimmt, muß sich der gleichen kultischen Reinheit befleißigen wie der Einheimische); Num 15,13f (Wer unter den Fremdlingen ein Opfer darbringen will, hat gleich vorzugehen wie der Einheimische (Num 15,29f).

23 Die Parallele aus dem Bundesbuch, Ex 22,30, hält nur fest, daß zerrissenes Fleisch den Hunden vorgeworfen werden soll. Vom Fremdling ist an dieser Stelle nicht die Rede. Wird ganz selbstverständlich vorausgesetzt, daß auch er sich an die Vorschriften halten muß, oder interessiert sein Verhalten schlicht nicht?

24 Das Gleiche trifft für das Feueropfer (Num 15,13f) zu.

25 Belege für diese Gegenüberstellung finden sich nur im Heiligkeitsgesetz, nicht aber im Bundesbuch und im Deuteronomium.

An allen bisher aufgeführten Stellen – stehe ger nun im Gegensatz zu ʾäzraḥ oder bêt (b^e^nê) jiśraʾel – ist mit dem ger "sicher nicht mehr der außerhalb seiner Sippe oder seines Stammes Lebende, sondern der Volksfremde, der aus irgendeinem Grunde aus seiner Heimat Verschlagene"[26] gemeint. Kann es sich um den Proselyten handeln[27]? Für einige Stellen mag das zutreffen. Wenn davon die Rede ist, daß der ger ein Opfer darbringen (Lev 17,8; 22,18ff; Num 15,14) oder mit den Einheimischen zusammen das Passa feiern will (Num 9,14), ist mit ihm wohl der Proselyt gemeint. Eindeutig ist Ex 12,48f: Der ger, der am Passa teilnehmen will, muß sich auch beschneiden lassen.

Ein ähnlich eindeutiges Beispiel enthält das Heiligkeitsgesetz nicht. An vielen Stellen fällt es schwer zu bestimmen, ob mit dem ger der Volksfremde oder der Proselyt gemeint ist. Exemplarisch kann diese Schwierigkeit an Lev 20,1-3 (vgl. auch V. 4f) veranschaulicht werden:

> Und der Herr redete mit Mose und sprach: Zu den Israeliten (b^e^nê jiśraʾel) sollst du sagen: Wer von den Israeliten oder von den Fremden, die in Israel wohnen (mibb^e^nê jiśraʾel ûmin- hăgger hăggar b^e^jiśraʾel), eines seiner Kinder dem Moloch hingibt, der soll getötet werden; das Volk des Landes soll ihn steinigen. Und ich werde mein Angesicht wider einen solchen Menschen wenden und ihn aus seinem Volk ausrotten...

Die Überschrift wendet sich nur an die Israeliten, die Gesetzesbestimmung an sie und den ger[28]. Mit ihm kann nicht nur der Proselyt gemeint sein, denn Israel konnte es nicht zulassen, daß in seinem Lande Kinder dem Moloch geopfert wurden, und sei es von Fremden. Die Strafe beinhaltet die Ausrottung aus dem Volke, zu dem man den Proselyten eventuell, den Fremden aber sicher nicht rechnen kann. Das heißt: Die Strafe wird nur in bezug auf die Israeliten formuliert, obwohl sie ganz selbstverständlich auch für den ger gilt.

In bezug auf Lev 19,34 stellt sich ein ähnliches Problem. Da die Übersetzung von ger mit "Fremder" hier ausscheidet, halten wir es für am wahrscheinlichsten, daß mit ihm der Proselyt gemeint ist. Gegen GRELOT glauben wir nicht, das Gebot, den ger zu lieben wie sich selbst, beziehe sich auf den Diasporajuden. Er hat freilich richtig beobachtet, daß die Vollbürgerschaft im Ausdruck ʾäzraḥ (haʾaräṣ) nicht mehr so sehr in bezug auf das Volk, sondern das Land ausgedrückt wird[29]. Diese Entwicklung kann gut in exilischer Zeit eingesetzt haben, als man das Land verloren hatte und darauf hoffte, in es zurückzukehren[30]. Die Stellen aus dem Heiligkeitsgesetz, an denen ger und ʾäzraḥ einander gegenübergestellt werden, u.a. Lev 19,34, brauchen auch nicht unbedingt der letzten, nachexilischen Redaktion des Pentateuchs anzugehören, sondern dürfen vielleicht schon in exilischer Zeit angesetzt werden. Wie auch immer: Was das in diesem Abschnitt aufgeworfene Thema betrifft, sind der Fragen mehr als der Antworten.

26 ELLIGER, Leviticus 227.

27 In diese Richtung weist KELLERMANN, Art. gwr 988, wenn er in bezug auf die Bestimmungen von Lev 18 und 20,2 schreibt: "Der gr ist weitgehend als Proselyt gesehen" (tr.).

28 Vgl. dazu oben S. 41.

29 GRELOT, Etape 177f. – HAL 28 übersetzt den Ausdruck ʾäzraḥ mit "der im Land Geborene" (LXX: αὐτόχθων).

30 Vgl. dazu unsere Ausführungen über die Bedeutung des Landes im Heiligkeitsgesetz S. 104ff.

D. Die Wirkungsgeschichte von kamôka / ὡς σεαυτόν

kamôka / ὡς σεαυτόν hat sowohl in der jüdischen und christlichen Theologie wie darüber hinaus eine große, nur zum Teil aufgearbeitete Wirkungsgeschichte gehabt, über die allein sich ein dickes Buch schreiben ließe. Wir beschränken uns auf einige kurze Bemerkungen zur Auslegung von kamôka in der modernen Philosophie und Psychologie und einen Vergleich zwischen einer typisch katholischen und reformierten Auslegung des Liebesgebotes.
Da die Wirkungsgeschichte von kamôka im Judentum – mit ihr setzen wir ein – noch kaum aufgearbeitet ist, behandeln wir sie etwas ausführlicher, wenngleich auch nur exemplarisch.

1. kamôka im Judentum

Im ersten Teil dieser Arbeit haben wir nachgewiesen, daß die Zurückweisung der üblichen Übersetzung von kamôka (und l^{e}) ihren Grund darin hat, daß das Gebot der Nächstenliebe erfüllbar sein muß. Bei der Darstellung der Wirkungsgeschichte von kamôka im Judentum wollen wir besonders darauf achten, ob sich dieses Motiv auch da nachweisen läßt, wo an der traditionellen Übersetzung festgehalten wird. Wir nehmen in diesem Abschnitt einige der im ersten Teil vorgetragenen Deutungen auf, um sie noch etwas zu vertiefen.

Von den drei Targumen zu Lev 19,18 wirft der Onkelos für das Verständnis von kamôka nichts ab; er hält sich an den hebräischen Text[1]. In Neophyti I findet sich neben einer Wort-für-Wort-Übersetzung eine Randglosse, Variante, die eine bemerkenswerte Interpretation von kamôka enthält. Wir stellen die beiden Fassungen einander gegenüber[2]:

> wtrḥmwn lḥbrkwn kwwtkwn
> vous aimerez votre prochain comme vous-mêmes
>
> wtrḥmwn lrḥmkwn dkwwtkwn
> et vous aimerez votre ami qui est comme vous

In der Randglosse wird der Geltungsbereich des Liebesgebotes eingeschränkt und damit seine Erfüllbarkeit sichergestellt. (Die gleiche Einschränkung im Geltungsbereich des Liebesgebotes hat auch die Vulgata vollzogen: diliges amicum tuum sicut temet ipsum). Es ist freilich auch denkbar, daß ḥbr an dieser Stelle "Freund" bedeutet. Nicht klar ist, wie dkwwtkn zu verstehen ist. Bezieht es sich etwa auf die gleichen Charaktereigenschaften, Interessen, die zwei Freunde zusammenführen?

Zu einem ähnlich unbefriedigenden Resultat kommen wir auch in bezug auf den Targum Pseudojonathan:

> wtrḥmjh lḥbrk dmn ʾnt snj lk lʾ tʿbjd ljh

Zwei Übersetzungen werden vorgeschlagen:

- "but thou shalt love thy neighbour himself, as that though there be (cause of) hatred with thee thou mayest not do (evil) to him"[3].
- "du sollst deinen Nächsten lieben; denn was dir unlieb ist, sollst du ihm nicht tun"[4].

Träfe ETHERIDGEs eher unwahrscheinliche[5] Übersetzung zu, hätte der Targum die Bedeutung

1 wtrḥmjh lḥbrk kwtk.

2 Zitiert nach: DÍEZ-MACHO, Neophyti 1. Levítico; Text 131 (tr.), französische Übersetzung 275 (u. Anm.6).

3 ETHERIDGE, Targums 205.

4 Bill. 1 353.

5 Keines der konsultierten Wörterbücher (DALMAN, Handwörterbuch; JASTROW, Dictionary; LEVY, Wörterbuch) führt als Bedeutung von min "obwohl" an; dafür wäre eher min d^{e} zu erwarten. – ETHERIDGEs Übersetzung ist von der Fachliteratur so viel wir sehen nicht aufgenommen worden.

des Gebots "Du sollst deinen Bruder nicht im Herzen hassen" richtig erfaßt. Dieses Verbot untersagt nämlich, den Bruder zu hassen, obwohl Anlaß dazu bestünde[6]. In der Übersetzung BILLERBECKs bezieht sich der zweite Satzteil ("denn was dir lieb ist, sollst du ihm nicht tun"), die Goldene Regel, nur auf das Liebesgebot. Wie auch immer: Im Targum Pseudojonathan ist kamôka weggefallen und durch eine Paraphrase ersetzt worden. Das bedeutet: kamôka und damit das ganze Liebesgebot wurden als auslegungsbedürftig angesehen.

Offensichtlich lag es nahe, das Gebot, seinen Nächsten zu lieben wie sich selbst, mit der Goldenen Regel in Verbindung zu bringen. In christlichen Schriften stehen sie einige Male nebeneinander, und der Enkel von Jesus Sirach hat Sir 34,15, eine Paraphrase des Liebesgebotes, bei seiner Übersetzung ins Griechische mit der Goldenen Regel wiedergegeben[7]:

> rᶜh rᶜk knpšk
> wbkl šśn᾿t htbwnn
> Ehre den Genossen wie dich selbst,
> und besinne dich auf alles, was dir zuwider ist.
>
> *νόει τὰ τοῦ πλησίον ἐκ σεαυτοῦ*
> *καὶ ἐπὶ παντὶ πράγματι διανοοῦ*
> Betrachte das dem Nächsten Zugehörigen von deinem Standpunkt aus
> Und bei jeder Handlung übe Überlegung.

Liebesgebot und Goldene Regel besagen von Hause aus Verschiedenes. DIHLE meint zwar, beide betonten "die Gegenseitigkeit im zwischenmenschlichen Geschehen"[8], und glaubt, daß "es sich beim Nächstenliebegebot darum [handelt], dem Menschen in Erinnerung zu rufen, daß der Andere auf genau das Maß an Zuneigung Anspruch erheben darf, das der Mensch sich selbst entgegenzubringen pflegt"[9]. Wir setzen die Akzente leicht anders als DIHLE: Die Liebe, die man sich selbst entgegenbringt, interessiert doch nur als Maß der Liebe, die dem Nächsten zu erweisen ist; in Lev 19,18 wird nicht über das Verhältnis zwischen Selbst- und Nächstenliebe nachgedacht. Abgesehen davon stimmen wir mit ihm überein, was die Unterschiede zwischen Liebesgebot und Goldener Regel betrifft. Der erste besteht darin, daß sie formal komplizierter ist als das Liebesgebot und aus einer langen Reflexion hervorgegangen ist, "insofern sie nicht einfach dazu auffordert, den Nächsten als Objekt der Zuneigung an die Stelle des Ich zu setzen, sondern von der Vorstellung ausgeht, der gute Gleichgewichtszustand zwischen den Menschen werde nur durch eine genaue Vergeltung jeder Leistung hergestellt, und von da aus jedes rechte Handeln im voraus berechnet"[10]. Inhaltlich geht das Liebesgebot jedoch weiter: Es überwindet die "Vorstellung, es müsse notwendigerweise stets ein Ausgleich zwischen Leistung und Gegenleistung, Tat und Vergeltung stattfinden. Das Nächstenliebegebot haftet... nicht am Vergeltungsschema, nicht am Bedürfnis, den sittlichen Gleichgewichtszustand im Faktischen verwirklicht zu sehen. Es kann zum Ausdruck einer reinen Gesinnungsethik werden, weil es die zwischenmenschlichen Beziehungen im Bereich des Faktischen vernachlässigt und ein Maß nur für die rechte Zuneigung des Herzens setzt"[11]. Trifft die BILLBERBECKsche Übersetzung von Lev 19,18 im Targum

6 Vgl. dazu unten S. 63.

7 Hebräischer Text (und Übersetzung dazu) nach SMEND, Weisheit. Griechischer Text nach ZIEGLER, Sapientia; Übersetzung nach EBERHARTER, Jesus Sirach 110.

8 DIHLE, Goldene Regel 110.

9 DIHLE, a.a.O. 110.

10 Ebd.

11 Ebd.

Pseudojonathan zu, dann ist auch in ihm die Liebesforderung abgeschwächt worden, und zwar dadurch, daß sie durch die Goldene Regel, die inhaltlich weniger streng ist als das Gebot, seinen Nächsten zu lieben wie sich selbst, interpretiert worden ist.

Auch im Mittelalter ist die Forderung der Nächstenliebe durch die jüdischen Exegeten auf unterschiedliche Art und Weise abgeschwächt worden. So schreibt NAḤMANIDES – auf seine Exegese gingen wir schon kurz ein –:

"The phrase 'love thy neighbour as thyself' ist not meant literally, since man cannot be expected to love his neighbour as his own soul. Rabbi Akiva himself ruled the contrary, that 'your life takes precedence over your fellowman's'. The Torah here implied that we should wish our neighbour to enjoy the same wellbeing that we wish ourselves"[12].

Eine andere Uminterpretierung des Liebesgebotes nimmt RASCHBAM vor; er schränkt seinen Geltungsbereich ein:

" 'Love thy neighbour as thyself' – if thy neighbour is good, but if he is wicked, 'the fear of the Lord is to hate evil' "[13].

In der Neuzeit sind die vom mittelalterlichen Judentum entwickelten Versuche, zu beweisen, daß das Gebot der Nächstenliebe erfüllbar ist, aufgenommen und weiterentwickelt worden. MENDELSSOHN übersetzt Lev 19,18 wie folgt:

"Du sollst dich nicht rächen, auch nicht Zorn halten gegen die Kinder deines Volkes. Liebe deinen Nächsten, so wie du dich selbst liebst"[14].

Bei ihm erscheint die Selbstliebe als Grund dafür, warum man den Nächsten lieben soll. Dadurch verliert das Gebot etwas von seiner Unbedingtheit und Schärfe, die ihm in unserer Auslegung anhaftet. Der Hinweis auf die Liebe, die man sich selbst entgegenbringt, enthält nämlich motivierende Kraft: Du liebst dich selbst und willst deinen Nächsten nicht lieben?

Im Unterschied zu MENDELSSOHN verstehen EHRLICH und ULLENDORFF das kamôka nicht als Maßangabe, und zwar u.a. aus folgendem Grund:

"Dann ist das Lieben des Nächsten wie sich selbst, wenn überhaupt menschenmöglich, nicht jedermanns Sache und kann daher vom Gesetze nicht befohlen werden. Denn das Gesetz ist für alle Welt und nicht nur für Idealisten oder Schwärmer"[15].

ULLENDORFF – Er erklärt ʾhb l^e nach NAḤMANIDES und kamôka nach WESSELY – geht von der hypothetischen und völlig abwegigen Annahme aus, jemand könnte bestreiten, daß die sprachliche Neuauffassung des Liebesgebotes gewichtige ethische und theologische Implikationen habe, und antwortet darauf:

"I do not know. But I do myself seem to see a pregnant distinction between loving one's neighbour quite as much as one loves oneself and showing liking, kindness, to my neighbour, for he is human just like me. And this latter interpretation is not only demanded by the language of the Old Testament, but also by the thought of the Hebrew Bible. The Old Testament shows above all a very practical, human, approach; it sometimes makes ideal, but never superhuman demands. As far as I can see, the injunction to love one's neighbour as much as one loves oneself would be quite alien to the eastern mind and alien to the world of the Hebrew Bible or the world of Islam"[16].

12 Übersetzung: LEIBOWITZ, Studies 195.

13 Übersetzung: LEIBOWITZ, a.a.O. 194.

14 Abgedruckt bei WESSELY, Leviticus z.St.; vgl. dazu oben S. 7, Anm. 7.

15 EHRLICH, Randglossen 65.

16 ULLENDORFF, Thought Categories 277f.

Diese beiden Zitate veranschaulichen noch einmal aufs deutlichste, wie stark die Auffassung von der Erfüllbarkeit der Gebote im jüdischen Denken verankert ist.

Was bedeutet nun kamôka, wenn man die Übersetzung "wie dich selbst" ablehnt? WESSELY faßt es als Begründung auf: Man muß seinen Nächsten lieben, denn hwʾ kmwk (er ist wie du), šwh lk (er ist dir gleich), dmh lk (er gleicht dir), und das heißt: hwʾ ʾdm kmwk (er ist ein Mensch wie du), auch er ist im Bilde Gottes geschaffen (šnbrʾ gm hwʾ bṣlm ʾlhjm), ja wir sind alle in seinem Bilde geschaffen (škln nbrʾjm bṣlm)[17]. Diese Begründung des Liebesgebotes durch Rekurs auf den Schöpfer ist in Sifre Lev 19,18 angelegt, das WESSELY in seinem Kommentar zitiert:

" 'Du sollst deinen Nächsten lieben wie dich selbst' Lv 19,18. R. ʿAqiba sagte: Das ist ein großer allgemeiner Grundsatz in der Tora. Ben ʿAzzai (um 110) sagte: 'Dies ist das Buch der Familiengeschichte Adams. Als Gott den Menschen (so der Midrasch) erschuf, machte er ihn nach der Ähnlichkeit Gottes' Gn 5,1; das ist ein größerer allgemeiner Grundsatz als jener (in Lv 19,18)"[18].

WESSELY hat also auf ein traditionelles jüdisches Theologumenon zurückgegriffen, um damit seine Neuübersetzung von Lev 19,18 zu untermauern.

COHEN übernimmt WESSELYs Übersetzung und Deutung des Liebesgebotes und vertieft seine Sicht philosophisch-theologisch in einem Punkte:

"Überall, wo [im Neuen Testament] die Nächstenliebe zitiert wird, wird sie angeknüpft an das 'Höre Israel' und das mit ihm zusammenhängende Gebot der Liebe zu Gott. In der Tat, nur aus dem Begriffe der Einheit Gottes läßt sich die Nächstenliebe begreifen... Nicht wie mich selbst, sagt... [WESSELY], soll ich den Nächsten lieben, sondern er übersetzt: Liebe deinen Nächsten, er ist wie du. Das ist der neue Gedanke: daß die Menschen als Menschen einander gleich sind, nämlich als Kinder und Ebenbilder Gottes. Daraus entspringt die Möglichkeit zur Pflicht der Nächstenliebe"[19].

Das gegenüber WESSELY neue Element bei COHEN ist der Begriff der Einheit Gottes, ohne die das Gebot der Nächstenliebe undenkbar sei.

BUBER hat seine Übersetzung des Liebesgebotes aller Wahrscheinlichkeit nach nicht selbst erarbeitet, sondern aus der neueren jüdischen Tradition übernommen[20]. In seiner gemeinsam mit ROSENZWEIG herausgegebenen Übersetzung der fünf Bücher Mose lautet Lev 19,18: "Liebe/Halte lieb deinen Genossen, dir gleich"[21]. Dieses unklare "dir gleich" erklärt er in "Zwei Glaubensweisen" wie folgt: "verhalte dich darin so, als gelte es dir selber"[22]. Er deutet kamôka also von einer positiv formulierten Form der Goldenen Regel her. In seiner Vorrede zu COHENs Büchlein "Der Nächste" führt er diesen Gedanken noch etwas stärker aus:

17 WESSELY, Leviticus z.St.

18 Übersetzung: Bill. 1 358.

19 COHEN, Nächste 17.

20 Dafür spricht schon die Tatsache, daß er ein Vorwort zu COHENs Abhandlung beisteuerte, in der dieser auf WESSELYs Auslegung von kamôka hinweist – oder hat er COHENs Büchlein etwa gar nicht gelesen? – Daß BUBER nicht auf die Quelle seiner Deutung von kamôka verweist, befremdet um so mehr, als es sonst gut jüdischer Tradition entspricht, die Autoritäten, auf die man sich stützt, genau anzugeben.

21 Nach VRIEZEN, Auslegung 2 und Anm. 4 hat BUBER w^{e}ʾăhăbta zuerst mit "Liebe", später mit "Halte lieb" übersetzt. Dieser Wechsel in der Übersetzung hängt gewiß damit zusammen, daß sich nach BUBER, Glaubensweisen 701 "das *Liebesgefühl* zwischen Menschen... im allgemeinen seinen... Gegenstand nicht vorschreiben [läßt]; wogegen eine *liebreiche Wesenshaltung* zu einem Mitmenschen... sich recht wohl gebieten läßt" (Hervorhebungen vom Vf.).

"'Sei liebend zu deinem Genossen als zu einem der wie du ist', heißt es in der Schrift... Ich soll, buchstäblich übersetzt, 'ihm lieben' : mich ihm liebend zuwenden, ihm Liebe erzeigen, Liebe antun; und zwar als einem, der 'wie ich' ist: ... der Liebestat eines Rea bedürftig wie ich, – wie ich es eben von meiner eigenen Seele her weiß"[23].

In einem Gespräch, das BUBER mit KOSMALA und VRIEZEN geführt hat, ist nach dem Bericht des letzteren der Gedanke "der dir gleich ist", "er ist dir gleich" "am stärksten in den Vordergrund [getreten]"[24].

BUBER versteht das "er ist wie du" anders als COHEN und WESSELY. Die Gleichheit der Menschen ist bei ihm nicht nur theologisch begründet (Gott hat den Menschen nach seinem Bild geschaffen), sondern auch anthropologisch: jeder Mensch ist "der Liebestat eines Rea bedürftig wie ich"[25].

Bei der Behandlung seiner Auslegung drängt sich die Vermutung auf, sie hänge mit seiner Ich-Du-Philosophie zusammen, das Liebesgebot könne von der dialogischen Begegnung her gedeutet werden. Dies ist jedoch nicht der Fall:

"Beziehung ist Gegenseitigkeit. Mein Du wirkt an mir, wie ich an ihm wirke"[26].

Diese Gegenseitigkeit ist aber nicht bei jeder Beziehung gegeben, so etwa nicht bei der zwischen Lehrer und Zögling[27]. Überhaupt gilt:

"Jedes Ich-Du-Verhältnis innerhalb einer Beziehung, die sich als ein ziehlhaftes Wirken des einen Teils auf den anderen spezifiziert, besteht kraft einer Mutualität, der es auferlegt ist, keine volle zu werden"[28].

Auch das Gebot der Nächstenliebe läßt sich nicht dieser Ich-Du-Beziehung unterordnen, in der es zu einem echten Dialog kommt. Das zeigt sehr schön folgendes Zitat, in dem alle wesentlichen Elemente von BUBERs Auslegung des Liebesgebotes enthalten sind und mit dem wir diesen Abschnitt abschließen:

"ich kann nicht zu jedem Menschen Liebe empfinden, und wenn es mir Gott selber gebietet. Die Bibel gebietet die Menschenliebe direkt nur in der Gestalt der Liebeserweisung (Leviticus 19, V. 18 und 34): ich soll meinem 'Gefährten', das heißt jedem einzelnen Menschen, mit dem ich je und je auf den Wegen meines Lebens zu tun bekomme, jedem, dem ich auf ihnen begegne, auch dem 'Ger', dem Gastsassen, als einem mir Gleichen Liebe erweisen, ihm liebemäßig zugewandt sein..., selbstverständlich nicht mit äußeren Gebärden, sondern in wahrhafter Wesenshaltung – die kann ich wollen, dies also mir gebieten lassen; was an Liebesgefühl für meinen Gefährten dabei aus meinem Verhalten in mein Herz fällt, wird mir nicht von meinem Willen gegeben"[29].

22 BUBER, a.a.O. 701.

23 COHEN, Nächste 6.

24 VRIEZEN, Auslegung 2f.

25 COHEN, Nächste 6.

26 BUBER, Ich und Du 88.

27 Vgl. dazu die Ausführungen von BUBER, a.a.O. 166f.

28 A.a.O. 168.

29 BUBER, Gottesfinsternis 545.

2. Moderne Deutungen des "wie dich selbst". Eine kurze theologische Anmerkung dazu

Nur wer sich selbst liebt, ist fähig, auch seinen Nächsten zu lieben, nur wer sich selbst akzeptiert, kann auch Liebe weitergeben. Diesen bereits vom Siraciden formulierten Gedanken (Sir 14,5) vertreten Theologen und Laien in Gesprächen über das Liebesgebot immer wieder.

Die vom "wie dich selbst" her abgeleitete Selbstliebe ist jedoch nicht nur als Voraussetzung dafür, seinen Nächsten lieben zu können, betrachtet worden, sondern hat sich auch verselbständigt. So hört und liest man in letzter Zeit recht häufig Aussprüche des Inhalts, man müsse nicht nur für das Wohl des Nächsten, sondern auch (und in erster Linie) für das eigene sorgen. Bezeichnend für diese Einstellung ist das Buch "Werde Nr. 1" des amerikanischen Erfolgsphilosophen RINGER. Die Überschrift seines ersten Kapitels, zugleich Untertitel des Buches, lautet: "Du bist dir selbst der Nächste". Er schließt deutlich an die Frage des Gesetzeskundigen im Gleichnis vom barmherzigen Samariter an, der, nachdem ihm Jesus auf die Frage nach der Gewinnung des ewigen Lebens mit dem Doppelgebot der Liebe geantwortet hatte, nachfragte (Lk 10,29):

> Und wer ist mein Nächster?

Zwar tut RINGER in seinem Buch alles, um dem Eindruck zu wehren, er vertrete die Devise, man müsse unbekümmert um des Nächsten Wohl nur auf das eigene hinarbeiten. So schreibt er etwa:

"Die vordringliche moralische Pflicht des Menschen liegt im Streben nach dem Vergnügen, solange er nicht gewaltsam die Rechte anderer beeinträchtigt"[30].

Die untergründige Tendenz, welche das Buch durchzieht und ein Stück weit sicher auch seinen Erfolg erklärt, läuft jedoch darauf hinaus, in erster Linie sich selbst und nur, wenn es einem selbst dient, auch seinen Nächsten zu lieben. RINGERs Buch ist bezeichnend für die extremste Auslegung des Liebesgebotes, nämlich der Verkehrung in sein Gegenteil. Wir treten nicht näher auf sie ein.

Hingegen müssen wir die Aussage aufnehmen, daß seinen Nächsten nur lieben kann, wer auch sich selbst liebt. In modifizierter Form vertritt sie unter anderem FROMM in seinem weitverbreiteten Büchlein "Die Kunst des Liebens". Er argumentiert darin nicht nur psychologisch, sondern auch auf einer philosophisch-logischen Ebene. Das erste Argument, das für die Selbstliebe spricht, ist ihr entnommen:

"Wenn es eine Tugend ist, meinen Nächsten als menschliches Wesen zu lieben, muß es auch eine Tugend – und nicht ein Laster – sein, mich selbst zu lieben"[31].

FROMMs psychologischer Argumentationsgang verläuft wie folgt:

"Nicht nur andere, auch wir selbst sind 'Objekte' unserer Gefühle und Haltungen; die Haltungen sowohl anderen als auch uns selbst gegenüber widersprechen sich nicht, sondern laufen parallel. Im Hinblick auf unser Problem bedeutet dies: Die Liebe zu uns selbst findet sich bei allen, die fähig sind, andere zu lieben"[32].

Sie bildet nach FROMM nicht einfach die Voraussetzung für die Nächstenliebe; das eine findet sich nicht ohne das andere, sie laufen einander parallel. Von daher bestreitet FROMM die Ansicht CALVINs, die Selbstliebe sei eine Pest, eine Überzeugung, die sich auch noch bei FREUD – "in psychiatrischen Wendungen"[33] – finde. Er hält den beiden entgegen:

30 RINGER, Nr. 1 23.

31 FROMM, Kunst 84.

32 FROMM, a.a.O. 84f.

33 A.a.O. 83.

"Der selbstsüchtige Mensch liebt sich selbst nicht zuviel, sondern zuwenig. Der Mangel an Liebe und Fürsorge für sich, der lediglich ein Ausdruck des Mangels an innerer Produktivität ist, läßt ihn leer und enttäuscht zurück. Notwendigerweise ist er unglücklich und ängstlich darauf bedacht, sich das Glück, das er sich selbst verbaut hat, gierig durch alle Arten von Befriedigungen dem Leben zu entreißen. Er scheint zuviel für sich selbst zu sorgen, macht jedoch tatsächlich nur den mißlungenen Versuch, das eigene Versagen in der Fürsorge für sein wirkliches Selbst zu überdecken und zu kompensieren"[34].

Beobachtung zeigt nach FROMM weiter, daß Selbstlosigkeit oft nichts anderes als gut versteckte Selbstsucht ist[35].

Ist diese Sicht vom christlichen Glauben her radikal zu verwerfen? Nein. Die Theologie kennt einen Begriff, der das Anliegen, welches dem Reden von der Selbstliebe zugrundeliegt, zugleich aufnimmt und korrigiert: den der Rechtfertigung[36]. Im rechtfertigenden Handeln nimmt Gott den Menschen an (liebt ihn); er befreit ihn von Selbsthaß, Selbstsucht und vom vergeblichen Versuch, sich selbst zu lieben, und setzt ihn instande, sich dem Nächsten in Liebe zuzuwenden. Sich selbst lieben kann nach christlichem Glaubensverständnis niemand; wir sind von der Annahme Gottes abhängig. Soll man nun Leute, die sagen, nur wer sich selbst liebe, sei imstande, auch seinen Nächsten zu lieben, auf ihr verkehrtes Glaubensverständnis aufmerksam machen? Nur indirekt, denn hinter dieser Aussage kann sich eine unzureichend ausgedrückte Rechtsfertigungserfahrung verbergen, der man behutsam zu ihrer richtigen sprachlichen Formulierung verhelfen soll.

3. kamôka / *ὡς σεαυτόν* in der katholischen und protestantischen Exegese

Die Frage, ob es neben der falsch ausgerichteten auch eine erlaubte, ja sogar gebotene Selbstliebe gebe, hat die Theologie lange beschäftigt. AUGUSTIN und THOMAS – um nur die beiden bekanntesten Namen zu nennen – haben sich intensiv mit ihr auseinandergesetzt und versucht, das Verhältnis der Selbst- zur Gottes- und Nächstenliebe möglichst genau zu bestimmen. Während der Reformation wurde der diesbezügliche Fragenkomplex zum Gegenstand heftiger Auseinandersetzungen zwischen Katholiken und Protestanten. Dieser Konfessionsgegensatz bestimmte noch bis vor kurzem die katholische und reformierte Auslegung des Liebesgebotes, wobei allerdings die traditionellen Positionen der maßgeblichen Theologen beider Konfessionen stark vereinfacht worden sind. Wir stellen im folgenden die letzten typisch konfessionell geprägten Auslegungen des Liebesgebotes vor.

Der Katholik VÖLKL geht davon aus, daß in Lev 19,18 "die Selbstliebe als Tatsache anerkannt und als Vorbild der Nächstenliebe genannt ist"[37]. Der Frage, ob sie damit "auch schon als gut anerkannt ist"[38], wendet er sich erst im Kapitel über die Selbstliebe im Neuen Testament zu. Bezeichnend ist nun, daß er sie nicht gleich von diesem her beantwortet, sondern zunächst auf die gegensätzlichen Positionen von katholischen und protestantischen Theologen hinweist. Nach der katholischen Theologie, so führt er dort aus, dient in der Goldenen Regel und dem

34 A.a.O. 86f.

35 A.a.O. 88.

36 Das kann aus Platzgründen nicht entfaltet werden. Angesichts der wichtigen Rolle, welche heute die Rede von Selbstliebe und bestimmte Konzepte von Selbstverwirklichung spielen, müßte die Rechtfertigungsbotschaft in der Theologie wieder zentrale Bedeutung gewinnen.

37 VÖLKL, Selbstliebe 18.

38 VÖLKL, a.a.O. 18 Anm. 59.

"wie dich selbst" die Selbstliebe "als Maß, Norm und Vorbild der Nächstenliebe"[39]; die Ausführungen der Moraltheologie über die Pflichten sich selbst gegenüber "fußen auf diesen Stellen und sehen in ihnen die Selbstliebe als berechtigt anerkannt"[40]. Ein Gebot der Selbstliebe brauche es nicht, da jeder Mensch von Natur aus (und also gottgewollt) sich selbst liebe. Die Selbstliebe dürfe aber niemals als Motiv für die Nächstenliebe betrachtet werden.

VÖLKL wendet sich dann gegen BARTH, für den Selbstliebe immer nur Selbstsucht ist und für den das "wie dich selbst" nur folgende Bedeutung haben kann:

"uns ist als denen, die sich selbst lieben, d.h. als denen, die in Wirklichkeit nicht lieben, als den Sündern, die wir sind, geboten, den Nächsten zu lieben. Eben als die, die in Wahrheit von Haus aus und dauernd sich selbst suchen, sich selbst dienen, sich selbst meinen, eben in dieser unserer Wirklichkeit sind wir durch Gottes Offenbarung und Gebot und also konkret durch das Gebot der Nächstenliebe angesprochen und in Anspruch genommen"[41].

VÖLKL weist diese Ansicht als "gezwungen und 'dogmatisch'"[42] zurück und versucht sie jetzt vom neutestamentlichen Befund her zu widerlegen. In der Goldenen Regel und dem Hauptgebot werde nur ein Vergleich zwischen Selbst- und Nächstenliebe vorgenommen, aber keine Wertung[43]. Er fährt fort:

"Die Menschen, zu denen Jesus sprach, dürften auch keine Erwägungen darüber angestellt haben, wie ihnen überhaupt das Verhältnis von Nächstenliebe und Selbstliebe noch kein Problem in unserem Sinne war. Sie werden das 'wie dich selbst' unbefangen hingenommen und in ihm das einfachste Mittel zur Feststellung des guten und bösen Tuns gesehen haben. Das legte Lev 19,18, noch mehr aber Lev 19,34 und Dtn 10,19 nahe, wo im Hinblick auf die eigenen Leiden in Ägypten die Liebe auch zum Fremdling befohlen wird. Für die Hörer Jesu bedeutete das 'wie dich selbst' und die goldene Regel wohl nur den Aufruf, die selbstverständliche Sorge für sich selbst auch den Mitmenschen zuzuwenden. Insofern dürften sie die natürliche Selbstliebe als Maß und Vorbild der Nächstenliebe betrachtet haben. Da aber Altes Testament und Judentum das Streben nach dem eigenen irdischen Wohlergehen durchaus für gut und gottgewollt halten, kann man nicht annehmen, Jünger und Volk hätten gerade hier anders gedacht"[44].

Für das Alte Testament ist der Hinweis darauf wichtig, daß das Gebot der Fremdlingsliebe mit Israels Fremdlingsschaft in Ägypten begründet wird (Lev 19,34). Man darf darin eine Anspielung nicht auf die Selbstliebe, aber die Goldene Regel erblicken[45]. Allerdings bleibt zu beachten, daß sich die Begründung auch auf das Verbot, den Fremdling zu bedrücken, beziehen kann. Ihr folgt zudem eine zweite, viel stärkere: "Ich bin der Herr", die das Gebot allein mit dem Willen Jahwes begründet.

Gerade in bezug auf das kamôka von Lev 19,18 darf nicht allzuschnell damit argumentiert werden, daß "Altes Testament und Judentum das Streben nach dem eigenen irdischen Wohlergehen durchaus für gut und gottgewollt halten"[46]. Ohne Zweifel trifft das für die meisten Teile des Alten Testaments zu, aber nicht für alle.

39 A.a.O. 50.

40 Ebd.

41 BARTH, KD I/2 499f.

42 VÖLKL, Selbstliebe 51.

43 VÖLKL, a.a.O. 52.

44 Ebd.

45 Zum Unterschied zwischen den beiden s. oben S. 47.

46 VÖLKL, Selbstliebe 52.

Hier setzt der Protestant MAASS mit seiner Argumentation ein. Im Heiligkeitsgesetz und in der Priesterschrift lassen sich nach ihm "die ersten und entscheidenden Schritte zur Erhebung asketischer Bräuche und Übungen... nachweisen", die der "Hinwendung... zu Gott" "in der wachsamen Bändigung des sündigen Fleisches"[47] dienen. Die Heiligkeit des Volkes soll an die Jahwes angeglichen werden. Die Einführung von Sünd- und Schuldopfer, die Erweiterung des Festkalenders um den Versöhnungstag sprechen, so MAASS, "für ein tieferes und feineres Sündenbewußtsein [Israels]"[48]. Diese und andere "Neuerungen und Verschärfungen in P und H haben das Ziel, das sittliche und kultische Gebot dem Streben nach Heiligkeit dienstbar zu machen"[49].

Von hier aus erklärt MAASS nun das kamôka in Lev 19,18(34). Wir zitieren ihn im folgenden sehr ausführlich, da für das Verständnis seiner Ausführungen der *Ton*, in dem sie gehalten sind, fast ebenso wichtig sind wie ihr Inhalt. Zwischen dem Heiligkeitsstreben und der Selbstliebe "kann es keine friedliche Koexistenz"[50] geben:

"Die Selbstliebe will sich dem Willen des Heiligen nicht fügen, sie hat ihre Direktiven von einer anderen Befehlsstelle... Wer ständig vor ihr auf der Hut ist, kennt die unheimliche, fast dämonische Macht dieses Gegners. Die Kräfte, die gegen ihn mobilisiert werden müssen, dürfen ihm nicht nachstehen. Jahwes Forderung: 'Ihr sollt heilig sein, denn ich bin heilig', ist Rückendeckung und Antrieb zugleich; aber die Gefahr des Versagens bleibt bestehen. So stark wie das Negative soll das Positive sein; so mächtig wie die Selbstliebe die Nächstenliebe. Der Kampf mit der Selbstliebe, die Selbstzucht und Enthaltsamkeit, werden damit in den Dienst der Heiligkeit gestellt; die 'Askese' ist ein Bestandteil der offiziellen Jahweverehrung geworden... Zusammenfassend darf behauptet werden, daß die asketischen Strömungen, die mit H und P in das gültige israelitische Gesetz und den offiziellen Jahwedienst einfließen, dem Streben nach Heiligung und Reinigung des Volkes unterworfen werden. Der Vergleich mit der Selbstliebe, Leviticus 19,18(34), ist von hier aus zu verstehen: Die Selbstliebe läßt den Israeliten dieser Geistesprägung nicht unbeteiligt und neutral, sie wird erst recht nicht in lebensfreudiger Bejahung als Maß der Nächstenliebe gefordert; vielmehr wird ihre unheimliche Macht als gefährliche Versuchung zur Untreue gegen Jahwe, zur Versündigung gegen sein heiliges Wesen und Wollen und damit als ständige Bedrohung empfunden. Der Gehorsam gegen Jahwes Gebot und Willen soll der dauernd erfahrenen Selbstliebe an Kraft, Ausdauer und Radikalismus nicht nachstehen; darin liegt der Sinn des kāmōḳa"[51].

MAASS' Ausführungen hinterlassen einen zwiespältigen Eindruck. Im Gegensatz zu VÖLKL arbeitet er historisch. Er betont zu Recht, daß Heiligkeitsgesetz und Priesterschrift ein gegenüber früher gesteigertes Sündenbewußtsein und Heiligkeitsstreben aufweisen, was jedoch nichts mit Askese zu tun hat. Die Heiligkeitsforderung in H beinhaltet auch nicht, wie MAASS meint, in erster Linie ein Absehen von der eigenen Person und schon gar nicht eine Angleichung der Heiligkeit des Volkes an die Jahwes. Seid heilig/heiligt euch meint – wir formulieren bewußt überspitzt –: Erfüllt die Gebote Gottes[52]. Was Lev 17-26 von früheren Gesetzeskorpora unterscheidet, ist die Schärfe, mit der die Gehorsamsforderung, die sich auf das ganze Leben bezieht, erhoben wird. Von daher darf man vermuten, daß die Selbstliebe in Lev 19,18 keine positive Beurteilung findet; auf eine negative zu schließen ist aber methodisch unsauber.

47 MAASS, Selbstliebe 112.

48 MAASS, a.a.O. 112.

49 Ebd.

50 A.a.O. 113.

51 Ebd.

52 Vgl. dazu unten S. 101ff.

MAASS weist erstaunlicherweise auf den Aspekt nicht hin, mit dem er seine Meinung am besten hätte stützen können: Im Heiligkeitsgesetz werden – im Unterschied etwa zum Deuteronomium – Gebote und Verbote nur sehr selten mit Begründungen versehen, die sich als Appell an die Selbstliebe verstehen lassen, d.h. etwa mit dem Hinweis auf den Landbesitz oder ein langes Leben im Falle der Gesetzeserfüllung.

MAASS' Ausführungen tragen in ihrem zweiten Teil stärker den Charakter einer Predigt als den einer wissenschaftlichen Untersuchung. Er entwirft liebevoll das Bild des sich selbst liebenden Menschen und sieht es im Heiligkeitsgesetz als verworfen an. Wie VÖLKL erweist er sich in seiner Interpretation des kamôka als typischer Vertreter seiner Konfession. Ob er sich dessen bewußt war, können wir nicht sagen.

III. DAS LIEBESGEBOT ALS TEIL VON LEV 19,11-18, LEV 19 UND DES HEILIGKEITSGESETZES

"Liebe deinen Nächsten wie dich selbst" ist kein isoliertes Gebot, sondern gehört eng mit den übrigen Bestimmungen aus Lev 19,17f(11-18) zusammen und kann nur zusammen mit ihnen richtig ausgelegt werden. Weitere wichtige Erkenntnisse über die Bedeutung des Liebesgebotes ergeben sich, ordnet man es in die nächstgrößeren Einheiten ein, nämlich in das Kapitel Lev 19 und das Heiligkeitsgesetz. Sie sind von der Forschung in letzter Zeit etwas stiefmütterlich behandelt worden, weshalb wir ausführlicher auf diese theologisch hochbedeutsamen Texte eingehen, als es für das Verständnis des Liebesgebotes erforderlich wäre.

Mit diesen einleitenden Sätzen haben wir bereits ganz grob den Aufbau von Teil III unserer Arbeit skizziert. An seinem Schluß steht eine Untersuchung der beiden Worte ᵓᵃnî jhwh, mit denen das Gebot der Nächstenliebe begründet wird. Es zu verstehen kann ja nur in Anspruch nehmen, wer auch Bedeutung und Funktion dieser Begründung herausgearbeitet hat.

A. Das Gebot der Nächstenliebe als Bestandteil des Abschnitts Lev 19,11-18

Lev 19,11-18 hebt sich inhaltlich wie formal deutlich von seiner Umgebung ab[1], was dazu berechtigt, die in ihm enthaltenen Verbote und Gebote für sich zu untersuchen. Wir konzentrieren uns dabei auf ihre inhaltliche Exegese. Literarkritische und redaktionsgeschichtliche Fragen behandeln wir nur soweit wie unbedingt nötig, da sie nur von Lev 19 als Ganzem her sinnvoll angegangen werden können.

1. Lev 19,11f

Ihr sollt nicht stehlen und nicht ableugnen und nicht einer den andern betrügen. Ihr sollt bei meinem Namen nicht falsch schwören und so den Namen eures Gottes entweihen; ich bin der Herr (loʾ tignobû w^{e}loʾ- t^{e}käḥ^{a}šû w^{e}loʾ- t^{e}šäqq^{e}rû ʾîš bä$^{c a}$mîtô: w^{e}loʾ- tiššab$^{e c}$û bišmî läššaqär w^{e}ḥillälta ʾät- šem ʾ^{ä}lohâka ʾ^{a}nî jhwh).

Das erste Gebot dieses Abschnitts, loʾ tignobû, hat seine engste Parallele in Ex 20,15par[2]. An den beiden Dekalogstellen wurde das Verbot des Diebstahls lange auf Menschenraub bezogen[3]. NOTH schließt diese Bedeutung für Lev 19,11 nicht a limine aus[4]. Doch untersagt das Gebot an dieser Stelle den Diebstahl von Sachgegenständen. Diese Deutung drängt sich schon deshalb auf, weil das anschließende Gebot, w^{e}loʾ- t^{e}käḥ^{a}šû, vom Verhehlen entwendeten Gutes handelt. Auch Jos 7,11 folgt auf den Diebstahl das Verhehlen[5]:

> Israel hat sich versündigt; ja, sie haben die Verpflichtung übertreten, die ich ihnen auferlegt habe, und haben sogar von dem Gebannten genommen, davon gestohlen, es verheimlicht und unter ihr Gerät getan (w^{e}gäm laq^{e}ḥû min- häḥeräm w^{e}gäm gan^{e}bû w^{e}gäm kiḥ^{a}šû w^{e}gäm śamû biklêhäm).

Lev 19,11 und Jos 7,11 bilden also die Tatbestände des Diebstahls und des Verhehlens zwei aufeinanderfolgende Akte eines einzigen Vergehens. Zu ihm gehört noch ein weiterer Akt. Im Zusammenhang mit Eigentumsvergehen ist es immer wieder zu falschen Schwüren gekommen, wie etwa Sach 5,3f zeigt[6]:

> Und er sprach zu mir: Das ist der Fluch, der über das ganze Land ausgeht; denn alle Diebe (kål- häggoneb) sind – wie lange nun schon! – straflos geblie-

1 Dem Abschnitt geht das in apodiktisch-kasuistischem Mischstil gehaltene Verbot der Nachlese voraus und folgen Bestimmungen, die durch die Überschrift "Meine Satzungen sollt ihr halten" eingeleitet werden.

2 Nur an diesen Stellen findet sich gnb in apodiktischen Rechtssätzen.

3 Vgl. dazu etwa STAMM, Dekalog 58f. – Diese Auslegung wird in neuerer Zeit zu Recht zurückgewiesen; vgl. dazu CRÜSEMANN, Bewahrung 72f; Literatur u.a. bei LANG, Frau 218 Anm. 7.

4 Man vgl. dazu seine Auslegungen des Gebotes in: Exodus 133 und Leviticus 121 miteinander.

5 In Jos 7,11 geht dem Stehlen (gnb) das Nehmen (lqḥ) voraus, von dem Lev 19,11 nicht die Rede ist. Zum Bedeutungsunterschied zwischen den beiden Verben führt KLOPFENSTEIN, Lüge 277, aus: "Ist schon das 'Nehmen'..., das unrechtmäßige Greifen nach dem Banngut ein Sakrileg..., so erst recht das 'Stehlen', welches jenes mehr unreflektierte, gierige Zugreifen zur intendierten, listigen Entwendung und Aneignung macht".

6 So etwa ELLIGER, Kleine Propheten II 111f; HORST, Nahum-Maleachi 235. – Anders KLOPFENSTEIN, Lüge 34; nach ihm dürften "der sittliche Frevel des Diebstahls und der religiöse des Meineids als Typen des sittlich-religiösen Zerfalls der im Land Verbliebenen ausgewählt worden sein".

> ben, und alle, die [bei meinem Namen falsch][7] schwören (w^{e}kål⁻ hănnišba^{c}), sind – wie lange nun schon! – straflos geblieben. Ich habe ihn ausgehen lassen, spricht der Herr der Heerscharen, daß er eindringe in das Haus des Diebes (hăggănnab) und in das Haus dessen, der bei meinem Namen falsch schwört (hănnišba^{c} bišmî lăššaqär), und in seinem Hause sich festsetze und es verzehre samt seinem Holz und seinen Steinen.

Auch nach Lev 5,22.24 sind Eigentumsvergehen mit falschen Schwüren verbunden[8]. Von diesen Stellen her halten wir es für wahrscheinlich, daß Lev 19,12 – nur hier und Sach 5,4 kommt übrigens der Ausdruck "falsch bei meinem Namen schwören" im masoretischen Text vor[9] – das Schwören im Zusammenhang mit Eigentumsvergehen meint. Nicht ganz auszuschließen ist freilich, daß das Verbot, bei Jahwes Namen lăššäqär zu schwören, falsche Aussagen generell verbietet[10].

Handeln auch die übrigen Gebote aus Lev 19,11f von Eigentumsdelikten? MOWINCKEL meint, das Gebot "Ihr sollt nicht einer den andern betrügen" beziehe sich auf "allerlei Betrügerei und Unehrlichkeit im Geschäft, wie z.B. falsche Maße und Gewichte u. dgl."[11] und weist in diesem Zusammenhang auf Dtn 25,13-15 und Lev 19,35b.36 hin. Anhaltspunkte für die Richtigkeit dieser Deutung enthalten jedoch weder diese Parallelstellen noch lassen sich solche aus der Verwendung von šqr gewinnen. (MOWINCKEL führt bezeichnenderweise auch keinen Beleg der Wurzel an, mit dem er seine Auslegung stützen könnte). Wir halten die Auskunft von KLOPFENSTEIN wahrscheinlicher, der zu diesem Gebot ausführt:

"Vielleicht faßt šqr hier gnb und kḥš zusammen: 'Ihr sollt nicht stehlen und (ver)hehlen und (dadurch) aneinander rechtsbrüchig handeln.' kḥš wäre dann ein Sonderfall von šqr, was eine einleuchtende Abgrenzung ergibt"[12].

Mehr wird man über die Bedeutung dieses Gebotes nicht sagen können, ohne zu reinen Vermutungen Zuflucht zu nehmen.

w^{e}ḥillălta ᵓät⁻ šem ᵓ^{ä}lohâka läßt sich als Verallgemeinerung von V. 12a verstehen und mit ihm zusammen wie folgt paraphrasieren: Wie du es im Zusammenhang mit Eigentumsvergehen nie zum Schwur kommen lassen darfst, so sollst du überhaupt den Namen Gottes in keiner Weise entweihen[13].

2. Lev 19,13f

> Du sollst deinen Nächsten nicht bedrücken noch berauben; der Lohn des Tagelöhners soll nicht bei dir bleiben bis zum [andern] Morgen. Du sollst einem Tauben nicht fluchen und einem Blinden nichts in den Weg legen, sondern du sollst deinen Gott fürchten; ich bin der Herr (loᵓ⁻ tă^{ca}šoq ᵓät⁻ re^{ca}ka w^{e}loᵓ tigzol loᵓ⁻ talîn p^{ec}ullăt śakîr ᵓitt^{e}ka ^{c}ad⁻ boqär: loᵓ⁻ t^{e}qăllel ḥereš w^{e}lipnê ^{c}iwwer loᵓ titten mikšol w^{e}jareᵓta meᵓ^{ä}lohâka ᵓ^{a}nî jhwh).

7 Vielleicht ist hier – in Analogie zu V. 4 – (bišmî) lăššäqär einzufügen (so der Vorschlag der BHS).

8 Näheres dazu bei ELLIGER, Leviticus 79.

9 Dies könnte Hinweis darauf sein, daß Lev 19,12a jung ist. Auch die Wendung šb^{c} l^{e}/^{c}ăl šäqär (ohne bišmî) findet sich nur in jüngeren Texten: Lev 5,22.24; Jer 5,2; 7,9; Mal 3,5 (viele hebräische Handschriften und die LXX haben an dieser Stelle zusätzlich bišmî).

10 V. 12a wäre an V. 11 angeschlossen worden, um klarzumachen: Nicht nur falsche Aussagen gegenüber dem Nächsten sind verboten, nein: auch und noch vielmehr solche gegenüber Gott.

11 MOWINCKEL, Geschichte 223.

12 KLOPFENSTEIN, Lüge 358 Anm. 38.

13 Vgl. dazu unten S. 100f.

Bei den beiden ersten Verboten von V. 13 "handelt es sich wieder um Eigentumsvergehen, bei denen diesmal nur statt Heimlichkeit und List Druck und Gewalt angewandt werden"[14]. Wir haben sie deshalb nicht mit V. 11f zusammen behandelt, da die Abschnitte V. 11f, 13f, 15f und 17f alle mit redaktionellem ᵓ^{a}nî jhwh abgeschlossen werden – ein Hinweis darauf, daß sie ursprünglich nicht zusammengehörten – und, wie noch zu zeigen, je ein eigenes Thema behandeln[15].

Die Wurzeln ᶜšq und gzl werden im Alten Testament häufig nebeneinander gebraucht, vor allem in späteren Texten[16]. Sie beziehen sich dann auf die wirtschaftliche Bedrückung schwacher Israeliten, die ihrer Freiheit und ihres Besitzes verlustig gehen. Besonders deutlich kommt dies Mi 2,1f zum Ausdruck:

> Wehe denen, die Arges sinnen auf ihren Lagern und, wenn der Morgen tagt, es vollbringen, weil es in ihrer Macht steht; die nach Äckern gieren und sie rauben, nach Häusern – und sie wegnehmen; die Gewalt üben an dem Mann und seinem Haus, an dem Besitzer und seinem Erbgut (w^{e}ḥam^{e}dû śadôt w^{e}gazalû ûbatîm w^{e}naśaᵓû w^{e}ᶜaš^{e}qû gäbär ûbêtô w^{e}ᵓîš w^{e}năḥ^{a}latô)!

Wie eng die Tatbestände der Unterdrückung und Beraubung zusammengehören, zeigen auch die beiden Stellen Jer 21,12 und 22,3[17], ist in ihnen doch von einem ᶜôšeq und einem gazûl die Rede. Nicht ganz klar ist, ob die beiden Verben eine bestimmte oder jede Form wirtschaftlicher Unterdrückung beinhalten.

Das folgende Verbot, loᵓ– talîn p^{e}ᶜullăt śakîr ᵓitt^{e}ka ᶜăd– boqär läßt sich, was diese Deutung stützt, als Spezialfall der ersten Bestimmung von Lev 19,13 verstehen. Dtn 24,14f wird das Verbot, den śakîr zu bedrücken (ᶜšq), in dem Sinne ausgeführt, daß man ihm seinen Lohn nicht vorenthalten darf. Mal 3,5 kann das ś^{e}kăr in ûb^{e}ᶜoš^{e}qê ś^{e}kăr– śakîr als Dittographie gestrichen werden[18] oder – dies die wahrscheinlichere Möglichkeit – Hinweis darauf sein, daß die Unterdrückung des Tagelöhners im Drücken des ihm geschuldeten Lohnes bestand[19].

Lev 19,13 enthält – kurz zusammengefaßt – drei Verbote, welche die Ausnützung wirtschaftlicher Macht im Umgang mit armen Volksschichten untersagen.

Lev 19,14 geht es um den Schutz einer andern benachteiligten Schicht: den der Tauben und Blinden. Der Taube kann sich gegen einen Fluch nicht wehren, da er ihn nicht hört, ein Blinder ist auf die Führung durch Sehende angewiesen[20]. Zur ersten Bestimmung gibt es keine Parallele im Alten Testament, zur zweiten eine im sichemitischen Dodekalog:

> **Dtn 27,18**
> Verflucht ist, wer einen Blinden auf den falschen Weg führt.

Dtn 27 sind Vergehen zusammengestellt, die sich im Dunkeln abspielen und deren Täter verflucht werden müssen, da sie nicht der normalen Gerichtsbarkeit zugeführt werden können[21]. Lev 19,14 enthält – das verbindet den Vers mit Dtn 27 – zwei Verbote, die sich auf Vergehen beziehen, die versteckt geschehen.

14 ELLIGER, Leviticus 257f.

15 S. 67.

16 Lev 5,21.23; 19,13; Dtn 28,29; Jer 21,12; 22,3; Ez 18,18; 22,29; Mi 2,2; Ps 62,11; Koh 5,7.

17 Zum Text von Jer 22,3 s. die Angaben im Apparat der BHS.

18 BHK: dl; BHS: dl, dttg?

19 So etwa RUDOLPH, Haggai – Maleachi 280.

20 Vgl. dazu HEMPEL, Anschauungen 46.

21 So unter anderem VON RAD, Deuteronomium 121.

Trotz unterschiedlicher Inhalte geht es in V. 13 und 14 um das gleiche Thema: den Schutz derjenigen, die wirtschaftlicher Gründe oder eines Körperdefekts wegen sich nicht wehren können. Mit der Zusammenstellung von V. 13 und 14 ist implizit der Begriff des Schutzbedürftigen gegeben.

Das letzte Gebot des Abschnitts, w^{e}jareʾta meʾ^{ä}lohâka, paßt vom Inhalt her nicht zu den vorangehenden. Es findet sich im Heiligkeitsgesetz noch einige weitere Male und gibt sich dadurch deutlich als redaktionelle Ergänzung zu erkennen[22].

3. **Lev 19,15f**

Ihr sollt nicht unrecht handeln im Gerichte: du sollst die Person des Geringen nicht ansehen, aber auch den Vornehmen nicht begünstigen; gerecht sollst du deinen Nächsten richten. Du sollst nicht als Verleumder unter deinen Volksgenossen umhergehen und sollst nicht wider das Leben deines Nächsten auftreten; ich bin der Herr (loʾ-tăʿ^{a}śû ʿawäl bămmišpaṭ loʾ- tiśśaʾ p^{e}nê- dal w^{e}loʾ tähdăr p^{e}nê gadôl b^{e}ṣädäq tišpoṭ ʿ^{a}mîtäka: loʾ- telek rakîl b^{e}ʿămmâka loʾ tăʿ^{a}mod ʿăl- dăm reʿäka ʾ^{a}nî jhwh).

Mit dem pluralisch formulierten Gebot loʾ- tăʿ^{a}śû ʿawäl bămmišpaṭ, das "wie eine Überschrift"[23] zu den folgenden, im Singular gehaltenen Bestimmungen wirkt, setzt deutlich ein neuer Abschnitt mit einem neuen Thema ein. In diesen beiden Versen, die sich auf das richtige Verhalten vor Gericht beziehen, liegt kein "Richterspiegel"[24] vor, da es in ihnen "um für alle Israeliten geltende Verhaltensvorschriften gegenüber den anderen Gliedern der Gemeinschaft, in der sie lebten"[25], geht. Die Überschrift ist sprachlich gesehen eher jung, findet sich doch der Ausdruck ʿśh ʿawäl/ʿăwlā vor allem in Texten aus der exilisch-nachexilischen Zeit, besonders gehäuft bei Ezechiel[26]. Mit den ihr folgenden Bestimmungen zusammen bildet sie ein Pendant zu Ex 23,1-3.6-8; Dtn (1,17 und) 16,18-20. Diese Abschnitte tragen jedoch im Unterschied zu Lev 19,15 keine Überschrift. Zu loʾ- tăʿ^{a}śû ʿawäl bămmišpaṭ gibt es in ihnen zwar Parallelen, die aber "sehr viel konkreter"[27] sind:

Ex 23,6

Du sollst das Recht des Armen in seinem Rechtshandel nicht beugen (loʾ tăṭṭā mišpăṭ ʾäbjon^{e}ka b^{e}rîbô).

Dtn 16,19

Du sollst das Recht nicht beugen (loʾ- tăṭṭā mišpaṭ).

22 Vgl. dazu unten S. 95f.

23 GERSTENBERGER, Wesen 81.

24 So richtig NOTH, Leviticus 122. Leider bin ich der Herkunft der Behauptung, in Lev 19,15-18 liege ein solcher vor, nicht auf die Spur gekommen.

25 NOTH, a.a.O. 122.

26 Lev 19,15.35; Dtn 25,16; Ez 3,20; 18,24.26; 33,13.15.18; Zeph 3,5.13; Ps 37,1.

27 GERSTENBERGER, Wesen 81 Anm. 1.

Der Grundsatz der Unparteilichkeit ("Du sollst die Person des Geringen nicht ansehen, aber auch den Vornehmen nicht begünstigen") findet sich in allen drei Parallelabschnitten zu Lev 19,15f:

Ex 23,3
Auch den Geringen sollst du in seiner Rechtssache nicht begünstigen (w^e^dal lo᾿ tähdăr b^e^rîbô).

Dtn 1,17
Ihr sollt kein Ansehen der Person kennen im Gerichte; den Kleinen sollt ihr hören wie den Großen und euch vor niemand scheuen (lo᾿‾ tăkkîrû panîm bămmišpaṭ kăqqaṭon kăggadol[28] tišmaᶜûn lo᾿ tagûrû mipp^e^nê‾᾿îš).

Dtn 16,19
Du sollst die Person nicht ansehen (lo᾿ tăkkîr panîm).

Sowohl Dtn 1,17 wie 16,19 formulieren den Grundsatz der Unparteilichkeit neutral, verbieten also nicht nur, den Großen zu bevorzugen. Dies trifft u.E. sogar für Ex 23,3 zu, da durch die Formulierung w^e^dal (*auch* den Armen) indirekt auch verboten wird, den Großen vor Gericht zu begünstigen. NOTH nimmt die Tatsache, daß Lev 19,15 auch die Bevorzugung des Armen verbietet, mit Erstaunen zur Kenntnis[29], was angesichts der erwähnten Parallelen befremdet.

Die positive Umformulierung der vorangehenden Verbote bildet das Gebot am Schluß von V. 15:

Gerecht sollst du deinen Nächsten richten.

Es ist interessant, daß sich – wie bereits zur Überschrift – auch zu diesem allgemein gehaltenen Gebot, einer Zusammenfassung der beiden vorangehenden Verbote, in den andern Gesetzeskorpora keine Parallele findet. Am nächsten kommt ihm eine Stelle aus dem deuteronomischen Gesetz über die Rechtspflege:

Dtn 16,18
Richter und Amtleute sollst du dir bestellen in allen deinen Ortschaften..., daß sie dem Volke Recht sprechen mit Gerechtigkeit (w^eᵛ^šap^e^ṭû ᾿ät‾ haᶜam mišpăṭ‾ ṣädäq).

Recht schwierig auszulegen ist Lev 19,16. Zum ersten Gebot, lo᾿‾ telek rakîl b^eᶜ^ămmâka, bemerkt NOTH:

"Verboten... [wird] das Ausstreuen von Verleumdungen unter den anderen Mitgliedern der Rechtsgemeinde vor oder bei deren Zusammentritt"[30].

Diese Deutung wird dadurch gestützt, daß Ex 23,1, das sich eindeutig auf das Verhalten vor Gericht bezieht, eine Bestimmung enthält, die der von V. 16a in etwa entspricht:

Du sollst nicht falsches Gerücht vorbringen (lo᾿ tiśśa᾿ šemăᶜ šaw᾿).

28 Auf kăqqaṭon und kăggadol ruht das gleiche Gewicht; von ihrer Stellung im Satzgefüge her läßt sich also nicht sagen, daß die Bevorzugung (des Kleinen oder Großen) besonders kritisiert werde; vgl. dazu JOÜON, Grammaire 528.

29 NOTH, Leviticus 122.

30 NOTH, a.a.O. 122.

Obwohl rakîl Lev 19,16 eindeutig juridische Bedeutung besitzt, schwingt in ihm als Nebenton möglicherweise eine der Bedeutungen mit, die es an andern Stellen hat: Jakobs Rolle spielen (Jer 9,3), Geheimnisse preisgeben, aufrührerisch mit Empörungen herumlaufen (Jer 6,28).

Auch das letzte Gebot von Lev 19,16, loʾ tăʿamod ʿăl⁻ dăm reʿäka, ist vom Verhalten in der Rechtsgemeinde her zu interpretieren. ʿmd le meint das Aufstehen zu einer (falschen) Zeugenaussage, die zur unrechtmäßigen Tötung des Angeklagten führt[31]. Diese Auslegung wird auch dadurch gestützt, daß das Bundesbuch eine verwandte Bestimmung enthält, der zudem wie Lev 19,16 das Gebot der Unparteilichkeit vorangeht:

> **Ex 23,7**
> Von betrügerischer Sache halte dich fern. Du sollst nicht den Unschuldigen, der im Rechte ist, zum Tode verurteilen, und nicht dem, der im Unrecht ist, Recht geben.

Lev 19,15f regelt – wir fassen kurz zusammen – das Verhalten in der Rechtsgemeinde. Der Abschnitt weist inhaltliche Berührungen mit Dtn 1,17; 16,18-20 und vor allem Ex 23,1-3.6-8 auf.

4. Lev 19,17f

> Du sollst deinen Bruder nicht hassen in deinem Herzen; zurechtweisen sollst du deinen Nächsten, daß du nicht seinethalben Sünde auf dich ladest. Du sollst dich nicht rächen, auch nicht deinen Volksgenossen etwas nachtragen, sondern du sollst deinen Nächsten lieben wie dich selbst; ich bin der Herr (loʾ⁻ tiśnaʾ ʾät⁻ ʾaḥîka bilbabäka hôkeaḥ tôkiaḥ ʾät⁻ ʿamîtäka weloʾ⁻ tiśśaʾ ʿalâw ḥeṭʾ: loʾ⁻ tiqqom weloʾ⁻ tiṭṭor ʾät⁻ benê ʿămmäka weʾahăbta lereʿaka kamôka ʾanî jhwh).

Von den drei vorangehenden Abschnitten unterscheidet sich Lev 19,17f dadurch, daß er praktisch keine Parallelen in anderen Gesetzeskorpora aufweist. Bevor wir die Bestimmungen von V. 17 einzeln auslegen, versuchen wir den Vers als ganzen zu verstehen: Wenn sich dein Bruder (dir gegenüber) vergangen hat, darfst du ihn nicht in deinem Herzen hassen; du mußt, was du gegen ihn auf dem Herzen hast, offen aussprechen und ihn auf sein Vergehen hinweisen. Tust du dies nicht, lädst du Schuld auf dich.

Wir begründen diese Paraphrase und legen die einzelnen Bestimmungen näher aus. Dem Vers liegt als Voraussetzung zugrunde, daß sich ein Bruder dem im Gesetze Angesprochenen gegenüber vergangen hat. Nur wenn dies zutrifft, ergibt das Gebot "Zurechtweisen sollst du deinen Nächsten" einen Sinn. Das Verbot, seinen Bruder im Herzen zu hassen, setzt voraus, daß dazu berechtigter Anlaß bestünde. Das Schlüsselwort für die richtige Auslegung dieses Verbotes bildet bilbabäka. ZIMMERLI übersetzt es in seiner Theologie ohne nähere Begründung mit "im Verborgenen"[32]. Trifft diese interpretierende Übersetzung das Richtige? Eine Durchsicht der Konkordanz ergibt, daß suffigiertes blb(b) gerne mit Verben des Denkens und Redens verwendet wird und in diesem Zusammenhang das Hegen und Verborgenhalten dunkler Pläne umschreibt[33]:

31 So u.a. ELLIGER, Leviticus 258f.

32 ZIMMERLI, Grundriß 118.

33 Vgl. etwa noch Sach 7,10; 8,17.

Ps 28,3
Raffe mich nicht hin mit den Gottlosen und mit den Übeltätern, die mit dem Nächsten freundlich reden und Böses hegen im Herzen/heimlich (bilbabam).

Hi 1,5
Wenn dann die Tage des Mahles um waren, schickte Hiob hin und weihte sie, und früh am andern Morgen opferte er Brandopfer nach ihrer aller Zahl. Denn Hiob dachte: Vielleicht haben meine Söhne sich versündigt und Gott geflucht in ihrem Herzen/heimlich (bilbabam).

Wenn bilbabäka in Lev 19,17 gleich verstanden werden darf wie an diesen Stellen, besagt das Verbot, wie ZIMMERLI vorschlägt: Hasse deinen Bruder nicht im Versteckten, im Verborgenen. Das bedeutet nicht unbedingt, daß der Haß nur im Innern gehegt wird. Es ist auch denkbar, daß er sich in allerhand dunklen Machenschaften äußert.

Eine indirekte Bestätigung findet diese Auslegung von Lev 19,17a in einigen Rechtssätzen aus der Freistädtegesetzgebung, in denen śnᵓ ohne die Näherbestimmung von suffigiertem blb(b) verwendet wird. In Num 35,20; Dtn 4,42; 19,4.6.11 und Jos 20,5 spielt die Wurzel śnᵓ "eine Rolle bei der Umschreibung der vorsätzlichen bzw. unvorsätzlichen Tötung"[34]. Die Asylstädte stehen nur dem offen, der seinen Nächsten von ungefähr, unvorsätzlich und ohne ihm zuvor feind gewesen zu sein (śnᵓ), erschlägt. Wer seinen Nächsten vorsätzlich und aus Haß (śnᵓ) umbringt, darf den Schutz einer Asylstadt nicht für sich beanspruchen. Dieser Haß – bezeichne er nun stärker den Affekt oder die daraus hervorgehenden Taten – muß für die Nichtbeteiligten erkennbar sein, denn sonst könnten sie nicht darüber entscheiden, ob der Totschläger umgebracht werden muß oder aber in eine Freistadt fliehen darf. Hier meint śnᵓ also den für Außenstehende erkennbaren Haß, in Lev 19,17a den heimlich, im Verborgenen (bilbabäka) gehegten oder betätigten.

Nach Lev 19,17 darf es nun nicht dazu kommen, daß man seinen Bruder im Verborgenen haßt. Man soll ihn eindringlich zurechtweisen (hôke^{a}ḥ tôkî^{a}ḥ). Besonders im Buch der Proverbien bedeutet jkḥ oft, jemanden, der sich im Unrecht befindet, "zurechtzuweisen"[35].
Ein Beispiel:

Prov 28,23
Wer einen andern zurechtweist (môkî^{a}ḥ ᵓadam), der findet zuletzt mehr Dank als der Schmeichler.

Allerdings ist umstritten, ob diese Übersetzung von jkḥ auch für Lev 19,17 zutrifft, der Vers also vom privaten Gespräch handelt[36]. Exegeten, die V. 17f wie die beiden vorangehenden Verse auf die Gerichtssituation beziehen, lehnen sie als falsch ab. So weist nach BOECKER jkḥ an der vorliegenden Stelle eindeutig juridische Bedeutung auf. Er übersetzt den Vers wie folgt:

"Du sollst deinem Genossen gegenüber feststellen, was recht ist"[37].

Diese Bedeutung kann jkḥ Lev 19,17 u.E. auch haben, wenn sich der Vers nicht auf das Verhalten vor Gericht, sondern auf die private Beilegung eines Konflikts bezieht.

34 JENNI, Art. śnᵓ 837.

35 Vgl. dazu etwa LIEDKE, Art. jkḥ 731.

36 So etwa KNOBEL, Exodus – Leviticus 510f; HOFFMANN, Leviticus 42.

37 BOECKER, Redeformen 46.

Umstritten ist auch die Auslegung des Verbots w^{e}lo᾿ tiśśa᾿ ʿalâw ḥeṭ᾿. Bedeutet es: "Du sollst nicht seinetwegen Schuld auf dich laden"[38] oder: "damit du nicht Schuld auf ihn ladest"[39] ? Die erste Auslegung ist vom sprachlichen Befund her wahrscheinlicher. Die Wendung nś᾿ ḥeṭ᾿ ʿăl heißt, wie aus Lev 22,9 und Num 18,29-32 hervorgeht, "Sünde tragen wegen". Die Verbindung nś᾿ ḥeṭ᾿/ʿawôn (ohne ʿăl)[40] bedeutet ebenfalls "Sünde auf sich laden", "(die Straffolgen seiner) Schuld tragen (müssen)"[41]. Die erste vorgeschlagene Übersetzung von lo᾿ tiśśa᾿ ʿalâw ḥeṭ᾿, "Du sollst nicht seinetwegen Schuld auf dich laden", paßt gut in den Zusammenhang des Abschnitts: Unterläßt man es, seinen Nächsten auf sein Vergehen aufmerksam zu machen und ihn zurechtzuweisen, lädt man sich dessetwegen selbst Schuld auf.

Diese Auslegung ist nun allerdings mit einer schweren Hypothek belastet. Wir sind vom Gebot ausgegangen, den Volksgenossen zurechtzuweisen. Erst von ihm aus erschloß sich uns die Bedeutung der anderen Gebote dieses Verses. Möglicherweise bildet es aber eine spätere Ergänzung zu den beiden andern Geboten von V. 17[42], nämlich:

> Du sollst deinen Bruder nicht hassen in deinem Herzen. Lade nicht seinetwegen Sünde auf dich / lade ihm nicht Sünde auf.

Wie sind diese beiden Gebote als Paar auszulegen? Will man sie nicht von der Gerichtssituation her interpretieren, enthält dieser Vers ein prinzipielles Verbot, seinen Bruder zu hassen. Das zweite ist dann so zu verstehen, daß man durch Haß Schuld auf sich lädt. Wählt man die zweite Übersetzungsmöglichkeit, ist ein Bezug auf das erste Verbot – und sie müßten doch die gleiche Thematik haben – nicht zu erkennen. Sie scheidet also zum vornherein aus, erklärt man V. 17 nicht von der Gerichtssituation her.

Wie wären sie von ihr her zu verstehen? Nach REVENTLOW untersagt das erste Verbot, den Nächsten aufgrund des Hasses, den man für ihn hegt, zu richten, das zweite, seinen Nächsten im Gericht mit einer Schuld zu beladen, "die nicht der Wahrheit entspricht"[43]. Für die Fragwürdigkeit, die seiner Deutung anhaftet, ist bezeichnend, daß er den Sinn des ersten Verbotes von seiner positiven Ergänzung her erschließen muß:

"V. 17a verbietet, den Nächsten im Herzen zu hassen. Wie das gemeint ist, geht aus der positiven Umkehrung hervor: man soll seinen Volksgenossen (gerecht) richten; also auch der Haß tut sich in einer ungerechten Art zu richten kund und wird in dieser Hinsicht verboten"[44].

REVENTLOW sieht sich, um einen Bezug von V. 17a auf die Gerichtssituation behaupten zu können, gezwungen, hôke^{a}ḥ tôkî^{a}ḥ ᾿ät- ʿ^{a}mîtäka in einer Weise auszulegen, die der Bedeutung von jkḥ nur schlecht entspricht.

38 So oder ähnlich übersetzen JB, ZB, Einheitsübersetzung.

39 So MOWINCKEL, der in Geschichte 227 das Gebot wie folgt auslegt: "indem man schweigt und den Nächsten nicht verwarnt, wenn er im Begriffe ist, eine sündige Tat zu begehen, ist man daran Schuld, daß er Schuld auf sich ladet, nämlich wenn er unverwarnt die sündige Tat begeht". – Diese Auslegung geht von der unseres Erachtens falschen Annahme aus, daß sie noch nicht begangen worden ist.

40 Einige Belege: Lev 20,19; 24,15; Num 9,13; 18,22; Jes 53,12; Ez 23,49.

41 STOLZ, Art. nś᾿ 113.

42 Dafür spricht, daß ʿamît, wie ein Blick in die Kommentarliteratur zeigt, vor allem in sekundären Schichten des Heiligkeitsgesetzes vorkommt. Will man trotzdem daran festhalten, daß die drei Bestimmungen von V. 17 schon immer zusammengehörten, sind sie spät anzusetzen.

43 REVENTLOW, Heiligkeitsgesetz 72.

44 REVENTLOW, a.a.O. 72.

Enthielte Lev 19,17 tatsächlich Vorschriften für das Verhalten vor Gericht, wären sie wie folgt auszulegen: Wenn sich dein Bruder dir gegenüber vergangen hat, darfst du ihn nicht heimlich hassen (und Anschläge gegen ihn verüben); du mußt die Angelegenheit vor Gericht bringen und ihm dort gegenüber feststellen, was recht ist, damit du nicht seinetwegen Schuld auf dich lädst/ihn nicht mit einer Schuld belädst, "die nicht der Wahrheit entspricht"[45]. Ob man V. 17 also auf die Gerichtssituation oder die private Auseinandersetzung bezieht, beide Male ergibt er einen guten Sinn, wenn man ihn von seiner Jetztgestalt her interpretiert. Hingegen fällt es schwer, seine beiden Verbote allein sinnvoll mit der Gerichtssituation oder der privaten Auseinandersetzung zu verbinden[46].

Mehr Klarheit über die Bedeutung von V. 17 erbringt die Auslegung von V. 18, der wir uns nun zuwenden. Ein prinzipielles Verbot der Rache findet sich im Alten Testament außer in Lev 19,18 nicht. Singulär innerhalb der alttestamentlichen Gesetzessammlungen ist auch das Verbot, den Zorn zu bewahren[47].

JAGERSMA hält es für möglich, daß sich das Verbot loʾ⁻ tiqqom ursprünglich auf die Blutrache bezog; er weist in diesem Zusammenhang auf Ex 21,20f und Num 31,2 hin[48]. Die zweite Stelle ist jedoch wenig hilfreich, da es hier um die Rache an politischen Feinden geht. Ex 21,20f heißt nqm nicht "Blutrache nehmen", sondern "bestrafen"[49], denn es ist unwahrscheinlich, daß der Herr eines Sklaven mit dem Tode bestraft wurde, hatte er diesen totgeschlagen[50]. Der Parallelismus nqm/nṭr deutet darauf hin, daß in Lev 19,18 an Rachenehmen in allgemeinem Sinne gedacht ist. Zur Stützung der These, Lev 19,18 könnte wenigstens ursprünglich die Blutrache im Auge haben, wird etwa auch auf das zum gleichen Abschnitt gezogene Verbot "du sollst nicht wider das Leben deines Nächsten auftreten" (V. 16aβ) hingewiesen[51]. Es verbietet jedoch – wie gezeigt – falsche Zeugenaussagen, die zur Tötung eines Unschuldigen führen.

NOTH erklärt wie schon V. 17 auch V. 18 von der Gerichtssituation her:

"Verboten... [wird] das Entscheiden aus Rache oder nachtragendem Zorn auf Grund irgendwelcher früherer Auseinandersetzungen oder Zwistigkeiten"[52].

Diese Erklärung mutet gezwungen an. Die Verbote von V. 18 enthalten keinen stichhaltigen Hinweis darauf, daß sie sich auf die gerichtliche Entscheidung beziehen. Worauf dann? In der For-

45 Ebd.

46 Dies findet auch darin Ausdruck, daß sich in der Literatur kaum Ausführungen darüber finden, was die beiden Verbote von V. 17 allein bedeuten. Die von REVENTLOW von der Gerichtssituation her vorgeschlagene Deutung überzeugt nicht.

47 Lev 19,18 enthält den einzigen Beleg von nṭr in einem Gesetzestext. Außer Cant 1,6; 8,11.12 (den Weinberg/seine Früchte hüten) wird es in der Bedeutung "(den Zorn) bewahren/nachtragen" nur noch mit Gott als Subjekt verwendet: Jer 3,5.12; Nah 1,2; Ps 103,9.

48 JAGERSMA, leviticus 19 98. Daß in Lev 19,18 die Blutrache verboten werde, nimmt etwa auch noch WESTERMANN, Art. Rache 1546, an.

49 ZB.

50 Vgl. dazu CHILDS, Exodus 471: "The formula 'he will be punished' is strikingly vague and cannot be identified with the death penalty per se. Apparently the determination of the required penalty was left to the discretion of the judge. Any doubt as to whether a different standard from that used for the free citizen was applied to slaves is removed by the final motivation clause. The master is fully exonerated from injuring his slave 'because he is his property' ".

51 So z.B. von ELLIGER, Leviticus 259.

52 NOTH, Leviticus 122.

schung wird zu wenig betont, daß zwischen V. 17 und 18 ein enger Zusammenhang besteht[53]. Beide Verse handeln davon, wie sich ein Israelit zu verhalten hat, wenn ein Bruder ihm gegenüber schuldig geworden ist. Er muß ihn auf sein Vergehen hin ansprechen, ihn zurechtweisen, oder: ihm sagen, was recht ist. Keinesfalls darf er den Zorn auf seinen Bruder versteckt halten oder heimlich gegen ihn agieren. Er darf jedoch auch nicht gewaltsam gegen ihn vorgehen und sich an ihm rächen oder ihm nachtragen. V. 17 verbietet also, gegen den schuldig gewordenen Bruder nicht (oder nur hinterrücks) vorzugehen, V. 18, dies gewaltsam zu tun. V. 17 darf wohl so verstanden werden, daß der Bruder möglichst rasch auf sein Vergehen angesprochen werden muß. Das Liebesgebot in V. 18 macht deutlich, daß nach seiner Zurechtweisung die Angelegenheit auch abgeschlossen ist. Die gespannte Lage, die durch das Vergehen eines Israeliten seinem Bruder gegenüber entstanden ist, soll also rasch bereinigt werden. Die Bezüge zwischen V. 17 und 18 sind zu eng, als daß sie zufällig sein könnten. Wer diese Gebote/Gebotspaare – wenn sie nicht schon immer zusammengehörten – miteinander verbunden oder einen Grundbestand unter ihnen redaktionell um weitere vermehrt hat, ist dabei sehr geschickt vorgegangen.

Abschließend sei noch einmal die Frage gestellt, ob sich Lev 19,17f auf das Verhalten in der Rechtsgemeinde bezieht oder nicht. Das zweite ist aus folgenden Gründen wahrscheinlicher:

- Alle Verbote und Gebote aus Lev 19,17f lassen sich problemlos auf das Verhalten eines Einzelnen gegenüber dem schuldig gewordenen Bruder beziehen; hingegen bereitet es große Schwierigkeiten, einige unter ihnen von der Gerichtssituation her zu verstehen.
- Die vorangehenden Verspaare haben je ein bestimmtes Thema zum Inhalt: In V. 11f geht es um mit Diebstahl verbundene Vergehen, in V. 13f um den Umgang mit wirtschaftlich schwachen und körperlich benachteiligten Volksgenossen, in V. 15f um das richtige Verhalten in der Rechtsgemeinde[54]. Die Abschnitte werden durch redaktionelles ᵓᵃnî jhwh voneinander abgetrennt. Es ist gewiß nicht zufällig, daß inhaltliche Gliederungen und redaktionelle Einschnitte zusammenfallen. Mit V. 17 setzt also wohl ein neues Thema ein. Wahrscheinlich schließen die beiden Verspaare V. 15f und 17f deshalb aneinander an, weil sie ein verwandtes Thema zum Inhalt haben; so konnte auch das Mißverständnis aufkommen, alle vier Verse bezögen sich auf die Gerichtssituation.
- Die meisten Bestimmungen aus Lev 19,15f weisen Parallelen in Bundesbuch und Deuteronomium auf. Wenn auch V. 17f im Zusammenhang mit dem Gerichtsverfahren stünde, enthielten diese beiden Gesetzeskorpora wahrscheinlich einige vergleichbare Gebote und Verbote. Die Parallelenlosigkeit der Verse 17f enthält einen versteckten Hinweis darauf, daß in ihnen ein Gebiet des zwischenmenschlichen Lebens erstmalig geregelt wird[55].

Zusammengenommen sprechen diese Gründe dafür, V. 17f als eigenen Abschnitt mit dem Thema "Der Umgang mit dem schuldig gewordenen Bruder" zu betrachten.

53 Vgl. immerhin ZIMMERLI, Mitte 114.

54 Die kunstvolle Gliederung des Abschnitts V. 11-18 geht noch weiter, als der Haupttext deutlich macht: Die Bestimmungen von V. 11-14 schützen den Schwachen, die von V. 15-18 alle "Volksglieder".

55 Am ehesten vergleichbar mit Lev 19,17f ist Dtn 25,1-3. Nach diesem Text sollen zwei Männer, die einen Streit miteinander haben, diesen vor Gericht austragen. – Im Unterschied zu diesem Text steht in Lev 19,17f fest, wer der Schuldige ist.

5. Das Gebot der Nächstenliebe

In einem gewichtigen Teil der Kommentarliteratur wird das Gebot der Nächstenliebe nur mangelhaft oder überhaupt nicht ausgelegt[56]. Mangelhafte Exegese liegt da vor, wo nur auf seinen eingeschränkten Geltungsbereich hingewiesen oder es als höchstes oder wichtigstes im Alten Testament bezeichnet wird.

Der erste Mangel findet sich unter anderem in HOLZINGERs Auslegung:

"Die Warnungen vor Bedrückung und Übervorteilung des Nächsten steigern sich (V. 17f.) zu dem Gebot, ihn zu lieben, wie sich selbst. Dabei ist... unter dem Nächsten nur der Volksgenosse verstanden, und wenn V. 33f. das Gebot der Liebe auch auf den Fremden ausgedehnt wird, so ist mit letzterem nicht jeder beliebige Fremde, sondern fast immer ein Israelit von anderem Stamm gemeint, jedenfalls ein solcher, der mit seinem Patron in Kultusgemeinschaft steht, also gleichfalls zum Volke Jahwes gehört"[57].

REVENTLOW streicht nur die Wichtigkeit des alttestamentlichen Liebesgebotes heraus:

"Von diesen Sätzen ist wohl V. 18b der bekannteste aus H, wenn nicht aus dem gesamten Alten Testament; berühmt ist die Bedeutung, die er für den christlichen Glauben gehabt hat"[58].

Hinter diesen mangelhaften Auslegungen des alttestamentlichen Liebesgebotes steht unausgesprochen folgende Annahme: Was Lev 19,18 fordert, ist klar und braucht nicht in mühsamer Kleinarbeit erhoben zu werden. Daß diese Annahme nicht zutrifft, wurde bereits gezeigt. Wenn Exegeten das Gebot der Nächstenliebe als höchstes oder wichtigstes des Alten Testaments bezeichnen, übersehen sie, daß dieses selbst keine derartige Wertung vornimmt. Wahrscheinlich übertragen sie neutestamentliche Wertungen des Liebesgebotes (das königliche Gebot u.a.) abgeändert auf Lev 19,18. Zwar kann, und zwar vor allem von formgeschichtlichen Erwägungen her, gezeigt werden, daß Lev 19,18 einen Höhepunkt innerhalb der alttestamentlichen Ethik bildet. Aber das muß aufgewiesen und darf nicht einfach behauptet werden. Die sich häufig findende, aber selten ausgearbeitete Behauptung, der Geltungsbereich des Liebesgebotes sei im Neuen Testament gegenüber Lev 19,18 erweitert, zeigt nochmals deutlich, wie stark die Exegese diesen Vers vom Neuen Testament her und nicht aus sich selbst versteht.

Auch noch ungenügend ausgelegt ist das Gebot der Nächstenliebe da, wo nur sein erster Sitz im Leben bestimmt wird. BOECKER bemerkt in seinem Buch "Redeformen des Rechtslebens im Alten Testament" beiläufig, "daß einer der bekanntesten alttestamentlichen Sätze überhaupt, der Satz 'Du sollst deinen Nächsten lieben wie dich selbst' (Lv 19_{18}), im AT im Zusammenhang von Anordnungen über richtiges Verhalten in der Rechtsgemeinde steht (Lv 19_{15-18}) und sich ursprünglich nur auf diesen Bereich bezieht"[59]. Diese unseres Erachtens falsche Auslegung befriedigt schon deshalb nicht, weil in ihr nichts darüber gesagt wird, welche Bedeutung das Liebesgebot in der Rechtsgemeinde hatte. BOECKER und NOTH erwecken in ihrer Auslegung den Eindruck, mit der Bestimmung seines Sitzes im Leben stehe auch seine Bedeutung fest.

56 Extremstes Beispiel dafür bildet die Exegese von BAENTSCH, Exodus – Numeri 398; man beachte, was ihm in V. 18 als auslegungsbedürftig und – würdig erscheint: "nṭr bewahren, scil. den Zorn. ʾt mit Bzg. auf, sonst steht hier 1 Nah 1,2. bnj ᶜmk cf. 20_{17} = ᶜmjm v. 16. Der Unterschied zwischen hassen u. nachtragen wird von den Rabb. folgendermaßen bestimmt: Rache bedeutet: du hast mir die Axt nicht geliehen, ich leihe sie dir nicht; Nachtragen bedeutet: du hast mir die Axt nicht geliehen, ich aber leihe sie dir. ʾhb c. 1 wie v. 34, über 1 zur Einführung des Obj. s. G-K 117n. Cf. Mt 22_{39} Lk 10_{27}ff" (tr.).

57 HOLZINGER, in: KAUTZSCH, Heilige Schrift 188.

58 REVENTLOW, Heiligkeitsgesetz 72.

59 BOECKER, Redeformen 9 Anm. 3, wohl in Anlehnung an NOTH, Leviticus 122.

In der neueren Forschung gibt es Bemühungen, die Bedeutung des Liebesgebotes besser zu erfassen .
Entscheidend ist dabei die meist unreflektierte Einsicht, daß es nicht abgesehen von den übrigen Bestimmungen in Lev 19,17f ausgelegt werden darf. Nach JAGERSMA faßt das Liebesgebot die vorangehenden Bestimmungen zusammen[60]. KORNFELD versteht es als Grundlage, von der her sich die vorangehenden Gebote und Verbote erklären:

"Das Liebesgebot schließt zwar Feindschaft und Rache aus, verlangt aber auch nötigenfalls die brüderliche Zurechtweisung"[61].

ELLIGER ordnet das Gebot der Nächstenliebe ähnlich in Lev 19,17f ein wie KORNFELD und bezeichnet es implizit als Begründung der übrigen Gebote dieses Abschnittes:

"Und selbst wenn ein solches Gespräch nicht zum Ziele führt, sind Rachsucht und Nachträgerei ausgeschlossen; *denn* [Hervorhebung vom Vf.] 'Du sollst deinen Nächsten lieben wie dich selbst' "[62].

BERTHOLET betrachtet das Liebesgebot als Krönung der Gesetzesvorschriften von Lev 19,17f – man beachte, daß er sie bereits in einen inneren Zusammenhang zueinander bringt –:

"Die Worte erheben sich zum Höchsten, was die atl. Ethik hat leisten können. Schon bilbabäka zeigt, wie sie hier aus der That in die Gesinnung eingeführt ist. Den Volksgenossen soll man nicht hassen, auch wo man etwas wider ihn hat, vielmehr den Weg der Ermahnung einschlagen, und, selbst wo man persönlich beleidigt ist, ihm nicht nachtragen, ja schließlich ihn lieben wie sich selbst"[63].

"Ja schließlich": Mit diesen beiden Worten bringt BERTHOLET etwas unbeholfen zum Ausdruck, daß sich das Gebot der Nächstenliebe mit den vorangehenden Forderungen nicht auf eine Stufe stellen läßt, obwohl es an sie anknüpft.

All diesen Ausführungen ist gemeinsam, daß das Liebesgebot auf Lev 19,17f bezogen und gleichzeitig von seinen übrigen Bestimmungen abgehoben wird, sei es als ihre Begründung, Krönung oder Zusammenfassung (was letztlich aufs gleiche herauskommt). Mit andern Worten: Das Gebot der Nächstenliebe ist nicht ein Gebot wie die andern.

Worin seine Andersartigkeit besteht, läßt sich ansatzweise von einer formgeschichtlichen Beobachtung her zeigen. "Liebe deinen Nächsten wie dich selbst" ist eines der wenigen Gebote innerhalb der pentateuchischen Gesetzgebung, welche die positive Umkehrung vorangehender Verbote bilden. Das Gebot der Nächstenliebe besagt also in seinem Kontext: Meine nicht, du habest das Gesetz erfüllt, wenn du dich nicht rächst und deinem Bruder nicht nachträgst; du mußt zu einer positiven Einstellung deinem Bruder gegenüber kommen, ihn lieben wie dich selbst. VON RAD hat diesen Tatbestand so interpretiert, daß es eine Zeit gab, "der die negative Fassung nicht mehr genügte, weil mit ihr der gesamte Umfang des Willens Jahwes an den Menschen nach dem reiferen Verständnis der Späteren nicht zureichend umschrieben wurde"[64]. Das Gebot der Nächstenliebe bildet insofern eine neue Stufe in der Entwicklung der alttestamentlichen Ethik, als es nicht nur einen Markstein[65] setzt, den niemand überschreiten darf, bestimmte Handlungen

60 JAGERSMA, leviticus 19 99.

61 KORNFELD, Leviticus 126.

62 ELLIGER, Leviticus 259.

63 BERTHOLET, Leviticus 67f (tr.).

64 VON RAD, Deuteronomium-Studien 122.

65 Als solche lassen sich etwa die Gebote des Dekalogs verstehen, denn "er beschränkt sich auf einige fundamentale Negationen, d.h. er begnügt sich damit, gewissermaßen an den Rändern eines weiten Lebenskreises Zeichen aufzustellen, die der zu achten hat, der Jahwe angehört" (VON RAD, Theologie 208).

untersagt oder gebietet, sondern eine prinzipiell positive Einstellung gegenüber dem Nächsten verlangt. Mit andern Worten: Das Gebot der Nächstenliebe ist ein ethischer Grundsatz.

Dieser Tatbestand erfährt von einer andern Seite her eine interessante Beleuchtung. Die Gebote und Verbote von Lev 19,17f lassen sich funktional verstehen. Der Abschnitt enthält Bestimmungen, die von einer Gemeinschaft befolgt werden müssen, damit eine Auseinandersetzung – ausgelöst durch das Vergehen eines seiner Mitglieder – geregelt und schnell zum Austrag gelangt. Das Liebesgebot widersetzt sich einer rein funktionalen Auslegung, es enthält etwas Überschießendes – wir paraphrasieren –: Wenn du die Auseinandersetzung mit deinem Nächsten abgeschlossen hast und zwischen euch wieder alles in Ordnung ist, versuche zu ihm in ein positives Verhältnis zu kommen, liebe ihn wie dich selbst. Das Liebesgebot schließt also an die Gebote an, die sich funktional interpretieren lassen, gehört aber nicht dazu.

Der oben festgestellte Zug ins Grundsätzliche eignet nicht nur dem Liebesgebot. Den Grundstock von Lev 19,11-18 bilden – so die communis opinio der Forschung[66] – Bestimmungen, die später unter anderem durch folgende Verbote und Gebote erweitert worden sind:

- und so den Namen eures Gottes entweihen
- gerecht sollst du deinen Nächsten richten
- sondern liebe deinen Nächsten wie dich selbst.

Diese Ergänzungen zeichnen sich dadurch aus, daß sie die vorangehenden Verbote ins Grundsätzliche, Allgemeine kehren (die zweite und dritte zugleich ins Positive). Die erste schließt an das Verbot an: "Ihr sollt bei meinem Namen nicht falsch schwören", das sich, wie gezeigt, wahrscheinlich auf Schwüre im Zusammenhang mit Eigentumsvergehen bezieht. Sie besagt: "wie du überhaupt den Namen Jahwes nicht entweihen darfst". Der Schwur bei Eigentumsvergehen gilt als Spezialfall des Mißbrauches von Jahwes Namen.

Ähnlich ist b^{e}ṣädäq tišpoṭ $^{c a}$mîtäka zu verstehen. Im Anschluß an die Verbote, den Geringen und Vornehmen vor Gericht zu begünstigen, besagt diese Ergänzung: "Überhaupt sollst du deinen Volksgenossen gerecht richten". Das schließt Parteilichkeit aus, erschöpft sich aber nicht darin. Es verlangt ein grundsätzlich, in allen Belangen gerechtes Richten.

Das Liebesgebot gehört also zu einer Schicht der alttestamentlichen Ethik, die zu ethischen Spitzensätzen vorstößt. Es ist so allgemein formuliert, daß es ganz verschieden verstanden und ausgelegt werden kann[67].

66 Vgl. dazu u.a. ELLIGER, Leviticus 248; VON RAD, Deuteronomium-Studien 121f.

67 So verliert es etwa – aus dem Kontext von Lev 19 gelöst – seinen ursprünglichen Bezug auf das Verhalten dem Sünder gegenüber und wird karitativ ausgelegt. Eine Interpretation in dieser Richtung enthält u.a. das Nazaräerevangelium: "Und der Herr sprach zu ihm: Wie kannst du sagen, Gesetz und Propheten habe ich erfüllt? Steht doch im Gesetz geschrieben: Liebe deinen Nächsten wie dich selbst; und siehe, viele deiner Brüder, Söhne Abrahams, starren vor Schmutz und sterben vor Hunger – und dein Haus ist voll von vielen Gütern, und gar nichts kommt aus ihm heraus zu ihnen!" (zitiert nach: HENNECKE – SCHNEEMELCHER, Apokryphen I 97). – Nach den Ausführungen in diesem Abschnitt ist es klar, daß ZB und JB das w^{e} in w^{e}ʾahăbta am besten wiedergeben und die Übersetzung der TOB als falsch zu qualifizieren ist; vgl. dazu oben S. 2f.

B. Das Gebot der Nächstenliebe als Teil von Lev 19

1. Das Problem

Lev 19 ist zweifelsohne eines der interessantesten Kapitel des alttestamentlichen Kanons. Sein Entstehen nachzuzeichnen fällt sehr schwer. Es gehört also sowohl zu den wichtigsten wie dunkelsten Teilen des Alten Testaments.

Liest man Lev 19 durch, so fällt einem der Reichtum der in ihm behandelten Gebiete auf; er sucht in den Gesetzeskorpora seinesgleichen[1]. Eine Inhaltsangabe kann das deutlich machen[2]:

- Pietät gegen Gott und Eltern (V. 3f)
- Rechte Einstellung zum Heilsopfer (V. 5-8)
- Verbot der Nachlese (V. 9f)
- Soziales Verhalten und Nächstenliebe (V. 11-18)
- Verbot von Mischungen (V. 19)
- Unzucht mit der Nebenfrau eines anderen (V. 20-22)
- Erstlingsfrüchte (V. 23-25)
- Verbot fremder Kultbräuche (V. 26-31)
- Ehrung des Alters (V. 32)
- Verhalten gegen Fremde (V. 33f)
- Übervorteilung (V. 35f)

Dieser Reichtum an Inhalten ist von der alttestamentlichen Forschung zur Kenntnis genommen, aber kaum erklärt worden. Die Ratlosigkeit ihm gegenüber drückt sich bereits in den Überschriften zu Lev 19 aus: "Levensheiliging"[3], "Holiness of Behavior"[4], "Gesetze zur Heiligung des täglichen Lebens"[5], "Over het dagelijks leven"[6], "Kultische und soziale Gebote"[7], "Sittliche und kultische Gebote"[8], "Umgang mit dem Nächsten"[9], "Zusammenstellung allgemein wichtiger Vorschriften"[10], "Allerlei religiöse und sittliche Vorschriften"[11], "Einzelne Vorschriften für den Kult und das Gemeinschaftsleben"[12], "Allerlei Bestimmungen vorwiegend religiös-sittlichen Inhalts"[13], "Verschiedene Vorschriften zur Lebensheiligung"[14], "Verschiedene Ge-

1 Einzig das Deuteronomium weist einige Abschnitte auf, in denen sich Gesetzesbestimmungen verschiedensten Inhalts folgen: Dtn 22,1-12; 23,16-26; 25,11-19. Im Unterschied zu denen von Lev 19 sind diese Gesetze jedoch nicht redaktionell zu einem Ganzen verbunden.

2 Diese Abschnittsüberschriften nach der Einheitsübersetzung, provisorische Fassung 1974.

3 NORDTZIJ, Levitikus 188.

4 MICKLEM, Leviticus 95.

5 Lutherübersetzung.

6 VINK, Leviticus 74.

7 Einheitsübersetzung.

8 KORNFELD, Leviticus 122.

9 ELLIGER, Leviticus 242.

10 NOTH, Leviticus 117.

11 ZB.

12 JB.

13 BAENTSCH, Exodus-Numeri 395.

14 HOFFMANN, Leviticus 27.

setze für das religiöse, sittliche und bürgerliche Leben"[15], "Allerlei einzelne Vorschriften"[16]. Diese Überschriften zerfallen in zwei Gruppen: Während einige Exegeten und Übersetzer für die Vielfalt der Bestimmungen einen gemeinsamen Nenner suchen (Bsp: Holiness of Behavior), konstatieren andere, daß Verbote und Gebote aus verschiedenen Gebieten zusammengestellt worden sind (Bsp: Sittliche und kultische Gebote). Die Ratlosigkeit darüber, nach welchem Prinzip dies geschehen ist, findet in der gehäuften Verwendung von Ausdrücken wie "Einzelne", "Allerlei", "Verschiedene" beredten Ausdruck.

NORDTZIJ versucht das Problem, vor das uns die inhaltliche Mannigfaltigkeit des Kapitels Lev 19 stellt, von der Einheitskonzeption des Alten Orients her zu erklären:
Während im westlichen Bewußtsein Moral, kultisches und bürgerliches Leben kaum zusammenhingen, seien für den Alten Orient Kult und Moral nur zwei Seiten der gleichen Münze; bürgerliches und politisches Leben würden von der Religion her betrachtet[17]. Dies trifft zweifelsohne zu. NORDTZIJ berücksichtigt jedoch nicht, daß in keinem andern alttestamentlichen Gesetzeskorpus in einem einzigen Abschnitt so viele Themen behandelt werden wie in Lev 19 und kultische und soziale Bestimmungen in einer bestimmten Reihenfolge abgehandelt und nicht fast beliebig vermischt dargeboten werden[18].

Die engste Verwandtschaft mit Lev 19 weisen in dieser Beziehung Abschnitte aus dem Buche Ezechiel auf, in denen das Verhalten des Einzelnen (Ez 18) und Jerusalems (Ez 22) an Rechtssatzreihen gemessen wird[19]. In ihnen folgen kultische und nichtkultische Bestimmungen (respektive Klagen über ihre Nichteinhaltung) in fast beliebiger Reihenfolge aufeinander. Ein Beispiel:

> Ez 22,6-12
> Siehe, die Fürsten Israels in deiner Mitte trotzen ein jeder auf seine Faust, um Blut zu vergießen. Vater und Mutter verachtet man in dir, dem Fremdling tut man Gewalt an in deiner Mitte, Waise und Witwe bedrückt man in dir. Meine Heiligtümer verachtest du, und meine Sabbate entweihst du. Verleumder sind in dir darauf aus, Blut zu vergießen; auf den Bergen hält man bei dir [Opfer-] Mahle, Unzucht treibt man in deiner Mitte. Man pflegt in dir Umgang mit dem Weibe des Vaters [d.h. der Stiefmutter], man mißbraucht in dir Frauen, die ihre monatliche Unreinheit haben. Ein jeder treibt in deiner Mitte Greuliches mit dem Weibe seines Nächsten; der eine verunreinigt seine Schwiegertochter durch Unzucht, der andre schändet seine Schwester, seines Vaters Tochter [d.h. die Stiefschwester]. Bestechung nimmt man in dir, um Blut zu vergießen; Zins und Zuschlag nimmst du und übervorteilst deinen Nächsten mit Gewalt, und meiner vergissest du, spricht Gott der Herr.

Das Durcheinander von Vorwürfen das kultische und sittliche Leben betreffend scheint – auf mögliche Gründe dafür können wir nicht eingehen – typisch für die exilische Zeit zu sein, in die wir die grundlegende Redaktion von Lev 19 ansetzen; sie erklärt sich also nicht einfach auf dem

15 KNOBEL, Exodus-Leviticus 508.

16 HOLZINGER, in: KAUTZSCH, Heilige Schrift 188.

17 NORDTZIJ, Levitikus 190f.

18 Eine Ausnahme dazu bilden die Abschnitte "Gesetze vermischten Inhalts" im Deuteronomium (vgl. Anm.1); in ihnen sind wohl Bestimmungen zusammengestellt, die anderswo keinen Platz fanden.

19 Vgl. dazu ZIMMERLI, Ezechiel 397, 506.

Hintergrund der altorientalischen Lebensauffassung. Diese könnte zudem nur das Nebeneinander von kultischen und sittlichen Geboten erklären, nicht jedoch die Mannigfaltigkeit der in ihm erfaßten Inhalte. Der Frage, wie sich diese erklärt, gehen wir in den nächsten beiden Abschnitten nach.

2. Interpretationsmodell 1: Die Grundlage von Lev 19 bilden Dekaloge

Einige Forscher nehmen an, daß ein oder zwei (Do)Dekaloge, die mehrere Bearbeitungen erfahren haben, die Grundlage von Lev 19 bilden. Trifft dies zu, so erklärt sich die Mannigfaltigkeit der Inhalte von Lev 19 und sein komplizierter Entstehungsprozeß am ehesten so, daß ihnen immer mehr Materialien angehängt wurden; auf sie sollte die Autorität der respektheischenden Form "Dekalog" abfärben[20]. Mit andern Worten: Die Lev 19 zugrundeliegenden (Do)Dekaloge wären die Magnete, welche die andern Bestimmungen an sich gezogen hätten.

Ein vergleichbarer Vorgang hat sich innerhalb der Sinaiperikope abgespielt. Sie bildet einen riesigen Überlieferungskomplex, dessen Entstehen sich nicht mehr genau rekonstruieren läßt. Kein Teil des Alten Testaments ist so oft und so stark überarbeitet worden wie er[21]. Das hat seinen Grund darin, daß die Gotteserfahrung am Sinai zu einem zentralen Ereignis des alttestamentlichen Glaubens wurde, mit dem möglichst viele Glaubensüberlieferungen in enge Beziehung treten sollten. Wie also das zentrale theologische Datum der Jahweoffenbarung am Gottesberg Grund für die riesige Ausweitung des Sinaikomplexes ist, könnte in Lev 19 eine wichtige Form, der Dekalog, den Anstoß zur starken Überarbeitung des Kapitels gegeben haben.

a. Die Dekalogrekonstruktion von ELLIGER

Unter den Forschern, nach denen ein Dekalog die Grundlage von Lev 19 bildet, herrscht keine Einigkeit über dessen Umfang. Wir verzichten darauf, sämtliche aus diesem Kapitel herausgeschälten Zehnworte zu behandeln[22] und beschränken uns darauf, die drei wichtigsten Modelle der Dekalogrekonstruktion in Lev 19 vorzustellen und ihre Konsequenzen für das Verständnis des Kapitels aufzuweisen.

Wir setzen mit der Position ELLIGERs ein[23]. In den V. 11-18 macht er einen größeren Zusammenhang ethischen Inhalts aus, der keine besondere Einleitung enthält und Fortsetzung von V. 3f sein könnte. In diesem Abschnitt fällt nach ihm die eigenartige Mischung von pluraler und singularischer Anrede auf. Die pluralischen Sätze sind lauter Verbote mit loʾ. Nach einem pluralischen Anfang schlägt die Anrede plötzlich in den Singular um und bleibt (mit Ausnahme von V. 15aα) bis V. 18 darin. In der singularischen Gruppe finden sich neben Verboten auch Gebote. Die Verbote betreffen außer V. 17bβ lauter konkrete Fälle. Aus diesen Prohibitiven schält

20 Daß der Dekalog von Ex 20/Dtn 5 so stark überarbeitet, d.h. mit Begründungen versehen worden ist, hängt wohl mit dieser Autorität zusammen.

21 So AUERBACH, Moses 162. Vgl. weiter VON RAD, Theologie 200: "Das, was im Hexateuch von den Ereignissen und Gottesoffenbarungen am Sinai berichtet wird, bildet einen Überlieferungskomplex abnormen Umfangs... Nirgends findet sich im Alten Testament sonst noch ein so riesiges, vielschichtiges Überlieferungsgebilde, das sich an ein einziges Faktum (die Gottesoffenbarung am Sinai) angeheftet hat".

22 Vgl. etwa noch REVENTLOW, Heiligkeitsgesetz 66; AUERBACH, Zehngebot 266, 268.

23 Die folgenden Ausführungen in (auch sprachlich) engem Anschluß an ELLIGER, Leviticus 247. – Eine ähnliche Sicht vertrat vor ihm KILIAN, Untersuchung 57-63.

ELLIGER einen singularischen (Do)[24] Dekalog ethischen Inhalts heraus, der zusammen mit einem pluralischen Dekalog (V. 11-12a, 15aα, 26-28a), in dem es "nicht nur um Eigentum und Recht, sondern auch um... kultisch-religiöse Dinge"[25] geht, den Grundstock von Lev 19 bildet. Verhält es sich so, hat der Redaktor, der die (Do)Dekaloge zusammenfügte, ein theologisch zentrales Kapitel schaffen wollen, denn nur so wäre zu erklären, warum er gleich zwei Vertreter der achtungheischenden Form "Dekalog" der Komposition von Lev 19 zugrundegelegt hat.

ELLIGERs (Do)Dekalog, zu dessen letztem Glied das Gebot der Nächstenliebe eine positive Ergänzung bildet, weist folgende Glieder auf[26]:

- Du sollst deinen Nächsten nicht bedrücken und berauben.
- (Und) der Lohn des Tagelöhners soll nicht bei dir bleiben bis zum andern Morgen.
- Einen Stummen darfst du nicht verfluchen.
- Und einem Blinden sollst du kein Hindernis in den Weg legen.
- Begünstige nicht den Armen.
- Und ergreife nicht Partei für den Vornehmen.
- Du sollst nicht als Verleumder unter deinen Volksgenossen herumgehen.
- (Und) tritt nicht auf gegen das Blut deines Nächsten.
- Trage gegen deinen Bruder nicht Haß in deinem Herzen.
- (Und) räche dich nicht und trage den Söhnen deines Volkes nicht nach.

Die Herausschälung dieses Dekalogs befriedigt vom Formalen her nicht ganz. Unter anderem befremdet, daß einige Glieder dieses Dekalogs durch waw copulativum mit dem vorangehenden verbunden werden und V. 13a und 18a je ein doppeltes Prädikat aufweisen; beides ist sicher ursprünglich der Gattung "Dekalog" fremd.

Doch sehen wir davon ab und fragen, was der von ELLIGER rekonstruierte Dekalog beinhaltet. In seinen beiden ersten Gliedern liegt der Akzent auf dem Schutz des wirtschaftlich schwachen Israeliten. Im Dekalog von Ex 20 (Dtn 5) tauchen noch keine "personae miserabiles" auf:

"Der Mitmensch, dem man ein Haus streitig machen kann, den man im Gericht um Ehre und Leben bringen kann, der über Kinder, Sklaven und Vieh verfügt, muß aus der Natur der Sache heraus ein... freier und rechtsfähiger Israelit sein"[27].

Schließt man von den Bestimmungen des ELLIGERschen (Do)Dekalogs auf die Zeitumstände zurück, denen er sein Entstehen verdankt, so ergibt sich folgendes Bild: Die armen Volksgenossen

24 ELLIGER (a.a.O. 248) hält es für möglich, daß vor V. 13 "ein weiteres Verbotspaar im Du-Stil" stand – darauf weist nach ihm das V. 13 vorangehende ᵓanî jhwh sowie der "ebenfalls schon in der 2.sg. gehaltene... motivierende... Satz 12b" hin. Nicht ganz überzeugend wirkt seine Auskunft, dieses Paar hätte "wahrscheinlich... aus Sätzen [bestanden], die inhaltlich den Pluralsätzen 11.12a nahestanden, denen die Redaktion jetzt den Vorzug gegeben hat" (ebd.).

25 ELLIGER, a.a.O. 254.

26 ELLIGER, a.a.O. 248 (er führt den hebräischen Text an).

27 SCHÜNGEL-STRAUMANN, Dekalog 102. – Ähnlich KESZLER, Problematik 14: "Es sei ausdrücklich noch bemerkt, daß spezifisch prophetische Forderungen: Schutz der Armen und Elenden, Rücksicht auf Waise und Witwe, Warnung vor Ausbeutung und Bestechung nicht im Dekalog erscheinen. Es liegt eine Ordnung vor, die noch keine besondern Verfallserscheinungen des Volkslebens voraussetzt, wie sie durch wirtschaftliche und soziale Differenzierungen zu entstehen pflegen. Der Dekalog ist noch einfache, urtümliche Ordnung". – Nach CRÜSEMANN, Bewahrung passim, dagegen zielt der Dekalog (in spät vorexilischer Zeit) darauf, eine gefährdete Ordnung zu retten.

werden wirtschaftlich ausgenützt, man bedrückt den Nächsten und enthält dem Tagelöhner, der dringend darauf angewiesen ist, seinen Lohn vor. Man wagt es, dem Tauben zu fluchen und führt den Blinden in die Irre. Die Atmosphäre im Lande ist vergiftet: Verleumder gehen um, vor Gericht werden Arme und Reiche willkürlich begünstigt, man haßt einander und rächt sich. Dieser Rückschluß von den Verboten auf die gesellschaftlichen Verhältnisse ist allerdings nicht zwingend. Der ELLIGERsche Dekalog könnte auch die Gebote enthalten, die für das Funktionieren des Israel, dem er galt, besonders wichtig waren. Mit andern Worten: Daß niemand den Lohn des Arbeiters über Nacht zurückbehielt, Haß gegen seinen Nächsten hegte, sich nicht rächte, war für den Zusammenhalt der Gemeinschaft, für die dieser Dekalog bestimmt war, besonders wichtig. Schließlich gibt es noch eine dritte Möglichkeit, ihn zu verstehen: Er enthält die Gebote, die im ethischen Selbstverständnis Israels eine besonders wichtige Rolle spielten. Das heißt: Das in ihm angesprochene Israel verstand sich als Gemeinschaft, in der es nicht vorkommen durfte, daß man dem Tagelöhner seinen Lohn über Nacht vorenthielt oder jemanden vor Gericht bevorzugte. Welche der drei Möglichkeiten zutrifft/zutreffen, ließe sich erst nach gelungener historischer Verortung[28] dieses Dekalogs sagen. Es scheint wenig sinnvoll zu sein, diese Aufgabe in Angriff zu nehmen, da sich nicht einmal sicher beweisen läßt, daß es ihn in dieser Form je gegeben hat.

b. Die Dekalogrekonstruktion von MORGENSTERN

MORGENSTERN schält aus Lev 19 folgenden Dekalog heraus[29]:

– Jeder ehre seine Mutter und seinen Vater
– und haltet meine Sabbate und ehrt mein Heiligtum.
Ich bin Jahwe, euer Gott.

– Wendet euch nicht den Götzen zu
– und macht euch keine gegossenen Bilder.
Ich bin Jahwe, euer Gott.

– Wendet euch nicht an Totenbeschwörer
– und Wahrsager suchet nicht.
Ich bin Jahwe, euer Gott.

– Ihr sollt nicht stehlen und nicht lügen
– und nicht einander betrügen.
Ich bin Jahwe, euer Gott.

– Verübt kein Unrecht im Gericht
– und ihr sollt nicht in meinem Namen falsch schwören.
Ich bin Jahwe, euer Gott.

Im Unterschied zu ELLIGER und KILIAN weist MORGENSTERN diesem auf literarkritisch abenteuerliche Weise gewonnenen Dekalog einen Sitz im Leben zu. V. 2aβb dient nach ihm zur Einleitung des Dekalogs;

28 KILIAN, Untersuchung 62, bestreitet, daß eine solche in bezug auf die von ihm postulierten Dekaloge, die sich eng mit denen ELLIGERs berühren, möglich sei: "Der Inhalt der beiden Reihen – getrennt oder vereinigt – zeigt kein besonderes Zeitcharakteristikum. Denn derartiges zu verbieten, ist in jeder Gemeinschaft und für Israel zu jeder Zeit seines Bestehens angebracht". KILIAN übersieht u.a., daß die Verbote, den Nächsten zu bedrücken und zu berauben, *bestimmte* (wirtschaftliche) Verfallserscheinungen voraussetzen, wie sie etwa die Richterzeit nicht in dem Ausmaße kannte wie spätere Epochen.

29 Die hebräische Fassung dieses Dekalogs bei MORGENSTERN, Decalogue 9f.

"it suggests further that, precisely like the older Decalogues, this Decalogue of H implies the establishment, or perhaps the reaffirmation, of a covenant relationship between Yahweh and Israel and records the obligations thereof which Israel is about to assume"[30].

MORGENSTERN versucht dann herauszuarbeiten, ob dieser Dekalog zu einem bestimmten Bundesschluß gehört. Er glaubt, den Anlaß für die Bildung des Heiligkeitsgesetzes oder wenigstens seines ersten Stratums (u.a. des Dekalogs von Lev 19) bestimmen zu können. Diesem weist er unter anderem die Forderung, alle Schlachtungen als Opfer am Heiligtum zu vollziehen (Lev 17, 3-7), zu. Sie ist nach ihm auf den zweiten Tempel hin konzipiert und allein von ihm her zu verstehen[31]. Aus Hag 2,5 und Sach 1,2f; 8,14-17 schließt er, daß die Einweihung des Tempels mit der Erneuerung und Bestätigung des Bundes Gottes mit seinem Volke verbunden gewesen sei. Die drei Stellen vermögen die Beweislast für diese Annahme nicht zu tragen[32]. Schon überzeugender wirkt MORGENSTERNs Hinweis, die Einweihung des zweiten Tempels, mit der Israel endgültig aus einer Nation zur religiösen Gemeinschaft wurde, habe einer feierlichen Zeremonie und Bestätigung des Bundes bedurft[33]. Bundesdokument bilde eine Urform des Heiligkeitsgesetzes mit dem Dekalog von Lev 19. Eine Bestätigung für seine These findet MORGENSTERN darin, daß die Bedingungen, die Israel nach Sach 8,14-17 erfüllen muß, um in den Bund zurückkehren zu können, mit denen des Heiligkeitsgesetz-Dekalogs nahe verwandt sind[34], was stimmt, aber doch nicht beweiskräftig genug ist. Rückschließend glaubt er weiter, das Gebot "Ehret mein Heiligtum" beziehe sich auf den zweiten Tempel[35]. Abgesehen von seiner abenteuerlichen Dekalogrekonstruktion spricht gegen MORGENSTERN, daß sich nicht nachweisen läßt, daß die Tempeleinweihung von 516 mit einem Bundesschluß verbunden war. Und gehörte ein Dekalog zur Bundesschlußurkunde von 516, stünde sicher ein Gebot das Gottesverhältnis betreffend an seiner Spitze und nicht das, seine Eltern zu ehren.

c. Die Dekalogrekonstruktion von MOWINCKEL

In seinem Aufsatz "Zur Geschichte der Dekaloge" versucht MOWINCKEL nachzuweisen, daß in Lev 19 je ein pluralisch und singularisch formulierter Dekalog vorliegt[36]. Im Unterschied zu dem aus Ex 34 enthält der pluralische neben rituellen auch sozialethische Gebote. Der singularische "ist fast rein sozialethisch orientiert. Er befaßt sich mit dem Verhältnis des Juden zu den Glaubensgenossen, will die dafür grundlegenden Gebote zusammenstellen"[37]. Formgeschichtlich befremden MOWINCKELs Dekalogrekonstruktionen vorerst noch stärker als ELLIGERs oder MORGENSTERNs. So lautet etwa das letzte Gebot des singularischen Dekalogs:

"Du sollst nicht rachsüchtig noch nachträgerisch sein gegenüber deinem Volksgenossen, sondern sollst deinen Nächsten lieben wie dich selbst"[38].

30 MORGENSTERN, a.a.O. 11.

31 A.a.O. 18f.

32 In Hag 2,5 bildet ʾät⁻ hăddabar ʾᵃšär⁻ karăttî ʾittᵉkäm bᵉṣeʾtᵉkäm mimmiṣrăjim, das in LXX* fehlt, wohl eine Glosse. Es besteht kein Grund, in ihr hăddabar durch hăbbᵉrît zu ersetzen, wie MORGENSTERN, Decalogue 21 im Anschluß an BHK vorschlägt; vgl. dazu RUDOLPH, Haggai – Maleachi, 40f. – Auch Sach 1,2f und 8,14-17 enthalten keine deutlichen Hinweise auf einen Bundesschluß.

33 MORGENSTERN, a.a.O. 26f.

34 A.a.O. 22.

35 A.a.O. 22f.

36 Den pluralischen Dekalog schält er aus Lev 19,3a-12a, den singularischen aus Lev 19,13a-18a heraus (MOWINCKEL, Geschichte 222, respektive 224).

37 MOWINCKEL, a.a.O. 228.

38 A.a.O. 224.

Dieses Bedenken gegen MOWINCKELs Dekalogrekonstruktionen verliert an Gewicht, ordnet man diese in die von ihm kurz dargestellte Geschichte der Dekaloge ein. Nach ihm waren sie ursprünglich "kultisch-rituelle... zehngliedrige... leges sacrae" und haben sich zu "religiös-ethischen Katechismen" weiterentwickelt, und zwar unter dem Einfluß der "großen Reform- und Gerichtspropheten"[39]. Verstehen wir MOWINCKEL richtig, hat sich der Sitz im Leben der Dekaloge teilweise verschoben, vom Fest zum Unterricht, was natürlich auch heißen kann, daß sich der Formzwang lockerte. Es ist recht wahrscheinlich, daß für kultische Texte ein strengerer Formzwang galt als für Katechismen. Hätte ELLIGER seinen (Do)Dekalog ausdrücklich als "religiös-ethischen Katechismus" bezeichnet, fielen die ihm gegenüber vorgebrachten formgeschichtlichen Bedenken dahin[40].

d. Die Dekaloge von Lev 19 und das Liebesgebot

Wir halten es für unwahrscheinlich, daß Lev 19 einen oder gar zwei Dekaloge enthält. Doch sehen wir davon ab und fragen, wie sich die einzelnen Dekalogrekonstruktionen auf das Verständnis des Liebesgebotes auswirken. Trifft MORGENSTERNs Deutung zu, kann ein Terminus post quem für die schriftliche Fixierung des Liebesgebotes angegeben werden: das Jahr 516. Hat er recht, gehört das Liebesgebot zur Auslegung eines kultischen Dokumentes von größter Bedeutung. In ELLIGERs (Do)Dekalogrekonstruktion bildet es Teil einer Reihe von Ergänzungen, welche die Verbote des Dekalogs überbieten und das von den Israeliten geforderte Verhalten positiv umschreiben. Bei MOWINCKEL ist das Gebot der Nächstenliebe nicht Ergänzung zu einem Dekaloggebot, sondern selbst ein Teil eines Gebotes aus einem religiös-ethischen Katechismus. Auch er weist ihm damit (indirekt) einen wichtigen Platz zu.

3. Interpretationsmodell 2: Lev 19 ist aus kleineren Einzelstücken zusammengesetzt

Die Vielzahl stark voneinander abweichender Dekalogrekonstruktionen spricht eher dagegen, in ihnen den Grundstock des Kapitels Lev 19 zu erblicken. Wir halten es für wahrscheinlicher, daß es als Zusammenfügung kleinerer Einzelstücke zu verstehen ist[41]. Den ausgeführtesten Versuch in dieser Richtung hat JAGERSMA in seinem Buch "'leviticus 19'. identiteit. bevrijding. gemeenschap" vorgelegt. Von den Inhalten des Kapitels her erarbeitet er für es einen recht überzeugenden Sitz im Leben. Wir stellen deshalb seine Position ausführlich dar[42].

Grundstock von Lev 19 bilden nach JAGERSMA die folgenden drei Stücke: V. 3f, 11f; 13-18; 19, 26-32, 35-36a, 37a. In V. 3, 11f erblickt er im Anschluß an VRIEZEN einen Kate-

39 A.a.O. 231.

40 Die Dekalogforschung ist in letzter Zeit wieder in Fluß geraten (s. etwa CRÜSEMANN, Bewahrung; HOSSFELD, Dekalog). Die Auswirkungen ihrer Arbeiten auf die Interpretation anderer Dekaloge und sonstiger mehrgliedriger Reihen – besonders in formgeschichtlicher Hinsicht – sind noch nicht abzusehen. Möglicherweise müssen die vorangehenden Ausführungen deshalb in nächster Zeit modifiziert werden; für den nächsten Abschnitt, "Die Dekaloge von Lev 19 und das Liebesgebot", trifft dies jedoch nicht zu.

41 So u.a. NOTH, Leviticus 119f, der sich skeptisch zur Möglichkeit, aus Lev 19 Dekaloge herauszuschälen, äußert.

42 Die folgenden Ausführungen bilden im wesentlichen eine Zusammenfassung von: JAGERSMA, leviticus 19 119-125.

chismus für Kinder[43]. Da in V. 3f ein starker Akzent auf die Bewahrung von Israels Identität fällt, setzt er das Stück im beginnenden Exil an. Der Abschnitt V. 13-18, in dem großer Wert auf eine gut funktionierende Gemeinschaft gelegt wird, ist – so JAGERSMA – möglicherweise vorexilisch. Er weist nach ihm Berührungen mit Bestimmungen aus Bundesbuch, Deuteronomium und mit der prophetischen Verkündigung auf[44]. Das dritte Hauptstück schließlich, das sich in seinem Grundbestand vor allem gegen die Übernahme von Gebräuchen anderer Völker wendet, weist starke Verwandtschaft mit dem Deuteronomium auf und dürfte in die Zeit zwischen Josia und dem Beginn des Exils anzusetzen sein. Diese drei Stücke sind durch V. 2aβb, 36b zu einem Ganzen zusammengefügt und zugleich um die V. 9f, 23-25 und 33f erweitert worden. Diese Vereinigung geht auf die Arbeit priesterlicher Kreise in der Gola zurück.

Von diesen jüngeren Bestandteilen von Lev 19 her läßt sich, so JAGERSMA, die Frage nach dem Sitz im Leben von Lev 19 beantworten. Die drei Stücke nennen nachdrücklich "das Land". Im ersten geht es um die Nachlese, im zweiten um die Behandlung der Fruchtbäume. Das dritte handelt vom Umgang mit dem ger. Der Abschnitt setzt mit den Worten ein: "Wenn ein Fremdling bei dir wohnt *in eurem Lande*". Diese Näherbestimmung drängt sich nicht auf und kommt in den Gesetzen, die das Verhalten gegenüber dem Fremdling regeln, außer in Dtn 24,14 nicht vor[45]. Der Bearbeiter von Lev 19,2aβb-4.9-19.23-37 erläßt also – so ist dieser Tatbestand zu deuten – bereits Vorschriften im Hinblick auf die Rückkehr ins Land. In diesem Zusammenhang ist nach JAGERSMA auch die Erinnerung an die Herausführung aus Ägypten (V. 34) vielsagend: Israel hoffte auf die Befreiung aus Babylon. Der Komplex Lev 19,2aβb-4.9-19.23-37 verdankt sein Entstehen also Kreisen, die in der Hoffnung auf eine Rückkehr nach Israel lebten. In diese Komposition haben kurz vor oder nach Ende des Exils die V. 5-8 und 20-22 Eingang gefunden. In ungefähr derselben Zeit ist Lev 19 durch die spezifisch priesterliche Einleitungsformel V. 1.2aα in P aufgenommen worden.

Die theologischen Akzente in Lev 19 erklären sich nach JAGERSMA gut von der Lage der Exulanten her:

- Ein starker Akzent liegt auf der Bewahrung von Israels Identität; sie zu sichern war im Exil besonders wichtig[46].
- Die Erinnerung an Jahwes Befreiungstat (Herausführung aus Ägypten) ist Ermutigung für die Zukunft; sie hatte die Diaspora dringend nötig[47].
- Den dritten Schwerpunkt bildet die Gemeinschaft, in die (trotz starker Betonung der Identität) auch der ger aufgenommen wird. Nur eine gut funktionierende Gemeinschaft konnte im Exil Israels Überleben garantieren[48].

43 Das schließt VRIEZEN, Literatuur 44 Anm. a, aus der Tatsache, daß das Gebot der Elternehrung am Anfang steht. Beachtung verdienen nach ihm in diesem Zusammenhang weiter das Gebot "Du sollst nicht lügen" und das Fehlen der Gebote: "Du sollst nicht töten, du sollst nicht ehebrechen". – VRIEZENs Deutung überzeugt nicht. Er übersieht, daß sich das Gebot der Elternehrung auch in Lev 19,3 auf erwachsene Kinder bezieht, die durchaus in der Lage gewesen wären, zu töten und ehezubrechen. Vielleicht fehlt letzteres in Lev 19, weil es sich Lev (18,20 und) 20,10 findet. Zur Zentralstellung des Gebotes der Elternehrung s. unten S. 91, 96.

44 JAGERSMA, leviticus 19 119f. Die hier von ihm genannten und bei der Auslegung von V. 13-18 teilweise diskutierten Berührungen überzeugen nicht durchgehend.

45 Diese Stelle ist textkritisch nicht ganz gesichert.

46 Vgl. JAGERSMA, leviticus 19 126f.

47 Vgl. a.a.O. 128.

48 Vgl. dazu a.a.O. 129-131.

Wir führen die Darstellung JAGERSMAs in einem Satz wie folgt weiter: Lev 19 bildet das Programm der spätexilischen[49] Gemeinde; das Kapitel enthält alles, was sie als für ihr Zusammenleben in der Diaspora und ihr zukünftiges Leben in Israel grundsätzlich ansah.

Folgende Konsequenzen ergeben sich aus dieser Interpretation von Lev 19:

- Es ist nicht erlaubt, in diesem Kapitel zwischen zentralen und weniger zentralen Geboten zu unterscheiden. Da die Gola ebenso auf die Abwehr fremden Wesens wie auf den Aufbau einer gut funktionierenden Gemeinschaft achten mußte, war es ebenso wichtig – wir formulieren bewußt überspitzt –, daß man sich das Haupthaar am Rande nicht kreisförmig abschnitt, wie daß man seinen Nächsten liebte wie sich selbst.
- Die Verbote und Gebote von Lev 19 sollen das Überleben der spätexilischen Gola durch die Einhaltung ihrer Identität gegen außen, die Sicherung des Zusammenhalts nach innen und die Hoffnung auf das Weitergehen der Geschichte sichern helfen. Alle Bestimmungen von Lev 19 haben also eine bestimmte Funktion. Weiter oben wurde gezeigt, daß sich die Gebote von Lev 19,17f mit Ausnahme des Liebesgebotes funktional verstehen lassen. Von JAGERSMAs Konzeption her ist es möglich, auch ihm eine Funktion zuzuweisen. Es erinnert die in ihm Angesprochenen an die hohen Verpflichtungen, die sich aus der Rückkehr ins Land ergeben. Das Liebesgebot hat also appellative Funktion: Wenn euch Jahwe ins Land zurückkehren lassen will, müßt ihr euch dessen würdig erweisen, indem ihr (schon jetzt) eine Gemeinschaft aufbaut, in der ihr einander nicht nachträgt, sondern ein jeder seinen Nächsten liebt wie sich selbst[50].

4. Worin treffen sich die Sichten?

Trotz gewichtiger Unterschiede zwischen den dargestellten Positionen bestehen zwischen ihnen auch Gemeinsamkeiten, die für das Verständnis des Liebesgebotes und von Lev 19 von nicht geringem Wert sind.

a. Die Heiligkeitsforderung

In allen wichtigen Arbeiten zu Lev 19 wird der Heiligkeitsforderung "Ihr sollt heilig sein, denn ich bin heilig, der Herr, euer Gott" (V. 2) ein zentraler Platz im Kapitel zugewiesen. KILIAN, ELLIGER und JAGERSMA, die alle recht komplizierte Modelle des Entstehens von Lev 19 vertreten, bringen sie mit wichtigen Etappen der Redaktion in Zusammenhang. Nach JAGERSMA[51] ist der Grundstock dieses Kapitels durch die Verbindung der drei grundlegenden Stücke mit der Heiligkeitsforderung von V. 2 entstanden. KILIAN und ELLIGER, die je zwei Hauptredaktionen in Lev 19 annehmen, verbinden sie mit je einer der beiden, KILIAN[52] mit der zweiten, ELLIGER[53] mit der ersten. In den Dekalogrekonstruktionen von MORGENSTERN[54] und

49 Es ist nicht anzunehmen, daß sich die Israeliten gleich nach ihrer Exilierung daran machten, Programme für den Wiederaufbau zu entwerfen; sie mußten sich erst vom Schock ihrer Wegführung aus der Heimat erholen. Auch rechneten sie am Anfang ihres Exils mit einer schnellen Rückkehr nach Israel; Programme konnten und brauchten unter diesen Umständen nicht entwickelt zu werden.

50 Dieser Satz läßt sich auch umkehren und – etwas überzogen – wie folgt formulieren: Wenn ihr die Gebote erfüllt, d.h. etwa euren Nächsten liebt wie euch selbst, werde ich euch ins Land zurückkehren lassen. Wenn dieser Gedanke auch an keiner Stelle in Lev 19 explizit ausgesprochen wird, schwingt er doch untergründig mit.

51 JAGERSMA, leviticus 19 121.

52 KILIAN, Untersuchung 63f.

53 ELLIGER Leviticus 245, 254.

54 MORGENSTERN, Decalogue 10.

REVENTLOW[55] steht "Ihr sollt heilig sein..." als Überschrift dem Lev 19 zugrundeliegenden Zehnwort voran und enthält dadurch besonderes Gewicht.

In der Tat spricht nichts dafür, die Heiligkeitsforderung einer späteren priesterlichen Bearbeitung zuzuweisen. Lev 19,2 dürfte also typisch für Lev 19 (und damit das Heiligkeitsgesetz) sein.

b. Die "Ergänzungsschicht" in Lev 19,11-18

Ob als Grundbestand dieses Abschnitts ein Dekalog oder kleinere apodiktische Reihen angenommen werden: Über ihre Abgrenzung von sekundären Stücken herrscht im großen und ganzen Einigkeit.

Ihnen werden folgende Verbote und Gebote zugerechnet[56]:

- und so den Namen eures Gottes entweihen
- sondern du sollst deinen Gott fürchten
- Ihr sollt nicht unrecht handeln im Gerichte
- gerecht sollst du deinen Nächsten richten
- zurechtweisen sollst du deinen Nächsten[57]
- sondern du sollst deinen Nächsten lieben wie dich selbst.

Wiederum ist dieser Konsens, dem kaum Argumente entgegenzuhalten sind, nicht belanglos. Die beiden ersten Gebote der "Ergänzungsschicht" finden sich nicht nur in Lev 19, sondern auch in andern Teilen des Heiligkeitsgesetzes, sind also für seine theologische Tendenz bezeichnend. Es ist nicht abwegig, die singularisch formulierten Ergänzungen in diesem Abschnitt der gleichen redaktionellen Bearbeitung zuzurechnen. Träfe dies zu, dürften wir das Gebot der Nächstenliebe als typisch für den Geist des *ganzen* Heiligkeitsgesetzes betrachten.

c. Ein gefährlicher Konsens

In einem Punkt herrscht in der Forschung ein gefährlicher Konsens. Er besteht in der unausgesprochenen Überzeugung, die Frage, ob die Gebote der Nächsten- und Fremdlingsliebe das Gleiche oder aber Verschiedenes geböten, sei der Erörterung nicht wert, ja das Problem stelle sich gar nicht. Daß es sich stellt, haben uns erst die Ausführungen von NISSEN deutlich gemacht. Nach ihm bezieht sich das Gebot der Nächstenliebe "schwerlich bloß auf das unmittelbar vorangehende Verbot"; dagegen spreche unter anderem, daß "die Einschränkung von v. 18b auf v. 18a... die geforderte Nächstenliebe als Feindesliebe definieren und somit als Liebe nur [!] die Feindesliebe fordern [würde]"[58]. Es kann nach ihm nur folgende beiden Bedeutungen haben:

"Entweder ist das Gebot der Nächstenliebe ein der Kette von Verboten und Geboten angehängtes Einzelgebot, dessen Sinn dann aus dem vorhergehenden Einzelverbot, auf das es nicht unmittelbar-ausschließlich bezogen ist, nicht unmittelbar abgeleitet werden kann, ebensowenig wie die Bedeutung der anderen Einzelvorschriften aus den ihnen jeweils vorauslaufenden direkt erschließbar ist, sondern sich nur mittelbar aus der Eigenart einer Gruppierung mehrerer Gebote erhellen läßt. Oder es ist eine auf die ganze Reihe von v. 11-18 zurückblickende Schlußwendung, die zu

55 REVENTLOW, Heiligkeitsgesetz 66.

56 Vgl. dazu etwa ELLIGER, Leviticus 248; VON RAD, Deuteronomium-Studien 121f.

57 Wir halten es nicht für ausgeschlossen, daß dieses Gebot der Grundschicht von Lev 19,17f angehört; vgl. dazu oben S. 64-66.

58 NISSEN, Gott 281.

übersetzen ist: 'So liebe also deinen Nächsten wie dich selbst.' Die 'Liebe' zum Nächsten wäre dann der Grund dafür bzw. bestünde oder erwiese sich darin, daß einer den anderen nicht belügt, hintergeht, gefährdet usw. und die genannten positiven Gebote erfüllt"[59].

Wir halten NISSENs Deutung für falsch. Das Gebot der Nächstenliebe bezieht sich ursprünglich nur auf die übrigen Bestimmungen von V. 17f, auf die aber gewiß; mit ihnen zusammen gibt es Antwort auf die Frage, wie man sich dem Nächsten gegenüber, der einem etwas angetan hat, zu verhalten hat. Es ist ursprünglich also ein Gebot der Feindesliebe, und erst wenn man es aus seinem Kontext löst, wird es zu einem allgemeinen Liebesgebot. Für uns nachvollziehbar vollzog sich dieser Prozeß zum ersten Mal, als das Gebot der Nächstenliebe auf den ger übertragen wurde. Lev 19,33 verbietet, den Fremdling wirtschaftlich zu bedrücken; im anschließenden Vers finden sich die Gebote, ihn gleich zu behandeln wie den Einheimischen und ihn zu lieben wie sich selbst. Das Liebesgebot bezieht sich nicht mehr nur auf den Umgang mit dem persönlichen Gegner, sondern wird zu einem allgemeinen Liebesgebot oder -prinzip, zieht man es nicht vor, V. 33 und 34 stark aufeinander zu beziehen und das Liebesgebot so zu verstehen, daß es Liebe auch im Wirtschaftsgebaren gebietet. Unseres Erachtens trifft eher die erste Möglichkeit zu, da das Liebesgebot durch die allgemein gehaltene Vorschrift: "Wie ein Einheimischer aus eurer Mitte soll euch der Fremdling gelten..." vom Verbot, ihn (wirtschaftlich) zu bedrücken, abgetrennt ist.

Lev 19,18.34 entwickeln die alttestamentliche Ethik gewaltig weiter: Die erste Stelle führt das Gebot der Feindesliebe ein, Lev 19,34 das allgemeine Gebot der Nächsten- und Fremdlingsliebe.

59 A.a.O. 281f.

C. Das Heiligkeitsgesetz[1]

1. Die Forschungslage

a. Einleitungsfragen

Die Interpretation des Heiligkeitsgesetzes hängt in einigen Punkten recht eng von der Beantwortung einleitungswissenschaftlicher Fragen ab. Wir müssen deshalb kurz auf sie eintreten.

Daß die Kapitel Lev 17(18) – 26, für die sich der von KLOSTERMANN[2] aufgebrachte Name "Heiligkeitsgesetz" eingebürgert hat, ein selbständiges Korpus bilden, ist heute in der Forschung communis opinio. Radikal wird dieser Grundkonsens heute noch von WAGNER[3] in Frage gestellt. ELLIGER[4] widerspricht ihm insofern, als er annimmt, das Heiligkeitsgesetz sei von allem Anfang an – als Ergänzung ihrer stärker kultisch ausgerichteten Gesetzgebung – für den Einsatz in die Priesterschrift bestimmt gewesen.

Trotz dieser Übereinstimmung im Prinzipiellen bestehen noch gewichtige Meinungsverschiedenheiten. Besonders umstritten ist die Frage, ob das Heiligkeitsgesetz mit Lev 17 oder 18 einsetzt. Gegen die Zugehörigkeit von Lev 17 zu H spricht, daß es praktisch keine seiner sprachlichen Eigentümlichkeiten aufweist wie z.B. die Formel ᵓᵃnî jhwh (ᵓᵃ̈lohâka) oder die Wendung šᵉmărtäm ᵓät⁻ ḥuqqôtăj wăᶜᵃŝitäm ᵓotam. Auch Heiligkeitsaussagen fehlen in diesem Kapitel. Gewichtigstes Argument für die Zugehörigkeit von Lev 17 zum Heiligkeitsgesetz bildet die Tatsache, daß alle größeren/wichtigen Gesetzeskorpora, d.h. Bundesbuch, Deuteronomium, Priesterschrift (vgl. Ez 40-48) mit Bestimmungen über den Opferdienst einsetzen[5].

Weiter spricht dafür auch seine Überschrift:

> **Lev 17,1f**
> Und der Herr redete mit Mose und sprach: Rede mit Aaron und seinen Söhnen
> und allen Israeliten und sprich zu ihnen:

Wörtlich gleich findet sich diese Überschrift nur noch in Lev 22,17f[6]; wir weisen die beiden Stellen der gleichen Redaktion zu[7]. Ähnliche Überschriften finden sich im ganzen Bereich von P in vielfältigen Variationen, und es liegt deshalb nahe, sie als eine der "in den P-Gesetzessammlungen üblichen Einleitungsformeln"[8] zu bezeichnen. Näheres Hinsehen ergibt allerdings, daß sie sich bei aller Verwandtschaft mit ihnen doch charakteristisch von ihnen unterscheiden und keine theologisch so schwergewichtig ist wie sie. Die in zwei Etappen verlaufende Anrede nennt

1 Eine gute kurze Einführung in das Heiligkeitsgesetz, die Geschichte seiner Erforschung und die mit ihm verbundenen Probleme bietet SMEND, Entstehung, 59-62.

2 KLOSTERMANN, Ezechiel.

3 Nach WAGNER, Existenz 315, gehört Lev 17-26 in den größeren Zusammenhang Ex 25 – Lev 26, in eine "Gesamtdarstellung des Jahwe-Kultes", die "in Lev 26₃ff. mit der Schilderung der Folgen des Gehorsams und... der des Ungehorsams gegenüber den dargelegten Normen sowie in 46 durch die Überschrift abgeschlossen [wird]".

4 ELLIGER, Leviticus 16.

5 Stark betont von WELLHAUSEN, Composition 150f.

6 Die Verse Lev 17,1f und 22,17f leiten beide Opfervorschriften ein, die Priester und Laien gleichermaßen betreffen. Bildet dies den Grund dafür, daß sie mit der gleichen Überschrift versehen sind?

7 Anders ELLIGER, Leviticus 218, 294; er weist Lev 17,1f Ph^1, Lev 22,17f Ph^3 zu.

8 KILIAN, Untersuchung 4.

sämtliche denkbaren Adressaten, Mose, Aaron, dessen Söhne und alle Israeliten. Nur in den Überschriften von Lev 17,1f und 22,17f werden betont alle Israeliten als Adressaten genannt; sonst steht im Heiligkeitsgesetz und in der Priesterschrift bloßes b^{e}nê jiśra᾿el[9.10]. Die Vermutung, daß mit der theologisch schwergewichtigen Überschrift in Lev 17,1f ein Neueinsatz markiert werden soll, läßt sich nicht leicht von der Hand weisen.

Die Gründe, die dafür und dagegen sprechen, Lev 17 als Teil des Heiligkeitsgesetzes zu betrachten, halten sich ungefähr die Waage. KILIAN deutet diesen Tatbestand so, daß Lev 17 sehr lange eine vom Heiligkeitsgesetz getrennte Entwicklung durchgemacht habe und erst sehr spät von einem Redaktoren, "der zu Beginn von H im Vergleich mit B und D eine Opferbestimmung vermißte, im Rahmen der Eingliederung und Angleichung von H in und an P dem P-Komplex zugefügt worden [sei] "[11]. KILIANs Erklärung vermag den eigenartigen Befund in bezug auf Lev 17 recht gut zu erklären.

Die Konsequenzen, die sich von der Beantwortung dieser Frage für das Verständnis des Heiligkeitsgesetzes ergeben, lassen sich wie folgt umreißen:

- Gehört Lev 17 zu den Kapiteln 18-26, liegt in ihnen ein selbständiges Gesetzeskorpus mit prinzipiell gleichem Aufbau wie Bundesbuch und Deuteronomium vor. Das Heiligkeitsgesetz muß dann auf die gleiche Stufe gestellt werden wie sie.
- Bildet Lev 17 nicht Bestandteil des Heiligkeitsgesetzes, wurde es nicht als umfassendes Korpus konzipiert, sondern sollte nur bestimmte, wenn auch gewichtige Teilgebiete des Lebens regeln.

Wir halten die von KILIAN vorgeschlagene Deutung für recht überzeugend und gehen deshalb im folgenden von ihr aus. Das wirkt sich, wie in den folgenden Abschnitten und Kapiteln deutlich wird, in der Interpretation nicht nur des Heiligkeitsgesetzes, sondern auch des Liebesgebotes aus[12].

Daß die *grundlegende* Redaktion des Heiligkeitsgesetzes in die Exilszeit fällt, ist recht weitgehend anerkannt[13]. Deutlich sichtbar wird der historische Standort der Redaktion dieses Kodexes in Lev 26,40-43:

> Wenn sie dann ihre und ihrer Väter Schuld bekennen, den Treubruch, den sie an mir begangen haben, und auch daß sie mir widerstrebt haben – weshalb auch ich ihnen widerstrebt und sie ins Land ihrer Feinde gebracht habe –, wenn sich alsdann ihr unbeschnittenes Herz demütigt und sie alsdann ihre Schuld abtragen: so will ich meines Bundes mit Jakob gedenken, und auch meines Bundes mit Isaak und meines Bundes mit Abraham will ich gedenken, und des Landes will ich gedenken. Aber das Land muß [vorher] von ihnen verlassen werden

9 Lev 1,2; 12,2; 18,2; 20,2 u.ö.

10 Lev 19,1f enthält neben diesen beiden Stellen die theologisch gewichtigste Überschrift in H und P; nur hier wird Mose aufgefordert, sich an kål- ᶜ^{a}dăt b^{e}nê- jiśra᾿el zu wenden. Dies bildet einen ersten Hinweis auf die zentrale Stellung von Lev 19 innerhalb des Heiligkeitsgesetzes; vgl. dazu unten S. 97.

11 KILIAN, Untersuchung 178.

12 Nicht diskutiert werden kann hier die Frage, ob ursprünglich etwa noch weitere alttestamentliche Texte außerhalb von Lev 17-26 zum Heiligkeitsgesetz gehörten; vgl. dazu WURSTER, Charakteristik 123-127; KLOSTERMANN, Ezechiel 377f; EISSFELDT, Einleitung 311.

13 Vgl. dazu unter anderem FOHRER, Einleitung 155; THIEL, Erwägungen passim. – Auch noch denkbar, aber weniger wahrscheinlich ist, daß dieser grundlegende Redaktionsprozeß in kurz nachexilischer Zeit stattfand.

> und muß die ihm gebührenden Sabbatjahre ersetzt bekommen, während es wüste liegt und sie nicht mehr darin wohnen, und sie selbst müssen ihre Schuld abtragen, weil sie meine Vorschriften verworfen und gegen meine Satzungen Widerwillen gehegt haben.

Die Verschleppung hat bereits stattgefunden, die Rückführung ins Land – man beachte, wie zurückhaltend davon gesprochen wird – steht noch aus. V. 40 "Wenn sie dann ihre und ihrer Väter Schuld bekennen" bildet unseres Erachtens den Schlüsselsatz dieses Abschnitts und zeigt, welchen Zweck dieses Kapitel verfolgt: Die Adressaten werden aufgefordert, mit einem Schuldbekenntnis die Voraussetzung für eine Rückkehr nach Israel zu schaffen. Das ganze Kapitel 26 läuft auf dieses Schuldbekenntnis zu.

Doch: So leicht es fällt, die Hauptredaktion des Heiligkeitsgesetzes im Exil anzusetzen, so schwer ist es, ihm einen Sitz im Leben zuzuweisen und seinen traditionsgeschichtlichen Ort zu bestimmen. THIEL hat aufgrund einer Untersuchung der paränetischen Elemente von Lev 17-26 zu beweisen versucht, "daß die Gesetzespredigt von H in der dtr. Tradition steht"[14] und deren Hintergrund sowohl im Deuteronomium wie im Heiligkeitsgesetz die paränetische Predigt der Leviten bildet[15]. Seine Argumentation überzeugt jedoch nicht in jedem Fall. So entfalten Deuteronomium und Heiligkeitsgesetz das "Theologumenon der Abgesondertheit Israels aus den Völkern" und das Thema vom "heiligen Volk"[16] zwar ähnlich, aber doch so charakteristisch verschieden, daß es schwerfällt, sie beide auf die Predigt der Leviten zurückzuführen. Bezeichnenderweise bezieht THIEL den Abschnitt Lev 18,24ff, der im dtn/dtr Bereich fehlende Predigtelemente enthält, nicht mit in die Untersuchung ein. Immerhin sieht er den Unterschied zwischen dem Deuteronomium, das deutlich Predigt, und dem Heiligkeitsgesetz, das Jahwepredigt ist. Er rechnet damit, daß es vor seiner Aufnahme in P eine priesterschriftliche Bearbeitung erfahren hat, wodurch sich die komplexen Verhältnisse in Lev 17-26 ein Stück weit erklären[17]. Auf einen Punkt weist er nicht hin: Im Deuteronomium erstreckt sich die Predigt nicht nur auf die paränetischen Teile, sondern hat auch die Gesetzesmaterialien stark aufgeweicht. Das ist im Heiligkeitsgesetz weniger stark der Fall, was dafür spricht, daß sich in ihm der Sitz im Leben in Richtung "Schreibstube" verschoben hat. Das ist auch schon von der allgemeinen Beobachtung her wahrscheinlich, daß das Exil eine Zeit des Sammelns war und sich H deutlich als eine Sammlung von Gesetzesmaterialien aus verschiedenen, zum Teil weit zurückliegenden (Lev 18) Zeiten zu erkennen gibt. Wir werden in einem der nächsten Abschnitte – von inhaltlichen Erwägungen her – zeigen, daß sich wie Lev 19 auch das Heiligkeitsgesetz als Programm verstehen läßt. Die einleitungswissenschaftlichen Ergebnisse weisen mit der Bestimmung des Sitzes im Leben des Heiligkeitsgesetzes, insbesondere seiner zeitlichen Ansetzung, in die gleiche Richtung.

Noch eine einleitungswissenschaftliche Frage ist für den Fortgang der Arbeit erheblich. Im Streit darüber, auf welche Weise die in Lev 17-26 enthaltenen Gesetzesmaterialien zum jetzigen Heiligkeitsgesetz zusammengewachsen sind, stehen einander zwei Sichten gegenüber: Entweder ist ein Grundstock mit Materialien aus den meisten Kapiteln von Lev 17-26 mehrere Male überarbeitet worden[18], oder dann hat ein Redaktor kleinere Teilsammlungen (etwa Lev 17f; 19; 20;

14 THIEL, a.a.O. 72.

15 A.a.O. 68-72.

16 A.a.O. 72.

17 A.a.O. 72f.

18 Dieses Modell vertreten u.a. KILIAN, Untersuchung 164-176; ELLIGER, Leviticus 15-20.

21f; 23+25) in einem grundlegenden Redaktionsprozeß zusammengefügt[19]. Trifft das zweite Modell zu, dann kommt den übernommenen Materialien für die Bestimmung der Stoßrichtung des Heiligkeitsgesetzes ebensoviel Gewicht zu wie ihren redaktionellen Bearbeitungen; wären sie dem Redaktoren nicht wichtig erschienen, hätte er sie weggelassen. Beim ersten Modell hingegen spielen die späteren Ergänzungen und redaktionellen Bearbeitungen eine größere Rolle. Denn wenn das ursprüngliche Korpus wesentlich erweitert wurde, so deshalb, weil seine Redaktoren es als ungenügend betrachteten. Wir neigen eher der zweiten Lösung zu und haben uns deshalb zu fragen: Warum fanden im Exil zum Teil alte Gesetzessammlungen[20] Aufnahme in das Heiligkeitsgesetz? Welche Funktionen erfüllten sie in dieser Zeit, deren Probleme sich von denen früherer Epochen sicher grundlegend unterschieden[21]?

b. Die Beurteilung der Theologie von Lev 17-26

Die Ausleger des Heiligkeitsgesetzes stimmen mehr oder weniger darin überein, daß seine Theologie sehr einheitlich sei. Drei Zitate mögen diesen Sachverhalt untermauern.
Nach KLOSTERMANN werden "auch für die kleinsten Vorschriften die letzten Prinzipien der israelitischen Religion"[22] geltend gemacht. HORST führt zu Lev 17-26 aus:

"Der leitende Gesichtspunkt ist der des Reinen und Unreinen, des Geheiligten und Profanen"[23].

BAENTSCH schließlich umschreibt die Theologie des Heiligkeitsgesetzes wie folgt:

"Die oberste Forderung, aus der alle weiteren Forderungen der genannten Art fließen, lautet: 'Ihr sollt heilig sein, denn ich bin heilig, euer Gott,' Lev. XIX 2. Die Summa der religiösen Forderungen ist kurz zusammengefaßt in das Wort: 'Du sollst dich fürchten vor deinem Gott,' Lev. XIX 14, XXV 17.36; und für den Verkehr mit dem Nächsten gilt als oberster sittlicher Grundsatz: 'Du sollst deinen Volksgenossen lieben wie dich selbst,' Lev. XIX 18; auf den Ger bezogen findet sich derselbe Grundsatz, Lev. XIX 34"[24].

Dieser Konsens trägt jedoch nicht sehr weit; besonders umstritten ist die Auslegung der Heiligkeitsaussagen in Lev 17-26. Wie stark die Beurteilungen des theologischen Charakters von Lev. 17-26 auseinandergehen, zeigt eine Gegenüberstellung der Positionen von FEUCHT und ROBERT-FEUILLET. Nach FEUCHT[25] enthält das Heiligkeitsgesetz eine Theologie der Mitte. Es stehe zwischen der Prophetie mit ihrer Rede vom heiligen Gott und der Priesterschrift mit ihrer Theologie der heiligen Sachen. Gerechtigkeit und Opfer bilden in ihm zwei "gleichwertige Wege zu einem heiligen Leben"[26]. Auch in bezug auf das Gottesbild nehme es eine Mittelstellung ein: Es kenne sowohl den Gehorsam fordernden Gott wie den Gott, der Israel aus der Knecht-

19 So EISSFELDT, Einleitung 315. Leider finden sich bei ihm keine Ausführungen darüber, warum gerade die Bestimmungen von Lev 17 und 18, 23 und 25 je zu einer Teilsammlung zusammengeschlossen worden sind. Existierten sie tatsächlich einmal als solche, müssen die entsprechenden Kapitel doch als inhaltlich zusammengehörig empfunden worden sein.

20 So etwa der Grundbestand von Lev 18; vgl. dazu unten S. 88.

21 Diese wichtige, von der Forschung oft vernachlässigte Frage kann aus Platzgründen nur ansatzweise beantwortet werden.

22 KLOSTERMANN, Ezechiel 374.

23 HORST, Leviticus XVII-XXVI 50.

24 BAENTSCH, Heiligkeits-Gesetz 138f.

25 FEUCHT, Untersuchungen 181-204, bietet die ausführlichste Erörterung der Theologie des Heiligkeitsgesetzes in neuerer Zeit; wir referieren die wichtigsten Ergebnisse.

26 FEUCHT, a.a.O. 204.

schaft herausgeführt hat und dem man dafür danken kann[27].

Die entgegengesetzte Position vertreten ROBERT-FEUILLET. Das Heiligkeitsgesetz sei, so schreiben sie in einem Vergleich mit dem Deuteronomium, das Programm des Jerusalemer Klerus, der "für den Geist dieser aus dem Norden stammenden und vom humanistischen und herzlichen Geist der Weisheit mehr minder beeinflußten Strömung wenig Verständnis [hatte]"[28].

"[Er] hielt sich lieber an die traditionelle Theologie der Transzendenz Jahves, jenes 'heiligen' Gottes, der sich jedem menschlichen Zugriff entzieht... Es handelte sich für ihn nicht so sehr darum, das Wort Gottes dem Menschen ganz nahezubringen, als den Menschen durch seine Treue gegen die überlieferten Vorschriften zu Gott zu erheben: 'Seid heilig, wie ich heilig bin', spricht Jahve (Lv 19,2). Wenn Gott auch transzendent ist, kann der Mensch doch durch die Liturgie, seinen Kodex und seine Vorschriften mit ihm leben und an seiner Heiligkeit teilnehmen"[29].

ROBERT-FEUILLET machen im Heiligkeitsgesetz "eine streng liturgische Gemeinde (ᶜēdā) [aus], in der man 'seinen Nächsten liebt wie sich selbst' (19,18), in der man aber von Freude und Vertrauen nur wenig spürt"[30].

In der Beurteilung der Theologie von Lev 17-26 besteht also einerseits ein recht weitreichender Konsens, dem auf der andern Seite ebenso fundamentale Differenzen, etwa bezüglich des Gottesbildes, gegenüberstehen. Sie rufen nach einer erneuten Untersuchung der Theologie des Heiligkeitsgesetzes. Wir versuchen im folgenden, einzelne Elemente dafür zu liefern.

2. Die Inhalte des Heiligkeitsgesetzes[31]

Von seinen Inhalten her unterscheidet sich das Heiligkeitsgesetz beträchtlich von Bundesbuch und Deuteronomium. Nun geben die Inhalte eines Gesetzeskodexes darüber Auskunft, mit welchen Problemen sich eine bestimmte Zeit auseinanderzusetzen hatte. Dabei spielt es keine Rolle, welches Alter die in ihm enthaltenen einzelnen Verbote und Gebote, respektive Teilsammlungen aufweisen. Fügte ein Redaktor sie seinem Kodex ein, so deshalb, weil er sie als wichtig für das Leben der Gemeinschaft ansah, für die sie bestimmt waren.

Diese Voraussetzung liegt den folgenden Abschnitten zugrunde. Da die entscheidende Redaktion des Heiligkeitsgesetzes in die exilische (oder spätestens früh nachexilische) Zeit fällt, fragen wir, welche Funktion die Gebote und Verbote in dieser Epoche erfüllten.

a. Lev 17

Zentrales Gebot dieses Kapitels bildet die Vorschrift, alle Schlachtungen am Heiligtum als Opfer darzubringen:

> **Lev 17,3-5**
> Ein jeder aus dem Hause Israel, der ein Rind oder ein Lamm oder eine Ziege im Lager schlachtet oder der außerhalb des Lagers schlachtet, es aber nicht an den Eingang des heiligen Zeltes bringt, um es dem Herrn als Opfergabe darzu-

27 A.a.O. 184-186.

28 ROBERT-FEUILLET, Einleitung 367.

29 ROBERT-FEUILLET, a.a.O. 367.

30 A.a.O. 368.

31 Auf Lev 24 treten wir in diesem Abschnitt nicht ein, da es sich bei diesem Kapitel wohl um einen späteren Nachtrag handelt; so etwa EISSFELDT, Einleitung 313, 315; FOHRER, Einleitung 153.

> bringen vor der Wohnung des Herrn, dem soll das als Blutschuld angerechnet werden: er hat Blut vergossen, und ein solcher Mensch soll aus seinem Volke ausgerottet werden – damit die Israeliten ihre Schlachtopfer, die sie auf freiem Felde zu opfern pflegen, herbringen; sie sollen sie für den Herrn an den Eingang des heiligen Zeltes zum Priester bringen und sie als Heilsopfer für den Herrn schlachten.

Lev 17,3-5 hebt die alte deuteronomische Freigabe des profanen Schlachtens – Folge der Zentralisation des Opfers – wieder auf[32]. In der Forschung behauptet man etwa, dieses Gebot gehöre in die Zeit unmittelbar vor und nach dem Fall Jerusalems oder die nachexilische Zeit, als Israels Gebiet nur die heilige Stadt und ihre Umgebung umfaßte und die Vorschrift praktisch auch durchführbar war[33]. Das ist möglich. Freilich bleibt zu bedenken, daß diese Forderung auch in diesen Zeiten schwer durchzusetzen war. Unseres Erachtens ist sie in ihrem Grundbestand im Exil entstanden, wo man sich mit ihrer Durchführbarkeit nicht auseinanderzusetzen brauchte. D.h.: Lev 17,3-5 ist eine ideale Forderung. Sie nimmt den alten Brauch, alle Schlachtungen als Opfer darzubringen, wieder auf, ohne aber dafür auf die deuteronomische Kultuszentralisation zu verzichten. Das Heiligkeitsgesetz entwirft hier also eine ideale Opferordnung, und zwar für die Zeit nach dem Exil[34]; in Babylon waren den Israeliten Opfer ja verwehrt.

Lev 17 enthält eine weitere programmatische Forderung, programmatisch nun allerdings in einem andern Sinn:

> **Lev 17,7**[35]
> Und sie sollen ihre Schlachtopfer nicht mehr den Feldteufeln darbringen, denen sie sich jetzt hingeben[36].

Interpretiert man das Gebot Lev 17,7 von der Situation im Exil her, besagt es: Opfert in Zukunft nicht mehr den Feldteufeln, so wie ihr das vor eurer Deportation gemacht habt (und wodurch ihr Gott gegenüber schuldig geworden seid)[37].

Im Heiligkeitsgesetz finden sich noch weitere Bestimmungen, die sich auf spätvorexilische Mißstände beziehen, u.a. die, Kinder dem Moloch zu opfern und sich an Totenbeschwörer und Wahrsager zu wenden[38]. Diese Verbote sind sicher vorexilisch, im Exil erhielten sie aber eine

32 Diese Aufhebung geht wohl auf den Einfluß priesterlicher Kreise zurück, die sich mit den Bestimmungen von Dtn 12 nicht befreunden konnten (vgl. statt vieler ELLIGER, Leviticus 226).

33 So etwa WURSTER, Charakteristik 122f. Er gibt der nachexilischen Datierung des Stückes den Vorzug.

34 Vgl. dazu auch BERTHOLET, Leviticus 58.

35 Dieser Vers gehört wohl nicht zum Grundbestand des Abschnittes V. 3-7; er ist mit dem Vorangehenden nur lose verbunden (vgl. dazu NOTH, Leviticus 112).

36 Übersetzung der ZB. JB übersetzt: "denen sie buhlend nachgelaufen sind". Die Übersetzung der ZB ist wahrscheinlicher. Das Partizip (zonîm) steht für die "stetige... ununterbrochene... Ausübung einer Tätigkeit" (GESENIUS-KAUTZSCH, Hebräische Grammatik § 116a S. 370). In der Übersetzung der JB kommt allerdings der von uns angenommene programmatische Charakter des Gebotes besser zum Ausdruck.

37 Das Verbot bezieht sich deutlich auf Zustände der vorexilischen Zeit. Näheres dazu bei NOTH, Leviticus 112.

38 H enthält eine ganze Reihe von Vorschriften Wahrsagerei, Zauberei und Totenbeschwörung betreffend: Lev 19,26.31; 20,6.27; auch das Verbot, die Kinder dem Moloch zu übergeben, findet sich in ihm zweimal: Lev 18,21; 20,2-5 (man beachte die Ausführlichkeit dieser Bestimmung).

neue Bedeutung: Macht euch nicht mehr der gleichen Gesetzesübertretungen (auf kultischem Gebiet) schuldig wie vor eurer Deportierung. Das bedeutet: Man empfand im Exil das Bedürfnis, sich gerade von dieser Zeit deutlich abzusetzen.

Fassen wir kurz zusammen: Lev 17 entwirft zum einen eine ideale Opferordnung. Zum andern fordert es die Israeliten energisch auf, mit ihrer götzendienerischen Vergangenheit zu brechen.

b. Lev 18; 20[39]

Auffallend ist, welch starker Akzent im Heiligkeitsgesetz auf Reinheit und Heiligkeit von (Ehe und) Familie fällt (Lev 18,6ff; 20,9ff). Zwar nimmt dabei eine Aufzählung der verbotenen sexuellen Beziehungen innerhalb des Familienverbandes am meisten Platz ein, aber doch nicht allen. Lev 20,9 wird der Aufzählung von "Verwandten", mit denen keine sexuellen Beziehungen gepflegt werden dürfen, das Verbot, Vater und Mutter zu fluchen, vorausgeschickt. Die Heiligkeit der Familie ist also nicht nur gefährdet, wenn in ihr verbotene sexuelle Beziehungen gepflegt, sondern auch dann, wenn die Eltern nicht geehrt werden. Dieses Verbot, das innerhalb von Lev 20,9ff auf den ersten Blick wie ein Einsprengsel wirkt, hat seinen Platz wohl nicht zufällig hier gefunden[40]. Unserer Meinung nach hängt die Spitzenstellung des Elterngebotes in Lev 20,9 (wie 19,3) stark damit zusammen, daß, wie noch zu zeigen, in exilisch-nachexilischer Zeit die Familie als soziale Größe wieder steigende Bedeutung gewann.

Ob die Bestimmungen über Homosexualität und Sodomie (Lev 18,22f; 20,13.15f) nur deshalb in die beiden Kapitel aufgenommen worden sind, weil man die sexuellen Verbote in ihrer Gesamtheit zusammenfassen wollte oder weil diese sexuellen Praktiken auch als Gefährdung der Familie betrachtet wurden, wagen wir nicht zu beurteilen.

Halten diese ersten Beobachtungen an Lev 18 und 20 wissenschaftlicher Überprüfung stand? ELLIGER[41] hat in einem grundlegenden Aufsatz nachgewiesen, daß die älteste Schicht von Bestimmungen in Lev 18 das Zusammenleben in der Großfamilie durch das Verbot sexueller Beziehungen zwischen bestimmten Verwandtschaftsgraden schützen wollte. In einem späteren Stadium wurden, was etwas ganz anderes ist, gewisse Verwandtschaftsverhältnisse tabuisiert und in einer noch späteren Stufe Unzucht in jeder Form verboten. Im letzten Stadium der Traditionsgeschichte von Lev 18 steht der Schutz der Großfamilie völlig im Hintergrund:

"jetzt soll die Gemeinde in ihrer Kultfähigkeit erhalten werden. Ihre Gottwohlgefälligkeit, ihr Heiligkeitscharakter wird sichergestellt"[42].

ELLIGERs Untersuchung hat weitgehend Anerkennung gefunden[43]. Verlieren dadurch die Beobachtungen zu Beginn des Abschnitts jede Bedeutung? Wir glauben nicht. Mit ELLIGER ge-

39 Zu diesen beiden Kapiteln vgl. ELLIGER, Leviticus. Grundlegende Arbeit über Lev 18 ist immer noch ELLIGER, Gesetz.

40 Vgl. dazu ELLIGER, Leviticus 275: "Anscheinend ist sogar die Spitzenstellung des 'Elterngebots' Absicht. Denn auch die folgenden Sätze ordnen sich nach ihrer Bedeutung für das Volksleben. – So wird zunächst die Ehe geschützt". – WENHAM, Leviticus 278 argumentiert wenig überzeugend vom Dekalog her: "In the Decalog the command to honor one's parents comes after religious duties and before responsabilities to neighbours. Here the penal law follows the same order: cursing father and mother is sandwiched between necromancy (v. 6) and adultery (v. 10)".

41 ELLIGER, Gesetz 232-249.

42 ELLIGER, a.a.O. 249.

43 Vgl. immerhin HALBE, Reihe; BIGGER, Family.

hen wir davon aus, daß die Erhaltung der Kultfähigkeit der Gemeinde den zentralen Skopus von Lev 18 in seiner Jetztgestalt bildet und nicht der Schutz der Großfamilie. Aber ihre Kultfähigkeit erhält sich die Gemeinde eben dadurch, daß sich ihre *Familien* rein erhalten. Rein theoretisch hätte die Reinheit der Gemeinden noch stärker an kultischen Gegenständen expliziert werden können, als dies der Fall ist. Daß es nicht geschieht, ist kein Zufall und macht deutlich: Der Reinheit der Familie kommt auch abgesehen von der der Gemeinde Bedeutung zu.

Geschichtliche und soziologische Erwägungen zur vor- bis nachexilischen Zeit bestätigen diese Sicht ein Stück weit. Wir holen etwas aus. Der Zusammenbruch von 587 und die Exilierung beraubten Juda seiner nationalen Grundlage und damit auch seiner politischen Institutionen. Welcher soziale Verband erlaubte es ihm, sich durch diese schwierige Zeit hindurchzuretten und in und nach dem Exil eine Gemeinde aufzubauen?

In nachexilischer Zeit spielten die (batê) ᵓabôt eine wichtige Rolle. In der Forschung ist umstritten, ob damit ein Geschlecht (eine Sippe), eine Familie, ein Familienverband, eine lokale Einheit[44] oder – was am wahrscheinlichsten ist – ein "agnatischer Verband, der eine Anzahl miteinander (real oder fingiert) verwandter Familien vereinte"[45], gemeint ist. Wie auch immer: Es handelt sich – schließt man die Möglichkeit einer rein lokalen Einheit aus – um eine soziale Größe, die auf der Familie aufbaut. Die Häupter dieser ᵓabôt bestimmen nach den Büchern Esra und Nehemia die Politik der nachexilischen Gemeinde maßgeblich mit[46]. So lesen wir gleich am Anfang des Esrabuches:

> **Esr 1,5**
> Da machten sich die Familienhäupter (raᵓšê haᵓabôt) von Juda und Benjamin und die Priester und Leviten auf, kurz alle, deren Geist Gott erweckte, hinaufzuziehen, um das Haus des Herrn in Jerusalem zu bauen.

Wohl nicht zufällig werden die Familienhäupter vor den Priestern und Leviten genannt. Als die Esr 4,1 "Widersacher Judas und Benjamins" genannte Bevölkerungsschicht am Tempelbau mitwirken wollte, wandte sie sich an Serubbabel, Jesua und die Familienhäupter, die ihr Ersuchen allerdings abschlägig beschieden.

In nachexilischer Zeit spielt weiter der Geschlechternachweis eine wichtige Rolle. Die Familien müssen rein erhalten werden, weshalb Heiraten mit Ausländern streng verpönt sind. Als sich Sanballat mit den Arabern, Ammonitern und Aschdoditern gegen Nehemia verschwört, stellt

44 Vgl. dazu WEINBERG, BEIT 401.

45 WEINBERG, a.a.O. 413. Nach ihm (ebd.) sind dem bêt ᵓabôt folgende Wesenszüge eigen: "ein großer quantitativer Bestand und komplizierter innerer Aufbau, obligate Genealogie und Einbeziehung der Benennung des bēit ᵓāḇōt in den vollen Namen seiner Mitglieder, eine gewisse auf dem Gemeineigentum an Boden beruhende Solidarität". Das bêt ᵓabôt "befindet sich in genetischem Zusammenhang mit der mišpāḥā oder bēit ᵓāḇ der vorexilischen Gesellschaft", darf aber nicht "als geradlinige Weiterentwicklung der vorexilischen Institutionen betrachtet werden, denn dazwischen liegt die Vernichtung des judäischen Staates, die wiederholten Deportationen… Durch diese Katastrophe wurden viele mišpāḥōt und bātēi ᵓāḇ vernichtet oder zersprengt, jedoch bildeten sich in den eigentümlichen Verhältnissen des Exils und der Rückkehr, die dringend den Zusammenschluß der Exulanten und Rückkehrer erforderten, aus den Splittern der vorexilischen Institutionen neue soziale Gebilde – die bātēi ᵓāḇōt des 6.-4. Jh.".

46 S. Esr 1,5; 2,68; 3,12; 4,2f; 8,29 (wᵉśarê- haᵓabôt lᵉjiśraᵓel); 10,16; Neh 7,70(f); 8,13. Sie werden weiter genannt in Esr 8,1; Neh 11,13; 12,12.22f.

dieser das Volk nach Sippen auf und spricht zu ihnen:

> **Neh 4,8**
> Fürchtet euch nicht vor ihnen! Gedenket des großen, furchtbaren Herrn und streitet für eure Brüder, eure Söhne und Töchter, eure Frauen und eure Häuser.

Die nachexilische Gemeinde appelliert an die Interessen der Familie, die zu fördern sie beansprucht. Als einige unter ihnen in wirtschaftliche Schwierigkeiten geraten und sich darauf berufen, zu den jüdischen Brüdern zu gehören, erkennt Nehemia den darin enthaltenen Zündstoff und sorgt dafür, daß diesen Leuten geholfen wird (Neh 5)[47]. Diese wenigen Hinweise müssen genügen, um die Rolle, welche der Familie in nachexilischer Zeit zukam, anzudeuten.

Daß schon im Exil die Familie verstärkt an Bedeutung gewann, läßt sich nicht so einfach zeigen. Immerhin gibt es sowohl in bezug auf die im Lande Verbliebenen wie die Diaspora Hinweise in dieser Richtung. Im Lande selbst fehlte eine Oberschicht, zurückgeblieben waren vor allem Kleinbauern; ein (zentraler) Kult konnte nur unter erschwerten Bedingungen stattfinden. Mußten da nicht fast automatisch die kleinen sozialen Einheiten (Sippe, Familie, Dorfgemeinschaft) an Bedeutung gewinnen, auch in kultischer Hinsicht? Soweit es in Babylon noch eine Selbstverwaltung gab, wurde sie von den Ältesten, d.h. doch wohl den Familienhäuptern, wahrgenommen, und zwar weil "die bisherigen führenden Schichten nicht wieder neue Macht und neuen Einfluß gewinnen soll[t]en"[48]. Unter den Adressaten des Briefes, den Jeremia nach Babylon sandte, stehen – sicher nicht zufällig – die Ältesten an erster Stelle (Jer 29,1). Er schreibt darin:

> **Jer 29,5-7**
> Bauet Häuser und wohnet darin; pflanzet Gärten und esset ihre Frucht; nehmet euch Frauen und zeuget Söhne und Töchter; werbet um Frauen für eure Söhne und gebt eure Töchter Männern, damit sie Söhne und Töchter gebären, daß ihr euch dort mehret und euer nicht weniger werden. Suchet das Wohl des Landes, in das ich euch verbannt habe, und betet für es zum Herrn; denn sein Wohl ist auch euer Wohl.

Jeremias Ratschläge zeugen von Klugheit: Wollte Israel das Exil überleben, mußte es sich einerseits mit den Babyloniern arrangieren, anderseits seine Grundlage, die Familien, erhalten.

In noch einer Beziehung spielte die Familie in der Exilszeit eine wichtige Rolle. Damals trat, wie ALBERTZ überzeugend nachgewiesen hat, die in der Familie gepflegte persönliche Frömmigkeit verstärkt hervor[49]. In ihr spielen nicht Themen wie der Bund Gottes mit Israel die wichtigste Rolle; im Zentrum steht vielmehr "Gottes Rettungs- und Segenshandeln am Einzelnen"[50]. Dieser Gottesbezug wurde selbst durch die geschichtliche Katastrophe von 587 und die Deportierung nicht in Frage gestellt. Ja:

"Solange der einzelne Israelit überhaupt noch lebte, konnte er sich vertrauensvoll an seinen göttlichen Schöpfer und Vater klammern. Ja, mehr noch, selbst in der politischen Notlage wurden weiter Kinder glücklich geboren, erfuhr der eine oder der andere weiterhin Genesung von schwe-

47 S. dazu unsere Ausführungen auf S. 138f.

48 FOHRER, Geschichte 192.

49 Vgl. dazu ALBERTZ, Frömmigkeit 178-190.

50 ALBERTZ, a.a.O. 180.

rer Krankheit, wuchs das Korn wieder auf dem Acker und reiften die Trauben, hatte der eine oder der andere dennoch Erfolg bei seiner Tätigkeit. Das heißt aber: Gottes Rettungs- und Segenshandeln am Einzelnen ging auch nach dem nationalen Desaster weiter. Während er für das Volk unerreichbar schien, war er hier, im alltäglichen Lebensbereich noch erfahrbar"[51].

In der Exilszeit versuchte man auch, diese persönliche Frömmigkeit in die offizielle Religion einzubauen.

Der Familie kommt in der uns interessierenden Zeit – wir fassen kurz zusammen – eine mehrfache Bedeutung zu:

- Sie bildet die einzige in dieser geschichtlichen Katastrophe einigermaßen intakt gebliebene soziale Größe.
- In der Aufbauarbeit der nachexilischen Zeit wird auf sie abgestellt und an sie angeknüpft.
- Die nachexilische Gemeinde versteht sich als Familie im weitesten Sinn und beansprucht, die Familien zu schützen.
- Die persönliche Frömmigkeit – stark von "familiären" Vorstellungen bestimmt – spielt in exilischer Zeit eine wichtige Rolle.

Wie sind diese geschichtlichen und soziologischen Beobachtungen mit unserer Sicht von Lev 18 (und 20) in Verbindung zu bringen? Da Israel, wollte es sich über die Zeit des Exils hinüberretten, auf die Familie angewiesen war, mußte es sie gesetzgeberisch schützen, was durch die Wiederaufnahme alter, zum Teil obsolet gewordener Bestimmungen[52] geschah. Die Tatsache, daß sowohl Lev 19 wie Lev 20 das Gebot der Elternehrung die Reihe der Einzelgebote eröffnet, gewinnt von daher eine unerwartete Beleuchtung.

Unsere Sicht von Lev 18 und 20 kann auch mit der vorexilischen "Realität" in Verbindung gebracht werden, wie ein Vergleich mit Ez 22,6-11 zeigt:

> Siehe, die Fürsten Israels in deiner Mitte trotzen ein jeder auf seine Faust, um Blut zu vergießen. Vater und Mutter verachtet man in dir, ... Unzucht treibt man in deiner Mitte. Man pflegt in dir Umgang mit dem Weibe des Vaters [d.h. der Stiefmutter], man mißbraucht in dir Frauen, die ihre monatliche Unreinheit haben. Ein jeder treibt in deiner Mitte Greuliches mit dem Weibe seines Nächsten; der eine verunreinigt seine Schwiegertochter durch Unzucht, der andre schändet seine Schwester, seines Vaters Tochter [d.h. die Stiefschwester].

Die Berührungen zwischen dieser Aufzählung von Jerusalems Verbrechen mit Lev 18; 20 springen ins Auge. In Lev 18 und 20 verbotene sexuelle Verbindungen sind nach Ez 22 in Schwange. Ez 22,7 berichtet davon, daß Kinder ihren Eltern fluchen, was den Tod nach sich zieht (Lev 20,9; vgl. 19,3). Eine Vermutung drängt sich auf: Ez 22 enthält eine Zustandsschilderung; Lev 18 und 20 setzen diese Zustände voraus und kämpfen dagegen an, u.a. durch Wiederaufnahme und Aktualisierung alten Gutes.

In der Forschung ist heftig umstritten, ob Ez 22 eine Zustandsschilderung enthält oder nicht. HERNTRICH und BERTHOLET nehmen an, Ezechiel habe diese Anschuldigungen noch in Jerusalem vorgebracht oder dann seien sie "reine Literatur"[53]. HÖLSCHER spricht Ezechiel den Abschnitt zum vornherein ab, denn:

51 Ebd.

52 Die Familienstrukturen, die Lev 18 voraussetzt, bestanden, worauf hier nicht näher eingegangen werden kann, zur Zeit des Exils so nicht mehr.

53 Referiert bei: ZIMMERLI, Ezechiel 506.

"Im Munde des in der Ferne lebenden Hesekiel nimmt sich die ins Einzelne gehende Schilderung der jerusalemer Zustände seltsam aus"[54].

ZIMMERLI macht darauf aufmerksam, daß Ezechiel Jerusalems Verhalten "an vorgefundenen Rechtsreihen mißt"[55]. Sein Urteil beruhe also nicht auf Einzelbeobachtungen; darin verrate sich ein "Zug doktrinären Redens"[56]. Er hält es nicht für ausgeschlossen, daß Ezechiel diese Worte noch vor 587 gesprochen hat. Ezechiel mag doktrinär reden. Davon unberührt bleibt, daß er durch die Aufnahme *gerade dieser* Rechtssatzreihen (und nicht etwa des Dekalogs) zeigt, worin sich Jerusalem seiner Meinung nach besonders schuldig gemacht hat, nämlich auf sexuellem Gebiet.

Das Heiligkeitsgesetz enthält gleich zwei Kapitel, die sexuelle Vergehen zum Inhalt haben. Wie man diesen Tatbestand auch erklärt: Er macht zumindest deutlich, daß man in (spät vor-) exilischer Zeit Israel gerade auf diesem Gebiet als besonders gefährdet ansah. Ob Ezechiel und der Redaktor (die Redaktoren) von H auf diesem Gebiet besonders empfindlich waren oder ob in dieser Zeit tatsächlich eine sexuelle Verwilderung um sich gegriffen hat, ließe sich nur nach einer eingehenden Untersuchung sämtlicher einschlägiger Texte sagen.

c. Lev 21f

Neben Lev 18 und 20 bilden die Bestimmungen über die Priester (Lev 21f) einen weiteren inhaltlichen Schwerpunkt des Heiligkeitsgesetzes. In diesen beiden Kapiteln ist nicht so sehr von den Aufgaben, welche dem Priester obliegen, die Rede, als vielmehr von den Anforderungen, die er erfüllen muß, um seines Amtes walten zu können. Das Interesse ruht stärker auf der *Person* des Priesters als seiner Tätigkeit, wie etwa Lev 21,7f deutlich zeigt:

> Sie sollen sich keine Dirne zum Weibe nehmen, noch eine Geschwächte; auch eine, die von ihrem Manne verstoßen ist, sollen sie nicht nehmen; denn er [d.h. der Priester] ist seinem Gott geweiht. Darum sollst du ihn heilig halten; denn er bringt die Speise deines Gottes dar.

Lev 21 weist noch andere Bestimmungen darüber auf, welche Frauen Priester heiraten dürfen. Die beiden Kapitel Lev 21f halten weiter fest, welche körperlichen Mängel vom Priesteramt ausschließen, und bestimmen, daß ein Priester keine unreinen Tiere essen darf. Schließlich wird geregelt, wann er von den heiligen Gaben essen darf und wann nicht. Nur wenige Stellen im Heiligkeitsgesetz halten – eher beiläufig – fest, welche Aufgaben den Priestern zukommen. Sie fallen auch darum kaum ins Gewicht, weil sie in keinem größeren Zusammenhang stehen, in dem die Aufgaben der Priester systematisch dargestellt würden. Wir fassen zusammen: Die breiten Ausführungen über die Priester im Heiligkeitsgesetz geben, etwas überspitzt ausgedrückt, alle Antwort auf die Frage: Unter welchen Bedingungen dürfen sie ihres Amtes walten?

In bezug auf die von den Israeliten dargebrachten Tieropfer (Lev 22,17ff) läßt sich etwas Vergleichbares beobachten: Der Nachdruck ruht stärker auf der Beschaffenheit der Opfertiere als auf dem Vollzug des Opfers.

Die in Lev 21f feststellbare Konzentration auf die Bedingungen für den richtigen Vollzug des Opfers erklären sich gut von der Diasporasituation her: Die Israeliten waren der Möglichkeit zu opfern beraubt, hofften aber sehnsüchtig darauf, es wieder tun zu können.

54 HÖLSCHER, Hesekiel 117.

55 ZIMMERLI, Ezechiel 506.

56 ZIMMERLI, a.a.O. 506.

d. Lev 23

Über das Entstehen dieses Kapitels herrscht in der Forschung keine Einigkeit. Während ein Großteil der Forscher annimmt, ein/der priesterschriftliche(r) Redaktor habe die sich am Ackerbaujahr orientierende Festgesetzgebung des Heiligkeitsgesetzes durch eine die Feste auf Monat und Tag festlegende Gesetzgebung ergänzt, versuchen andere den komplizierten Befund von Lev 23 traditionsgeschichtlich zu erklären: Die Kombination der beiden Festgesetzgebungen ginge bereits auf den Redaktoren des Heiligkeitsgesetzes zurück[57]. Wie auch immer: Das Kapitel verrät deutlich, daß es der exilischen Zeit zugehört. Dafür spricht die Verordnung des Sabbatgebotes vor den eigentlichen Festkalender und die Betonung, die bei den einzelnen Festen auf das Arbeitsverbot gelegt wird. Der Festkalender von Lev 23, der ausführlichste des Alten Testaments[58], betont bei den Festen also dasjenige Element, welches im Exil eine besondere Rolle spielte. Es wendet sich, wie bereits die Überschrift (Lev 23,2) verrät, an die Laien, was auch daraus hervorgeht, daß die Riten in ihm eine weniger wichtige Rolle spielen als in Num 28f.

Lev 23 enthält die erste eigentliche Fest*ordnung* des Alten Testaments[59]. Daß es erst im Exil und nicht schon vorher zu einer solchen kam, ist verständlich: Die Exulanten konnten, ohne sich Gedanken über ihre Durchführbarkeit machen zu müssen, eine *ideale* Festordnung entwerfen und dabei jene Elemente hervorheben, die ihnen besonders wichtig schienen: Sabbat und heilige Versammlung.

e. Lev 25

Vor fast unlösbare Probleme stellt das Kapitel Lev 25. Es enthält eine Bestimmung über das Sabbatjahr, die im Unterschied zu ihren Parallelen aus Bundesbuch und Deuteronomium nicht sozial, sondern theologisch begründet wird:

> **Lev 25,4**
> Aber im siebenten Jahr soll das Land hohe Feierzeit halten, einen Sabbat für den Herrn.

An die Bestimmung schließt die Jobeljahrgesetzgebung an, die in V. 8-12 "mit einer Art programmatischer Einleitung"[60] einsetzt und daran anschließend festlegt, wie das Jobeljahr praktisch durchgeführt werden soll. Wann die einzelnen Bestimmungen des Jobeljahrgesetzes entstanden sind, ist in der Forschung umstritten: Die Vorschläge reichen von der vorstaatlichen Zeit bis zu Nehemia[61]. Am wahrscheinlichsten ist das Jobeljahr "eine sehr junge Potenzierung"[62] des Sabbatjahres.

57 Vgl. dazu THIEL, Erwägungen 57f.

58 Num 28f betrachten wir nicht als Festkalender; "Die kalendarischen Elemente sind nur der Anlaß zu weit ausgeführten rituellen Forderungen" (KRAUS, Gottesdienst 50).

59 Erst in diesem Kapitel liegt ein "nach Monat und Tag genau datierte[r] Kultkalender" vor (KRAUS, a.a.O. 103). Die Bestimmungen über die Durchführung der einzelnen Feste sind viel ausführlicher und detaillierter als in den früheren Kultkalendern (Ex 23,10-19; 34,18-26; Dtn 16,1-17).

60 NOTH, Leviticus 163.

61 REVENTLOW, Heiligkeitsgesetz 125, setzt die Institution des Jobeljahres in die Zeit unmittelbar nach der Landnahme an; am häufigsten wird in der Forschung der exilische Ansatz vertreten (so etwa von KUTSCH, Art. Jobeljahr 800).

62 THIEL, Erwägungen 61.

Das Halljahrgesetz enthält eine geradezu revolutionäre Forderung – die vollkommene "restitutio in integrum" von Land (und Leuten) –, die in den Ausführungsbestimmungen allerdings ein Stück weit relativiert wird. Sie weist in Lev 25,23 eine theologische Begründung auf:

> Grund und Boden darf nicht für immer verkauft werden, denn das Land ist mein, und ihr seid Fremdlinge und Beisassen bei mir.

Wie ist das Revolutionäre an den Forderungen von Lev 25 zu erklären? Es gibt zwei Antworten auf diese Frage. Das Jobeljahrgesetz und seine theologische Begründung verdanken sich, so KIPPENBERG, einer Interessenkoalition aus verarmten Bauern und landlosen Priestern, die bei der Eintreibung der Abgaben nicht von einer schmalen Oberschicht abhängig sein wollten und deshalb das Landeigentum auch kleiner Leute zu schützen versuchten[63].

Die Jobeljahrgesetzgebung und das ihr zugrundeliegende Theologumenon können wie die Forderung der Kultuszentralisation in Lev 17 als Entwurf einer idealen, jahwegemäßen Gesellschaftsordnung verstanden werden. Wie Lev 17 läßt sich auch Lev 25 gut von der exilischen Situation her erklären: Da man sich nicht um die Durchführbarkeit der "restitutio in integrum" zu kümmern brauchte, konnte man es sich leisten, diese utopische Forderung zu stellen. Die theologische Vorstellung, mit der es begründet wird (Das Land gehört Jahwe allein), gehört zum ältern Glaubensgut und ist möglicherweise sogar von den Kanaanäern übernommen worden[64]. In Lev 25,23 jedoch wird sie – stärker als Ps 24,1 – in den Rang eines Lehrsatzes, einer dogmatischen Aussage erhoben; dadurch gewinnt sie beträchtlich an Gewicht. Die Vorstellung, wonach das Land Jahwe gehört, ist *implizit* im Theologumenon enthalten, daß er es Israel/den Israeliten gibt (so etwa Dtn 4,1; 26,10). Daneben enthält das Alte Testament Stellen, an denen es als Jahwes ʾ^{a}damā, ʾ^{a}ḥuzzā, ʾäräṣ, năḥ^{a}lā bezeichnet wird. Aber an keiner unter ihnen geht es explizit um den Besitzanspruch Jahwes auf das Land oder darum, daß es nicht den Israeliten gehört. Die Vorstellung, die Israeliten seien in ihm nur Fremdlinge und Beisassen, ist ihm eher fremd[65].

Die Frist von fünfzig Jahren, nach der das Land wieder in den Besitz seines früheren Eigentümers gelangen soll, erklärt sich möglicherweise auf dem Hintergrund der exilischen Situation. Wenn es Lev 25,41 heißt:

> alsdann soll er mitsamt seinen Kindern frei von dir ausgehen und soll zu seinem Geschlecht zurückkehren (w^{e}šab) und wieder zum Besitze seiner Väter kommen (jašûb),

"so setzt hier die Schuldknechtschaft eine Trennung von Familie und Land voraus"[66]. Aus der Geschichte der Sunamitin (IIReg 8,1-6) und dem Büchlein Ruth geht hervor, daß "es irgendeine Form bodenrechtlicher Regelung gegeben haben [muß], die auch noch nach einer gewissen Zeitspanne die Rückgewinnung von Grundbesitz im Sippen- oder Stammesbereich zuließ, selbst wenn diese Rechte aus eigenem Entschluß, nicht nur durch Schuldknechtschaft, verlorengegangen waren"[67]. Diese Regelung kann jedoch die Frist von fünfzig Jahren in Lev 25 nicht erklären. Hätte jeweils nur nach dieser Zeitspanne die Möglichkeit bestanden, Grundbesitz und Freiheit

63 So KIPPENBERG, Religion 68.

64 HORST, Eigentum 220, schreibt sogar: "Der Gott als eigentlicher Grundbesitzer des Landes könnte auch ein kanaanäischer Satz sein". Zur Begründung dieser Aussage s. a.a.O. 220f.

65 Vgl. immerhin IChr 29,15; Ps 119,19 (39,13); zu diesem Abschnitt s. WILDBERGER, Israel 404 ff.

66 WALLIS, Jobeljahr-Gesetz 338.

67 WALLIS, a.a.O. 340.

wiederzuerlangen, wäre dies einer Zementierung bestehender Besitzverhältnisse gleichgekommen. Nach WALLIS ist die lange Frist von daher zu interpretieren, daß die Exilierten hofften, nach der Rückkehr in ihre Heimat ihr angestammtes Erbland, das inzwischen in andere Hände übergegangen war, wieder in Besitz nehmen zu können. Als ungefähr fünfzig Jahre nach der Exilierung Deuterojesaja auftrat und das Kyrosedikt erlassen wurde, überlegten die Deportierten, wie sie den Anspruch auf ihre näḥ^{a}lā geltend machen konnten , und entwarfen dabei das Jobeljahrgesetz, das deshalb Autorität beanspruchen konnte, weil es sich stark ans Sabbatjahrgesetz anlehnte[68]. Auch wenn man dieser – sehr überzeugenden – Deutung zustimmt, verliert das Jobeljahrgesetz den Charakter einer idealen Ordnung nicht.

f. Im Heiligkeitsgesetz mehrfach belegte Gebote

Im Unterschied zu Bundesbuch und Deuteronomium finden sich im Heiligkeitsgesetz viele Gebote zwei oder mehrere Male. Für die Bestimmung des Charakters von Lev 17-26 sind sie ebenso aufschlußreich wie die Inhalte der einzelnen Kapitel. In ihnen kommt besonders deutlich zum Ausdruck, welche Gebote im Exil (oder unmittelbar danach) als wichtig galten.

Gleich fünfmal belegt ist das redaktionelle Gebot, sich vor Gott zu fürchten. Es lautet überall gleich (w^{e}jareʾta me^{ʾä}lohâka) und schließt an folgende Gebote und Verbote an:

Lev 19,14
Du sollst einem Tauben nicht fluchen und einem Blinden nichts in den Weg legen.

Lev 19,32
Vor einem grauen Haupte sollst du aufstehen und das Alter ehren.

Lev 25,17
So übervorteile denn keiner seinen Nächsten.

Lev 25,36
Du sollst keinen Zins und keine Zulage von ihm nehmen.

Lev 25,43
Du sollst ihm kein harter Herr sein.

Der Satz w^{e}jareʾta me^{ʾä}lohâka – nirgends steht er im Heiligkeitsgesetz nach einem Gebot, welches das Verhältnis zu Gott zum Inhalt hat – stellt eine enge Verbindung zwischen sozialem Verhalten und Furcht Gottes her. Vergehen gegen den Nächsten gelten nach diesen fünf Stellen als solche gegen Gott. Das ist an sich nichts Neues. Als Nathan König David den Ehebruch mit Bathseba, der Frau des Uria, und dessen heimtükische Ermordung vorhielt, antwortete dieser mit dem Geständnis: "Ich habe gegen den Herrn gesündigt" (IISam 12,13). Neu ist, wie oft und wie betont im Heiligkeitsgesetz der Zusammenhang zwischen Vergehen gegen den Nächsten und gegen Gott hergestellt wird. Er gewinnt so eine neue Qualität. Indem ein Vergehen gegen den Nächsten explizit als Verletzung der Gottesfurcht bezeichnet wird, erhält es eine besondere Schwere, wird als besonders verwerflich hingestellt. Wohl nicht zufällig findet sich der Satz w^{e}jareʾta me^{ʾä}lohâka vor allem in Anschluß an Gebote zum Schutz hilfloser und schwacher Menschen. Man beachte, daß die wichtigsten Kategorien von Hilfsbedürftigen genannt sind: körperlich (Lev 19,14),

68 A.a.O. 342f.

wirtschaftlich (Lev 25,17.36.43) und durch das Alter (Lev 19,32) Benachteiligte. Auch Neh 5,9 und 5,15 – BECKER bezeichnet diese beiden Stellen als "praktische Ausführung der Forderungen des Heiligkeitsgesetzes"[69] wird die Furcht Gottes mit sozialer Bedrückung in Beziehung gesetzt:

Neh 5,8f
Wir an unserm Teil haben unsre jüdischen Brüder, die an die Heiden verkauft waren, nach bestem Vermögen losgekauft; ihr aber wollt umgekehrt eure Brüder verkaufen, daß sie wieder an uns verkauft werden? Da schwiegen sie und hatten nichts zu antworten. Und ich sprach: Euer Treiben ist unwürdig. Ihr solltet doch in der Furcht unsres Gottes wandeln (h^{a}lôʾ b^{e}jirʾăt ʾ^{ä}lohênû telekû), um den Lästerungen unsrer heidnischen Feinde zu begegnen.

Neh 5,15
Die frühern Statthalter, die vor mir dagewesen, hatten nämlich das Volk bedrückt und für Brot und Wein täglich vierzig Lot Silber von ihm bezogen... Ich aber tat nicht also um der Furcht Gottes willen (mipp^{e}nê jirʾăt ʾ^{ä}lohîm).

Die enge Verbindung zwischen "Vergehen gegen den Nächsten" und "Mißachtung der Gottesfurcht" scheint also für die exilisch-nachexilische Zeit typisch zu sein[70].

Das Gebot der Elternehrung nimmt, wie bereits erwähnt, im Heiligkeitsgesetz einen besonders wichtigen Platz ein. Es findet sich nicht nur Lev 20,9, sondern steht Lev 19,3 an der Spitze der gesetzlichen Bestimmungen und erhält schon dadurch eine besondere Bedeutung, die noch dadurch gesteigert wird, daß es an dieser Stelle mit dem (gleich dreimal belegten) wichtigen Gebot der Sabbatheiligung verbunden ist. Die beiden Gebote mögen "herkunftmäßig" zusammengehören[71] – im Dekalog folgen sie aufeinander. Dies bildet aber nicht den einzigen Grund dafür, daß sie an der Spitze von Lev 19 stehen; ebenso wichtig dürfte sein, daß es sich bei ihnen um Bestimmungen handelt, die in exilischer Zeit neu an Bedeutung gewannen. Ihre mögliche "herkunftmäßige Zusammengehörigkeit" kam den Redaktoren des Heiligkeitsgesetzes also entgegen.

Viele der im Heiligkeitsgesetz wiederholten Bestimmungen untersagen das Praktizieren heidnischer Bräuche. Gleich viermal finden sich Gebote des Inhalts, sich nicht an Totengeister, Wahrsager, Wahrsagegeister zu wenden oder selbst Wahrsagerei und Zauberei zu betreiben: Lev 19,26.31; 20,6.27. Auch der Abwehr fremden Wesens dienen das Verbot, die Kinder für Moloch durchs Feuer gehen zu lassen (Lev 18,21; 20,2ff) und die Bestimmungen über Haare und Bart und das Anbringen von Einschnitten am Leibe um eines Toten willen (Lev 19,27f; 21,5)[72].

Das Land spielt im Heiligkeitsgesetz eine besonders wichtige Rolle. Deshalb erstaunt nicht, daß die Bestimmungen über die Nachlese in ihm doppelt belegt sind: Lev 19,9f und 23,22.

Zu den kultischen Bestimmungen, die im Heiligkeitsgesetz mehr als einmal vorkommen, gehören die Gebote den Blutgenuß betreffend (Lev 17,10-14; 19,26) und über das Essen veren-

69 BECKER, Gottesfurcht 206. Diese Aussage ließe sich etwa auch noch auf Mal 3,5 und IIChr 19,9f übertragen.

70 Vgl. dazu oben S. 72.

71 FOHRER, Recht 138. Er läßt allerdings unberücksichtigt, daß die Reihenfolge der beiden Gebote in Lev 19,3 nicht die gleiche ist wie im Dekalog.

72 Die Verbote beziehen sich Lev 19,27f auf alle Israeliten, Lev 21,5 nur auf die Priester. Nach ELLIGER, Leviticus 289 "handelt es sich historisch... in Lev 19$_{27f.}$ [möglicherweise] um 'Demokratisierung' einer zunächst nur für die Priester geltenden Regel".

deter oder zerrissener Tiere, von denen eine für die Israeliten (Lev 17,15), die andere für Priester (Lev 22,8) gilt. Weiter spielen das Halten der Ruhetage und die Ehrfurcht vor dem Heiligtum eine besondere Rolle; die diesbezüglichen Gebote sind als Paar sowohl Lev 19,30 und 26,2 belegt, das Sabbatgebot (zusammen mit dem Gebot der Elternehrung) noch Lev 19,3. Das Verbot, sich zu den Götzen zu wenden und gegossene Gottesbilder zu machen (Lev 19,4), weist in Lev 26,1 eine entfernte Parallele auf[73].

Die Liste der im Heiligkeitsgesetz doppelt oder mehrfach belegten Verbote und Gebote enthält recht viele Bestimmungen, die in spät vorexilischer oder exilischer Zeit und danach gesteigerte Bedeutung besaßen oder erlangten. Bei einigen Geboten haben wir diesen Nachweis bereits erbracht oder werden wir ihn noch erbringen; für die andern sei er hier geführt. Daß die Ehrung des (einzigen!) Heiligtums in einer Gemeinde, die jede Schlachtung als Opfer an ihm vollziehen muß, eine besondere Bedeutung spielt, versteht sich von selbst. Das Scheren von Haar und Bart und das Anbringen von Einschnitten am Leibe um eines Toten willen wird untersagt, da in exilischer Zeit die Abwehr fremden Wesens eine besonders wichtige Rolle spielt.

Viele der im Heiligkeitsgesetz mehrfach belegten Bestimmungen finden sich ein- (oder gar zwei) mal in Lev 19. Das Kapitel darf schon aus diesem Grunde als sein Zentrum gelten.

g. Zusammenfassung und Ausblick

Vergleicht man die Inhalte von Bundesbuch, Deuteronomium und Heiligkeitsgesetz miteinander, fällt auf, daß dieses absolut und prozentual am wenigsten Gebote enthält, die es mit dem Alltagsleben zu tun haben. Der einfach zu führende Nachweis unterbleibt hier aus Platzgründen. So findet sich in ihm nichts über Viehdiebstahl, Erstgeburtsrecht, über Hausbau und Vogelnester, den unbekannten Mörder, den widerspenstigen Sohn und vieles mehr, was in den beiden älteren Gesetzessammlungen geregelt wird. Dagegen darf nicht eingewandt werden, das tägliche Leben sei in Bundesbuch und Deuteronomium bereits geregelt, weshalb sich die Wiederholung der diesbezüglichen Gesetze im Heiligkeitsgesetz erübrigt habe. Ins Deuteronomium sind nämlich auch Bestimmungen das tägliche Leben betreffend aufgenommen worden, die sich bereits im Bundesbuch finden[74].

Womit hängt es zusammen, daß im Heiligkeitsgesetz die Regelung des täglichen Lebens eine untergeordnete Rolle spielt? Wir haben bereits darauf hingewiesen, daß es einige programmatische Gebote enthält. Die inhaltlichen Besonderheiten des Heiligkeitsgesetzes im Unterschied zu Bundesbuch und Deuteronomium hängen eng mit diesem seinem programmatischen Charakter zusammen, auf den wir weiter unten zurückkommen.

73 Lev 26,1, inhaltlich ausführlicher als Lev 19,4, bildet wohl nicht, wie ELLIGER, a.a.O. 364, vermutet, mit V. 2 zusammen den "Anfang eines weiteren Gesetzes". – Wahrscheinlich enthalten diese beiden Verse die Wiederholung einiger der für die Redaktion des Heiligkeitsgesetzes wichtigsten Vorschriften; vgl. dazu WENHAM, Leviticus 328: "It is characteristic of the biblical collections of law to include a reminder of some of the most important points just before the end (cf. Exod. 23:20-24; Deut. 29). There are brief allusions here to some of the commandments (Exod. 20:3ff.), especially as they apply in the land of Canaan, though Lev. 19:3-4, 30 provide the closest verbal parallels".

74 Vgl. etwa Ex 21,2-11 mit Dtn 15,12-18.

3. Die Heiligkeitsaussagen von Lev 19-26

a. Die Heiligkeit als zentrales theologisches Konzept von Lev 17-26

Das Heiligkeitsgesetz verdankt seinen Namen der Tatsache, daß in ihm die Wurzel qdš nicht weniger als 66 Mal vorkommt[75], und zwar, was noch stärker ins Gewicht fällt, häufig an theologisch zentraler Stelle.

qdš findet sich in verschiedenen Zusammenhängen.

Die Heiligkeit Jahwes, sein heiligendes Handeln

> **Lev 20,8**
> Und haltet meine Satzungen und tut darnach; ich bin der Herr, der euch heiligt (ʾ^{a}nî jhwh m^{e}qăddiškäm).

Die (Selbst)Heiligung der Israeliten

> **Lev 20,7**
> Darum heiligt euch und seid heilig (w^{e}hitqăddištäm wihjîtäm q^{e}došîm)!

Heiligkeit im Zusammenhang mit dem Kult

> **Lev 19,24**
> Im vierten Jahre aber sollen alle ihre Früchte unter Festjubel dem Herrn geweiht werden (qodäš hillûlîm).

Diese drei Reihen von Heiligkeitsaussagen sind eng miteinander verbunden, wie die beiden folgenden Beispiele zeigen:

> **Lev 19,2**
> Ihr sollt heilig sein, denn ich bin heilig, der Herr, euer Gott (q^{e}došîm tihjû kî qadôš ʾ^{a}nî jhwh ʾ^{ä}lohêkäm).

> **Lev 21,8**
> Darum sollst du ihn [sc. den Priester] heilig halten (w^{e}qiddăštô); denn er bringt die Speise deines Gottes dar. Als heilig soll er dir gelten (qadoš jihjä-lak); denn ich bin heilig, der Herr, der euch heiligt (kî qadôš ʾ^{a}ni jhwh m^{e}-qăddiškäm).

Geht man sämtlichen Belegen der Wurzel qdš nach, entdeckt man, daß praktisch alle denkbaren Beziehungen zwischen Gott, Israeliten, Priestern und dem, was wir etwas vereinfachend "Kultsphäre" nennen, mit der Wurzel qdš umschrieben werden. Graphisch läßt sich das wie folgt darstellen:

75 Lev 19,2(2x).8.24.30; 20,3(2x).7(2x).8.26(2x); 21,6(2x).7.8(4x).12(2x).15.22(3x).23(2x); 22,2(3x).3(2x).4.6.7.9.10(2x).12.14(2x).15.16(2x).32(3x); 23,2.3.4.7.8.20.21.24.27.35.36.37; 24,9(3x); 25,10.12; 26,2.31.

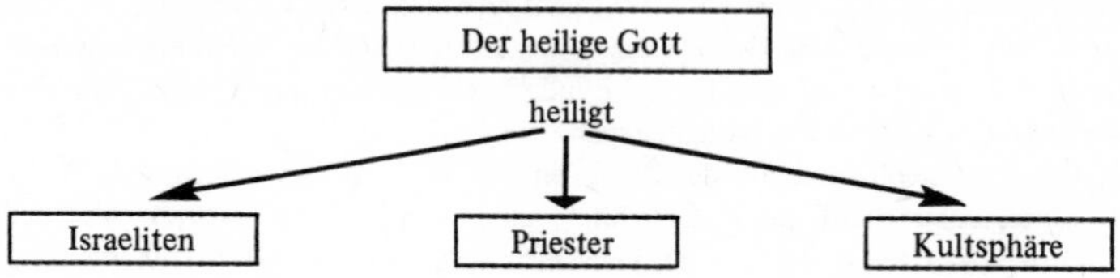
Der heilige Gott
heiligt
Israeliten
Priester
Kultsphäre

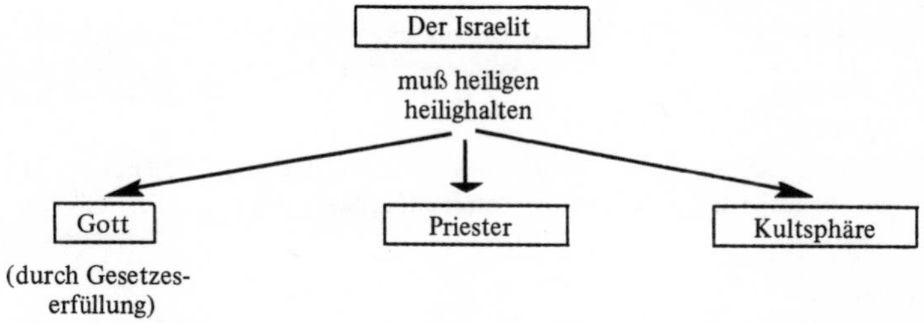
Der Israelit
muß heiligen
heilighalten
Gott
Priester
Kultsphäre
(durch Gesetzes-
erfüllung)

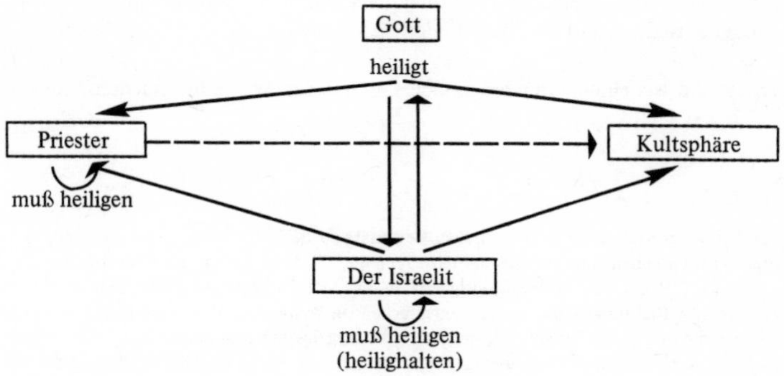
Gott
heiligt
Priester
Kultsphäre
muß heiligen
Der Israelit
muß heiligen
(heilighalten)

Das heißt: Die ganze Israel betreffende Wirklichkeit wird mit Hilfe einer Kategorie erfaßt: der der Heiligkeit. Sakrale/ethische und kultische Bestimmungen werden dadurch aufs engste miteinander verbunden. Wenn zum Beispiel das Liebesgebot und das Verbot, Opferfleisch erst am dritten Tag zu essen, beide unter dem Motto stehen: "Ihr sollt heilig sein, denn ich bin heilig, der Herr, der euch heiligt", bedeutet das: Es geht hier nicht um zwei verschiedene Sphären, sondern um die eine, gleiche. Das Heiligkeitsgesetz stellt eine engere Beziehung zwischen sakralen/ethischen und kultischen Geboten her als Bundesbuch und Deuteronomium, und vor allem tut es dies bewußter, u.a. durch die Heiligkeitsparänese[76].

Wie stark das Theologumenon der Heiligkeit Lev 17-26 bestimmt, wird deutlich, erweitert man die Untersuchung auf die Wurzel ḥll,[77] einen Gegenbegriff zu qdš. Was sich bei qdš beobachten ließ, trifft auch für ḥll zu: Es bezieht sich auf verschiedene Gebiete, am häufigsten auf die Kultsphäre:

> **Lev 19,7f**
> Wird aber noch am dritten Tage davon gegessen, so gilt es als Greuel, es wird nicht wohlgefällig aufgenommen; und wer davon ißt, der lädt Schuld auf sich, weil er das dem Herrn Geheiligte entweiht (ʾät⁻ qodäš jhwh ḥillel).

Mehrere Male findet sich im Heiligkeitsgesetz das Verbot, Gottes Namen zu entweihen[78], das verschiedene Bestimmungen nicht nur kultischen Inhalts begründet. Einige Beispiele:

> **Lev 18,21**
> Du sollst nicht eines deiner Kinder hingeben, um es dem Moloch zu opfern, damit du nicht den Namen deines Gottes entweihest (w^elo^ʾ t^eḥällel ʾät⁻ šem ʾ^älohâka).
>
> **Lev 19,12**
> Ihr sollt bei meinem Namen nicht falsch schwören und so den Namen eures Gottes entweihen (w^eḥillälta ʾät⁻ šem ʾ^älohâka).
>
> **Lev 22,2**
> Sage Aaron und seinen Söhnen, daß sie in betreff der heiligen Gaben, die mir die Israeliten weihen, Zurückhaltung üben, damit sie meinen heiligen Namen nicht entweihen (w^elo^ʾ j^eḥäll^elû ʾät⁻ šem qådšî).

Diese Stellen sind aus einem Grunde besonders interessant: Wenn die Israeliten ihre Kinder dem

76 Mit dieser Aussage stehen wir in diametralem Gegensatz zu BETTENZOLI, Geist 105, der Lev 18-20 und 21f literarkritisch voneinander trennt und dazu schreibt: "Sowohl das sakrale [Lev 18-20] wie das kultische [Lev 21f] Recht sind im Heiligkeitsgesetz an eine qdš-Paränese gekoppelt. Diese weist aber jeweils entgegengesetzte Richtungen auf, und die entsprechenden Weltanschauungen lassen sich nicht miteinander vereinbaren. Sie sind in der Tat auf entgegengesetze Denkkategorien gegründet: das sakrale Recht ist wesentlich von den geschichtlichen Kategorien geprägt, das kultische Recht dagegen benutzt seinem Wesen nach nur räumliche Kategorien. Konsequenterweise ist die Paränese im ersten Fall in der Geschichte fest verankert, im zweiten Fall in ein räumliches Verständnis nach dem dualistischen Sakral-Profan-Schema eingebettet".

77 Belege: Lev 18,21; 19,8.12.29; 20,3; 21,4.6.7.9(2x).12.14.15.23; 22,2.9.15.32.

78 Belege: Lev 18,21; 19,12 (ʾät⁻ šem ʾ^älohâka); 20,3; 22,2.32 (ʾät⁻ šem qådšî); 21,6 (šem ʾ^älohêhäm). Man beachte, daß sich das Gebot einige Male auf alle Israeliten, andere Male nur auf die Priester bezieht.

Moloch hingeben, falsch beim Namen Jahwes schwören oder in betreff der heiligen Gaben keine Zurückhaltung üben, verletzen sie direkt den (heiligen) Namen Jahwes. Diese Verse halten mit Nachdruck fest, was sich von selbst versteht: Wer sich dieser Vergehen schuldig macht, wird direkt Gott gegenüber schuldig. Sie erhalten dadurch besonderes Gewicht.

Das Verbot w^{e}jare᾿ta me᾿^{ä}lohâka bedeutet, wie oben gesehen: Wer sich gegen einen hilflosen Menschen vergeht, fürchtet Gott nicht. Es weist also eine ähnliche Funktion auf wie das Verbot, Gottes (heiligen) Namen zu entweihen. Beide bringen zum Ausdruck: Wer ein Gebot übertritt, wendet sich gegen Gott selbst. Daß dieser Zusammenhang im Heiligkeitsgesetz so oft hergestellt wird, zeigt, wie bezeichnend er für die Zeit seiner Abfassung ist.

Lev 17-26 ist stark vom Theologumenon der Heiligkeit bestimmt und weist eine grundsätzlich "einfache" Theologie auf. Vielleicht haben gerade die Einfachheit dieser Theologie und ihre Konzentration auf wenige zentrale Aussagen der Gola dabei geholfen, die schwierige Zeit des Exils zu überstehen.

b. Ihr sollt heilig sein, denn ich bin heilig, der Herr, euer Gott

Zu zeigen, daß "Heiligkeit" das Lev 17-26 bestimmende theologische Konzept bildet, mit dessen Hilfe die ganze Israel betreffende Wirklichkeit erfaßt wird, ist ziemlich einfach. Schon wesentlich schwerer fällt es herauszuarbeiten, welche Bedeutung die einzelnen Heiligkeitsaussagen haben. Wir gehen von den drei Stellen aus, an denen Israel geboten wird, heilig zu sein, sich zu heiligen.

> **Lev 19,2**
> Ihr sollt heilig sein, denn ich bin heilig, der Herr, euer Gott (q^{e}došîm tihjû kî qadôš ᾿^{a}nî jhwh ᾿^{ä}lohêkäm).
>
> **Lev 20,7**[79]
> Darum heiligt euch und seid heilig (w^{e}hitqăddištäm wihjîtäm q^{e}došîm)! Denn ich bin der Herr, euer Gott.
>
> **Lev 20,26**
> Ihr sollt mir heilig sein, denn ich, der Herr, bin heilig, und ich habe euch aus den Völkern ausgesondert, daß ihr mein seiet (wihjîtäm lî q^{e}došîm kî qadôš ᾿^{a}nî jhwh wa᾿ăbdil ᾿ätkäm min- ha῾ămmîm lihjôt lî).

Die Aufforderung, heilig zu sein, sich zu heiligen, wird Lev 19,2 mit dem Satz begründet: "denn ich bin heilig, der Herr, euer Gott", Lev 20,7 mit: "denn ich bin der Herr, euer Gott". Dieser Satz bedeutet etwa: Jahwe ist souverän und verlangt von den Israeliten, denen er sich in der Geschichte heilvoll zugewandt hat, nachdrücklich die Erfüllung seiner Gebote. "Denn ich bin heilig, der Herr, euer Gott" bedeutet gewiß nichts grundsätzlich anderes; und da das Heiligkeitsgesetz

79 Nicht einfach zu beurteilen ist, welcher Unterschied zwischen w^{e}hitqăddištäm und wihjîtäm q^{e}došîm besteht. Die gleiche Abfolge der beiden Imperative findet sich auch Lev 11,44. ELLIGER, Leviticus 141, 263, übersetzt die Stellen mit "So heiligt euch und bleibt heilig". Lev 20,7 legt er a.a.O. 274 wie folgt aus: "Angesichts all dieser und ähnlicher Versuchung zum Afterkult faßt 7 zusammen, worum es geht: 'sich heiligen', d.h. von jenen götzendienerischen Kulten und Praktiken sich abwenden und sich reinigen, daß man ungestraft... am Tempelkult teilnehmen kann, aber dann auch 'heilig sein', d.h. in diesem jahwegemäßen Zustande bleiben und nicht wieder, wenn auch nur gelegentlich, zu den Götzen und Dämonen hinüberpendeln".

keine Anhaltspunkte dafür enthält, worin Jahwes Heiligkeit besteht[80], müssen wir dies aus einem Vergleich mit Lev 20,7 erheben: Heilig ist Jahwe insofern, als er in seiner Souveränität heilvoll an Israel handelt und von ihm die Erfüllung der Gebote verlangt. Heilig ist Jahwe wohl auch als der ganz andere, der Deus tremendus et fascinosus. Welche Elemente im Heiligkeitsgesetz überwiegen, läßt sich nicht sicher bestimmen.

Daß Jahwe die Israeliten heiligt, besagt zugleich, daß er sie erwählt hat[81]. Das macht ein Vergleich zwischen Lev 21,8 und 20,26 deutlich:

> Lev 21,8
> Als heilig soll er [sc. der Priester] dir gelten; denn ich bin heilig, der Herr, der euch heiligt (kî qadôš ʾ^{a}nî jhwh m^{e}qăddiškäm).
>
> Lev 20,26
> Ihr sollt mir heilig sein, denn ich, der Herr, bin heilig, und ich habe euch aus den Völkern ausgesondert, daß ihr mein seiet (kî qadôš ʾ^{a}nî jhwh waʾăbdil ʾätkäm min⁻ haʿămmîm lihjôt lî).

Gewiß bedeuten die Aussagen "der Herr heiligt euch" und "der Herr hat euch aus den Völkern ausgesondert" inhaltlich nicht das gleiche, sind aber doch nahe miteinander verwandt. Man darf also bei aller gebotenen Vorsicht sagen: Jahwes heiligendes Handeln an Israel beinhaltet auch dessen Erwählung. Wenn das Partizip mqdš das heilvolle Handeln Jahwes an Israel umschreibt, so streicht qadôš ʾ^{a}nî jhwh demgegenüber stärker die Souveränität Jahwes heraus.

Da Gott im Heiligkeitsgesetz als der Heilige gilt, der die Israeliten heiligt, erstaunt es, daß auch der ihnen abgeforderte Gesetzesgehorsam mit Hilfe der Wurzel qdš umschrieben wird. Ein Beispiel:

> Lev 19,2
> Ihr sollt heilig sein, denn ich bin heilig, der Herr, euer Gott.

Man vergleiche damit auch Lev 20,24f:

> Ich bin der Herr, euer Gott, der euch aus den Völkern ausgesondert hat (hibdăltî). So sollt ihr denn einen Unterschied machen (w^{e}hibdăltäm) zwischen den reinen und den unreinen Tieren...

80 Darauf weist auch ZIMMERLI, Heiligkeit 496, 501, hin. Er befragt andere Stellen "aus dem Umkreis der Kultsprache" (496) darauf hin, ob sie Auskunft darüber geben, wie die Heiligkeit Gottes im Heiligkeitsgesetz zu verstehen ist. Heilig ist nach Jes 6 Gott als "der 'Ganz Andere', der nicht nur die menschliche Normalität, das Profane, sondern in ganz besonderer Weise die menschliche Sünde, das Unreine verzehrt" (497). Nach Ps 99 ist Gott als der "große und zu fürchtende König", "der in seinem gerechten Richten am Ort seiner heiligen Gegenwart Anbetung Fordernde" und "der im Wunder seines geschichtlichen Tuns sich seinem Volke Zuwendende" (498) der Heilige, nach Hos 9,8f als "der im Brand seines Gerichtes Verzehrende, aber in alledem doch gerade in seinem Gottsein der seinem Volke in einer abgründigen Barmherzigkeit Zugetane". Diese Auslegungen der Heiligkeit Gottes berühren sich nun nach ZIMMERLI, grob ausgedrückt, mit der Aussageintention der Formel "Ich bin Jahwe (euer Gott, der euch...)", die er als "ein Element der Interpretation des heiligen Gottes, wie H ihn kennt" (498), versteht. – Uns scheint die Auslegung der Heiligkeitsaussagen durch verwandte Theologumena aus dem Heiligkeitsgesetz selber der vielversprechendste Weg zu sein, um ihren Sinn zu erhellen. Wir schlagen ihn ein, um die Bedeutung der Aussagen "Jahwe heiligt...", "Seid heilig, denn ich Jahwe, bin heilig" zu erheben.

81 Im Heiligkeitsgesetz selber fehlt der Begriff bḥr; von seiner Bedeutung her steht ihm bdl nahe. Nur kommt in ihm im Unterschied zu jenem "eine ganz bestimmte Seite der Erwählung [besonders] stark zum Ausdruck, nl. die der Separation" (VRIEZEN, Erwählung 37).

Daß für Gottes Sein / Handeln an den Israeliten und ihre Antwort darauf *unmittelbar nebeneinander* die gleiche Wurzel verwendet wird, ist für das Heiligkeitsgesetz typisch, läßt es sich doch nur in ihm beobachten.

Der enge Zusammenhang zwischen Gottes Heiligkeit und dem Befehl an die Israeliten, sich zu heiligen, ist so verstanden worden, als ginge es in diesem Gebot um die Imitation Gottes. So schreibt BUBER:

"Denn die Gesetzgebung am Sinai will als Verfassung verstanden sein, die der göttliche Herrscher in der Stunde der Thronbesteigung dem Volke erteilt, und alle Bestimmungen dieser Verfassung, wie die ritualen so auch die ethischen, sind darauf angelegt, es über sich hinaus in die Sphäre des 'Heiligen' zu tragen: als die Zielsetzung wird dem Volke nicht geboten, daß es ein 'gutes', sondern daß es ein 'heiliges' werde. Alle sittliche Forderung wird hier somit als eine kundgetan, die den Menschen, das Menschenvolk in den Bereich erheben soll, wo das Ethische im Religiösen aufgeht, vielmehr wo die Differenz zwischen dem Ethischen und dem Religiösen im Atemraum des Göttlichen selber aufgehoben wird. Das wird unüberbietbar deutlich in der Begründung jener Zielsetzung ausgesprochen: Israel soll heilig werden, 'denn ich bin heilig'. Die Nachahmung Gottes durch den Menschen, das 'ihm in seinen Wegen Folgen', kann sich naturgemäß nur an den dem menschlichen Ethos zugewandten göttlichen Attributen, an Gerechtigkeit und Liebe vollziehen, und alle Attribute sind durchsichtig in die überattributhafte Heiligkeit, die durch den Menschen nur in der von ihr urverschiedenen, der menschlichen Dimension nachgebildet werden kann. Die absolute Norm wird als die Weisung für den Weg gegeben, der vors Angesichts des Absoluten führt"[82].

Einiges an diesen Ausführungen ist richtig. Im Unterschied zu BUBER glauben wir aber nicht, daß es in Lev 19,2 um die Nachahmung Gottes geht. Das ist schon deshalb unwahrscheinlich, weil gerade das Heiligkeitsgesetz den Abstand zwischen Gott und Mensch stark betont. Die Korrespondenz zwischen der Heiligkeit Gottes und Israel interpretieren wir vom Nachdruck her, der im Heiligkeitsgesetz – stärker als in Bundesbuch und Deuteronomium – auf die Gesetzeserfüllung gelegt wird: Die Verpflichtung Israels, die Gebote zu erfüllen, erhält dadurch mehr Gewicht, daß sie mit der gleichen Wurzel qdš umschrieben wird wie Gottes Handeln. Das bedeutet: Die allein angemessene Antwort der Israeliten auf Jahwes Heiligkeit besteht darin, daß sie sich heiligen; daß sie einen Unterschied zwischen reinen und unreinen Tieren machen (bdl), ist die einzig mögliche Antwort darauf, daß Jahwe sie von den Völkern ausgesondert hat (bdl).

Im Deuteronomium findet sich einige Male die Aussage, Israel sei ein Jahwe heiliges Volk[83]. Dtn 7,6 (und praktisch gleichlautend 14,2) wird sie mit der andern verbunden, daß Jahwe Israel erwählt habe:

Dtn 7,6
Denn du bist ein dem Herrn, deinem Gott, heiliges Volk (ʿăm qadôš ʾăttā l^{e}-jhwh ʾ^{ä}lohâka); dich hat der Herr, dein Gott, aus allen Völkern, die auf Erden sind, für sich erwählt, daß du sein eigen seiest.

Eine solche Aussage enthält das Heiligkeitsgesetz nicht. KRAUS hat daraus folgenden Schluß gezogen:

"Ist... im Deuteronomium die Heiligkeit Israels das vorausgesetzte, in Erinnerung gerufene Faktum, so ist in der priesterlichen Gesetzgebung die Heiligkeit der Israeliten eine Hauptforderung,

82 BUBER, Gottesfinsternis 582f.

83 Dtn 7,6; 14,2.21; 26,19; 28,9.

die nun freilich ihrerseits von dem Faktum der Heiligkeit Jahwes her begründet und bestimmt wird"[84].

Diese Aussage bedarf einer leichten Korrektur. Auch in H ist die Heiligkeit Israels vorausgesetzt. Allerdings findet sich in ihm der Satz aus dem Deuteronomium, Israel sei ein Jahwe heiliges Volk, nicht; es wird gesagt, Jahwe habe die Israeliten geheiligt[85]. Vermeidet das Heiligkeitsgesetz die Rede vom Jahwe heiligen Volk etwa deshalb, weil sie dahingehend verstanden werden könnte, die Heiligkeit sei eine Israel inhärierende Eigenschaft? Das Heiligkeitsgesetz betonte also, daß die Heiligkeit von Jahwe ausgeht und Israel nie eigen ist. Wie im Deuteronomium geht also auch im Heiligkeitsgesetz die Zuwendung Jahwes zu Israel seiner Unterstellung unter das Gesetz sachlich voraus. Lev 17-26 legt aber einen noch stärkeren Akzent auf die Gesetzeserfüllung als das Deuteronomium. Im von KRAUS angezogenen Punkt besteht zwischen den beiden Gesetzeskorpora kein grundsätzlicher Unterschied.

c. Zusammenfassung

Die Heiligkeit bildet das bestimmende theologische Konzept von Lev 17-26. Die *ganze* Israel betreffende Wirklichkeit wird – und das ist theologisch neu im Heiligkeitsgesetz – mit Hilfe dieser Kategorie erfaßt. Die Beziehungen zwischen Gott, Israeliten, Priestern und Kultsphäre werden praktisch alle mit der Wurzel qdš umschrieben. Dadurch wirkt die Theologie des Heiligkeitsgesetzes trotz aller Differenzierungen im einzelnen einfach. Vielleicht brauchte Israel im Exil eine solch *einfache* Theologie, um zu überleben. Der Satz "Ihr sollt heilig sein, denn ich bin heilig, der Herr, euer Gott" (Lev 19,2) bringt die Forderung des Gesetzesgehorsams theologisch zugespitzt zum Ausdruck: Die einzig angemessene Antwort der Israeliten auf Jahwes Heiligkeit (von andern Stellen her ist zu ergänzen: sein heiligendes Handeln) besteht darin, daß sie sich selbst heiligen.

4. Das Land im Heiligkeitsgesetz

Das Land (ʾäräṣ) spielt in H eine zentrale Rolle. Wir haben im Anschluß an JAGERSMA bereits darauf hingewiesen, daß die späten Stücke von Lev 19 (V. 9f, 23-25, 33f) Bestimmungen enthalten, die sich auf die Rückkehr ins Land beziehen. Er hat von ihnen her überzeugend dargelegt, daß die Komposition Lev 19,2aβ.b-4. 9-19. 23-37 in Kreisen entstanden ist, in denen die Hoffnung auf eine baldige Rückkehr ins gelobte Land sehr lebendig war[86]. Er hat weiter darauf aufmerksam gemacht, daß die Parallelbestimmung zu Lev 19,9f, Dtn 24,19, nicht von der "Ernte eures Landes", sondern von der "Ernte des Feldes" spricht[87]. Das gleiche trifft, was er nicht erwähnt, auch für Lev 19,33f zu. Seine Parallelen enthalten das Wort ʾäräṣ nicht:

> **Ex 22,20**
> Einen Fremdling sollst du nicht bedrücken noch bedrängen.
>
> **Ex 23,9**
> Einen Fremdling sollst du nicht bedrücken.
>
> **Lev 19,33**
> Wenn ein ger bei dir wohnt in eurem Lande (b^eʾärṣ^ekäm), so sollt ihr ihn nicht bedrücken.

84 KRAUS, Volk 41.

85 Belege: Lev 20,8; 21,8; 22,(16.)32.

86 JAGERSMA, leviticus 19 124.

87 JAGERSMA, a.a.O. 124.

Die Näherbestimmung "in eurem Lande" erübrigt sich vom Inhalt von Lev 19,33 her. Sie macht deutlich, daß das Gesetz im Hinblick auf eine Rückkehr nach Israel konzipiert worden ist[88].

Auch bei Geboten aus andern Kapiteln des Heiligkeitsgesetzes ist ᵓäräṣ von ihrem jeweiligen Inhalt her nicht erforderlich: Lev 20,2-4; 22,24; 23,10.22 (vgl. 19,9f); 23,39; 25,24.45; 26,1[89]. An der letzten Stelle läßt sich wiederum von einer Parallele her zeigen, daß ᵓäräṣ eigentlich überflüssig ist:

Dtn 16,21f
Du sollst dir keine Aschere von irgendwelchem Holze aufpflanzen neben dem Altar des Herrn, deines Gottes, den du mir machst, und du sollst dir keinen Malstein errichten, den der Herr, dein Gott, haßt.

Lev 26,1
Ihr sollt euch keine Götzen machen, und Gottesbilder und Malsteine sollt ihr euch nicht aufrichten, auch keine Steine mit Bildern hinstellen in eurem Lande (bᵉᵓărṣᵉkäm), um euch davor niederzuwerfen.

Die Gebote, die das Wort ᵓäräṣ enthalten, zeigen, wie sehnsüchtig mindestens ein Teil der Exulanten darauf hoffte, ins Land zurückzukehren; anders wäre nur schlecht zu erklären, warum etwa Lev 25 so breit ausgebaut ist und die Bestimmung über die Nachlese sich im Heiligkeitsgesetz gleich zweimal findet (Lev 19,9; 23,22).

Auch theologisch gewinnt das Land im Heiligkeitsgesetz eine neue Bedeutung. Jahwe hat Israel deshalb in die Verbannung geführt, weil es durch das Praktizieren der Bräuche fremder Völker das *Land* verunreinigt hat. Dies hat zur Folge, daß es seine Bewohner ausspuckt, also zum indirekten Agenten der Exilierung wird:

Lev 18,24-30
Ihr sollt euch durch nichts dergleichen verunreinigen; denn durch alles das haben sich die Heiden verunreinigt, die ich vor euch vertreiben will. Dadurch wurde das Land (haᵓaräṣ) unrein, und ich suchte seine Schuld an ihm heim, sodaß das Land (haᵓaräṣ) seine Bewohner ausspie. So haltet nun ihr meine Satzungen und Vorschriften und verübt keinen dieser Greuel, weder der Einheimische noch der Fremdling, der unter euch wohnt – denn alle diese Greuel haben die Leute dieses Landes (haᵓaräṣ) verübt, die vor euch waren, und dadurch ist das Land (haᵓaräṣ) unrein geworden –, damit euch das Land (haᵓaräṣ) nicht ausspeie, wenn ihr es verunreinigt, wie es die Heiden, die vor euch waren, ausgespieen hat. Denn alle, die irgendeinen dieser Greuel verüben, solche, die das tun, sollen aus ihren Volksgenossen ausgerottet werden. Darum befolgt meine Vorschriften, daß ihr nicht nach den schändlichen Bräuchen tut, die man vor euch geübt hat, und euch dadurch verunreinigt; ich bin der Herr, euer Gott.

88 Vgl. ELLIGER, Leviticus 262; er macht in ᵓărṣᵉkäm eine "Andeutung der Landgabe" aus.

89 Bei diesen Stellen handelt es sich vorwiegend um jüngere Bestandteile innerhalb des Heiligkeitsgesetzes; einige unter ihnen dürften im Hinblick auf die Rückkehr ins Land der Väter konzipiert worden sein.

Lev 20,22
So haltet nun alle meine Satzungen und alle meine Vorschriften und tut darnach, daß euch das Land (haʾäräṣ) nicht ausspeie, in das ich euch bringen will, damit ihr darin wohnet.

Exkurs: Die Gerichtsandrohung in Lev 18,24-30

Der Abschnitt enthält neben der Androhung, das Land würde die Israeliten ausspucken, wenn sie in den Greueln der Heiden wandelten – deutlich ein vaticinium ex eventu – die andere, es würde (nur) noch aus seinen Volksgenossen ausgerottet, wer die genannten Frevel begehe (V. 29); sie bezieht sich auf die Zukunft. Dieser (versteckte) Wechsel in der zeitlichen Perspektive ist von den uns bekannten Kommentatoren noch nicht stark genug herausgestrichen worden. In Zukunft ist also jeder für sein eigenes Verhalten verantwortlich. Kollektives und individuelles Gericht müssen nicht auf zwei verschiedene Quellen verteilt werden[90]. Wahrscheinlich wollte der Verfasser von Lev 18,24-30 die beiden Gerichte einander historisch zuordnen, was er allerdings nicht offen aussprechen konnte, sollte V. 28 nicht als vaticinium ex eventu entlarvt werden[91].

Die Individualisierung des zukünftigen Gerichtes kennt auch Ez 20. Nach diesem Kapitel wird Jahwe die Israeliten aus den Ländern, in die er sie zerstreut hat, herausführen; aber nach Israel kann nicht zurückkehren, wer sich gegen Jahwe vergangen hat[92]:

Ez 20,36-38
Wie ich in der Wüste des Landes Ägypten mit euren Vätern gerechtet habe, so will ich mit euch rechten, spricht Gott der Herr. Ich will euch unter dem Stabe hindurchgehen lassen und euch der Züchtigung unterwerfen. Ich will die Empörer und Abtrünnigen von euch ausscheiden: aus dem Lande, wo sie als Fremdlinge weilten, will ich sie herausführen, aber ins Land Israels sollen sie nicht kommen, damit ihr erkennet, daß ich der Herr bin.

In Lev 26 tritt noch einmal deutlich hervor, welch dominierende Rolle das Land im Heiligkeitsgesetz spielt. Segen und Fluch werden viel stärker als etwa Dtn 28 mit dem Lande verbunden. Im ersten Teil der Segensverheißung taucht die Vokabel ʾäräṣ massiert auf:

Lev 26,3-6[93]
Wenn ihr in meinen Satzungen wandelt und meine Gebote haltet und darnach tut, so werde ich euch Regen geben zu seiner Zeit, daß das Land (haʾäräṣ) seinen Ertrag gibt und die Bäume auf dem Felde ihre Früchte tragen. Dann wird

90 BAENTSCH, Exodus-Numeri 395, und BERTHOLET, Leviticus x, betrachten beide Lev 18,29 als gegenüber Lev 18,28.30 sekundär. ELLIGER, Leviticus 233, hält demgegenüber zu Recht an der literarischen Einheitlichkeit von Lev 18,25-29 fest.

91 Nur nebenbei sei darauf hingewiesen, daß dies zum Gehorsam gegenüber Jahwe motivieren konnte: Wer sich darüber beklagte, daß Sünder und Gerechte gleichermaßen ins Exil geführt worden sind – Gehorsam also nicht unbedingt belohnt wurde –, konnte nun damit rechnen, daß in Zukunft nur noch aus den Volksgenossen ausgerottet würde, wer Greuel beging.

92 Vgl. damit noch Ez 13,9.

93 Die starke Betonung des Landes in diesem Abschnitt – von der exilischen Situation her zu erklären – spricht dagegen, in V. 4.5b.6a Teile einer alten Agende des großen Herbstfestes zu sehen (so ELLIGER, Leviticus 371).

> bei euch die Dreschzeit bis zur Weinlese und die Weinlese bis zur Saatzeit reichen, und ihr werdet euch an eurem Brot satt essen und sicher wohnen in eurem Lande (b^{e}ˀărṣ^{e}käm). Ich will Frieden schaffen im Lande (baˀaräṣ), und ihr werdet ruhig schlafen, ohne daß euch jemand aufschreckt. Die wilden Tiere im Lande (min¯ haˀaräṣ) will ich ausrotten, und kein Schwert soll durch euer Land (b^{e}ˀărṣ^{e}käm) gehen.

Eine ähnliche wichtige Rolle spielt das Land auch bei der Entfaltung des Fluches (V. 19f, 34f). Eine Vorstellung tritt dabei in den Vordergrund: Während Israel in der Verbannung weilt, muß das Land seine ihm vorenthaltenen Sabbatjahre nachholen:

> **Lev 26,34f** [94]
> Alsdann wird das Land (haˀaräṣ) die ihm gebührenden Sabbatjahre ersetzt bekommen, während der ganzen Zeit, da es wüste liegt und ihr im Lande (b^{e}ˀäräṣ) eurer Feinde seid; alsdann wird das Land (haˀaräṣ) ruhen und seine Sabbatjahre nachholen. Während der ganzen Zeit, da es wüste liegt, wird es Ruhe haben, die Ruhe, die ihm versagt war in den Ruhezeiten, die ihr hättet halten sollen, als ihr darin wohntet.

Das Land ist also nicht nur durch das Praktizieren der Bräuche fremder Völker verunreinigt, sondern auch durch die ihm vorenthaltenen Sabbate geschädigt worden. Wenn es seine Sabbate ersetzt bekommen hat, steht einer Rückkehr der Israeliten nichts mehr im Wege (V. 40ff).

Die zentrale Bedeutung des Landes im Heiligkeitsgesetz kommt noch einmal in fast paradoxer Weise darin zum Ausdruck, daß Jahwe nicht nur des Bundes mit den Erzvätern, sondern auch des Landes gedenken wird:

> **Lev 26,42**
> so will ich meines Bundes mit Jakob gedenken, und auch meines Bundes mit Isaak und meines Bundes mit Abraham will ich gedenken, und des Landes (w^{e}haˀaräṣ) will ich gedenken.

Muß nach Lev 18,25 das Land die Schuld für seine Verunreinigung tragen, so wendet sich ihm Jahwe nach dieser Stelle wieder zu. Daß Jahwe des Landes gedenkt, heißt wohl: Er "will sich um das Land kümmern, um es seiner eigentlichen Bestimmung wieder zurückzugeben: der Bebauung und der Fruchtbarkeit"[95].

Fassen wir kurz zusammen: Das Heiligkeitsgesetz bildet – zusammen mit bestimmten Teilen des Deuteronomiums – das klarste Zeugnis dafür, welche Bedeutung die ˀäräṣ, in Lev 17-26 fast eine personale Größe, im Exil gewann[96].

94 Diese Stelle berührt sich von ihrer Theologie her eng mit Lev 18,26-28 und 20,22. Wir möchten sie deshalb mit ELLIGER, Leviticus z.St., alle der gleichen Redaktion zuweisen.

95 SCHOTTROFF, Gedenken 196.

96 Zur Landtheologie im Deuteronomium (der wichtigsten im Alten Testament) vgl. PERLITT, Motive.

5. Das Heiligkeitsgesetz als Programm

Die bei der Untersuchung des Heiligkeitsgesetzes gewonnenen Resultate erlauben uns, es als Programm[97] der Exilierten zu verstehen, die das nachexilische Leben zu planen begannen. Programmatischen Charakter hat das Heiligkeitsgesetz in verschiedener Hinsicht:

- Es beschäftigt sich nur mit grundlegenden Fragen: Es geht um den richtigen Opferdienst (Lev 17), die Feste (Lev 23), die Reinheit von Gemeinde und Priester (Lev 18; 20; 21), eine jahwegemäße Gemeinschaft (Lev 19; 25). Fragen des täglichen Lebens spielen in ihm eine untergeordnete Rolle.
- Das Heiligkeitsgesetz enthält – stärker als Bundesbuch und auch Deuteronomium – ideale Forderungen: Jede Schlachtung ist als Opfer am zentralen Heiligtum zu vollziehen (Lev 17); Verzerrungen im wirtschaftlichen Bereich müssen im Jobeljahr rückgängig gemacht werden (Lev 25); Israel bildet eine Gemeinschaft, in der jeder seinen Nächsten zu lieben hat wie sich selbst (Lev 19). Mit andern Worten: Das Heiligkeitsgesetz entwirft ein Idealbild der nachexilischen Gemeinschaft.
- Lev 17-26 steht unter dem programmatischen Motto der Heiligkeit: Israel hat sich dem heiligen Gott gegenüber, der es heiligt, als heilig zu erweisen. Der Aspekt der Heiligkeit bestimmt den Kodex auch da, wo der Begriff qdš selber fehlt.
- Das Heiligkeitsgesetz enthält eine Reihe von Bestimmungen, die sich auf vor-, insbesondere spät vorexilische Mißstände (vor allem auf kultischem Gebiet) beziehen und die schon in vorexilischer Zeit galten. Im Exil und danach gewannen sie eine neue, ebenfalls programmatische Bedeutung: Israel darf sich nicht mehr der Vergehen schuldig machen, die zu seiner Exilierung geführt haben. Das neue Israel ist also das positive Spiegelbild des alten.

HEMPEL hat Bundesbuch, Deuteronomium und Heiligkeitsgesetz als "Programme" bezeichnet, "die in historischer Einkleidung für bestimmte Ideen warben"[98]. Wenn wir den Ausdruck für das Heiligkeitsgesetz reservieren, so nicht, weil er dem Bundesbuch und (besonders) dem Deuteronomium völlig unangemessen wäre, sondern weil im Unterschied zu ihnen das Heiligkeitsgesetz *mehr* programmatische Züge aufweist. Bundesbuch und Deuteronomium beschränken sich nicht in dem Maße auf die Regelung grundsätzlicher Fragen wie das Heiligkeitsgesetz und enthalten auch weniger utopische Forderungen.

Das Gebot der Nächstenliebe bildet nicht nur Teil des Programmes von Lev 17-26, es ist auch selbst in höchstem Maße programmatisch: Es ist eine der oben aufgeführten idealen, man möchte fast sagen "utopischen" Forderungen, die wesentlich zum programmatischen Charakter des Heiligkeitsgesetzes beitragen. In Lev 19 nur ein Gebot unter andern erhält es einen Teil seiner gesteigerten Bedeutung dadurch, daß es selbst Programm ist.

97 Dies ist in bezug auf einzelne Teile des Heiligkeitsgesetzes schon oft festgehalten worden, weniger jedoch in bezug auf die Gesetzessammlung als ganze; man vgl. immerhin ACKROYD, Israel 149.

98 HEMPEL, Literatur 81.

D. Die Begründung des Gebotes der Nächstenliebe

Vielleicht ist es uns bis jetzt leidlich gut gelungen, die Bedeutung des Gebotes "Du sollst deinen Nächsten lieben wie dich selbst" herauszuarbeiten. Einen wichtigen Aspekt haben wir bis jetzt allerdings noch nicht behandelt. Das Liebesgebot wird mit den beiden Wörtern ʾ^{a}nî jhwh begründet. Gelingt es uns zu zeigen, was diese Begründung bedeutet, ergeben sich wertvolle Aufschlüsse über das Verständnis des Liebesgebotes.

Sie gewännen an Tiefe, bezögen wir zum Vergleich die Begründungen aus Bundesbuch, Deuteronomium und dem Buch der Proverbien in die Untersuchung ein, was aus Platzgründen unterbleiben muß[1]. Wir beschränken uns darauf, ʾ^{a}nî jhwh mit anderen Begründungen aus dem Heiligkeitsgesetz zu vergleichen. Eine Begründung – den Rekurs auf den Schöpfer – sehen wir uns etwas näher an, weil sie vom Judentum in Verbindung mit dem Liebesgebot gebracht worden ist.

1. ʾ^{a}nî jhwh als Begründung

ʾ^{a}nî jhwh wird vor allem im Heiligkeitsgesetz und ganz vereinzelt auch in P[2] als Begründung von Geboten und Verboten verwendet. Welche Bedeutung sie hat, ist nicht unmittelbar evident. Einen ersten Hinweis darauf, in welcher Richtung zu suchen ist, enthält ihre Wiedergabe in Neophyti:

> kdn ʾmr jjj
> So spricht Jahwe (der Herr).

Diese ein Stück weit auslegende Übersetzung von ʾ^{a}nî jhwh trifft unserer Meinung nach seine Bedeutung im Urtext recht genau. Der Ausdruck besagt: "Ihr müßt dieses Gebot befolgen, denn ich, Jahwe, kann es gebieten und gebiete es".

Ist dies die Bedeutung der Begründung ʾ^{a}nî jhwh, so unterscheidet sie sich beträchtlich von anderen Begründungstypen. Einige unter ihnen versuchen zur Gesetzesbefolgung zu motivieren, indem sie einen Lohn in Aussicht stellen. Ein Beispiel:

> **Dtn 5,16**
> Ehre deinen Vater und deine Mutter, wie dir der Herr, dein Gott, geboten hat, auf daß du lange lebest und es dir wohl ergehe in dem Lande, das der Herr, dein Gott, dir geben will.

Das Gebot, den Fremdling gut zu behandeln, wird unter anderem in Dtn 10,19 durch den Hinweis auf die Fremdlingsschaft Israels in Ägypten begründet:

> Und ihr sollt den Fremdling lieben; denn ihr seid [auch] Fremdlinge gewesen im Lande Ägypten.

Diese beiden Begründungen versuchen einsichtig zu machen, warum das vorangehende Gebot befolgt werden muß; sie motivieren zur Gebotsbefolgung. Dies leistet die Begründung ʾ^{a}nî jhwh nicht. Die beiden Wörter "Begründung" und "Motivierung" umschreiben die Funktion, welche ʾ^{a}nî jhwh im Anschluß an Gebote erhält, nur unzureichend. Begründung ist ʾ^{a}nî jhwh nur

1 Literatur: RÜCKER, Begründungen; SONSINO, Motive clauses; BEYERLIN, Paränese; AMSLER, Motivation; GEMSER, Importance.

2 Lev 11,44f (gehörte ursprünglich vielleicht zum Heiligkeitsgesetz); Num 3,41.45; 10,10; 15,41; (35,34).

insofern, als es auf jede solche verzichtet und allein die *Autorität* Jahwes als solche gelten läßt. Der Redaktor, der die Formel den Gesetzesbestimmungen beifügte, war offensichtlich der Überzeugung, Gottes Gebote müßten, eben weil es Gottes Gebote sind, nicht begründet werden. Aber um das sagen zu können, mußte er ihnen ʾᵃnî jhwh anfügen[3]. Vielleicht rechnete er auch damit, daß diese Sicht noch nicht allgemein verbreitet war oder sich noch nicht durchgesetzt hatte. In diesem Falle enthielte ʾᵃnî jhwh einen polemischen Unterton . Die Begründung ʾᵃnî jhwh beinhaltet also, etwas vereinfachend ausgedrückt, die Forderung, Jahwes Gebote zu erfüllen.

Einige Kapitel des Heiligkeitsgesetzes, unter ihnen Lev 19, sind außerordentlich stark mit ihr durchsetzt[4]. Durch die dauernde Wiederholung der gleichen Begründung, besser gesagt: der Gehorsamsforderung, wird diese noch verstärkt. Sie wird geradezu eingehämmert, was bedeutet: Gottes Gebote müssen auf jeden Fall befolgt werden.

Es kann nun leicht der Eindruck entstanden sein, ʾᵃnî jhwh diene im Heiligkeitsgesetz allein als prägnante Zusammenfassung des göttlichen Machtanspruchs. Daß dies nicht zutrifft, wird deutlich, fragt man nach der ursprünglichen Bedeutung der Formel. ZIMMERLI[5] hat nachgewiesen, daß es sich um eine göttliche Selbstvorstellungsformel handelt, an die anschließend "Evangelium" und "Gesetz" verkündet werden. Sie taucht vor allem im Heiligkeitsgesetz, der Priesterschrift und bei Ezechiel auf, gehört also in priesterliche Kreise. Sie wurde in einem gottesdienstlichen Vortrag verwendet, bei dem ein durch göttliches Geheiß legitimierter Sprecher der Gemeinde wichtige Gehalte vermittelte. Die zahlreichen Belege bei Deuterojesaja weisen ebenfalls auf einen gottesdienstlichen Vorgang. Wenn nun die Selbstvorstellungsformel als Begründung einzelner Gruppen von Geboten verwendet wird, bedeutet dies, daß "diese Rechtssätze an die zentralste Stelle, von der her im Alten Testament Aussagen gemacht werden können"[6], rücken:

"Jede dieser kleinen Gruppen von Rechtssätzen wird dadurch ganz unmittelbar zu einer Rechtsmitteilung aus dem Kern der alttestamentlichen Jahweoffenbarung heraus. Jede dieser kleinen Einheiten bietet in ihrer Weise ein Stück Explikation der zentralen Selbstvorstellung des sein Volk fordernden, oder sagen wir... besser: des sein Volk heiligenden Gottes Jahwe"[7].

Da ʾᵃnî jhwh als Selbstvorstellungsformel Gesetz *und* Evangelium einleitet, braucht sie im Heiligkeitsgesetz nicht nur als Gehorsamsforderung verstanden zu werden. Sie bedeutet auch: "Ich, Jahwe, wende mich euch zu". Es ist wohl kaum mehr möglich zu bestimmen, inwieweit in ʾᵃnî jhwh im Heiligkeitsgesetz der Aspekt des Evangeliums noch durchzuhören ist. Das Element der fordernden Autorität überwiegt sicher. Gewichtiges Indiz dafür ist, daß im mit dem Heiligkeitsgesetz eng verwandten Buche Ezechiel ʾᵃnî jhwh häufig dazu dient, Jahwes Autorität und Souveränität zu betonen[8]. Zwei Beispiele:

3 Ähnlich bereits HOLZINGER, Einleitung 418: "Ein weiterer Punkt, in dem P^h an Dt sich nähert, ist die Motivierung der Gebote. P^g giebt eine solche nicht: der Wille Gottes ist hier der absolute Grund; einer Empfehlung der Gebote bedarf es bei P^g nicht. Die Schlußformel der Gebote bei P^h, ʾᵃnî jhwh, kommt zwar auf das gleiche hinaus" (tr.).

4 ʾᵃnî jhwh (ʾᵃlohêkäm) findet sich im Heiligkeitsgesetz an folgenden Stellen: Lev 18,2.4.5.6.21.30; 19,2.3.4.10.12.14.16.18.25.28.30.31.32.34.36.37; 20,7.8.24.26; 21,8.12.15.23; 22,2.3.8.9.16.30.31.32.33; 23,22.43; 24,22; 25,17.38.55; 26,1.2.13.44.45.

5 ZIMMERLI, Jahwe 11-40.

6 ZIMMERLI, a.a.O. 22f.

7 A.a.O. 23.

8 Dies ist allerdings nur einer der Aspekte, der in der Erkenntnisaussage mitschwingt; vgl. dazu ZIMMERLI, Erkenntnis passim, vor allem 112ff.

Ez 6,7
Und es sollen Erschlagene mitten unter euch liegen, damit ihr erkennet, daß ich der Herr bin (wîdăʿtäm kî- ʾanî jhwh).

Ez 20,7
Und ich sprach zu ihnen: Werfet ein jeder die Scheusale weg, an denen eure Augen hangen, und verunreinigt euch nicht mit den Götzen Ägyptens! Ich bin der Herr, euer Gott (ʾanî jhwh ʾälohêkäm).

Doch nicht nur von der Verwandtschaft zwischen Heiligkeitsgesetz und Ezechiel her läßt sich vermuten, daß der fordernde Aspekt in jenem überwiegt; es legt auch sonst einen starken Akzent auf die Gesetzesbefolgung.

Stellen wir die beiden bis jetzt gewonnenen Resultate einander gegenüber. Auf der einen Seite werden die Gebote durch die zentrale und theologisch hochbefrachtete Formel ʾanî jhwh begründet. Auf der andern Seite entsteht durch ihre geballte Verwendung der Eindruck, sie diene nur dazu, die Gesetzesbefolgung einzuhämmern. Doch dürften diese beiden Tatbestände eng zusammenhängen: Wo Gebote theologisch dermaßen zentral begründet werden, erhalten sie gesteigerte Bedeutung; folglich muß scharf auf ihre Befolgung gedrungen werden.

Bis jetzt wurde bewußt außer acht gelassen, daß im Heiligkeitsgesetz neben ʾanî jhwh auch ʾanî jhwh ʾälohêkäm als Begründung dient. In der Forschung ist nun umstritten, ob die Bedeutung der beiden Formeln übereinstimmt oder nicht. ZIMMERLI ist der Meinung, zwischen den beiden bestünde kein allzu großer Unterschied[9]. ELLIGER dagegen glaubt, die Formeln je einer verschiedenen Redaktion des Heiligkeitsgesetzes zuweisen und der Bedeutung nach unterscheiden zu müssen:

"Will die erweiterte Formel 'Ich bin Jahwe, euer Gott' auf den schuldigen Dank für die empfangenen Wohltaten als Motiv für das Halten der Gebote durch das Volk hinweisen, so will die reine Namensformel Gehorsam wecken als die im eigensten Interesse des einzelnen Menschen liegende Konsequenz aus dem Wissen um die Heiligkeit Gottes. Auf den theologischen Kern gesehen, ist die Selbstaussage 'Ich bin Jahwe' also kurz als Heiligkeits- oder Hoheitsformel, ihr Gegenstück 'Ich bin Jahwe, euer Gott' als Heilsgeschichts- oder Huldformel zu bezeichnen. Mit der notwendigen Vorsicht könnte man sagen: Die erste ist Gesetz, die zweite Evangelium"[10].

Allerdings schränkt er diese Aussage ein Stück weit ein:

"Im Grunde dürfte auch bei dem in H zu beobachtenden differenzierten Gebrauch der beiden Formeln jedesmal nur eine Akzentverschiebung im gesamttheologischen Aspekt zum Ausdruck kommen"[11].

Nach ZIMMERLI sind also Gesetz und Evangelium in beiden Formeln enthalten; immerhin weist er auch auf die Unterschiede hin, die zwischen ihnen bestehen. ELLIGER dagegen verbindet Kurzformel und Gesetz, Langformel und Evangelium miteinander, aber nur so, daß der Akzent jeweils auf dem Gesetz oder dem Evangelium ruht[12]. Vom Resultat her liegen die Positionen der beiden also nicht allzuweit auseinander.

9 ZIMMERLI, Jahwe 13f. – Vgl. dazu weiter BAENTSCH, Heiligkeitsgesetz 133.

10 ELLIGER, Herr 216.

11 ELLIGER, a.a.O. 223.

12 ELLIGER verteilt die beiden Formeln auf verschiedene Schichten des Heiligkeitsgesetzes. Die Langformel weist er vor allem der Redaktion zu, die ein Gegengewicht zu den Gesetzespartien schaffen wollte, in denen ʾanî jhwh Verwendung findet; vgl. dazu Herr 212ff.

Wir fassen die Resultate des vorliegenden Abschnittes zusammen:

- ʾanî jhwh gehört zu den theologisch gewichtigsten Begründungen des Alten Testaments. Schimmert in ihr ihre ursprüngliche Bedeutung – Selbstvorstellungsformel Jahwes – noch durch, so wird der Aufruf zum Gesetzesgehorsam in einem zentralen Theologumenon des Alten Testaments verankert: dem der Selbstoffenbarung Jahwes. Daß die Selbstvorstellungsformel im Heiligkeitsgesetz so häufig im Anschluß an Gebote steht, kann – sieht man von ihrer Funktion als Begründung ab – auch wie folgt interpretiert werden: Gott offenbart sich im Gesetz. Unnötig zu betonen, welches Gewicht ihm damit theologisch beigemessen wird.
- Als Begründung verweist ʾanî jhwh stark auf die Autorität Jahwes: Ich, Jahwe, verlange die unbedingte Einhaltung meiner Gebote.
- Durch die oft geradezu monotone Wiederholung von ʾanî jhwh gewinnt der darin enthaltene Appell zur Gesetzeserfüllung gesteigerte Dringlichkeit. Besonders ausgeprägt trifft dies für Lev 19 zu.

Welches sind die Gründe für diese Verschärfung? Drei Antworten sind möglich; sie schließen sich gegenseitig nicht aus:

- Für Israels "Überleben" im Exil war es entscheidend, daß die Gebote genau befolgt wurden.
- Das ethische Bewußtsein Israels hatte sich – wegen des Exils? – geschärft. Man reagierte empfindlicher auf Gebotsverletzungen und stellte deshalb die Gehorsamsforderung wesentlich schärfer als bisher.
- Die Gesetzesprediger des Deuteronomiums hatten um den Gesetzesgehorsam geworben, was die Israeliten nicht davon abgehalten hatte, die Gesetze immer wieder zu übertreten; deshalb wurden sie ins Exil geführt. Die Exulanten wußten das und wollten sich dem Gesetz erneut unterstellen. Sie fragten nicht mehr, warum man es befolgen müsse, sondern waren bereit, seinen Bestimmungen nachzuleben, nur weil Gott sie erlassen hatte.

2. Die Begründungen im Heiligkeitsgesetz

Ein Vergleich der Begründungen von Lev 17-26 mit denen des Deuteronomiums hätte deutlich gemacht, was wir jetzt nur assertorisch festhalten können: Das Heiligkeitsgesetz weist keinen derartigen Reichtum an Begründungen auf wie das Deuteronomium. Vor allem aber variiert es sie nicht im gleichen Maße wie dieses. In einigen Kapiteln von H werden die gleichen Begründungen und Begründungstypen immer wieder verwendet, besonders ausgeprägt in Lev 18-21 (Lev 18: Sie ist die Verwandte...; Lev 19: Ich bin der Herr [euer Gott]; Lev 21 bildet ḥll das zentrale Stichwort). Die feste Verbindung einiger Kapitel mit bestimmten Begründungen hängt stark von ihrem jeweiligen Inhalt ab, läßt sich aber nicht allein von daher erklären, besonders nicht in Lev 19. Durch die dauernde Wiederholung gleicher Begründungen verlieren diese etwas von ihrer motivierenden Kraft und dienen stärker dazu, die Gesetzesbefolgung einzuhämmern.

Einen zweiten Punkt betrachten wir als noch wichtiger. Viele der Begründungen des Heiligkeitsgesetzes sind eigentlich keine echte Begründungen, sondern nehmen den Wortlaut der Weisungen mehr oder weniger genau auf. Wir führen zwei Beispiele dafür an[13]:

> Lev 18,7
> Mit Vater oder Mutter sollst du nicht ehelichen Umgang pflegen; es ist deine Mutter, du sollst nicht ehelichen Umgang mit ihr pflegen.

13 Vgl. weiter Lev 20,9; 25,11f.

Lev 21,17f
Wenn je einmal künftig einer aus deinem Geschlecht ein Gebrechen hat, so darf er nicht herzutreten, um die Speise seines Gottes darzubringen; denn keiner, der ein Gebrechen hat, darf herzutreten.

Besonders aufschlußreich ist Lev 23,3. Im Unterschied zu Ex 20,8ff enthält es keinen Hinweis auf Gottes Ruhen am siebten Tage:

> Sechs Tage lang darf Arbeit getan werden, aber der siebente Tag ist hoher Feiertag, eine heilige Festversammlung; da sollt ihr keinerlei Arbeit tun in allen euren Wohnsitzen, es ist ein Ruhetag für den Herrn.

Wohl verstanden: Die Begründungen erschöpfen sich nicht in der Wiederholung der Weisung. Aber dadurch, daß die Weisungen in den Begründungen wieder aufgenommen werden, ändert sich ihr Charakter. Sie sind stärker Bestätigungen als Begründungen.

Ein Typus von Begründungen, der sich auch in anderen Korpora findet, spielt im Heiligkeitsgesetz eine besonders wichtige Rolle. Wir führen einige Beispiele dafür an und versuchen ihn dann zu charakterisieren.

Lev 18,17
Du sollst nicht mit einem Weibe und ihrer Tochter ehelichen Umgang pflegen; auch die Tochter ihres Sohnes oder ihrer Tochter sollst du nicht nehmen, um mit ihr ehelichen Umgang zu pflegen; sie sind ihre nächsten Blutsverwandten. Das wäre eine Schandtat (zimmā hiwᵓ).

Lev 18,22
Du sollst nicht bei einem Manne liegen, wie man bei einem Weibe liegt; das wäre ein Greuel (tôᶜebā hiwᵓ).

Lev 18,23
Und kein Weib soll sich vor ein Tier hinstellen, um sich mit ihm zu begatten; das wäre eine Schändlichkeit (täbäl hûᵓ).

Die Begründungen, die sich an diesen Stellen finden, qualifizieren eine Handlung (als zimmā, täbäl, tôᶜebā), enthalten also ein dem jeweiligen Einzelgebot übergeordnetes Prinzip (Begehe keine Scheußlichkeiten, Schandtaten). Es handelt sich bei diesen Begründungen, worauf VON RAD aufmerksam gemacht hat, um "tautologische Begründung[en]", "theologische Tautologien"[14]. Dieser Typus von Begründungen findet sich bei Verboten bestimmten Inhalts und kann deshalb nicht einfach als bezeichnend für die Art und Weise gelten, in der im Heiligkeitsgesetz Weisungen begründet werden. Er wird das erst dadurch, daß es zwei weitere allgemeine *Prinzipien* zur Begründung von Verboten und Geboten verwendet[15]. Wir führen für jedes unter ihnen ein Beispiel an:

Lev 19,12
Ihr sollt bei meinem Namen nicht falsch schwören und so den Namen eures Gottes entweihen (wᵉḥillălta ᵓät⁻ šem ᵓălohâka).

14 VON RAD, Theologie 210.

15 Vgl. dazu unsere Ausführungen auf S. 95f; 100f.

Lev 25,17
So übervorteile denn keiner seinen Nächsten, sondern fürchte dich vor deinem Gott (weјare'ta me'ălohâka).

Die oben vorgestellten Begründungen ordnen ein bestimmtes Tun der Kategorie des Verruchten ein. Sie dürften wie der eng mit ihnen verwandte Satz "So tut man nicht in Israel" recht alt sein. Sie enthalten keinen expliziten Hinweis auf Jahwes Willen. So wird etwa in Lev 18 nirgends gesagt, daß eine Handlung ein Greuel vor/für Jahwe sei. Lev 18,22 etwa heißt es nur: tôᶜebā hiw'. Man vergleiche damit den Gebrauch von tôᶜebā im Deuteronomium. An allen Stellen, an denen es als Begründung einer Weisung dient[16], ist es mit jhwh verbunden. Zwei Beispiele:

Dtn 7,25
Die Bilder ihrer Götter sollt ihr verbrennen: du sollst nicht nach dem Silber und dem Gold, das daran ist, verlangen und es an dich nehmen, auf daß es nicht zum Fallstrick für dich werde; denn solches ist dem Herrn, deinem Gott, ein Greuel (kî tôᶜabăt jhwh 'ălohâka hû').

Dtn 24,4
so darf ihr erster Mann, der sie verstoßen hat, sie nicht wieder zum Weibe nehmen, nachdem sie verunreinigt worden ist; denn das ist ein Greuel vor dem Herrn (kî tôᶜebā hiw' lipnê jhwh).

Die Begründungen tôᶜebā hiw' etc. bedeuten ursprünglich: So etwas ist Schande, so etwas tut man nicht. Als bei der Redaktion des Heiligkeitsgesetzes viele Gebote durch 'ănî jhwh begründet wurden, erhielten sie implizit eine neue Bedeutung: So etwas ist Schande vor (für) Jahwe. Nur so und nicht anders konnte der Redaktor, der 'ănî jhwh in Lev 18-26 einfügte, tôᶜebā hiw' verstehen. Das wiederum heißt: Diese beiden Begründungen lassen, die erste explizit, die zweite implizit, allein den Willen Jahwes als eigentliche Begründung für die Gebote gelten.

Die Untersuchung einiger wichtiger[17] Begründungen im Heiligkeitsgesetz hat ähnliche Ergebnisse erbracht wie die von 'ănî jhwh. Sie werden weniger abwechslungsreich eingesetzt und wollen vor allem zum Gesetzesgehorsam anhalten. Wo heute das Gebot der Nächstenliebe verkündet wird, verbindet man es gerne damit, daß der Nächste auch ein Mensch, ein Geschöpf Gottes sei und wie man selber gerne Liebe erfahre. Mit diesen Begründungen würde das Gebot "menschlicher" und verlöre etwas von seiner Strenge. Daß dies im Heiligkeitsgesetz nicht geschieht, ist für es bezeichnend.

3. Der Rekurs auf den Schöpfer

Auf einen Begründungstyp müssen wir aus inhaltlichen Gründen eingehen: den Rekurs auf den Schöpfer. Wir holen etwas aus. Im bereits zitierten Sifre Lev 19,18 heißt es:

> "Du sollst deinen Nächsten lieben wie dich selbst" Lv 19,18. R. ᶜAqiba sagte: Das ist ein großer allgemeiner Grundsatz in der Tora. Ben ᶜAzzai (um 110) sagte: "Dies ist das Buch der Familiengeschichte Adams. Als Gott den Menschen (so der Midrasch) erschuf, machte er ihn nach der Ähnlichkeit Gottes" Gn 5,1; das ist ein größerer allgemeiner Grundsatz als jener (in Lv 19,18)[18].

16 Dtn 7,25; 12,31; 17,1; 18,12; 22,5; 23,19; 24,4; 25,16; (27,15).

17 Zu den andern Begründungen s. RÜCKER, Begründungen passim.

18 Zitiert nach: Bill. 1 358.

Der Ausspruch BEN ʿAZZAIs ist oft so ausgelegt worden, es seien alle Menschen und nicht nur die Israeliten zu lieben[19]. Nach BACHER jedoch "geht der Sinn des Ben ʿAzzaischen Prinzips dahin, daß die stete Rücksicht auf die Gottesebenbildlichkeit des Menschen eine weitere u. festere Grundlage der gesellschaftlichen Sittenlehre ist, als das Gebot, den Nächsten wie sich selbst zu lieben"[20].

Diese Deutung ruft der Frage, wo im Alten Testament die Erschaffung des Menschen (von Himmel und Erde) durch Gott als Begründung von Weisungen und in anderen ethischen Zusammenhängen verwendet wird. Das ist u.a. an folgenden Stellen der Fall (Vollständigkeit wurde nicht angestrebt):

Gen 9,6
Wer Menschenblut vergießt, dessen Blut soll auch durch Menschen vergossen werden; denn Gott hat den Menschen nach seinem Bilde gemacht.

(Ex 31,16f) [21]
Darum sollen die Israeliten den Ruhetag halten, indem sie den Ruhetag feiern von Geschlecht zu Geschlecht, als immerwährende Verpflichtung. Er ist für alle Zeiten ein Zeichen zwischen mir und den Israeliten. Denn in sechs Tagen hat der Herr den Himmel und die Erde gemacht; am siebenten Tage aber hat er geruht und sich erquickt.

Prov 14,31
Wer den Geringen bedrückt, der schmäht dessen Schöpfer;
doch ehrt ihn, wer sich des Armen erbarmt.

Prov 17,5 [22]
Wer des Armen spottet, der schmäht dessen Schöpfer,
und wer sich an Unglück freut, bleibt nicht ungestraft.

Hi 31,13-15
Wenn ich mißachtet das Recht meines Knechtes und meiner Magd,
wenn sie Klage gegen mich hatten,
was sollte ich tun, wenn Gott sich erhöbe,
was ihm erwidern, wenn er untersuchte?
Hat nicht, der mich erschuf, auch ihn erschaffen?
und Einer uns im Mutterschoß bereitet?

Sir 3,16
Als Frevler steht da, wer den Vater verachtet,
und seinen Schöpfer kränkt, wer seiner Mutter flucht.

19 So BILLERBECK a.a.O. ohne Nennung von Belegen.

20 Zitat ebd.

21 Vgl. weiter Ex 20,8-11.

22 Vgl. weiter Prov 22,2:
Reich und arm begegnen einander,
sie sind alle das Werk des Herrn.

Sir 4,5f
Die Bitte des Geringen weise nicht verächtlich zurück,
und gib ihm nicht Anlaß, dich zu verfluchen.
Schreit der Verzweifelnde in seinem Herzeleid,
so hört, der ihn erschuf, auf sein Rufen.

Sir 38,1
Halte den Arzt wert, weil du ihn nötig hast,
denn auch ihn hat Gott erschaffen.

Mal 2,10
Haben wir nicht alle einen Vater? Hat uns nicht ein Gott geschaffen? Warum handeln wir denn treulos aneinander und entweihen den Bund unsrer Väter?

Es ist gewiß kein Zufall, daß innerhalb der Pentateuchquellen erst die Priesterschrift mit ihrer breit ausgebauten Schöpfungstheologie das gebotene Verhalten durch einen Hinweis auf den Schöpfer begründet. Wer einen Menschen umbringt, ermordet dasjenige Wesen, das Gott als sein Ebenbild bestimmt hat. Mord ist "ein direkter Eingriff in Gottes Herrschaftsrecht"[23], besser gesagt: der direkteste. Das Verbot, Blut zu vergießen, muß deshalb denkbar stark begründet werden, eben durch den Hinweis darauf, daß Gott den Menschen nach seinem Bilde geschaffen hat. Die Priesterschrift begründet weiter das Sabbatgebot mit der Schöpfungsruhe Gottes. Sie verweist also gerade bei zentralen Geboten auf den Schöpfer.

Mal 2,10 dient die Aussage, alle Israeliten hätten den gleichen Vater und seien vom gleichen Gott erschaffen worden, dazu, das treulose Verhalten der Israeliten aneinander zu tadeln[24].

Eine andere Funktion erfüllt der Verweis auf den Schöpfer in den weisheitlichen Texten. Der Geringe und Arme, Knecht und Magd und schließlich der damals nicht besonders geachtete Arzt werden als Geschöpfe Gottes bezeichnet und damit seinem (besonderen) Schutz unterstellt: Sie dürfen nicht bedrückt und verachtet werden. Nirgends im weisheitlichen Schrifttum wird ein Gebot, das sich auf den Umgang zwischen zwei gleichgestellten Israeliten bezieht, damit begründet, Gott habe sie beide erschaffen.

Hi 31,13-15 scheint dieser Interpretation entgegenzulaufen. Nach dieser Stelle ist Gott sowohl Schöpfer Hiobs wie er Knecht und Magd in seinem Schoße gebildet hat. Doch daraus leitet Hiob nur die Konsequenz ab, daß er ihre Rechte nicht verletzen werde[25].

Am schwierigsten zu interpretieren ist Sir 3,16 (hebr.). In diesem Vers kommt ein Element noch stärker zum Tragen, das auch in Prov 14,31 und 17,5 mitschwingt: Wer den Geringen bedrückt, den Armen verspottet, seine Mutter verflucht, schmäht Gott. Die Unterschiede zwischen Sir 3,16 und den beiden Proverbienstellen sind jedoch größer, als was sie miteinander verbindet. In ihnen wird der zu Schützende als Geschöpf Gottes bezeichnet, Sir 3,16 der in diesem Vers Angeredete, wie eine Paraphrase dieses Spruches deutlich macht: Wie kannst du als einer, den Gott geschaffen hat, dich dazu hergeben, deiner Mutter zu fluchen?

23 WESTERMANN, Genesis I 627.

24 Oder dann spielt der Satz "Hat uns nicht ein Gott geschaffen?" nicht auf die Schöpfung des Menschen, sondern "die einzigartige Erwählung Israels an" (RUDOLPH, Haggai-Maleachi 272 mit Hinweis auf die Verwendung von br᾽ bei Deuterojesaja); vgl. auch V. 10b.

25 Ähnlich ist auch Prov 22,2 auszulegen.

Der Rekurs auf den Schöpfer wird im weisheitlichen Bereich also in zweifacher Bedeutung verwendet:

- Er dient dazu, Benachteiligte dadurch zu schützen, daß Gott als ihr Schöpfer bezeichnet wird.
- Der Hinweis auf die eigene Erschaffung durch Gott erinnert an die damit verbundenen Verpflichtungen.

Das Gebot der Nächstenliebe bezieht sich auf den Glaubensbruder und nicht nur den wirtschaftlichen Schwachen oder sonst irgendwie Benachteiligten. Daß es nicht mit dem Hinweis auf den Schöpfer dessen, dem die Liebe gilt, begründet wird, braucht von daher nicht zu erstaunen.

Der weisheitliche Rekurs auf den Schöpfer eignet sich gut zur Begründung von Geboten sozialen Inhalts, da er nur bestimmte Menschen direkt als von Gott geschaffen bezeichnet und so seinem besonderen Schutz unterstellt. Der von B. ʿAZZAI repräsentierte Typ ist theologisch reflektierter, aber nicht von der gleichen appellativen Kraft, wie eine Paraphrase seiner im Sinne BACHERs interpretierten Aussage deutlich macht: Bedenke bei deinem Umgang mit den Israeliten stets, daß Gott einen jeden unter ihnen geschaffen hat. Diese allgemeingültige Aussage erhält ihre motivierende Kraft in der konkreten ethischen Situation nur, wenn sie in weisheitlicher Art formuliert wird: Bedenke, daß Gott gerade *diesen* Menschen erschaffen hat.

IV. DIE HISTORISCHE VERORTUNG DES LIEBESGEBOTES

Wir dürfen nicht erwarten, das Gebot der Nächstenliebe geschichtlich genau einordnen und von bestimmten sozialgeschichtlichen und soziologischen Gegebenheiten her zufriedenstellend erklären zu können, und dies, obwohl wir gezeigt haben, daß es wahrscheinlich in der exilischen Zeit verschriftet worden ist, wofür ja auch seine grammatikalische Struktur (l^e zur Einführung des Objektes) spricht. Über die damaligen Lebensbedingungen, deren Kenntnis für die Erklärung des Liebesgebotes besonders wichtig wäre, wissen wir nur schlecht Bescheid. Was die Quellen berichten, ist spärlich und zudem schwierig zu interpretieren. Angesichts dieser Quellenlage beschränken wir uns darauf, mögliche geschichtliche, sozialgeschichtliche und soziologische Hintergründe des Liebesgebotes aufzuweisen. Wir gehen dabei wie folgt vor:

- Wir versuchen, das Liebesgebot auf dem Hintergrund der wichtigsten Veränderungen, die sich in kurz vor- bis nachexilischer Zeit abgespielt haben, zu verstehen. Die grundsätzlichen soziologischen Aspekte dieses Übergangs sind von CAUSSE und WEBER ausführlich beschrieben worden. Wir stellen ihre Modelle kurz vor und untersuchen, wie sich, wenn überhaupt, das Gebot der Nächstenliebe in sie integrieren läßt. Die Frage, ob es eine Affinität zu bestimmten soziologischen Gegebenheiten aufweist, versuchen wir weiter durch die Untersuchung seines sozialen Orts im Christentum aufzuhellen.
- Wir greifen einzelne Abschnitte aus der vor- bis nachexilischen Geschichte heraus, stellen kurz zusammen, was wir über sie wissen, und fragen dann, ob die Gebote von Lev 19,17f, insbesondere dasjenige der Nächstenliebe, in ihnen eine besondere Funktion gehabt haben könnten.
- Die geschichtlichen und soziologischen Faktoren, welchen sich die Gebote in ihrer Gesamtheit[1] verdanken, lassen sich nur hypothetisch erheben. Hingegen kennen wir die Funktion, welche sie in der Sekte von Qumran hatten. Wir gehen davon aus, daß sich die geschichtlichen und soziologischen Hintergründe, denen die Gebote von Lev 19,17f ihr Entstehen verdanken, nicht grundsätzlich von denen unterscheiden, unter denen sie später erneut Bedeutung gewannen. Das gleiche trifft dann auch für die Funktionen zu, welche die Bestimmungen von Lev 19,17f ursprünglich und in späteren Zeiten erfüllten.

1 Die geschichtlichen und soziologischen Bedingungen, welche den einzelnen Geboten oder kleineren Gebotsgruppen, aus denen Lev 19,17f möglicherweise zusammengesetzt ist, zugrunde liegen, lassen sich kaum mehr bestimmen. Wir gehen deshalb von der *Jetztgestalt* des Textes aus.

A. Lev 19,17f in den Schriften von Qumran

Die Ethik, die in der Sekte von Qumran für den Umgang ihrer Mitglieder untereinander galt, ist stark von Lev 19,17f bestimmt. Alle Gebote dieses Abschnitts finden sich – als Zitate, in Anklängen oder sinngemäß – in ihren Schriften, häufig zu zweit oder zu dritt, dazu in wechselnder Kombination.

Die Gemeinschaft von Qumran wußte, daß diese Bestimmungen von den Abgefallenen nicht befolgt werden:

> **CD XIX, 15-18** [1]
> Das ist der Tag, an dem Gott heimsuchen wird, wie er gesagt hat: Die Fürsten von Juda sind wie Grenzverrücker, über sie will ich Zorn wie Wasser ausgießen (Hos. 5,10). Denn sie sind wohl in den Bund der Umkehr eingetreten, aber sie sind nicht abgegangen vom Weg der Abtrünnigen, sondern haben sich gewälzt auf Wegen der Hurerei und in dem Besitz der Gottlosigkeit, in Rächen und Grollen, jeder gegen seinen Bruder, und indem jeder seinen Nächsten haßt (w^{e}niqqôm w^{e}niṭṭôr ʾîš̌ l^{eʾ}aḥîhû ûś^{e}noʾ ʾîš̌ ʾet reʿehû).

Diese Sätze – sie spielen auf drei Verbote aus Lev 19,17f an – besagen: In der Gemeinschaft selber gibt es derartiges Verhalten nicht (oder dürfte es zumindest nicht geben). Mit andern Worten: Die Sekte von Qumran nimmt für sich in Anspruch, höheren ethischen Standards nachzuleben als Außenstehende. Von daher verstehen wir auch die Bestimmung, wonach der Unterweiser keine Auseinandersetzungen mit den Männern der Grube haben und sie nicht zurechtweisen darf (IQS IX, 16). Das Zurechtweisen hat ja nur bei den Treuen, nicht aber den Abgefallenen, einen Sinn.

Die Mehrzahl der Stellen aus dem Qumranschrifttum, die Lev 19,17f aufnehmen, beziehen sich auf das Verhältnis der Sektenmitglieder untereinander. Wir gehen auf die wichtigsten unter ihnen kurz ein.

> **IQS V,23-VI,1** [2]
> Und man soll sie eintragen in die Ordnung, einen vor dem anderen, entsprechend seinem Verständnis und seinen Taten, damit alle gehorsam sind, einer dem anderen, der Geringere dem Höheren; und man soll ihren Geist prüfen und ihre Taten Jahr um Jahr, um einen jeden entsprechend seinem Verständnis und der Vollkommenheit seines Wandels aufrücken zu lassen oder ihn entsprechend seiner Verkehrtheit zurückzusetzen; man soll zurechtweisen, ein jeder seinen Nächsten in Wahr[heit] und Demut und barmherziger Liebe untereinander (l^{e}hôkî^{a}ḥ ʾîš̌ ʾet reʿehû bä^{ʾä}[mät] wă^{ʿa}nawā w^{eʾ}ăh^{a}băt ḥäsäd). Keiner soll zum anderen sprechen in Zorn oder Murren oder Halsstarrig[keit oder im Eifer] gottlosen Geistes. Und er soll ihn nicht hassen in seinem [unbeschnittenen] Herzen; sondern am selben Tage soll er ihn zurechtweisen, aber nicht soll er seinetwegen Schuld auf sich laden (w^{eʾ}ăl jiśnaʾehû [b^{eʾ}ôrlăt] l^{e}babô kî b^{e}jôm jôkîḥännû w^{e}loʾ jiśśaʾ ʿalâw ʿawôn). Ferner soll niemand gegen seinen Nächsten eine Sache vor die Vielen bringen, wenn es nicht vorher zur Zurechtweisung vor Zeugen gekommen ist (^{ʾa}šär loʾ b^{e}tôkăḥăt lipnê ʿedîm).

1 Übersetzung und Text: LOHSE, Texte 102f.

2 LOHSE, a.a.O. 20f.

Dieser Abschnitt nimmt drei Gebote aus Lev 19,17f auf. Ja, man mag erwägen, in ihm auch eine Anspielung an das Liebesgebot zu finden: Das Zurechtweisen des Nächsten muß in ʾăh^{a}băt ḥäsäd geschehen. Dieser aus Mi 6,8 übernommene Ausdruck – er bedeutet dort "ḥäsäd lieben" – findet sich in Qumran IQS II,24; V,4.25; X,26 und CD XIII,18. An diesen Stellen heißt ʾăh^{a}băt ḥäsäd jedoch "huldvolle Liebe", ist ʾăh^{a}băt also Nomen und nicht Infinitiv[3].

Bei der Auslegung von Lev 19,17f haben wir vermutet, daß die Gebote, seinen Nächsten nicht zu hassen, sondern ihn zurechtzuweisen, sehr eng zusammengehören, was sich jedoch nicht zur Gewißheit erheben ließ. Das kann auch diese Stelle nicht. Immerhin ist es interessant, daß in ihr die beiden Gebote durch kî syntaktisch eng miteinander verbunden werden.

IQS V,23-VI,1 macht deutlich, daß die Bestimmungen von Lev 19,17f als Konfliktregelungsmodell dienen können. Das Zurechtweisen eines Schuldigen soll nur vor Zeugen geschehen, also nicht die ganze Gemeinschaft belasten, und am gleichen Tag erfolgen, der Konflikt also möglichst rasch ausgetragen werden. Enthält Lev 19,17f nur Grundlagen zu einem Konfliktregelungsmodell, so IQS Vf darüber hinaus Ausführungsbestimmungen.

Das Gebot, seinen Nächsten zurechtzuweisen, ist in diesem Abschnitt gegenüber Lev 19,17 durch die Näherbestimmung bä^{ʾä} [mät] wă^{ʿa}nawā w^{eʾ}ăh^{a}băt ḥäsäd vertieft worden. Eine Näherbestimmung weist auch das Verbot, seinen Bruder im Herzen zu hassen, auf, nur wird leider nicht deutlich, in welche Richtung sie zielt[4.5].

Welch starken Nachdruck die Sekte von Qumran auf die Einhaltung der Gebote von Lev 19,17f legte, zeigt auch die recht hohe Strafe, mit der ihre Übertretung geahndet wird:

> **IQS VII,8f**[6]
>
> Und wer seinem Nächsten grollt ohne Grund, der soll mit sechs Monaten bestraft werden (mit einem Jahr); ebenso wer sich selbst für irgendetwas rächt (wă^{ʾa}šär jiṭṭor l^{e}reʿehû ^{ʾa}šär loʾ b^{e}mišpaṭ w^{e}nä^{ʿä}năš šiššā ḥôdašîm šanā ʾäḥat w^{e}ken l^{e}nôqem l^{e}năpšô kôl dabar).

Der Bezug auf Lev 19,18 ist an dieser Stelle gebrochen; das Grollen geschieht zu Unrecht[7].

Die wohl interessanteste Stelle findet sich in der Damaskusschrift:

> **CD IX, 1-8**[8]
>
> Jeder Mensch, der mit Hilfe der Gesetze der Heiden einen Bannspruch über einen Menschen verhängt, so daß er aufhört, ein (lebendiger) Mensch zu sein, soll getötet werden. Und so hat er gesagt: Du sollst dich nicht rächen und sollst keinen Groll bewahren gegen die Söhne deines Volkes (Lev. 19,18) (loʾ tiqqôm w^{e}loʾ tiṭṭôr ʾet b^{e}nê ʿămmäka). Und jeder Mann von denen, die in den Bund eingetreten sind, der gegen seinen Nächsten eine Sache vorbringt,

3 Vgl. dazu ZIMMERLI, ḥsd 277f.

4 Das entscheidende Wort ist leider ganz abgebrochen (vgl. dazu BURROWS, Scrolls, Plate 5). Der Ergänzungsvorschlag LOHSEs kann sich auf das Alte Testament stützen, wo es einige Belege für die Verbindung von ʿrl mit lb(b) gibt: Lev 26,41; Dtn 10,16; Jer 4,4; 9,25; Ez 44,7.9.

5 Nur nebenbei sei darauf hingewiesen, daß Mt 18,15-18 viele und wichtige Berührungspunkte mit dem vorliegenden Abschnitt aufweist; vgl. dazu BRAUN, Qumran 38f.

6 LOHSE, Texte 26f.

7 Unsere Auslegung der Bestimmungen von Lev 19,17 setzt voraus, daß der in ihnen Angesprochene eigentlich Grund hätte, sich zu rächen.

8 LOHSE, Texte 82-85.

> ohne ihn vor Zeugen zurechtgewiesen zu haben (ʾašär loʾ behôkiaḥ lipnê ʿedîm), oder der in grimmigem Zorn sie vorbringt oder sie seinen Ältesten erzählt, um ihn verächtlich zu machen, der ist einer, der sich rächt und Groll bewahrt (nôqem hûʾ wenôṭer). Es steht aber nur geschrieben: Er übt Rache an seinen Gegnern und bewahrt Groll gegenüber seinen Feinden (Nahum 1,2). Wenn er ihm gegenüber schweigt von einem Tag zum anderen und (dann) in seinem grimmigen Zorn über ihn spricht, so hat er in einer todeswürdigen Sache gegen ihn Zeugnis gegeben, weil er nicht das Gebot Gottes erfüllte, der ihm gesagt hat: Du sollst deinen Nächsten zurechtweisen und dir nicht um seinetwillen Sünde aufladen (Lev. 19,17) (hôkeaḥ tôkiaḥ ʾet reʿăka weloʾ tiśśaʾ ʿalâw ḥeṭʾ).

Betrachtet man den Satz "Wenn er ihm gegenüber schweigt von einem Tag zum anderen und (dann) in seinem grimmigen Zorn über ihn spricht" als Verletzung des Verbotes, den Bruder im Herzen zu hassen – so meinten wir ihn interpretieren zu dürfen –, enthält dieser Abschnitt sämtliche Bestimmungen aus Lev 19,17f, das Liebesgebot ausgenommen. Im eben zitierten Satz wird noch deutlicher, daß Lev 19,17f in Qumran im Rahmen eines Konfliktregelungsmodelles Verwendung findet. Ein Konflikt darf nicht verschwiegen und unterdrückt werden, sondern muß geregelt zur Austragung gelangen, damit es nicht zu gefährlichen Zornesausbrüchen kommt. In diesem Satz wird auch ein starker Zusammenhang zwischen Rächen/Nachtragen auf der einen und Zurechtweisen auf der andern Seite hergestellt, der Lev 19,17f fremd ist: Wer seinen Nächsten nicht vor Zeugen zurechtweist, wenn er etwas gegen ihn vorzubringen hat, rächt sich und trägt ihm nach. WEBER hat das Gebot "Du sollst dich nicht rächen" von der Begründung "Ich bin der Herr" her fälschlicherweise so interpretiert, damit werde die Rache Gott anheimgestellt[9]. Der vorliegende Abschnitt mit seiner Verbindung von Lev 19,18 und Nah 1,2 zeigt, daß es nahelag, das Verbot der Rache in diesem Sinne zu interpretieren.

An nur einer Stelle findet sich, zusammen mit andern Bestimmungen aus Lev 19,17f, auch das Liebesgebot:

> **CD VI, 20-VII,3**[10]
>
> (Sie sollen darauf achten), die heiligen Gaben darzubringen entsprechend ihren genauen Bestimmungen; jeder seinen Bruder zu lieben wie sich selbst (läʾähôb ʾîš ʾet ʾaḥîhû kamohû), des Elenden und des Armen und des Fremdlings sich anzunehmen und ein jeder zu suchen die Wohlfahrt seines Bruders, und daß keiner treulos handle an dem, der Fleisch von seinem Fleisch ist; sich fernzuhalten von den Huren dem Gebot gemäß; jeder seinen Bruder entsprechend dem Gebot zurechtzuweisen und ihm nicht zu grollen von einem Tag auf den anderen (lehôkiaḥ ʾîš ʾet ʾaḥîhû kămmiṣwā weloʾ linṭôr mijjôm lejôm).

Dieser Abschnitt enthält neben dem Liebesgebot noch zwei weitere Gebote aus Lev 19,17f. Besonders aufschlußreich ist das Verbot, seinem Bruder von einem Tag auf den andern zu grollen. Das heißt wiederum: Ein Konflikt muß sofort ausgetragen und durch Zurechtweisen gelöst wer-

9 WEBER, Judentum 277; vgl. dazu unten S. 141f.

10 LOHSE, Texte 78f.

den. Er darf nicht einfach unter der Oberfläche weiterschwelen, nicht einmal einen Tag lang. Unsere Auslegung von Lev 19,17f findet an dieser Stelle also einen weiteren Anhalt.

Welche Bedeutung das Liebesgebot an dieser Stelle hat, läßt sich leider nicht genau sagen, da der Abschnitt Bestimmungen verschiedensten Inhalts enthält. Sein enger Zusammenhang mit dem Satz "und ein jeder zu suchen die Wohlfahrt seines Bruders" hat STAMM vermuten lassen, daß es sozial umgedeutet worden ist [11]. CD VIf enthält eine Zusammenstellung von für die Sekte von Qumran wichtigen Geboten. Daß in diesem Abschnitt sowohl das Liebesgebot wie zwei Bestimmungen aus dem von uns so genannten Konfliktregelungsmodell enthalten sind, zeigt noch einmal, welch zentrale Bedeutung sie in dieser kleinen Gemeinschaft hatten.

Wir fassen kurz zusammen und führen weiter: Die Sekte von Qumran, die sich stark gegen außen abgrenzte, nahm für sich in Anspruch, vorbildlicher zu leben als die Außenstehenden. Daß man sich rächte, Groll hegte und einander haßte, durfte in ihr nicht vorkommen. In Verfolgungszeiten erlebte sie immer wieder Zuzug von neuen Anhängern, was zum Teil eine intensive Bautätigkeit auslöste [12]. Wenigstens in diesen Zeiten war Platz knapp und kam es sicher immer wieder zu Auseinandersetzungen zwischen einzelnen Sektenmitgliedern. Auch das intensive Gemeinschaftsleben [13] enthielt wohl den Keim zu zahlreichen Konflikten in sich. Eine indirekte Bestätigung dieser Vermutungen bildet eben die Tatsache, daß in den Schriften der Sekte von Qumran Fragen der Konfliktregelung so breit abgehandelt werden. Wollte sie an diesen Konflikten nicht zerbrechen, mußten sie geregelt ausgetragen werden. Als Modell für ihre Beilegung dienten ihr die Gebote von Lev 19,17f, welche sie mit "Ausführungsbestimmungen" weiterentwickelt hat [14].

11 Schriftliche Mitteilung vom November 1979.

12 Näheres dazu bei BIETENHARD, Handschriftenfunde 719.

13 Vgl. dazu BIETENHARD, a.a.O. 721ff.

14 Zu den Berührungen zwischen den untersuchten Texten aus Qumran und Lev 19,17f vgl. auch BERGER, Gesetzesauslegung 117-120; im Unterschied zu uns geht er nicht auf die *Funktion* der in Lev 19,17f enthaltenen Vorschriften in Qumran (und in alttestamentlicher Zeit) ein.

B. Israels Wandel vom politischen zum konfessionellen Verband nach CAUSSE und WEBER

1. Darstellung

Im Übergang von der vor- in die nachexilische Zeit wurde Israel aus einem "groupe ethnique" zur "communauté religieuse"[1] (CAUSSE), es wandelte sich "vom politischen zum konfessionellen Verband"[2] (WEBER). CAUSSE und WEBER, in der alttestamentlichen Forschung eher Außenseiter, haben sich zu diesem Prozeß, in dessen Verlauf unseres Erachtens auch das Gebot der Nächstenliebe entstanden ist, am grundsätzlichsten geäußert. Wir gehen in diesem Kapitel deshalb von ihren Darstellungen aus. Da es uns nur um die Grundzüge dieses Wandels geht, unterbleibt Detailkritik an den beiden Forschern.

a. CAUSSE[3]

Der Übergang Israels vom "clan" zur "église" tritt nach CAUSSE mit dem Deuteronomium nicht in das letzte, aber in sein entscheidendes Stadium. Die Stelle der Oligarchie der Ältesten übernimmt im Deuteronomium die Volksversammlung als höchstes Organ des kål¯ jiśraʾel, das weniger einen politisch mächtigen Verband als eine um das Heiligtum versammelte (passive) "assemblée cultuelle" bildet, nicht mehr eine Vereinigung von "groupes domestiques ou locaux", sondern eine "unité nettement déterminée et organisée"[4].

Auf dem Gebiet der Gesetzgebung nimmt das Deuteronomium die humanitären Bestimmungen der Propheten des 8. Jh. auf und vertieft sie:

"Pour lui, justice est synonyme de douceur et de miséricorde, la loi d'entr'aide l'emporte sur la loi de lutte et de revanche; il faut que les forts protègent les faibles,... car Israël est un peuple de frères"[5].

In den Gesetzen über die šᵉmiṭṭā (Dtn 15) manifestiert sich ein ähnlicher Geist. Ihr Verfasser entwirft in ihnen den Plan einer "société parfaite"[6] und übersieht dabei alle Hindernisse, die sich seiner Realisierung in den Weg stellen. Die Weiterführung dieses Kapitels, Lev 25 (insbesondere das Jobeljahrgesetz), versteht er als eine "loi de confrérie, non de nation"[7].

Mit dem babylonischen Exil – Israel bildet nun keine geographische Einheit mehr – tritt dieser Übergang von der "nation" zur "communauté juive" in eine neue Phase. Aus der Namengebung der Dokumente von Elephantine und Murašu, wo Väter oft fremde theophore Namen, die Kinder aber hebräische tragen, schließt CAUSSE, daß es dort kein "principe de groupement très rigoureux, mais plutôt des milieux relativement instables, et accessibles aux influences payennes et aux apports syncrétiques du dehors"[8] gab.

1 Diese beiden Stichworte nach dem Haupttitel seines Werkes: Du groupe ethnique à la communauté religieuse. Le problème sociologique de la religion d'Israël (1937).

2 WEBER, Judentum 350.

3 Zu diesem wenig bekannten Religionssoziologen s. KIMBROUGH, Religion; SCHÄFER, Stadt 3-6. – Während die meisten Alttestamentler CAUSSEs Werk nicht zur Kenntnis nehmen, überschätzt KIMBROUGH seine Bedeutung.

4 CAUSSE, Groupe 152.

5 CAUSSE, a.a.O. 160.

6 A.a.O. 169.

7 A.a.O. 173.

8 A.a.O. 192.

War im Exil auch die enge Verbindung zwischen Gott, Volk und Land entzweigerissen: Israel überlebte, obwohl dies seine Kraft und Energie auf ewig hätte zerstören können. Aus dem heiligen Wort der Propheten und der Toragebote schöpfte es in dieser Krise die Kraft zum Überleben. Es bewahrte den Gojim gegenüber seine rassische und noch stärker seine religiöse Identität. Dabei halfen ihm die Propheten (Ezechiel und seine Schule) sowie die "Schreiber", die überkommene Glaubenszeugnisse bearbeiteten, utopische Gesetze verfaßten und die kultische Ordnung für die Zukunft entwarfen[9].

Es entsteht eine "formation sociologique nouvelle, qui ne sera ni une fédération de clans, ni un peuple, mais une communauté religieuse dont les destinées ne seront plus nécessairement liées aux conditions d'un groupe ethnique et aux destinées d'un Etat"[10]. Diese Gemeinschaft widmet sich, wie bereits in Ez 40-48 zu erkennen, kaum Fragen der sozialen oder politischen Organisation; ihr Denken kreist um Heiligtum, Festritual, Kultpersonal und -ausrüstung. (Diese Tendenz verstärkt sich in der priesterschriftlichen Gesetzgebung, die eine "Kirche" organisieren will, in der alles um das Ritual und die Tora kreist[11]).

Inmitten der Gojim behält Israel seine es unterscheidenden Züge. Mit Eifer und Stolz befolgt es die von den Vätern überkommenen Gebote und Rituale, Kennzeichen der "race sainte"[12]. Die Kinder Israels müssen die Gesetze erfüllen und sich von den verunreinigenden Bräuchen der Heiden fernhalten, damit Jahwes Name nicht profanisiert wird.

Die letzten Sätze erinnern an das Heiligkeitsgesetz, und auf es kommt CAUSSE an dieser Stelle zu sprechen. Aus Lev 19,2; 20,22-24.26 und 22,31f bestimmt er den Charakter dieses Gesetzeskorpus, in dem bereits der ganze Geist priesterschriftlicher Geschichtsphilosophie und Gesetzgebung enthalten sei. Es gehe in ihm darum, sich nicht vom Heidentum infizieren zu lassen und die religiöse Tradition vollständig zu erhalten. Nur um diesen Preis konnten kleine zerstreute Gruppen überhaupt bestehen[13].

Damit sind die Grundlagen für die Ausbildung der jüdischen "Kirche" gegeben.

"Et pourtant l'église juive n'est encore que dans le devenir... L'élément créateur et conservateur du judaïsme au vi^e^ et au ve siècles, qui assure son maintien dans la dispersion, ce sont de petits groupes plus ou moins isolés, liés seulement par la communauté de race ou la communauté d'aspiration, et c'est dans la vie de ces petits groupes que l'idéal du judaïsme tend le mieux à s'exprimer. Ainsi, soit par suite des circonstances, soit par une tendance intérieure, le judaïsme aboutit à des formations de secte, c'est-à-dire à des organisations religieuses volontaires..., qui n'impliquent pas nécessairement la participation à la vie du groupe par droit de naissance et par le rite ancestral, mais qui supposent d'abord l'adhésion morale, groupements d'individus réunis pour l'adoration en commun, pour l'édification, pour le maintien de la tradition, pour la défense dans la persécution, d'autres fois pour l'enseignement"[14].

b. WEBER

WEBER hat sein Werk sechzehn Jahre vor Erscheinen von CAUSSEs "Du groupe ethnique à la communauté religieuse" veröffentlicht. In diesem Buch finden sich gelegentlich Hinweise auf

9 A.a.O. 194.

10 A.a.O. 195.

11 A.a.O. 218ff.

12 A.a.O. 235.

13 Ebd.

14 A.a.O. 236f.

"Das antike Judentum". Allerdings hat WEBER CAUSSE weder in inhaltlicher noch methodischer Hinsicht maßgeblich beeinflußt[15].

Die Entwicklung Israels vom Volk zum konfessionellen Verband läßt sich nach WEBER besonders gut an "der zunehmenden Einbeziehung der Metöken (gerim) in ihre rituelle Ordnung"[16] verfolgen. Ihren Endpunkt fand sie darin, daß "Alle rituell reinen Verehrer Jahwes..., gleichviel ob Israeliten oder gerim oder Neukonvertiten... konfessionell gleichwertig"[17] wurden. Die Umwandlung Israels in einen kultischen Verband "bedingte nun, daß diese konfessionelle Absonderung nach außen an Stelle der politischen trat und sich wesentlich verschärfte"[18]. Das bedeutet, daß sich alle seine Mitglieder rein halten mußten, Konnubium und Kommensalität mit andern Völkern streng verboten wurden und der Sabbat unbedingt einzuhalten war. Diese Abgrenzung wurde durch den Abfall deportierter Juden zur babylonischen Religion gefördert, vielleicht auch dadurch, daß die Exulanten miterlebten, wie die nordisraelitische Diaspora ihre Identität verloren hatte[19].

Eine Frage drängt sich auf: Verstärkte die scharfe Abgrenzung gegen außen auch den Gegensatz zwischen Binnen- und Außenethik? Im Unterschied zu CAUSSE[20] geht WEBER ausführlich auf diese Frage ein. Nach ihm besteht zwischen Binnen- und Außenmoral immer ein Gegensatz. Und wie aus dem Volks- der Konfessionsgenosse wurde, fand das Verbot, das Vieh seines Feindes nicht irregehen zu lassen, seine gesinnungsethische Weiterführung im Verbot, seinen Bruder im Herzen zu hassen, und dem Gebot, seinen Nächsten lieben wie sich selbst (mehr dazu im nächsten Abschnitt).

Nicht nur entwickelte sich in dieser Zeit die Binnenmoral weiter; der Gegensatz zwischen ihr und der Außenmoral erhielt vom grundlegenden Wandel her, der sich in ihr abspielte, auch eine andere Bedeutung:

"Erst mit dem zunehmenden Universalismus der Gotteskonzeption wurde die Sonderstellung Israels durch Jahwe jene Paradoxie, die nun zu motivieren versucht wurde durch erneute Betonung der alten berith-Konzeption... Aus einer historisch bedingten sozialen Form des politischen Verbandes wurde die berith also nun ein theologisches Konstruktionsmittel. Jetzt erst, wo Jahwe immer mehr der göttliche Souverän des Himmels und der Erde und aller Völker geworden war, wurde Israel das von ihm 'auserwählte' Volk. Auf diese Auserwähltheit wurden nun die besonderen rituellen und ethischen Pflichten und Rechte der Israeliten, wie wir bei Amos sehen, begründet. Der an sich überall urwüchsige Dualismus der Binnen- und Außen-Moral erhielt jetzt für die Jahwegemeinde diesen pathetischen Unterbau"[21].

Vereinfacht ausgedrückt: Weil Israel nun in ausgezeichneter Weise Gottes Volk war, mußte es sich in besonderem Maße der Gesetzeserfüllung befleißigen.

Weiter oben haben wir gezeigt, daß die Forderung des Gesetzesgehorsams im Heiligkeitsgesetz gegenüber früher viel schärfer erhoben wird, und dabei auch mögliche Gründe für diese Verschärfung genannt[22]. Von WEBER her läßt sich dafür noch ein dritter, soziologisch-theologischer

15 KIMBROUGH, Approach 198-201.

16 WEBER, Judentum 351.

17 WEBER, a.a.O. 353.

18 Ebd.

19 A.a.O. 366.

20 Dieses Manko in seiner Arbeit fällt um so mehr auf, als er recht ausführlich auf die ethischen Vorstellungen aus andern Epochen der Geschichte Israels eingeht. Einzig zu Lev 25 äußert er sich, wie gezeigt, etwas ausführlicher.

21 WEBER, Judentum 356f.

22 S. 112.

Grund angeben. Wir meinen, daß sich von der besonderen Stellung des Gottesvolkes her nicht nur "die besonderen rituellen und ethischen Pflichten und Rechte der Israeliten" erklären lassen, sondern auch der verstärkte Nachdruck, mit dem die Gehorsamsforderung erhoben wurde. Da Jahwe sich dem Volke noch stärker verpflichtete, verlangte er von ihm als Antwort darauf eine engere Bindung an sich, d.h. verstärkten Gesetzesgehorsam.

Daß sich Israel allmählich in eine "Gemeinde" verwandelte, ist in der wissenschaftlichen Diskussion fast unbestritten[23]. Einem unbefangenen Leser der einschlägigen Quellen drängt sich dieser Eindruck nicht bei der ersten Lektüre auf. Das hängt, worauf WEBER hinweist, damit zusammen, daß Israel sich nicht als Gemeinde verstand, sondern "sich als unmittelbare Fortsetzung der alten rituellen Volksgemeinschaft fühlte"[24].

Wir haben bereits verschiedentlich Gründe dafür genannt, warum Israel die Exilierung überlebte und sich nicht auflöste. WEBER legt auf einen Punkt besonderes Gewicht:

"Ohne die großartigen Deutungen von Jahwes Absichten und die felsenfeste Zuversicht auf seine Verheißungen... wäre andererseits auch niemals jene innerisraelitische Entwicklung denkbar gewesen, welche allein einen Fortbestand der Jahwegemeinschaft nach der Zerstörung Jerusalems ermöglichte: vom politischen zum konfessionellen Verband... Mit der bloßen Thora und deren erbaulichen Ermahnungen und Vertröstungen der deuteronomischen Intellektuellen wäre nichts getan gewesen. Rachedurst und Hoffnung waren die naturgemäßen Triebfedern alles Handelns der Gläubigen und nur die Prophetie, die jedem die Hoffnung gab, die Befriedigung dieser leidenschaftlichen Erwartungen noch selbst zu erleben, konnte hier den religiösen Zusammenhalt der politisch zertrümmerten Gemeinschaft geben"[25].

Das heißt: Mit der Theologie des Heiligkeitsgesetzes allein, in dem die Hoffnung auf eine heilvolle Zukunft auch deutlich zu erkennen ist, hätte Israel das Exil nicht überlebt, sondern wäre in den Völkern aufgegangen.

2. Interpretation

Auf dem Hintergrund der Umwandlung Israels in eine Glaubensgemeinschaft, die wir im letzten Abschnitt im Anschluß an CAUSSE und WEBER beschrieben und ansatzweise interpretiert haben, läßt sich nun auch das Liebesgebot verstehen. Es bildet, wie WEBER eher beiläufig herausstellt, eine Entwicklungsstufe innerhalb der Binnenethik:

"Für die Thoralehrer war... das positive Gebot der 'Liebe' des Nächsten eine Übertragung der Grundsätze der alten Sippenbrüderlichkeit auf den Glaubensbruder"[26].

Zu ihm gibt es Vorstufen, die nicht auf der Ebene der Gesinnungsethik liegen, so etwa das Verbot, das Vieh seines Gegners in die Irre gehen zu lassen[27]. Das Liebesgebot gehört zur schon in vorexilischer Zeit vorhandenen gesinnungsethischen Paränese. Seine Entstehung braucht also nicht unbedingt in die Zeit des Exils zu fallen, als sich Israels Wandel zur "communauté religieuse" in beschleunigtem Tempo vollzog.

23 Bezeichnend dafür ist etwa FOHRER, Geschichte, der für das nachexilische Juda durchgehend den Ausdruck "Gemeinde" verwendet (199, 201 u.ö.), ohne diese Charakterisierung zu begründen. – Einer genauen soziologischen Einordnung des nachexilischen Juda geht HERRMANN, Geschichte, aus dem Wege; er bezeichnet es als "Gemeinwesen" (376, 388 u.ö.).

24 WEBER, Judentum 350.

25 WEBER, a.a.O. 350.

26 A.a.O. 277.

27 Ex 23,4; Dtn 22,1; vgl. WEBER, Judentum 357.

Warum verschärfte sich im untersuchten Zeitraum die Binnenethik? Im Anschluß an CAUSSE und WEBER lassen sich dafür eine ganze Reihe von Gründen namhaft machen. Besonders während des Exils (aber auch davor und danach) hatte Israel sich in einer feindlichen Umgebung zu bewähren. Es grenzte sich gegen außen ab und rückte enger zusammen; das Zusammengehörigkeitsgefühl verstärkte sich angesichts der im Vergleich zu früher akuteren Gefährdung. Dieser Satz muß auch umgekehrt werden: Wollte Israel überleben, mußte es näher zusammenrücken. Das bedeutet, daß die Regeln für den Umgang mit dem Nächsten, und das heißt nun: dem Glaubensbruder, verschärft werden mußten.

Die Verschärfung der Binnenethik läßt sich noch anders erklären. Zur communauté religieuse gehörte man nicht mehr automatisch; man konnte sich zu ihr bekennen oder auch nicht[28]. Dieser Bekenntnis"zwang" führte dazu, daß die dem Jahweglauben Treugebliebenen enger aneinanderrückten.

Diese beiden Verständnismöglichkeiten des Liebesgebotes schließen einander nicht aus: Was sich Israel von seiner Lage her aufdrängte, konnte es durchaus als etwas Selbstverständliches begreifen.

Die Verschärfung der Binnenethik, die eintrat, als Israel sich in eine Gemeinde umzuwandeln begann, weist zwei Aspekte auf: Die Gebote wurden inhaltlich verschärft; gleichzeitig erhielt die Forderung des Gesetzesgehorsams einen dringlichen Klang (ʾanî jhwh).

28 Vgl. dazu weiter KLAMROTH, Exulanten 58; FOHRER, Geschichte 192f.

C. Der soziale Ort des Liebesgebotes im Christentum

Nach CAUSSE verwandelte sich das Volk Israel nicht direkt in eine Kirche, sondern spaltete sich in der Zeit, in die wir das Liebesgebot ansetzen, in kleine "communauté[s] d'aspiration"[1] auf und nahm Züge einer Sekte an[2]. Wir halten diese Charakterisierung für falsch[3]. Immerhin gleichen sich das Israel der uns interessierenden Zeit und die Sekte insofern, als sie sich stark von ihrer jeweiligen Umgebung abgrenzen. Könnte es nun sein, daß das Liebesgebot allgemein in Sekten (oder kleinen Gruppen überhaupt) eine besonders wichtige Rolle spielt? Mit dieser Frage haben wir TROELTSCHs Soziallehren durchgearbeitet, in denen der Zusammenhang zwischen den "drei Haupttypen der soziologischen Selbstgestaltung der christlichen Idee"[4], Kirche, Sekte, Mystik und ihrer Soziallehren über eine lange Periode hin untersucht wird[5]. Mittels zweier Zitate zeigen wir, wie er Kirche und Sekte definiert. Das erste handelt von der Entstehung der Sekte, das zweite von ihren Differenzen zur Kirche.

"Gegen die Relativierungen und gegen die Kompromisse des Sittengesetzes Jesu mit den Ordnungen der Welt erhebt sich der strenge Radikalismus der ganz auf Selbstheiligung und Bruderliebe gestellten Ethik des Evangeliums... Indem die Kirche bei ihrer Organisation einer allgemeinen christlichen Gesellschaft und Kultur diesen radikalen Gedanken keinen Raum bot..., waren sie auf eine Entfaltung neben der Kirche angewiesen. Der Gegensatz des radikalen Bibelgesetzes und der an ihm gemessenen Lebensführung der radikalen Christen gegen die relativierende und das Ganze umfassende kirchliche Ethik und Soziallehre führt zur Sektenbildung"[6].

Das zweite Zitat:

"Die Kirche ist die mit dem Ergebnis des Erlösungswerkes ausgestattete Heils- und Gnadenanstalt, die Massen aufnehmen und der Welt sich anpassen kann, weil sie von der subjektiven Heiligkeit um des objektiven Gnaden- und Erlösungsschatzes willen bis zu einem gewissen Grade absehen kann. Die Sekte ist die freie Vereinigung strenger und bewußter Christen, die als wahrhaft Widergeborene zusammentreten, von der Welt sich scheiden, auf kleine Kreise beschränkt bleiben, statt der Gnade das Gesetz betonen und in ihrem Kreise mit größerem oder geringerem Radikalismus die christliche Lebensordnung der Liebe aufrichten, alles zur Anbahnung und in der Erwartung des kommenden Gottesreiches"[7].

TROELTSCH weist nun darauf hin, daß die radikale Liebesgemeinschaft charakteristisches Merkmal der Sekte bildet[8]. Ja, er geht noch weiter:

1 CAUSSE, Groupe 236.

2 CAUSSE, a.a.O. 236f.

3 Zwischen Kirchen und Sekten (im Sinne TROELTSCHs) gibt es ein gemeinsames Band, einen gemeinsamen Bezug auf Jesus Christus. Innerhalb dieser Referenz existieren die Typen der Kirche und der Sekte. Bei den Judäern im Exil, die den Babyloniern mit einer andern Religion gegenüberstanden, besteht eine grundsätzlich andere Situation.

4 TROELTSCH, Soziallehren 967.

5 Den von TROELTSCH für das Christentum erarbeitenden Resultaten kommt für das alttestamentliche Liebesgebot keine Beweiskraft zu. Immerhin ist es wahrscheinlich, daß unter vergleichbaren sozialen Grundvoraussetzungen jeweils ähnliche ethische Forderungen laut werden. Dies zeigt TROELTSCH, der in seinem Werk unter anderem herausarbeitet, daß in den Kirchen und Sekten sowie in der Mystik über die Zeiten hinweg immer wieder gleiche oder vergleichbare ethische Maßstäbe gelten.

6 TROELTSCH, Soziallehren 359f.

7 TROELTSCH, a.a.O. 967.

8 A.a.O. 358ff.

"Der... Liebesgedanke kommt nur in ihr zu seiner vollen Geltung"[9].

Unter den babylonischen Exulanten, die sich ähnlich stark von ihrer Umgebung abgrenzten wie die Sekten von der Kirche, könnte das Liebesgebot eine ebenso wichtige Rolle gespielt haben wie bei den christlichen Sekten.

Doch besteht im Hinblick auf seine Funktion zwischen Altem Testament und Sekte auch ein gewichtiger Unterschied. Im Alten Testament gilt es in bezug auf das Verhältnis zwischen zwei Mitgliedern der Gemeinschaft, in der Sekte dient es auch als Begründung für Wirtschafts- und Sozialreformen[10]. Anders ausgedrückt: Das Liebesgebot wird zum Prinzip, das alle Lebensbereiche der Gemeinschaft bestimmen und gestalten soll. Immerhin ist es wohl kaum Zufall, daß ungefähr zur gleichen Zeit, als das Liebesgebot verschriftet wurde, auch die Hoffnung auf die Beseitigung wirtschaftlicher Ungleichheiten besonders stark war (vgl. etwa Lev 25; Ez 47). Vor allem aber findet sich Lev 19,33f das Gebot, den Fremdling zu lieben wie sich selbst, zusammen mit dem Verbot, ihn zu bedrücken.

TROELTSCH zeigt in seinem monumentalen Werk, daß das Gebot der Nächsten-, besser der Bruderliebe nicht nur bei den Sekten eine große Rolle spielt, sondern überhaupt bei fest geschlossenen Gruppen. So weist er darauf hin, daß mit der Verwandlung der "des Gottesreiches harrende[n] und auf sein Kommen sich bereitende[n], freie[n] und fließende[n] Gemeinde der Jesus-Gläubigen" "zu einer selbständigen Religionsgemeinschaft" "die Grundzüge der Ethik des Evangeliums bestehen[bleiben], aber als Ethik einer Kultgemeinde... eine neue Nuancierung" erhalten[11]:

"Die Nächstenliebe wird zur Bruderliebe und zum Liebesprinzip überhaupt, dem Paulus sein berühmtes hohes Lied gesungen hat. Mit der Betonung der Gemeinde scheint sogar das Liebesprinzip stark in den Vordergrund zu treten, und im Johannes-Evangelium ist die Liebe geradezu der einzige Inbegriff der christlichen Ethik"[12].

Wir halten fest: Mit der Bildung von Gemeinden in neutestamentlicher Zeit erhält das Gebot der Nächstenliebe – als Gebot der Bruderliebe – einen wichtigeren Platz als vor dieser Verfestigung[13].

Das Referat von TROELTSCH hat deutlich gemacht, daß auf dem Boden des Christentums das Gebot der Nächsten- respektive Bruderliebe seinen wichtigsten "Sitz im Leben" in kleinen, überschaubaren und relativ geschlossenen Gruppen hat und eine wichtige Bedeutung für ihr Selbstverständnis und die Gestaltung ihres Zusammenlebens besitzt.

9 A.a.O. 376.

10 Vgl. dazu a.a.O. 49.

11 A.a.O. 58f.

12 A.a.O. 59.

13 Nähere Ausführungen zu diesem Prozeß finden sich bei MONTEFIORE, Love. – Zur systematischen Bestimmung des Verhältnisses zwischen Bruder- und Nächstenliebe s. RATSCHOW, Agape.

D. Das Liebesgebot auf dem Hintergrund der vor- bis nachexilischen Zeit

1. Das Exil

a. Lebensumstände und Selbstverständnis der babylonischen Diaspora

Über die konkreten Lebensumstände der babylonischen Diaspora wissen wir schlecht Bescheid. Direkte Zeugnisse dazu gibt es wenige; in den Prophetenbüchern, Psalmen und weiteren alttestamentlichen Büchern Anspielungen auf die äußere Lage der Deportierten entdecken zu wollen, ist ein gefährliches Unternehmen. Sekundärliteratur dazu ist dünn gesät. Die Verfasser von Geschichten Israels greifen, wenn sie auf diesen Aspekt des Exils eintreten, noch häufig auf das 1912 erschienene Buch "Die jüdischen Exulanten" von KLAMROTH zurück. Bei allen Schwächen, die diesem Werk anhaften – dazu gehört die unbesehene Deutung vieler alttestamentlicher Stellen auf die Lebensumstände der babylonischen Diaspora[1] – enthält es brauchbares Material und interessante Deutungen.

Wir setzen mit einem grundsätzlichen Aspekt ein: Daß die Juden in Babylon ihre Identität behaupten konnten, ist nicht selbstverständlich. Die Babylonier suchten es zu verhindern, nicht in erster Linie mittels Unterdrückung, sondern dadurch, daß sie die Exilierten den Babyloniern juristisch mehr oder weniger gleichstellten.

"[Das] will uns zunächst überraschen; doch müssen wir in Betracht ziehen, daß kein anderes Verfahren der Assimilierungstendenz entsprochen hätte. Erstrebte man doch eine blinde heimatlose Herde Leute, die ... zu jeder Nationalstaatengründung unfähig [waren]"[2].

KLAMROTH rechnet mit einem teilweisen Erfolg dieser Politik, den er an der Geschichte einer Familie veranschaulicht: Der Vater steht zu den Babyloniern noch in erbittertem Gegensatz, der Sohn bringt es "zu einer geachteten Stellung innerhalb der Bürgerschaft"[3]; der Enkel schließlich wird Babylonier und weiß nicht mehr viel über seine Herkunft. Angesichts der Bemühungen der Babylonier um die Assimilierung der Exilierten, vor allem wegen der damit verbundenen wirtschaftlichen Vorteile, sagten sich Juden von ihrem angestammten Glauben los und gingen zu Marduk über. Wie sich dieser Abfall vollzog: darüber wissen wir nur wenig. Mit KLAMROTH nehmen wir an, daß Israeliten, die im Handel tätig werden wollten, ihren Glauben mit Vorteil aufgaben[4]. Apostaten dürften den babylonischen Herren Nachrichten über die innere Verfassung der Diaspora zugetragen haben, vielleicht aber, reich geworden, wieder an ihre Brüder gedacht und sie mit Geld unterstützt haben. Wie immer das Verhältnis zwischen den Treugebliebenen und Abtrünnigen aussah: Die bloße Existenz von Apostaten, denen es wirtschaftlich sicher recht gut ging, wird die Treugebliebenen, wenn sie nur stark genug an ihrem Glauben festhielten, zu engerem Zusammenrücken veranlaßt und zum Entstehen von (Bekenntnis-)Gemeinden[5] geführt haben.

Das Zusammenleben von Juden und Babyloniern gestaltete sich je nach den konkreten Umständen und dem stärkeren oder schwächeren Beharren auf dem angestammten Glauben verschieden – KLAMROTH entwirft folgende drei Modelle:

– Die in die Einöde verbannte, fern von babylonischen Zentren für sich lebende Gemeinde

1 Vgl. dazu unten S. 133 und Anm. 16.

2 KLAMROTH, Exulanten 6.

3 KLAMROTH, a.a.O. 6.

4 A.a.O. 44.

5 Als "(Jahwe-)Gemeinde" charakterisiert u.a. auch WEBER, Judentum (352,)366 die babylonische Diaspora.

zahlte ihre Steuern, führte ein ruhiges Dasein und konnte ihre religiösen Traditionen pflegen[6].

– Wo sie eine Ruinensiedlung zu Reichtum führten, drang auch babylonisches Wesen ein; "bald [war] der Unterschied der Bevölkerung verwischt"[7]; Mischehen taten ein Übriges.
– Hatten es die Babylonier mit einer Gemeinde zu tun, die sich allem Fremden gegenüber abwehrend verhielt, ihren Haß und ihre Zukunftshoffnung offen zum Ausdruck brachte, schritt der Landesherr zum Mittel der Bedrückung:

"er steigerte die Abgaben ins Maßlose, hob die Leute zu Zwangsarbeiten aus, verlangte vom Bauer Gespanndienste, schloß die Männer von allen Vorrechten aus, nahm die Rädelsführer auf Lebenszeit in strenge Haft. Bei allgemeinen Landplagen lenkten die babylonischen Priester die Volkswut auf 'die Juden' "[8].

Auf dem Hintergrund dieser modellhaften Ausführungen KLAMROTHs – nur als solche dürfen sie betrachtet werden – läßt sich das Gebot der Nächstenliebe interpretieren. Besonders wenn sich der Druck von außen verstärkte, schlossen sich die Reihen der Treugebliebenen enger. Wann war dies der Fall? FOHRER rechnet damit, daß Nebukadnezar und Neriglissar den Juden gegenüber eine härtere Politik verfolgten als etwa Amel Marduk, der Jojachin freiließ und den Judäern freundlich gesinnt war. Unter Nabonid hätte sich die Lage wieder verschärft[9]. FOHRER nimmt an, daß es unter seiner Herrschaft zu begrenzten Aufständen kam, "auf die natürlich babylonische Gegenmaßnahmen folgten"[10]. Aufs Ganze gesehen dürften aber die Juden im Exil nicht übermäßig schlecht behandelt worden sein[11].

Was wir im Anschluß an CAUSSE und WEBER entwickelt haben, gewinnt an Wahrscheinlichkeit: Wollten die Juden im Exil ihren Glauben und ihre Identität bewahren, sahen sie sich gezwungen, ihren Gruppenzusammenhalt zu stärken, und das konnten sie nur, wenn sie nicht Rache übten, sondern einander liebten wie sich selbst.

Die ihrem Glauben treu gebliebenen Israeliten haben das Gebot der Nächstenliebe nicht unbedingt als Zwang empfunden. Durch ihren freiwilligen und bewußten Entscheid, beim Glauben ihrer Väter zu verbleiben, rückten sie sich automatisch näher, als sich Volksgenossen im Lande Israel, die aus Tradition den gleichen Glauben geteilt hatten, je gestanden waren. Aus dem Volk wurde die Gemeinde, aus dem Volksgenossen der Glaubensbruder, aus den Geboten der Humanität das Gebot der Nächstenliebe.

Die Babylonier haben diese Entwicklung wohl ungewollt oder unbewußt gefördert. Man siedelte die deportierten Juden zum Teil geschlossen an, um sie besser kontrollieren zu können[12]. Besondere Beachtung verdient, daß von den bekannten Wohnsitzen der Exulanten drei als ersten Bestandteil das Element Tel enthalten[13], "was wohl besagt, daß man den Deportierten die Wiederbesiedlung verlassener Orte überließ"[14]. Diese Maßnahme förderte unbeabsichtigt den inneren Zusammenhalt der Gola.

6 KLAMROTH, Exulanten 82.

7 KLAMROTH, a.a.O. 82.

8 Ebd.

9 FOHRER, Geschichte 190f.

10 FOHRER, a.a.O. 191.

11 Vgl. dazu etwa WEBER, Judentum 361f; WHITLEY, Exilic Age 78ff.

12 GALLING, Wandlungen 53.

13 tel ʾabîb (Ez 3,15); tel ḥăršaʾ (Esr 2,59; Neh 7,61); tel mälăḥ (Esr 2,59; Neh 7,61).

14 GALLING, Wandlungen 53.

Um die Diskussion zu vereinfachen, haben wir bis jetzt stillschweigend vorausgesetzt, daß die Probleme, vor die sich die entstehende Gemeinde gestellt sah, nur von der Bedrückung durch die Babylonier und von den Apostaten, also von außen herrührten. Dies trifft mit großer Wahrscheinlichkeit nicht zu. Wenn es (einzelnen) Exulanten zu bestimmten Zeiten wirtschaftlich auch gut ging, ist doch damit zu rechnen, daß ihre Existenz eher mühsam war. Sie mußten Arbeiten verrichten, die sie nicht gewohnt waren, nämlich "verfallene Ruinenstätten... besiedeln, Felder... erschließen und Fruchtbäume... pflanzen"[15]. Daß sich das Leben der Exulanten angesichts dieser ungewohnten Arbeiten an unwirtlichen Stätten schwierig gestaltete, ist wahrscheinlich, auch wenn uns Quellen für diese Behauptung fehlen. Es ist damit zu rechnen, daß die dadurch ausgelösten Aggressionen sich nicht nur in Haß gegen die Bedrücker niederschlugen, sondern auch zu Auseinandersetzungen zwischen den Exilierten selber führten. Mit KLAMROTH nehmen wir an, daß unter ihnen wenigstens zeitweise innere Zersplitterung herrschte und sie nicht immer zu gemeinsamen Unternehmungen fanden, betrachten jedoch einige der Stellen, die er zur Untermauerung dieser Ansicht anführt, als an den Haaren herbeigezogen[16]. Lev 19,17f läßt sich also nicht nur von der exilischen Situation her verstehen, wenn wir mit innerlich geeinten Gemeinden rechnen, sondern auch dann, wenn wir davon ausgehen, daß Mißgunst, Streit und Haß in ihrem Innern herrschten. Daß es angesichts der oben dargestellten Lebensumstände zu Auseinandersetzungen kam, ist wahrscheinlich. Sie mußten, wollten die Israeliten ihren inneren Zusammenhang und die Kraft, sich gegen die Babylonier durchzusetzen, bewahren, schnell gelöst werden, d.h. man durfte einem Schuldigen sein Vergehen nicht auf ewig nachtragen. Da es sich bei ihm um einen *Bruder* handelte, durfte man den Konflikt auch nicht durch Gewaltanwendung lösen (loʾ̄ tiqqom), ganz abgesehen davon, daß dies den Zusammenhang der Gemeinde gefährden konnte: Es bestand die Gefahr, daß die Gewalt sich nicht begrenzen ließ.

Sowohl das Liebesgebot als auch die übrigen Bestimmungen aus Lev 19,17f lassen sich gut von den Lebensumständen der Juden in der Diaspora her erklären. Der Tel bildet das Modell, an dem sich dies besonders klar verdeutlichen läßt.

Die Annahme, die Bestimmungen von Lev 19,17f könnten in der Exilssituation eine besonders wichtige Rolle gespielt haben, gewinnt von TestSeb VIII, 4-6 her eine indirekte Bestätigung:

> Als wir nach Ägypten herabkamen, trug Joseph uns nichts Böses nach. Auf ihn achtend, liebt auch ihr, meine Kinder, einander, und berechnet nicht ein jeder das Böse von seinem Bruder. Denn das drängt die Einheit auseinander und zerreißt jede Verwandtschaft und beunruhigt die Seele und zerstört das Antlitz[17].

Aus den Testamenten der zwölf Patriarchen geht deutlich hervor, daß Israel "in der Zerstreuung und Unheilssituation"[18] lebt. Wenn man unter diesen Umständen, so TestSeb VIII, einander nicht verzeiht und sich nicht gegenseitig liebt, ist die Einheit gefährdet. Dem Verfasser des Abschnitts "gilt [also] die Nächstenliebe als Gegenmittel gegen die zentrifugalen Kräfte, die das Strafgericht der Zerstreuung beherrschen"[19]. Er formuliert für seine Zeit eine Erfahrung, die unseres Erach-

15 So Sargon II über die von ihm mit der Ansiedlung der Deportierten verfolgten Absichten; zitiert nach: GALLING, a.a.O. 52.

16 So meint KLAMROTH, Exulanten 65, etwa, in Ps 88,9 würden "Bittere Klagen über die innere Zersplitterung [der Gola] ... laut". Diese Interpretation entbehrt jedes Anhaltspunktes im Psalme selbst.

17 Übersetzung von BECKER, Testamente 89.

18 BECKER, a.a.O. 27f. – Das Werk gehört am ehesten ins 2. Jh. und ist sicher außerhalb Palästinas verfaßt worden; vgl. dazu a.a.O. 25.

19 A.a.O. 28.

tens auch die Exilierten machten und die in den Bestimmungen von Lev 19,17f unausgesprochen Ausdruck findet: Sollte in der Diaspora der Zusammenhalt der Gruppe erhalten bleiben, mußten in ihrer Mitte besonders hohe ethische Maßstäbe befolgt werden – Maßstäbe allerdings, denen man gerne nachlebte und auf die man stolz war[20].

b. Der programmatische Charakter der exilischen Literatur

Die Ansetzung des Liebesgebotes in exilischer Zeit gewinnt noch von einer andern Beobachtung her an Wahrscheinlichkeit. Weiter oben haben wir das Gebot der Nächstenliebe als programmatisch bezeichnet. Programmatischen Charakter trägt nun auch ein großer Teil der im Exil entstandenen Werke: Heiligkeitsgesetz, (Priesterschrift), Deuterojesaja und Ezechiel. Wir können dies nicht für alle aufgeführten Werke zeigen und beschränken uns deshalb auf einen kurzen Vergleich zwischen Heiligkeitsgesetz und Ez 40-48, der für das Verständnis von Lev 19,18.34 gewichtige Resultate abwirft.

Die Berührungen zwischen Lev 17-26 und dem Restaurationsprogramm von Ez 40-48 in einzelnen Punkten sind oft schon aufgewiesen worden. Dabei hat man jedoch zu wenig deutlich gemacht, daß die beiden Werke Programme[21] sind, die das Leben der nachexilischen Gemeinde nur in den grundsätzlichen Punkten regeln. Ausführungen zu Kult, Gottesdienst, Priestern (und Leviten) nehmen in ihnen einen zentralen Platz ein. Lev 25 regelt die Landverteilung im Kleinen, Ez 47,13ff im Großen.

Die beiden Werke enthalten nur wenige ethische Bestimmungen, die aber hochwichtig sind. Ihnen rechnen wir auch die (programmatischen) Ausführungen über die Landverteilung in Ez 47f zu. Nicht nur wird nach diesen Kapiteln jeder Stamm ein gleich großes Stück des Landes erhalten; auch der Fremdling wird nicht ohne Landbesitz bleiben[22]. Diese beiden Anordnungen bilden die politische Form des Gebotes der Nächsten-, respektive der Fremdlingsliebe. Zwischen Lev 19,18.34 und Ez 47f besteht also eine strukturelle Analogie. Angesichts dieser Verwandtschaft und der Tatsache, daß Heiligkeitsgesetz und Ez 40-48 ungefähr zur gleichen Zeit entstanden sind, gewinnt die Ansetzung des Liebesgebotes in exilischer (respektive kurz nachexilischer) Zeit noch an Wahrscheinlichkeit.

20 Spezifische Anhaltspunkte dafür, daß das Liebesgebot während des babylonischen Exils unter den im Lande Zurückgebliebenen eine besondere Rolle gespielt hätte, lassen sich nicht namhaft machen. Wir treten deshalb nicht auf sie ein.

21 Zum programmatischen Charakter von Ez 40-48 vgl. u.a. ZIMMERLI, Planungen; LEVENSON, Theology.

22 Daß jeder Stamm ein gleich großes Stück Land erhalten soll, macht Ez 47,14 (ûn^{e}ḥăltäm… ᵓîš k^{eᵓ}aḥîw) wahrscheinlich sowie die Tatsache, daß nach Ez 48,1-7.23-27 die Ost-West-Ausdehnung eines jeden Stammes gleich groß ist und im Anschluß an die Stämmeanteile jeweils das Wort ᵓäḥad = ein (gleichgroßer?) (Anteil) steht (vgl. dazu LEVENSON, a.a.O. 122). Die Bestimmung von Ez 47,22f, wonach der Fremdling innerhalb des Stammes, in dem er weilt, auch einen Landanteil erhalten soll, bezieht sich vielleicht nur auf den Proselyten, der sich im Exil der Jahwegemeinde angeschlossen hat und nicht auf jeden Fremdling (so ZIMMERLI, Ezechiel 1219). Auch in bezug auf Lev 19,34, das Gebot der Fremdlingsliebe, konnten wir nicht entscheiden, ob mit dem ger jeder Fremdling oder bereits nur noch der Proselyt gemeint ist. Die Parallelität zwischen Lev 19,18.34 und Ez 47,14.22f ist also vollständig.

2. Die vorexilische Zeit

Da einige Forscher annehmen, daß Teilsammlungen des Heiligkeitsgesetzes schon vor dem Exil vorlagen, untersuchen wir kurz, ob sich die Bestimmungen von Lev 19,17f, insbesondere das Liebesgebot, auch von dieser Epoche her verstehen lassen.

Was das Exil betrifft, kennen wir einige Rahmenbedingungen, die wahrscheinlich machen, daß in ihm die Gebote von Lev 19,17f besonders große Bedeutung hatten, wenn nicht teilweise erst in ihm entstanden sind: Druck von außen; enges Zusammenleben; Bildung einer Gemeinde.

Ähnlich klare Rahmenbedingungen sind für die vorexilische Zeit nicht gegeben, weshalb es schwierig ist, einen konkreten "Sitz im Leben" für Lev 19,17f anzugeben. Denkbar sind mehrere; einen davon behandeln wir kurz.

Nach WEBER setzte die Umwandlung Israels in einen Kultverband bereits in vorexilischer Zeit ein. Es ist wahrscheinlich, daß gleichzeitig damit einzelne Israeliten aus ihm ausscherten, besonders bei außenpolitischer Bedrohung oder wenn sich Israel nach außen öffnete. In diesen Zeiten mögen sich besonders jahwetreue Gruppen gebildet haben. Wir denken dabei etwa an die Jüngerkreise, die sich um Propheten scharten und wie diese verfolgt wurden[23]. Daß sich in solchen Gruppen besonders hochstehende Verhaltensweisen herausbildeten, versteht sich von selbst. Zeigen läßt sich das etwa anhand von IReg 18.

Als Isebel die Jahwepropheten auszurotten suchte, versteckte Obadja hundert von ihnen in Höhlen und versorgte sie mit Essen und Trinken. Er brachte sich dadurch in Gefahr, wie er Elia gegenüber IReg 18,13 antönt:

> Ist meinem Herrn nicht gesagt worden, was ich getan habe, als Isebel die Propheten des Herrn umbringen ließ, wie ich da von den Propheten des Herrn hundert Mann versteckte, je fünfzig in einer Höhle, und sie mit Brot und Wasser versorgte?

Elia bedankte sich bei Obadja für seinen Einsatz, indem er selber zum König ging. Wäre Obadja gegangen, hätte er möglicherweise das Leben verloren.

IReg 18 ist nicht ausdrücklich von den ethischen Maßstäben die Rede, die innerhalb dieser Gruppe von Jahwepropheten galten. Sie waren sicher sehr hochstehend, wie das Beispiel des ihnen ideell verbundenen Obadja nahelegt. In der Verfolgung könnten die Propheten um Elia und Obadja sich gegenseitig stärker denn vorher als Brüder, die man lieben muß/darf, entdeckt haben.

23 Zu solchen Gruppen äußert sich ROST, Gruppenbildungen. Nach einer Darstellung der Sekte von Qumran untersucht er, ob sich vergleichbare Gruppenbildungen bereits im Alten Testament nachweisen lassen. Er unterscheidet dabei zwischen Gruppen, zu denen man qua Abstammung gehört (Leviten, Priester) und freiwilligen Zusammenschlüssen militärischen und religiösen Charakters. An religiösen Gruppierungen zählt ROST auf: losere Gruppen um Propheten (vgl. IIReg 4,23), Jünger Jesajas (Jes 8,16ff), Älteste um Ezechiel (= Hörergemeinde), Samuel als Leiter einer Schar von Ekstatikern, Elisa als Schulhaupt. Beiläufig äußert sich ROST a.a.O. 4 auch zur Ethik, die innerhalb des Kreises um Elisa galt: "Nicht minder wichtig als das Verhältnis zum Meister ist das der Schüler untereinander. Sie leben in gemeinsamen Siedlungen mit Weib und Kind. Sie helfen sich gegenseitig beim Ausbau der Unterkünfte. Zumindest in Notzeiten leben sie aus einem Topf". Das wenige, was wir über die Leute um Elisa herum hören, weist also darauf hin, daß sie sich als Liebesgemeinschaft verstanden.

3. Die nachexilische Zeit

a. Generell

Um das Resultat vorwegzunehmen: Es lassen sich keine spezifischen Gründe für eine nachexilische Ansetzung des Liebesgebotes namhaft machen. Allgemeine gibt es dafür recht viele. Es ist zwar eher unwahrscheinlich, daß die entscheidende Redaktion des Heiligkeitsgesetzes erst in nachexilischer Zeit geschah. Der Gedanke, die Sammlung der in Lev 17-26 enthaltenen Gesetzesmaterialien erst in diese Zeit anzusetzen, ist allerdings nicht allzu abwegig. Recht viele der im Heiligkeitsgesetz behandelten Themenbereiche haben nämlich für die nachexilische Gemeinde große Bedeutung. Sie seien nur eben angesprochen:

- Das Gemeindeverständnis, das in den paränetischen Teilen von Lev 18 und 20 zum Ausdruck kommt, berührt sich mit dem von Esr 9,11[24].
- Die kultischen Bestimmungen des Heiligkeitsgesetzes haben im Zeitalter des zweiten Tempels besondere Wichtigkeit erlangt. Das sei anhand einer Aufzählung von Beispielen veranschaulicht: Hag 2,13 greift Haggai in seiner Argumentation auf Lev 22,4 zurück. In der Anklagerede des in der Mitte des 5. Jahrhunderts lebenden Propheten Maleachi gegen die Priester beschuldigt er diese, entgegen den Bestimmungen von Lev 22,18-25 (geraubte) lahme und kranke Tiere als Opfer dargebracht zu haben (Mal 1,8.13). Bei der Durchführung des Laubhüttenfestes (Neh 8,13ff) wird deutlich auf die Bestimmungen von Lev 23,33ff zurückgegriffen[25].
- Kaum unterstrichen zu werden braucht, welche Bedeutung die Bestimmungen zur Kultuszentralisation und zur Verehrung des Heiligtums in nachexilischer Zeit gewonnen haben.
- Auch einige der im engeren Sinne ethischen Bestimmungen spielen in nachexilischer Zeit eine besonders wichtige Rolle – wir kommen unten auf sie zurück.

Warum sollten nicht auch andere Teile des Heiligkeitsgesetzes (etwa Lev 19,17f) im Leben der nachexilischen Kultgemeinde von Bedeutung gewesen sein, obwohl sich das nicht aus den Quellen beweisen läßt?

Wir versuchen jetzt von einer anderen Seite her zu klären, ob das Gebot der Nächstenliebe in nachexilischer Zeit, besonders während der Wirksamkeit Esras und Nehemias, eine spezifische Funktion zu erfüllen hatte. Wir gehen dabei wieder von der Annahme aus, daß es in kleineren, sich gegen außen abgrenzenden Gemeinschaften mit engem Zusammenhalt seinen ersten und wichtigsten Sitz im Leben hat. Treffen diese Charakteristika auf das nachexilische Israel zu? Welches waren die hauptsächlichen Probleme, die es zu lösen hatte? Gehörte der in Lev 19,17f angesprochene Problemkomplex dazu?

Der Alttestamentler, der sich daran macht, das nachexilische Israel zu beschreiben, glaubt von einigermaßen gesicherten Resultaten ausgehen zu können. Esra hat – die messianischen Erwartungen, die sich an Serubbabel geknüpft hatten, waren enttäuscht worden – jeder politischen Betätigung entsagt und versucht, eine reine, auf das Gesetz verpflichtete, sich durch es definierende Kultgemeinde, die sich scharf gegen außen abgrenzte, zu begründen, nicht aber, Israel als Zwölfstämmevolk wiederherzustellen. Er hat nicht nur auf politische Betätigung verzichtet, sondern auch jede prophetische Zukunfshoffnung aufgegeben; sein theologisches Denken war stark theokratisch geprägt. Nehemia wird im Unterschied zu Esra als Mann charakterisiert, der sich fast ebenso stark nach außen abgrenzte, aber Israel, besser: Juda als politischen Verband und

24 Vgl. insbesondere Lev 18,24f mit Esr 9,11.

25 Näheres dazu bei RUDOLPH, Esra - Nehemia 150f.

nicht einfach als Gemeinde organisieren wollte. ROWLEYs Satz

"For while the particularism of Nehemiah was largely of political inspiration, Ezra's was religiously based"[26]

faßt diesen Konsens gut zusammen.

Er ist von KOCH[27] in bezug auf Esra radikal bestritten worden: Seine Absicht ging nicht dahin, das nachexilische Israel als Theokratie zu errichten und die absolute Gültigkeit des göttlichen Gesetzes zu begründen. Sein Ziel war vielmehr, Israel als Zwölfstämmevolk (unter Einschluß der Samaritaner) wiederherzustellen. Die neue Nation sollte sich um den Zion versammeln, "the holy place of an excelling and life-giving worship as long as its holiness was not injured by the people. In this regard – and only in this – was the official introduction of Torah necessary"[28]. Esra empfing entscheidende Impulse aus der Verkündigung der Exilspropheten; seine Reise nach Jerusalem betrachtete er als zweiten Exodus. Esras Unternehmungen bildeten nur einen präeschatologischen Schritt auf eine zukünftige, eschatologische Erfüllung hin. Zusammen mit Schesbazzar, Serubbabel, Haggai, Sacharja (und vielleicht auch Nehemia) griff er prophetische Vorhersagen auf und versuchte sie zu einer ansatzweisen Verwirklichung zu bringen. Alle diese Männer betrachteten die Zukunft nicht als ausschließliches Werk Gottes, auf das man nur zu warten brauchte. Im Gegenteil:

"Prophetic eschatology gives the impetus to their deep engagement in political (and economic) affairs. And the codices of the Law of Moses give hints for carrying out the far-reaching will of God in special matters, in which holiness and purity are to be observed"[29].

Selbst wenn KOCHs Thesen zutreffen sollten – in bestimmten Punkten erscheinen sie bedenkenswert – bleibt die von ihm nicht bestrittene Tatsache bestehen, daß sich die nachexilische Gemeinde schlußendlich partikularistisch verhielt. Die Samaritaner wurden nicht zum Mauerbau zugelassen, man drang energisch auf die Auflösung der Mischehen[30]. Esra wollte möglicherweise das Zwölfstämmevolk wiederherstellen, aber nun als heiliges, reines: die Zugehörigkeit zu ihm konnte auch verlorengehen. Das nachexilische Israel war also faktisch konfessioneller Verband, Gemeinde, obwohl es sich immer noch als "Volk" und unmittelbare Fortsetzerin des vorexilischen Israel begriff[31].

Diese Ausführungen erlauben keine bestimmten Aussagen über die Bedeutung des Liebesgebotes in nachexilischer Zeit. Sicher ist nur: Als je stärker man die Abgrenzungstendenzen der Kultusgemeinde und den auf sie ausgeübten Druck ansieht, desto höher ist sie zu veranschlagen. Sollten KOCHs Ausführungen über Esras Einstellung zu den Samaritanern zutreffen, war in der nachexilischen Kultusgemeinde sogar strittig, wer als Nächster/Glaubensbruder zu gelten hatte, ob die Samaritaner dazu zu zählen waren oder nicht.

Noch eine, wiederum sehr allgemeine Aussage ist möglich. Das nachexilische Israel wurde – die Quellen machen dies deutlich – von vielen Konflikten erschüttert. Die Bestimmungen von Lev 19,17f, insbesondere das Liebesgebot, konnten Antwort darauf geben, in welchem Geiste sie auszutragen waren.

26 ROWLEY, Sanballat 192.

27 KOCH, Ezra passim.

28 KOCH, a.a.O. 196.

29 Ebd.

30 Esr 4,1ff; 9,1f; Neh 13,23ff.

31 Vgl. dazu auch die Ausführungen von WEBER, Judentum 350, oben S. 127.

b. Texte ethischen Inhalts aus nachexilischer Zeit

In den Büchern Esra und Nehemia spielen eigentlich ethische Fragen eine untergeordnete Rolle. Die gewichtigste Ausnahme bildet Neh 5,1-8:

> Es erhob sich aber ein großes Geschrei unter den armen Leuten und ihren Frauen gegen ihre jüdischen Brüder (ʾaḥêhäm hăjjᵉhûdîm). Die einen sagten: Wir müssen unsre Söhne und Töchter verpfänden, damit wir uns Getreide verschaffen und unser Leben fristen können. Andre sagten... Nun sind wir aber doch vom gleichen Fleisch und Blut wie unsre Brüder (kibśăr ʾăḥênû bᵉśarenû), und unsre Kinder sind wie ihre Kinder. Dennoch müssen wir unsre Söhne und Töchter dienstbar werden lassen, ja, von unsern Töchtern sind bereits etliche dienstbar gemacht, ohne daß wir etwas dagegen vermögen. Unsre Äcker und Weinberge gehören ja andern Leuten. Als ich sie so klagen und berichten hörte, ward ich sehr zornig. Ich überlegte die Sache bei mir und stellte dann die Vornehmen und Vorsteher zur Rede, indem ich zu ihnen sprach: Wie? ihr treibt einer gegenüber dem andern (ʾîš- bᵉʾaḥîw) Wucher? Und ich veranstaltete eine große Versammlung wider sie und sagte zu ihnen: Wir an unserm Teil haben unsre jüdischen Brüder (ʾăt- ʾăḥênû hăjjᵉhûdîm), die an die Heiden verkauft waren, nach bestem Vermögen losgekauft; ihr aber wollt umgekehrt eure Brüder (ʾăt- ʾaḥêkäm) verkaufen, daß sie wieder an uns verkauft werden? Da schwiegen sie und hatten nichts zu antworten.

Auf die wirtschaftlichen Gründe, die zur Verarmung breiter Volksschichten geführt haben, und die Berührungen von Neh 5 mit Lev 25 gehen wir nicht ein[32]. Uns interessieren die ethischen Ideale, die in diesem Abschnitt zum Ausdruck kommen. Da fällt einmal auf, daß sich die Armen in ihrer Klage darauf berufen, vom gleichen Fleisch und Blut wie ihre jüdischen Brüder zu sein, und in den acht Versen fünfmal das Wort ʾaḥ verwendet wird. Die im Deuteronomium entwickelte und im Heiligkeitsgesetz weitergeführte Brüderlichkeitsethik kommt hier voll zum Tragen, und zwar im wirtschaftlichen Bereich, mit dem sie auch in diesen Korpora besonders stark verbunden ist. Man beachte, daß sie in Neh 5 eine leicht nationalistische Färbung aufweist, insofern als zweimal von den *jüdischen* Brüdern die Rede ist[33]. Nehemia argumentiert allerdings nicht nur von der Brüderlichkeitsethik, sondern auch vom besseren Beispiel der Exilsgemeinde her:

> "wir, die Exilsjuden, haben uns in der Fremde immer bemüht, Volkgenossen, die in heidnische Schuldsklaverei geraten waren, nach Möglichkeit loszukaufen. Und ihr tragt kein Bedenken, eure Brüder zu verkaufen, so daß wir sie wieder zurückkaufen müssen!"[34].

Nehemia nimmt für sich selbst vorbildliches Handeln in Anspruch, berichtet er doch betont vom Verzicht auf die ihm zustehenden Einnahmen als Statthalter, der Verpflegung der Vorsteher und der aus heidnischem Gebiet gekommenen Leute sowie seiner freiwilligen Mitarbeit am Mauerbau[35]. Uneingeschränkt vorbildlich war er allerdings nicht. Auch er hat seinen Volksgenossen Geld und Korn geliehen; erst als er die Klagen der Armen hört, verpflichtet er sich, ihnen seine Forderungen zu erlassen[36].

Die Maßnahmen von Neh 5 sind nicht revolutionär: Es findet keine Neuaufteilung des Landes statt, wie sie sich die Armen sicher gewünscht haben[37].

32 Vgl. dazu vor allem KIPPENBERG, Religion 59ff.

33 Neh 5,1.8.

34 RUDOLPH, Esra - Nehemia 129.

35 Neh 5,14ff.

36 Neh 5,10.

37 Vgl. dazu KIPPENBERG, Religion 62.

"Auch wurde die personale Haftung für Schulden nicht untersagt"[38].

Lev 25 blieb also Programm.

Neh 5 zeugt also gleichzeitig vom Selbstverständnis der nachexilischen Gemeinde als idealer Gemeinschaft wie vom Abstand der Wirklichkeit von diesem Ideal.

In der nachexilischen Prophetie finden sich besonders bei Sacharja und Maleachi Abschnitte spezifisch ethischen Inhalts. Durchgeht man die Stellen Sach 7,9f; 8,16f.19b, entdeckt man, daß sie sich mit der Verkündung der klassischen Propheten berühren, diese jedoch in einigen Punkten leicht, aber bedeutsam abändern. Es ist sicher kein Zufall, daß an je zwei dieser Stellen bilbăbkäm[39] und die Wurzel ʾhb [40] steht, Indiz dafür, daß Sacharja die Ethik der frühen Propheten verinnerlicht und vertieft. Das gehäufte Auftauchen der Wendung ʾîš… reʿehû/ʾaḥîw[41] zeigt, daß er seine Ethik stark personal und nicht nur inhaltlich formuliert[42].

Ganz auf die aktuelle Lage zugespitzt ist die Vision von der fliegenden Buchrolle (Sach 5,1-4). Sie handelt wahrscheinlich von den Praktiken, gegen die sich Lev 19,11 richtet[43].

Das Büchlein Maleachi enthält einen kurzen Abschnitt spezifisch ethischen Inhalts, Mal 3,5:

> Ich nahe mich euch zum Gericht und werde ungesäumt Zeuge sein wider die Zauberer und wider die Ehebrecher, wider die Meineidigen und wider die, die dem Tagelöhner, der Witwe und der Waise Gewalt antun und den Fremdling bedrücken, wider sie alle, die mich nicht fürchten, spricht der Herr der Heerscharen.

HORST hält zu Recht fest, daß die hier aufgeführten Vergehen wörtlich zu interpretieren und nicht auf die "samaritanische Abgötterei" zu beziehen sind[44]. In diesem Vers, in dem HORST[45] und VUILLEUMIER[46] auch einen Hinweis auf Neh 5 entdecken, wird indirekt die Verletzung pentateuchischer Gesetze konstatiert[47]. Man beachte insbesondere, daß sich Mal 3,5 mit Geboten aus Lev 19 und andern Teilen des Heiligkeitsgesetzes berührt: Eine Bestimmung gegen Ehebruch enthalten Lev 18,20; 20,10; gegen Meineid Lev 19,12; dem Schutz von Tagelöhner und Fremdling dienen Lev 19,13 und 19,33. Einzig der Vorwurf der Bedrückung von Witwe und Waise – der einschlägige Abschnitt in Mal 3,5 ist textlich nicht ganz klar[48] – findet im Heiligkeitsgesetz

38 KIPPENBERG, a.a.O. 62.

39 Sach 7,10; 8,17.

40 Sach 8,17.19.

41 Sach 7,9.10; 8,16.17.

42 Vgl. dazu unsere Ausführungen S. 157-159.

43 Bei den V. 3 genannten Dieben und Meineidigen "handelt es sich [wohl] um den gleichen Personenkreis, also um Leute, die in den Vermögensauseinandersetzungen zum Eid gekommen sind" (HORST, Nahum - Maleachi 235). Zu Lev 19,11 vgl. oben S. 58f.

44 HORST, Nahum - Maleachi 271. – Für Einzelheiten sei auf VUILLEUMIER, Malachie 245 verwiesen.

45 HORST, a.a.O. 271.

46 VUILLEUMIER, Malachie 245.

47 Vgl. etwa Ex 22,20f; 23,9; Dtn 24,14f; 27,19. Die Berührungen mit dem Heiligkeitsgesetz sind im Text aufgeführt.

48 Nach HORST, Nahum - Maleachi 270, ist ʾălmanā w^{e}jatôm als Auffüllung zu streichen oder hinter ger zu versetzen. RUDOLPH, Haggai - Maleachi 277, will ûmăṭṭê vor ʾălmanā setzen und muß dementsprechend w^{e} vor ger einfügen. VUILLEUMIER, Malachie 245 versetzt mit ELLIGER ûmăṭṭê⁻ ger vor ʾălmanā und korrigiert es zu ûb^{e}măṭṭê⁻ ger. Mit diesen Korrekturen ist die vor allem im Deuteronomium gebräuchliche Abfolge "Fremdling - Waise - Witwe" wiederhergestellt.

keine Entsprechung. (Aufgenommen wird in Mal 3,5 weiter das im Heiligkeitsgesetz wichtige Thema der Gottesfurcht).

Überblickt man den Inhalt der drei Prophetenbücher Haggai, Proto-Sacharja und Maleachi, so springt ins Auge, daß sie sich aufs Ganze gesehen mit einer ähnlichen Problematik beschäftigen wie Esra und Nehemia. Hier wie dort konzentriert sich das Interesse auf Tempel (und Kult), während ethische Themen eher eine untergeordnete Rolle spielen. Dabei steht der Fragenkomplex, der Neh 5; Lev 19,11; 25 behandelt wird, ganz klar im Vordergrund. (Dies wäre noch deutlicher geworden, hätten wir auch Tritojesaja in die Untersuchung einbezogen, was wir aus methodischen Gründen unterlassen haben). Die Beziehungen von Esra, Nehemia und diesen Prophetenbüchern mit dem Heiligkeitsgesetz sind auf diesem Gebiet am stärksten.

Noch so geringe direkte Anspielungen auf Lev 19,17f finden sich in der Literatur des nachexilischen Israel nicht. Warum? Die Frage, auf die Lev 19,17f Antwort zu geben versucht: "Wie geht man mit dem Nächsten um, der sich gegen einen vergangen hat?" brannte der nachexilischen Gemeinde nicht so auf der Zunge, wie sie andere Probleme beschäftigten. Die Aufgabe, der sie alle ihr Kräfte zu widmen hatte, bestand darin, ihre eigene Existenz theologisch und organisatorisch abzusichern und die brennenden sozialen Konflikte zu entschärfen.

Damit ist nicht gesagt, daß Lev 19,17f keine Rolle mehr gespielt hätte. Im Gegenteil: Wir glauben, daß in der Kultusgemeinde Konflikte von ihrem Anspruch her, ideale Gemeinschaft zu sein, nur im Geiste von Lev 19,17f gelöst werden durften. Da die Gemeinde unter starkem Druck von außen stand, war es für sie wie früher die Exulanten wichtig, daß diese Konflikte schnell beigelegt wurden. Neh 5 zeigt, daß Nehemia um die Gefährdung der Gemeinde (nun allerdings auf sozialem Gebiete) wußte und mit Nachdruck auf eine Lösung drängte.

4. Andere geschichtliche und soziologische Einordnungen des Gebotes der Nächstenliebe

In den vorangehenden Abschnitten haben wir versucht, das Gebot der Nächstenliebe soziologisch und geschichtlich zu verorten. Wir konnten dabei kaum auf themenspezifische Vorarbeiten zurückgreifen. Diese Lücke in der wissenschaftlichen Erforschung des Liebesgebotes hängt wohl mit dem – unbewußten – Wunsch der Alttestamentler zusammen, wenigstens es möge nicht geschichtlich und soziologisch bedingt sein. Einen weiteren Grund für das mangelnde Interesse an dieser Frage bildet die – sicher auch unbewußte – Annahme der Exegeten, den sozialen Ort des Liebesgebotes mit dem Hinweis, es beziehe sich nur auf die Angehörigen des eigenen Volkes, hinreichend klar bestimmt zu haben.

Zu dieser Regel gibt es einige Ausnahmen. Daß sich gerade PEDERSEN und WEBER, von Hause aus nicht Alttestamentler, um die geschichtliche und soziologische Einordnung des Liebesgebotes bemüht haben, ist sicher nicht Zufall. Nur bei ihnen und OHLER haben wir Hinweise in dieser Richtung gefunden.

a. PEDERSEN

"The old law of love finds its direct expression in a single place when it is said: Thou shalt love thy neighbour as thyself (Lev. 19,18). In this claim the Israelite expresses his idea of the mutual relation of mankind. The life which the individual holds is not private property, but something common, which he shares with others, first and foremost the family, and then the others with whom he has a covenant. Love is not a more or less superficial sentiment. It is identical with peace itself, with the unity of wills"[49].

49 PEDERSEN, Israel 309.

Diese Sätze enthalten ziemlich alles, was zum Verstehen von PEDERSENs Position nötig ist. Das Leben ist nach ihm auf die Gemeinschaft ausgerichtet, präziser: Der Mensch ist dazu da, "to live in connection with other souls"[50]. Es gehört zur menschlichen Natur, daß man seinen Nächsten liebt wie sich selbst:

"In love the soul acts in accordance with its nature"[51].

PEDERSEN kann das Liebesgebot deshalb als alt bezeichnen, weil ein liebevolles Verhalten in der – per definitionem zeitlosen – Natur des Menschen angelegt ist. Da das Leben nicht dem Einzelnen gehört, sondern den Gemeinschaften, in denen er lebt, versteht es sich von selbst, daß die Liebe dort am engsten ist, wo die stärksten Gemeinschaftsbande bestehen, nämlich in der Familie. Der Inhalt der Liebe besteht in der "unity of wills"[52], die, so möchte man PEDERSENs Gedanken weiterführen, mit dem Willen der jeweiligen Gemeinschaft übereinstimmt.

Nach diesen Ausführungen ist klar, daß für PEDERSEN das Gebot der Nächstenliebe nicht schwer zu erfüllen ist, sondern sich von selbst versteht:

"The commandment to love is thus not a dogmatic invention, but a direct expression of the character of the soul and the organism of family and people. It means that the individual acts for the whole, and the whole for the individual, and this is not an abstract or an unnatural claim, but only the substance of normal life. He who keeps the law of love, shows that his soul is sound"[53].

Mit andern Worten und etwas überspitzt ausgedrückt: Ob das Gebot der Nächstenliebe erfüllt wird oder nicht, ist eine Frage der psychischen Gesundheit. PEDERSENs Konzeption liegt die Voraussetzung zugrunde: Das Gesunde ist das Normale. Es besteht darin, daß man sich in die Gruppe einordnet. Das Liebesgebot verlangt also die Einordnung in die Gruppe.

PEDERSENs Ausführungen zum Liebesgebot liegen gefährliche psychologische und soziologische Annahmen zugrunde, auf die wir hier nicht eingehen können. Den geschichtlichen Faktor blendet er völlig aus.

b. WEBER

Für WEBER ist "das positive Gebot der 'Liebe' des Nächsten eine Übertragung der Grundsätze der alten Sippenbrüderlichkeit auf den Glaubensbruder"[54]. Das Liebesgebot bildet – darin stimmen wir mit ihm überein – die *gesinnungsethische* Ausprägung der Binnenmoral[55].

Den zweiten Teil seiner Auslegung weisen wir zurück. Ausgangspunkt bildet die Behauptung:

"Das allgemeine Gebot der 'Nächstenliebe' ist bekanntlich in Israel mit dem Verbot, Rache gegen den Volksgenossen nachzutragen, identisch"[56].

Das Verbot sich zu rächen versteht er nicht "als Rückschlag der levitischen Paränese gegen die den (politischen) Rachedurst stark fördernden Verheißungen mancher Propheten"[57]. Nein:

50 PEDERSEN, a.a.O. 310.

51 Ebd.

52 PEDERSEN, Israel 309.

53 PEDERSEN, a.a.O. 310.

54 WEBER, Judentum 277.

55 Vgl. dazu oben S. 126f.

56 WEBER, Judentum 268.

57 WEBER, a.a.O. 277.

"Die Vorschrift der Nächstenliebe gegen die Volksgenossen zeigt... schon durch den einschärfenden Zusatz: 'Denn ich bin der Herr', daß es sich auch hier um die häufig wiederholte Vorschrift handelte: die Rache Gott anheimzustellen, dessen Sache sie sei (Deut. 32,35) und der sie, wie man hoffen durfte, dann um so gründlicher vollbringen werde. Dieses Gottanheimstellen der Rache, welches also keine eigentlich ethische Bedeutung hat, ist ganz aus dem Empfinden plebejischer und zwar politisch ohnmächtiger Schichten geboren"[58].

Aufgrund einer falschen Interpretation von ʾ^{a}nî jhwh versteht WEBER das Verbot sich zu rächen zu Unrecht als Aufforderung, die Rache Gott anheimzustellen. Sind die beiden Vorschriften später auch miteinander verbunden worden[59], haben sie doch ursprünglich nichts miteinander zu tun.

c. **OHLER**

Nur beiläufig äußert sich OHLER zum Gebot der Nächstenliebe:

"Gegenseitige Solidarität hatte es israelitischen Gruppen möglich gemacht, im Lande Fuß zu fassen. Die Vorbewohner verließen sich auf ihre festen Städte und ihre gut gerüsteten Heere – die Neuankömmlinge, schlechter gerüstet und gesichert, mußten sich darauf verlassen, daß Freunde ihnen helfen würden. Zu 'Israel' zu gehören, in 'Israel' Bündnispartner zu finden, gab ihnen den militärisch und kulturell überlegenen Kanaanäern gegenüber Selbstbewußtein. Ist es nicht verständlich, daß in diesem Volk die Solidarität mit dem Volksgenossen (Liebe deinen Nächsten!) zur unaufgebbaren Tugend wurde?"[60].

Wie wir geht auch OHLER davon aus, daß die in Israel besonders stark ausgeprägte "Solidarität mit dem Volksgenossen", die sie beiläufig mit Lev 19,18 in Verbindung bringt, auf Druck von außen entstand. Das Liebesgebot, unseres Erachtens nicht einfach mit "Solidarität mit dem Volksgenossen" gleichzusetzen, kann, so möchten wir ihre Ausführungen weiterführen, seine *Wurzeln* in der Solidarität haben, welche die Israeliten der exponierten Stellung ihres Landes wegen immer in besonderem Maße üben mußten. Mit andern Worten: Die stete Bedrohung, in der Israel lebte, kann einer der Gründe dafür sein, weshalb es gerade in ihm zur Formulierung des Gebotes der Nächstenliebe kam.

58 Ebd.

59 S. oben S. 122.

60 OHLER, Israel 306.

V. DER SYSTEMATISCHE ORT DES LIEBESGEBOTES

In den beiden letzten Teilen haben wir das Gebot der Nächstenliebe historisch einzuordnen versucht. In diesem geht es darum, seinen systematischen Ort innerhalb des Alten Testaments zu bestimmen. Dabei kommen wir allerdings nicht ganz um historische Ausführungen herum.

Wir können in diesem Teil keine Ethik des Alten Testaments in nuce vorlegen. Da aber Lev 19,18 im Zusammenhang mit vielen Fragen der alttestamentlichen Ethik eine wichtige Rolle spielt, gehen wir kurz auf sie ein, ohne sie allerdings erschöpfend zu behandeln. Geheimes Zentrum aller Überlegungen bildet die Frage: Ist das Gebot der Nächstenliebe so etwas wie die Mitte der alttestamentlichen Ethik?

A. Das Gebot der Nächstenliebe im Vergleich mit anderen Geboten des Pentateuchs

Der Satz "Liebe deinen Nächsten wie dich selbst" findet sich weder bei den Propheten noch in den Ketubim, sondern in der Tora, und zwar als eines ihrer vielen Einzelgebote. Obwohl es vom Inhalt her die Grundlage (Zusammenfassung, Begründung) der vorangehenden Gebote bildet, ist es, formal gesprochen, kein übergeordneter ethischer Satz[1]. Von den Gesetzesbestimmungen des Pentateuchs unterscheidet es sich vorerst nur durch die *Schwere* seiner Forderung.

Die alttestamentlichen Gesetzeskorpora enthalten viele einfache Regeln, bei denen sich – anders als beim Liebesgebot – die Frage gar nicht stellt, ob sie erfüllt werden können. Immerhin gibt es neben Lev 19,17f noch einige andere Gebote, bei denen sich diese Frage ebenfalls aufdrängt. Wir diskutieren zwei unter ihnen kurz und vergleichen sie abschließend mit dem Gebot der Nächstenliebe.

> **Dtn 15,7-10**
> Wenn bei dir ein Armer ist, einer deiner Brüder, in irgendeiner Ortschaft in deinem Lande, das der Herr, dein Gott, dir geben will, so sollst du nicht hartherzig sein (loʾ t^{e}ʾămmeṣ ät¯ l^{e}bab^{e}ka) und deine Hand vor deinem armen Bruder nicht verschließen, sondern willig sollst du deine Hand für ihn auftun und ihm gerne leihen (paṭo^{a}ḥ tiptăḥ ʾät¯ jad^{e}ka lô w^{e}hă^{ʿa}beṭ tă^{ʿa}bîṭännû), so viel er nur bedarf. Hüte dich, daß nicht in deinem Herzen der nichtswürdige Gedanke aufsteige (pän¯ jihjā̆ dabar ʿim¯ l^{e}bab^{e}ka b^{e}lîjjă ʿăl): "Das siebente Jahr, das Erlaßjahr, ist nahe", und du deinen armen Bruder unfreundlich ansehest (w^{e}raʿā ʿên^{e}ka) und ihm nichts gebest und er dann wider dich den Herrn anrufe und so eine Schuld auf dich komme; willig sollst du ihm geben (natôn titten) und nicht mißmutig sein (w^{e}loʾ¯ jerăʿ l^{e}bab^{e}ka), wenn du ihm gibst.
>
> **Dtn 15,18**
> Es soll dich nicht hart ankommen (loʾ¯ jiqšā̆ b^{eʿ}ênäka), wenn du ihn [sc. den Sklaven] freilassen mußt.

Was Dtn 15,7-10.18 von den meisten Gesetzesbestimmungen des Alten Testaments unterscheidet, ist, daß es nicht nur ein bestimmtes Handeln gebietet, sondern auch die innere Einstellung, die jenes begleiten soll. Ein Vergleich mit der Bundesbuchparallele ist aufschlußreich. Verlangt Ex 21,2 einfach die Freilassung des hebräischen Sklaven im siebten Jahre, so Dtn 15,12.18 darüber hinaus, dies nicht unwillig zu tun. (Ein ähnlicher Unterschied zwischen den beiden Korpora besteht – dies nur nebenbei – auch in bezug auf die Festgesetzgebung. Während das Bundesbuch (Ex 23,14ff) nur von allen Männern verlangt, die drei Jahresfeste zu feiern, gebietet die des Deuteronomiums (Dtn 16,11.14.15) zusätzlich, sie fröhlich zu begehen). Man darf hier doch wohl von einer Höherentwicklung innerhalb der alttestamentlichen Ethik sprechen, auch wenn die Tatsache, daß im Bundesbuch von der inneren Einstellung nicht ausdrücklich die Rede ist, nicht unbedingt den Schluß erlaubt, sie habe keine Rolle gespielt. Man wird bei vorsichtiger Interpretation des Tatbestandes zumindest sagen dürfen, daß sie im Deuteronomium eine wichtigere Rolle spielt als im Bundesbuch.

1 Das Alte Testament selber bezeichnet nirgends bestimmte Gebote explizit als besonders wichtig. Daß es vorrabbinisches wie rabbinisches Judentum abgelehnt haben, einzelne Gebote als den andern übergeordnet zu betrachten, ist also gut alttestamentlich; vgl. dazu NISSEN, Gott, 337-342.

Die sprachlichen Mittel, mittels derer auch die innere Einstellung, welche eine Handlung begleitet, ins Gebot eingeschlossen wird, sind relativ einfach. Dtn 15,7-10 findet sich gleich in drei Wendungen der Ausdruck l^{e}bab^{e}ka, der sich vom Zusammenhang her auf die (auf eine Tat zielende) Gesinnung bezieht[2]. Ähnlich sind die beiden Wendungen w^{e}raᶜā ᶜên^{e}ka und lo᾿⁻ jiqšā b^{eᶜ}ênäka zu beurteilen[3]. Dtn 15,7-10 enthält weiter drei Infinitivi absoluti, die man am besten mit "gerne", "willig" übersetzt[4].

Diese Tendenz auf Verinnerlichung findet sich fast nur im Deuteronomium und macht sich nicht nur im eigentlichen Gesetzesteil, sondern auch in seinen Rahmenteilen geltend. So gebietet etwa Dtn 7,25f nicht nur, Götterbilder zu verbrennen, sondern darüber hinaus, geradezu heftigen Ekel und Abscheu vor ihnen zu empfinden (šăqqeṣ t^{e}šăqq^{e}ṣännû w^{e}tăᶜeb t^{e}tăᶜ^{a}bännû)[5]. Den wichtigsten Beleg für diese Verinnerlichungstendenz bildet die Zentralstelle des Deuteronomiums:

> **Dtn 6,4f**
> Höre, Israel: der Herr, unser Gott, ist ein Herr. Und du sollst den Herrn, deinen Gott, lieben von ganzem Herzen, von ganzer Seele und mit aller deiner Kraft.

Diese Tendenz ist, wie bereits ausgeführt, für das Deuteronomium charakteristisch. Im Bundesbuch findet sie sich noch nicht und im Heiligkeitsgesetz spielt sie auch keine wichtige Rolle. In ihm werden die Gebote inhaltlich radikalisiert. Es und nicht das Deuteronomium enthält die Verbote, sich zu rächen und nachzutragen, und schließlich das Gebot, seinen Nächsten zu lieben wie sich selbst. Der Unterschied zwischen Deuteronomium und Heiligkeitsgesetz läßt sich zugespitzt wie folgt formulieren: Verlangt das Deuteronomium, die dem Nächsten geschuldeten Handlungen gern zu tun, gebietet das Heiligkeitsgesetz, seinen Nächsten zu lieben wie sich selbst[6].

2 Präziser: lo᾿ t$^{e᾿}$ămmeṣ ᾿ät⁻ l^{e}bab^{e}ka und pän⁻ jihjǟ dabar ᶜim⁻ l^{e}bab^{e}ka b^{e}lîjjăᶜăl bezeichnen die Gesinnung, welche einen davon abhält, den Armen zu leihen, w^{e}lo᾿⁻ jerăᶜ die mißmutige Einstellung, mit der man es dann dennoch tut.

3 In Verbindung mit andern Worten kann ᶜăjin verschiedene seelische Regungen zum Ausdruck bringen, Dtn 15,9 etwa "Mißgunst"; vgl. dazu JENNI, VETTER, Art. ᶜăjin 264. – Gegen VAN DER WOUDE, Art. qšh 690, halten wir es für unwahrscheinlich, daß sich qšh Dtn 15,18 auf die "Schwierigkeit einer Entscheidung" bezieht. Zusammen mit b^{eᶜ}ênäka umschreibt es wiederum eine seelische Regung; ZB übersetzt den Ausdruck richtig mit "hart ankommen".

4 Dies ergibt sich aus dem Gegensatz von lo᾿ t$^{e᾿}$ămmeṣ ᾿ät⁻l^{e}bab^{e}ka (hartherzig sein = ungern tun) – pato^{a}ḥ tiptăḥ ᾿ät⁻ jad^{e}ka lô w^{e}hăᶜ^{a}beṭ tăᶜ^{a}bîṭännû und w^{e}lo᾿⁻ jerăᶜ l^{e}bab^{e}ka (mißmutig sein = ungern tun) – natôn titten.

5 Dies ist hier die beste Übersetzung für die beiden Infiniti absoluti šăqqeṣ und tăᶜeb.

6 Diese Verschärfung der Gebote beschränkt sich nicht auf Vorschriften, die den Umgang mit dem "Nächsten" zum Inhalt haben. Auch das Gebot der Elternehrung (Lev 19,3), das sich im Deuteronomium nur im Rahmen des Dekalogs findet, wird verschärft; darauf weist sein Platz – es eröffnet in Lev 19 die Reihe der "religiösen" Gebote – und das Verb jr᾿ (statt kbd) hin (vgl. dazu ELLIGER, Leviticus 256).

B. Das Doppelgebot der Liebe im Alten Testament

Das Gebot der Nächstenliebe ist im Neuen Testament mit Dtn 6,5(4f) zum Doppelgebot der Liebe verbunden worden[1]. Bei seiner Diskussion hat man die Frage vernachläßigt, ob diese Gebotszusammenfassung strukturell nicht bereits im Alten Testament angelegt ist[2]. Um diese Frage beantworten zu können, müssen wir wissen, was die Dtn 6,5 geforderte Gottesliebe beinhaltet.

1. Die Gottesliebe[3] im deuteronomisch-deuteronomistischen Bereich[4]

Die Forderung, Gott zu lieben, findet sich im Deuteronomium nicht nur Dtn 6,5; auch im deuteronomistischen Bereich fehlt sie nicht. Ebenfalls an beiden Orten ist davon die Rede, daß Gott die Israeliten liebt. All diese Stellen tragen, direkt oder indirekt, zum besseren Verständnis des Hauptgebotes bei. Wir beziehen sie deshalb in Auswahl mit in die Diskussion ein.

An vielen Stellen steht die Forderung der Gottesliebe parallel zu der des Gesetzesgehorsams. In welchem Verhältnis stehen diese beiden Forderungen zueinander? Als Ausgangspunkt für die Beantwortung dieser Frage bietet sich Jos 22,5 an:

> Nur erfüllet ja getreulich das Gebot und das Gesetz, das euch Mose, der Knecht des Herrn, verordnet hat, daß ihr den Herrn, euren Gott, liebet und ganz auf seinen Wegen wandelt und seine Gebote haltet und ihm anhanget und ihm von ganzem Herzen und von ganzer Seele dienet (răq šimrû m^{e}ʾod lă^{ca}śôt ʾät⁻ hămmiṣwā w^{e}ʾät⁻ hăttôrā ʾ^{a}šär ṣiwwā ʾätkäm mošä ʿäbäd⁻ jhwh l^{e}ʾăh^{a}bā ʾät⁻ jhwh ʾ^{ä}lohêkäm w^{e}laläkät b^{e}kål⁻ d^{e}rakâw w^{e}lišmor miṣwotâw ûl^{e}dåbqā⁻ bô ûl^{e}ʿåbdô b^{e}kål⁻ l^{e}băbkäm ûb^{e}kål⁻ năpš^{e}käm).

Von der Syntax her gehört allein lă^{ca}śôt eng zu šimrû[5]. Mit andern Worten: šimrû m^{e}ʾod lă^{ca}śôt ʾät⁻ hămmiṣwā w^{e}ʾät⁻ hăttôrā... gliedert sich auf in:

- l^{e}ʾăh^{a}bā ʾät⁻ jhwh ʾ^{ä}lohêkäm
- w^{e}laläkät b^{e}kål⁻ d^{e}rakâw
- w^{e}lišmor miṣwotâw
- ûl^{e}dåbqā⁻ bô
- ûl^{e}ʿåbdô b^{e}kål⁻ l^{e}băbkäm ûb^{e}kål⁻ năpš^{e}käm.

Da die Liebe zu Gott nur einer der fünf untergeordneten Infinitive ist, beinhaltet sie nur einen Teilaspekt des Haltens von tôrā und miṣwā[6] und ist auch nicht einfach identisch mit dem Halten der Gebote (lišmor miṣwotâw).

1 Mt 22,37-39; Mk 12,29-31.33; Lk 10,27.

2 Vgl. dazu unten S. 150ff.

3 Der Einfachheit halber verwenden wir den Begriff "Gottesliebe" für "Liebe Gottes" (Genetiv subjectivus) und "Liebe zu Gott"; auf die beiden zuletzt genannten Begriffe greifen wir nur zurück, wo sich sonst Mißverständnisse einschleichen könnten.

4 Unter Einschluß von Dan 9,4 und Neh 1,5.

5 l^{e}ʾăh^{a}bā ist lă^{ca}śôt nicht durch ein w^{e} beigeordnet, sondern mit den ihm folgenden Infinitiven zusammen untergeordnet.

6 miṣwā und tôrā werden hier in der Bedeutung "umfassende Willensäußerung Jahwes" verwendet. Dieser Sprachgebrauch findet sich zuerst im Deuteronomium; vgl. dazu LIEDKE, Art. ṣwh 535; LIEDKE, PETERSEN, Art. tôrā 1040.

Ähnlich aufgebaut wie Jos 22,5 sind Dtn 10,12; 11,22; 30,16[7]. An diesen Stellen wird das als "Obersatz" formulierte Gebot, miṣwā (und tôrā) Jahwes zu halten[8], durch andere Gebote expliziert, unter anderem denen, Jahwe zu lieben und seine Gebote zu halten. Mit Ausnahme von Dtn 10,12f steht das Gebot, Jahwe zu lieben, überall an erster Stelle dieser Aufzählungen. Wir lassen diesen Tatbestand vorläufig noch unkommentiert.

In einer zweiten Gruppe von Belegen, Ex 20,6; Dtn 5,10; 7,9; Dan 9,4 und Neh 1,5[9] wird denjenigen die Gnade Jahwes (um nur ein Stichwort aufzunehmen) zugesagt, die ihn lieben und seine Gebote halten. Ein Beispiel:

> **Dtn 7,9**
> So sollst du denn erkennen, daß der Herr, dein Gott, der [wahre] Gott ist, der getreue Gott, der den Bund hält und die Huld bewahrt denen, die ihn lieben und seine Gebote halten (lᵉʾohᵃbâw ûlᵉšomrê miṣwotaw), bis ins tausendste Geschlecht.

Man beachte, daß auch hier – wie den andern Stellen – lᵉʾohᵃbâw vor ûlᵉšomrê miṣwotaw steht.

Auch an einigen der übrigen Stellen, die sich nicht in eine der beiden Gruppen einordnen lassen, wird die Liebe zu Gott direkt oder indirekt mit der Gebotserfüllung (in dieser Reihenfolge!) verbunden: Dtn 11,1; 13,4f (30,6.8); IReg 3,3[10].

Dtn 11,13 und 30,19f gehen dem Gebot der Gottesliebe andere Forderungen parallel, die sich speziell auf das Gottesverhältnis beziehen – sie finden sich auch in der zuerst behandelten Gruppe; wohl nicht zufällig steht die Forderung der Gottesliebe an der Spitze dieser Aufzählungen[11].

Dtn 6,5; 30,6 (vgl. aber auch V. 8f) und Jos 23,11 steht die Forderung, Gott zu lieben, allein da.

Diese Ausführungen machen deutlich, eine wie wichtige Rolle das Gebot, Jahwe zu lieben, innerhalb des deuteronomisch-deuteronomistischen Bereiches spielt. Wer aufweisen will, daß in ihm das Liebesgebot eine zentrale Forderung bildet, braucht sich nicht allein auf Dtn 6,5 zu berufen.

7 Der erste Teil von Dtn 30,16 muß aus der LXX ergänzt werden: *ἐὰν εἰσακούσῃς τὰς ἐντολὰς κυρίου τοῦ θεοῦ σου* = ʾim tišmăʿ ʾäl miṣwăt jhwh ʾᵃlohâka. Da die LXX miṣwā auch an andern Stellen (Dtn 11,22; 19,9; Jos 22,5 u.ö.) mit dem Plural von *ἐντολή* wiedergibt, wählen wir für die Rückübersetzung von *τὰς ἐντολὰς κυρίου* den Singular miṣwăt jhwh (gegen BHS, Apparat z.St.). Ist diese Rückübersetzung richtig, stimmt Dtn 30,16 von seiner Struktur her mit den bisher aufgeführten Stellen überein.

8 Dtn 10,12f fehlt der bei den übrigen Belegen auftauchenden "Obersatz". Versteckt ist er jedoch in der Frage mā jhwh ʾᵃlohâka šoʾel meʿimmak enthalten.

9 Zu Ex 20,6 sei auf die Ausführungen von REVENTLOW, Gebot 37f, verwiesen. In Dan 9,4 und Neh 1,5 liegt ganz offensichtlich erstarrtes deuteronomistisches Formelgut vor; vgl. dazu die Kommentare.

10 An dieser Stelle ist die Verbindung zwischen Gottesliebe und Gesetzeserfüllung besonders eng. wăjjäʾᵃhăb šᵉlomō ʾät- jhwh laläkät bᵉḥuqqôt dawid ʾabîw übersetzt man mit JB am besten mit: "Salomo aber hatte wohl Jahwe lieb, so daß er nach den Satzungen seines Vaters David wandelte". – Mit den "Satzungen… Davids" sind die im Gesetze Mose enthaltenen Gebote gemeint (vgl. dazu IReg 2,3).

11 Dtn 11,13 geht dem Gebot, Jahwe zu lieben, der Satz voraus: "Wenn ihr nun hört auf meine Gebote, die ich euch heute gebe". Er erfüllt die Funktion eines Obersatzes, wie er sich Dtn (10,12); 11,22; 30,16 und Jos 22,5 findet.

Was verlangt nun das Gebot der Gottesliebe? Sicher nicht einfach, Jahwes Gebot zu erfüllen, wie besonders aus der ersten Gruppe von Belegen deutlich hervorgeht. Wir wagen folgende These: Mit dem Gebot, Jahwe zu lieben, wird auf eine mehr als nur mechanische Gesetzeserfüllung gedrungen; es verlangt die vollständige Hingabe an Jahwe und seine tôrā (miṣwā).

Das Deuteronomium gehört, wie GESE wahrscheinlich gemacht hat, einer Zeit an, in der die Israeliten aufgefordert wurden, sich *bewußt* zum Gesetz (und damit zu Gott) zu verhalten[12]. Dieses Drängen findet seinen Ausdruck u.a. in der Verwendung des Verbes hb. Von Hause aus liebt man nicht jedermann, sondern nur, wen man will. Gott lieben bedeutet also: sich willentlich und gern Gott und seinem Gesetz unterordnen. Und wer das macht, tut das auch stärker als einer, der Gottes Gebote einfach deshalb erfüllt, weil man es tut. Von daher ist es folgerichtig, daß Dtn 6,5 gebietet, Gott "von ganzem Herzen, von ganzer Seele und mit aller deiner Kraft" zu lieben, womit sicher "die besondere Stärke und Tiefe der befohlenen Haltung"[13] gemeint ist. Sich bewußt zu Gott verhalten, sich willig seiner tôrā unterwerfen und sich mit der ganzen einem zur Verfügung stehenden Kraft um die Erfüllung seiner Gebote bemühen: Das ist die eine Bedeutung des Gebotes, Jahwe zu lieben.

Es enthält eine weitere. Auf das jhwh ʾ^{ä}lohênû jhwh ʾäḥad von Dtn 6,4 folgt im anschließenden Vers das Gebot, Jahwe zu lieben. Es darf nicht losgelöst von jenem Bekenntnis zu Jahwes Einzigkeit interpretiert werden, – heißt also: Jahwe *allein* sollst du lieben. In dieser Zentralstelle des Deuteronomiums liegt also eine neue Ausprägung des ersten Gebotes, oder etwas allgemeiner ausgedrückt, eine vertiefte Fassung des Alleingeltungsanspruchs Jahwes vor[14]. Das ergibt sich übrigens auch daraus, daß die Forderung, Gott zu lieben, einige Male zu andern, dem ersten Gebot vergleichbaren Wendungen parallel steht: Jahwe fürchten, ihm dienen und anhangen. Von dieser Bedeutung des Gebotes her wird nun auch einsichtig, warum es häufig Aufzählungen einleitet. Das erste Gebot ist ein theologisch zentrales; ihm gebührt der erste Platz. Das Gebot der Gottesliebe beinhaltet, kurz zusammengefaßt, drei Aspekte: Es gebietet, Jahwe bewußt entgegenzutreten, seine Einzigkeit anzuerkennen und seine Gebote willig zu erfüllen[15].

Im deuteronomisch-deuteronomistischen Schrifttum ist an einigen Stellen auch von der Liebe Gottes zu den Israeliten die Rede. Dtn 4,37; 10,15 (vielleicht auch 7,8) ist die Liebe Gottes mit der Erwählungstradition verbunden. Ein Beispiel:

> **Dtn 10,15**
> Doch nur deinen Vätern hat der Herr sein Herz zugewandt, daß er sie liebte (l^{eʾ}ăh^{a}bā), und hat euch, ihre Nachkommen, erwählt (wăjjibḥăr) aus allen Völkern, wie es heute ist.

(Wie das Deuteronomium verwenden übrigens auch Hosea, Jeremia, Deuterojesaja und Maleachi ʾhb im Zusammenhang der Erwählung Israels)[16].

12 Vgl. dazu unten S. 152f.

13 LOHFINK, Hauptgebot 78.

14 Dies wird stark hervorgehoben von SCHMIDT, Gebot 18-21. – Die gleiche Bedeutung hat übrigens auch der im Alten Orient an die Vasallen gerichtete Befehl, ihren Oberherrn zu lieben: Sie dürfen nur ihm dienen und keine anderen Loyalitätsverhältnisse eingehen.

15 Nur die beiden ersten Aspekte beinhaltet Dtn 6,5, die möglicherweise älteste der untersuchten Stellen.

16 Jes 41,8; 43,4; (48,14); (63,9); Hos 3,1; 9,15; 11,1.4; 14,5; Jer 31,3; Mal 1,2; vgl. weiter Ps 47,5.

Dtn, 7,12f ist ᵓhb nicht mit der Erwählungs-, sondern der Bundesvorstellung verbunden:

> Und dafür, daß ihr diese Rechte anhört, sie haltet und darnach tut, wird der Herr, dein Gott, den Bund halten und die Huld bewahren (wᵉšamăr jhwh ᵓᵃ̈lohâka lᵉka ᵓät¯ häbbᵉrît wᵉᵓät¯ haḥäsäd), die er deinen Vätern zugeschworen hat, und er wird dich lieben (wăᵓᵃhebᵉka) und dich segnen und mehren...

Ersetzt man in V. 12 das Gebot der Gesetzesbefolgung durch das der Gottesliebe, erhält man folgenden Satz: "Wenn ihr Gott liebt, ... so wird er dich lieben". Wohl nicht zufällig findet sich ein derartiger Satz im deuteronomisch-deuteronomistischen Schrifttum nicht. Man scheute davor zurück, die Beziehungen Jahwes zu Israel vice versa nebeneinander mit dem gleichen Wort zu umschreiben. Am weitesten in dieser Richtung geht Dtn 7,7-11: Jahwe hat sich Israel aus allen Völkern erwählt, weil er es liebte. Er hält den Bund und bewahrt die Huld denen gegenüber, die ihn lieben.

Es bleibt noch kurz zu untersuchen, ob das Theologumenon der Gottesliebe eine Schöpfung der Verfasser des Deuteronomiums ist oder ob sie es von außen übernommen haben. MORAN hat die von den Israeliten geforderte Gottesliebe als bundesgemäße bezeichnet. Sie besteht darin, daß man Jahwes Gebote erfüllt, auf sie und seine Stimme hört und ihm dient.

"It is, in brief, a love defined by and pledged in the covenant – a covenantal love"[17].

Dieses Konzept einer bundesgemäßen Liebe weist MORAN auch im Alten Orient nach: Vasallen haben ihren Oberherrn zu lieben und umgekehrt[18]. Die starke Übereinstimmung zwischen der im Alten Orient den Vasallen und im Alten Testament Israel abverlangten Liebe spricht seiner Meinung nach "strongly in favor of assuming the influence of analogy"[19]. Sein Argumentationsgang überzeugt. MORAN bespricht in seinem Aufsatz die Stellen aus dem Deuteronomium, an denen von der Liebe Gottes zu Israel die Rede ist, nicht. Zu Recht, denn sie ist nicht einfach eine bundesgemäße. Dtn 4,37; 7,8 und 10,15 wird ᵓhb mit der Erwählung Israels verbunden. Diese Aussage ruft allerdings einer Einschränkung: Die Erwählungsaussagen von Dtn 7,8f sind ein Stück weit in die Bundesvorstellung eingearbeitet worden, wie sich aus dem Kontext ergibt[20].

Es ist sicher kein Zufall, daß die Liebe Gottes zu Israel im Alten Testament viel stärker mit dem Theologumenon der Erwählung als dem des Bundes verbunden ist. Die Liebe zu Gott kann als bundesgemäße gefordert werden, die Jahwes ist eine geschenkte (Stichwort: Erwählung) und nicht einklagbar. Israel bricht die Analogie zum altorientalischen Modell dort, wo die Freiheit Jahwes auf dem Spiele steht. Der altorientalische König muß seine Vasallen lieben wie diese ihn

17 MORAN, Background 78.

18 Vgl. dazu MORAN, a.a.O. 78-82 und unsere Ausführungen auf S. 24ff.

19 A.a.O. 82.

20 Vgl. dazu WILDBERGER, Eigentumsvolk 115f.

auch. Jahwe dagegen wendet den Israeliten seine Liebe aus freier Gnade zu; sie aber müssen ihn lieben[21].

2. Ist die Zusammenfassung von Dtn 6,5 und Lev 19,18 im Doppelgebot der Liebe potentiell bereits im Alten Testament angelegt oder die systematische Leistung von Judentum und Neuem Testament[22]?

Im Alten Testament sind die Gebote der Gottes- und Nächstenliebe nicht zusammengestellt worden. Das schließt jedoch nicht aus, daß diese Verbindung potentiell im Alten Testament angelegt ist und vom Judentum und im Neuen Testament nur noch vollzogen zu werden brauchte. Auf diese Möglichkeit wird in den Arbeiten über das Doppelgebot der Liebe nicht eingegangen; man beschränkt sich auf die Untersuchung seiner Vorgeschichte in jüdischen Schriften. Auch die Alttestamentler haben sich – mit Ausnahme von GESE und EICHRODT (dieser allerdings nur implizit) – kaum mit dieser Möglichkeit auseinandergesetzt. Wir erörtern im folgenden ihre Positionen und zeigen dann durch einen Vergleich mit dem Dekalog, daß sie zutrifft.

21 Eine andere Herleitung des Theologumenons "Liebe zu Gott" im Deuteronomium hat ALT vorgeschlagen. Nach ihm stimmen Hosea und das Deuteronomium darin überein, daß sie beide von der Liebe zu Gott reden. Hoseas Blick ist, so ALT, "so gut wie ausschließlich auf das Sonderverhältnis zwischen Jahwe und Israel gerichtet..., und die Erfahrungen seiner Ehe haben ihn dieses Verhältnis als ein solches der Liebe im persönlichsten und innerlichsten Sinn verstehen gelehrt, von dem man meinen sollte und auch Hosea oft sagt, daß es in die Brüche gehen und Israel vernichten muß, wenn dieses die Liebe Jahwes nicht erwidert, das aber schließlich doch nicht aufhören kann, da Jahwe von seiner Liebe zu Israel nicht läßt" (Heimat 271f). In dieser Grundanschauung stimmt nach ALT das Deuteronomium mit Hosea überein, was aber nicht zur Behauptung einer direkten Abhängigkeit des Deuteronomiums von Hosea verleiten dürfe. Er fährt fort: "Zum Beweis dafür genügt eigentlich schon eine Einzelheit...: die Formulierung der ethischen Grundforderung des Deuteronomiums 'Du sollst deinen Gott Jahwe mit deinem ganzen Herzen, mit deiner ganzen Seele und mit deiner ganzen Kraft lieben'... Diese Formulierung ist durchaus nicht selbstverständlich; andere Autoren des Alten Testaments hätten gewiß viel eher als von der Liebe zu Gott von der Furcht vor ihm gesprochen, ... und noch weitere Ausdrücke standen wie ihnen so auch dem Verfasser des Deuteronomiums zur Wahl. Die bevorzugte Verwendung und starke Betonung des Wortes 'Liebe' durch den letzteren erklärt sich meines Erachtens am besten als ein Echo auf die Botschaft Hoseas, der freilich dasselbe Wort zumeist nur und ungewöhnlich oft von der Liebe Jahwes zu Israel gebrauchte und für die von Israel geforderte Haltung seinem Gott gegenüber andere Ausdrücke fand, aber eben damit, soweit es nicht etwa schon durch Vorgänger geschehen war, den Boden bereitete, in den der Verfasser des Deuteronomiums das Reis seiner Forderung der Liebe Israels zu Jahwe pflanzen konnte" (a.a.O. 272f). Wir schließen nicht a limine aus, daß die deuteronomische Forderung der Gottesliebe wenigstens indirekt durch Hosea mitbeeinflußt worden ist. Stärker wird jedoch der Einfluß des im Alten Orient verbreiteten Konzepts einer bundesgemäßen Liebe im politischen Bereich zu veranschlagen sein. Die Übereinstimmung zwischen den einschlägigen Texten und dem Deuteronomium ist größer als die zwischen Hosea und dem Deuteronomium, ganz abgesehen davon, daß die Forderung der Gottesliebe bei Hosea eben doch ganz fehlt, was ALT mittels nebulöser Formulierung geschickt zu unterschlagen weiß.

22 Zum Doppelgebot der Liebe im Judentum und im Neuen Testament vgl. BURCHARD, Liebesgebot, die unseres Erachtens beste neuere Arbeit zum Thema.

a. EICHRODT

Soll das Doppelgebot der Liebe potentiell im Alten Testament angelegt sein, müssen die Gebote von Dtn 6,5 und Lev 19,18 die Höhepunkte des gegenüber Gott und dem Nächsten gebotenen Verhaltens bilden. Diese Voraussetzung ist nach EICHRODT für beide Stellen gegeben.

Zum Gebot der Gottesliebe führt er aus:

"[Das Deuteronomium nennt] als das Grundgebot, das allen Einzelgeboten ihren Sinn gibt, die Forderung der Gottesliebe und lehrt so den in der Ordnung des Gottesdienstes und des sozialen Lebens wirksamen Gotteswillen in seiner Gemeinschaft suchenden und stiftenden Tat als einheitlich kennen und bejahen"[23].

Eine Vorbemerkung zum besseren Verständnis dieser Stelle: Nach EICHRODT gelangen persönliche Gottesbeziehung und Normen des sittlichen Handelns auf immer höhere Stufen. Einen Höhepunkt, auf dem sich die folgende Zeit nur teilweise zu halten vermag, erreichen sie in exilischer Zeit[24].

Mit dem Gebot der Gottesliebe ist in bezug auf die persönliche Gottesbeziehung in dreifacher Beziehung ein, wenn nicht der Höhepunkt erreicht.

- Dtn 6,5 bildet einmal "nichts anderes als eine neue Verdeutlichung und Vertiefung des alten Gebotes der Gottesfurcht"[25]. Schon dieser Satz zeigt, wie sich nach EICHRODT die Weiterentwicklung der Ethik im Alten Testament vollzogen hat. Das Gebot der Gottesfurcht ist in dem der Gottesliebe aufgehoben, d.h. bewahrt und auf eine höhere Stufe gehoben.
- Nicht nur inhaltlich bildet Dtn 6,5 einen Höhepunkt innerhalb der alttestamentlichen Ethik. Die Glaubenshaltungen der "äußeren Legalität und kasuistischen Gesetzlichkeit"[26] sind in ihm ebenfalls aufgehoben, nun in einer dritten Bedeutung: abgetan; "das sittliche Tun [wird nun] in der allerpersönlichsten Willensrichtung begründet"[27]. Damit "ist die Heteronomie der gesetzlichen Forderung überwunden und einer mechanischen Kasuistik in der Behandlung der einzelnen Gesetzesbestimmungen der Boden entzogen"[28].
- Schließlich ist Dtn 6,5 nicht mehr nur ein Einzelgebot, sondern ein übergeordnetes Prinzip, ein Grundgebot, das aus dem "Drang nach einheitlicher Begründung der ganzen Gesetzesordnung"[29] entstanden ist und verhindert, daß die sittliche Forderung in einzelne, voneinander unabhängige Normen zerfällt.

Innerhalb der sozialethischen Forderungen bildet nach EICHRODT das Gebot der Nächstenliebe einen, wenn nicht den gewichtigsten Höhepunkt:

"Und ebenso wie in dieser Zurückführung der sittlichen Tat auf die personhafte Entscheidung ist das prophetische Anliegen in der Zusammenfassung aller sozialethischen Forderungen erfüllt, durch die der priesterliche Gesetzgeber im Heiligkeitsgesetz den legalen Formalismus in der Beziehung zum Nächsten entmächtigt und der Bindung an den Bruder die alles umfassende Reichweite gibt. Im Liebesgebot von Lev 19,18.34 ist die sittliche Verpflichtung in ihrer niemals en-

23 EICHRODT, Theologie 232.

24 Wenn EICHRODT dies auch nicht ausdrücklich sagt, geht es doch eindeutig aus vielen Stellen seiner Theologie hervor; man vergleiche etwa seine Ausführungen zum Gottesknecht (a.a.O. 229).

25 A.a.O. 206.

26 A.a.O. 205.

27 A.a.O. 232.

28 Ebd.

29 Ebd.

denden Aufgabe wie in ihrer sinnvollen Einheitlichkeit zusammengefaßt und damit wiederum einem Handeln in sittlicher Freiheit die Bahn bereitet"[30].

Wie aus diesem Zitat hervorgeht, führt nach EICHRODT das Gebot der Nächstenliebe die alttestamentliche Ethik an den gleichen Punkten weiter wie das Gebot der Gottesliebe die Gottesbeziehung:

- Die einzelnen sozialethischen Forderungen sind im Gebote der Nächstenliebe aufgehoben, verlieren ihre Gültigkeit also nicht, werden aber auf eine höhere Stufe gehoben.
- Wie Dtn 6,5 das sittliche Handeln in der persönlichen Entscheidung festmacht, so fehlt auch Lev 19,18 der legale Formalismus und wird "einem Handeln in sittlicher Freiheit die Bahn [bereitet]"[31].
- Ebenso wie Dtn 6,5 ist Lev 19,18 kein Einzelgebot, sondern faßt "die sittliche Verpflichtung... in ihrer sinnvollen Einheitlichkeit zusammen..."[32].

Die Gebote der Gottes- und Nächstenliebe, nach EICHRODT Höhepunkte innerhalb der alttestamentlichen Ethik, sind auch inhaltlich miteinander verbunden. Die Gottesliebe bildet die Voraussetzung für die Nächstenliebe; in der Liebe zu Gott ist "das sittliche Tun in der allerpersönlichsten Willensrichtung begründet"[33]. Gottes- und Nächstenliebe fallen bei EICHRODT zwar nicht zusammen. Aber die Gottesliebe bildet nach ihm die Voraussetzung dafür, daß man die im Liebesgebot angelegte Freiheit zu sittlichem Handeln ergreifen kann. EICHRODT hätte die Frage, mit der dieses Kapitel überschrieben ist, mit Ja beantwortet; nach ihm ist das Doppelgebot der Liebe im Alten Testament potentiell vorhanden. Er weist allerdings nicht einmal darauf hin, daß die im Alten Testament angelegte Zusammenfassung von Dtn 6,5 und Lev 19,18 zum Doppelgebot im Neuen Testament vollzogen worden ist. EICHRODTs Darstellung erweckt den Eindruck, daß er die Entwicklung der Ethik im Alten Testament von der Voraussetzung her darstellt, das Doppelgebot müsse ihren Höhepunkt bilden.

b. GESE

Im Gegensatz zu EICHRODT führt GESE explizit aus, daß die Zusammenstellung von Dtn 6,5 und Lev 19,18 im Doppelgebot der Liebe bereits im Alten Testament angelegt ist. Seine kurzen Bemerkungen zum Doppelgebot sind Quintessenz dicht gehaltener Ausführungen über das alttestamentliche Gesetz, die wir kurz referieren müssen, wollen wir jene verstehen.

Das im 7. Jh. in Juda entstandene Deuteronomium spiegelt eine tiefgreifende Bewußtseinsänderung wider, die sich unter dem Eindruck der assyrischen Fremdherrschaft in Israel vollzog. Mit ihr war über die nationale Existenz Israels hinaus auch seine heilsgeschichtliche gefährdet. Der Sieg Assurs bedeutete nämlich nicht nur den eines Volkes, sondern "de[n] Sieg der universalen Idee einer übernationalen Menschheitsökumene, die die Nationalitäten, Völker, Kulturen und Religionen... unter die Ordnung Assurs zusammenfassen konnte"[34]. Wollte Israel unter diesen Umständen seine Existenz bewahren, mußte es sich als Größe verstehen, "die nicht aufgeht im System der Nationalitäten, im staatlichen Gefüge der Weltgeschichte": "die eigentliche Heilsgeschichte [besteht] in der bewußt vollzogenen Relation der Liebe zu Gott in völliger persönli-

30 Ebd.

31 Ebd.

32 Ebd.

33 Ebd.

34 GESE, Gesetz 63.

cher Hingabe"; "aus der Nation mußte die Gemeinschaft derer werden, die in diesem Gericht sich als Jahwes Israel verstanden"[35]. Die Prophetie hatte gefordert, Gott bewußt gegenüberzutreten.

"Und diese im Prophetismus geforderte Bewußtwerdung vollzieht sich inhaltlich im Deuteronomium. Die direkte Konsequenz dieser Verwandlung ist das Deuteronomium"[36].

Damit man sich bewußt zu Gott verhält, wird das Gesetz zur objektiven Größe, der man als Subjekt gegenübertritt (Früher war das Recht in den "kollektiven Lebensvollzug"[37] eingebettet gewesen). Auf das Gebot der Gottesliebe bezogen:

"der objektive Charakter des Deuteronomiums [gründet] in jener Subjektivität..., von der es zu Beginn des Urdeuteronomiums (6,5) heißt: 'JHWH, deinen Gott, sollst du lieben mit deinem ganzen Herzen, mit deiner ganzen Seele, mit deiner ganzen Kraft.' "[38].

Wir führen den von GESE etwas knapp ausgeführten Gedanken in einem Satz weiter: Dtn 6,5 ist das Grundgebot, das sich aus jenem eben beschriebenen Wandel des Selbstverständnisses Israels ergibt.

GESE stellt dann in äußerster Dichte die Charakteristika von P und seines – gegenüber dem Deuteronomium noch vertieften – Gesetzesverständnisses zusammen. Abschließend schreibt er:

"Wenn wir gerne die soziale Humanität des Deuteronomiums herausstreichen, sollten wir doch nicht übersehen, daß jener berühmte Satz 'Liebe deinen Nächsten wie dich selbst' (Lev 19,18) der P-Tradition entstammt, wo er den Höhepunkt des sogenannten singularischen Dekalogs (V. 13-18) darstellt. Die große kosmologische Tiefe und Weite, die metaphysische Sublimität der Zeichenontologie verbieten in keiner Weise die große Vertiefung der humanitas, im Gegenteil, erst in dieser Traditionsschicht wird das Mitleid, Mitgefühl mit dem Armen verwandelt in die liebende Hingabe an den Anderen. Auch in dieser Hinsicht steht die priesterschriftliche Tora mit Recht neben der deuteronomischen"[39].

Leider geht aus GESEs Ausführungen nicht hervor, wie die Vertiefung der humanitas im Gebot der Nächstenliebe mit der theologischen zusammenhängt, es sei denn, man begnüge sich mit der allgemeinen Auskunft, eine Vertiefung der Theologie habe automatisch eine solche der humanitas in ihrem Gefolge.

Interessant ist nun, wie er die Gebote der Gottes- und Nächstenliebe miteinander in Verbindung bringt:

"Im Neuen Testament wird die Frage nach dem größten Gesetz gestellt (Mk 12,28-31par). Ist es Zufall, wenn in der zweigliedrigen Antwort der Beginn des Urdeuteronomiums Dtn 6,4f und der Höhepunkt des singularischen Dekalogs von Lv 19 nebeneinandergestellt werden, neben das deuteronomische $\check{s}^{e}$măʿ also dieser besondere Satz des P-Komplexes tritt? Natürlich sind es inhaltliche Gründe, die zu dieser Zusammenstellung führen, aber derjenige, dem die Struktur der Tora vertraut ist, weiß auch, daß damit die beiden Seiten der Toratradition zu Worte kommen"[40].

Mit andern Worten: Das Doppelgebot der Liebe bildet nicht nur die Zusammenstellung der beiden wichtigsten Gebote des Alten Testaments, sondern eine vollgültige – von GESE her müßte man fast sagen: die einzig angemessene – Zusammenfassung der ganzen Tora.

35 GESE, a.a.O. 64.

36 Ebd.

37 A.a.O. 64f.

38 A.a.O. 65.

39 A.a.O. 68.

40 Ebd.

c. Das Doppelgebot der Liebe und der Dekalog

Im Alten Testament stehen Gebote das Verhalten gegenüber Gott und dem Nächsten betreffend oft nebeneinander. Propheten klagen über die Verletzung von Geboten Gott und dem Nächsten gegenüber[41].

Bekanntestes Beispiel dafür bildet der Dekalog. Er zerfällt in zwei Teile. Dieser Tatbestand wird häufig konstatiert, aber kaum je ausgewertet. Bezeichnend dafür ist etwa die Aussage VON RADs:

"In seinem ersten Teil – einschließlich des Sabbatgebotes – handelt der Dekalog von den Pflichten Gott gegenüber; in einem zweiten von den Pflichten des Menschen gegenüber dem Menschen"[42].

Doch: Kann man mehr sagen? Der Dekalog selbst enthält keine Aussage darüber, in welchem inneren Verhältnis die Pflichten Gott und dem Menschen gegenüber zueinander stehen. Sie gehören nach ihm ganz selbstverständlich zusammen, das eine ohne das andere gibt es nicht.

Das Doppelgebot der Liebe weist nun die gleiche Struktur auf wie der Dekalog. Wie dieser regelt es in seinem ersten Teil das Verhältnis zu Gott, im zweiten das zum Nächsten. Und wie das Zehnwort stellt es keine explizite Verbindung zwischen den beiden Teilen her. AUGUSTIN hat also das Doppelgebot der Liebe und den Dekalog zu Recht miteinander in Verbindung gebracht. Die ersten drei Gebote bezögen sich auf (den dreieinigen) Gott, die restlichen sieben auf die Menschen. Nach einer Auslegung der drei ersten Gebote fährt er fort:

> **Sermo IX,7**
> Si diceretur nobis: Diliges dominum deum tuum ex toto corde tuo et ex tota anima tua et ex tota mente tua, et de proximo nostro nihil diceretur, non esset decachordum, sed trichordum. Quia uero addidit dominus: Et diliges proximum tuum tamquam teipsum, et contexuit dicens: In his duobus praeceptis tota lex pendet et prophetae, tota lex in duobus praeceptis est, in dilectione dei et dilectione proximi. Ad duo itaque praecepta, id est, ad dilectionem dei et proximi pertinet decalogus[43].

Zwischen Dekalog und Doppelgebot der Liebe besteht weiter ein Vergleichspunkt zweiter Ordnung: Die beiden ersten Gebote des Zehnwortes bringen den Ausschließlichkeitsanspruch Jahwes zum Ausdruck, der auch im Gebot, Gott zu lieben, enthalten ist[44].

Die Zusammenfassung von Dtn 6,5 und Lev 19,18 zum Doppelgebot der Liebe ist im Alten Testament angelegt. Es weist die gleiche Struktur wie der Dekalog auf: in seinem ersten Teil regelt es das Verhalten gegenüber Gott (mit Betonung des Ausschließlichkeitsanspruchs), im zweiten gegenüber dem Nächsten, ohne die beiden explizit in eine innere Beziehung zueinander zu bringen.

41 Beispiele: Jer 7,9; Ez 22,6ff.

42 VON RAD, Theologie 205. – Auch JEPSEN, der aufgrund formgeschichtlicher Erwägungen den Dekalog in eine Gottes- und Prophetenrede aufteilt, kommt über die VON RADsche Sicht nicht hinaus: "Der Dekalog... bestand aus zwei Teilen. Der erste enthielt ein Jahwewort, das das Verhältnis Jahwes zu Israel umriß, und zwar die für das Verhältnis entscheidenden Züge" (Beiträge 301). "Was den zweiten Teil angeht, so enthält er eine Reihe von Sätzen, die das Verhältnis zum Nächsten bestimmen" (a.a.O. 302).

43 AUGUSTIN, Sermones 120.

44 Vgl. dazu oben S. 148.

C. Die alttestamentliche Ethik und das Liebesgebot

1. Die Einordnung von Lev 19,18 in die Geschichte der alttestamentlichen Ethik

Die Geschichte der alttestamentlichen Ethik ist erst ansatzweise geschrieben. Durchgeht man die einschlägige Literatur mit der Frage, welchen Platz das Liebesgebot in ihr einnimmt, wird man enttäuscht[1]. Es finden sich in ihr viele allgemein gehaltene Aussagen über den systematischen Ort von Lev 19,18 innerhalb der alttestamentlichen Ethik, aber kaum solche über seinen geschichtlichen. Eine Ausnahme bilden die bereits referierten Arbeiten von PERLITT und VON RAD[2]. In diesem Kapitel stellen wir die Entwicklungsmodelle NIKELs und EICHRODTs vor und führen die Beobachtungen PERLITTs zur Brüderlichkeitssprache weiter.

a. Die Entwicklungsmodelle NIKELs und EICHRODTs

NIKEL stellt seiner Arbeit, in welcher er die Fragen der Einstellung zum Fremden und zum persönlichen Feind besonders ausführlich behandelt, eine programmatische Aussage über die Entwicklung der alttestamentlichen Ethik voran:

"Ist aber erst einmal anerkannt, daß es Offenbarungsstufen auf dem Gebiete des Glaubens gibt, dann kann die Meinung, daß Israel auch in sittlicher Hinsicht von niederen zu höheren Anschauungen erzogen wurde, nicht unzulässig sein"[3].

Die Durchführung dieses Programms befriedigt in keiner Weise. NIKEL behandelt in seinem Buche nacheinander die ethischen Anschauungen der pentateuchischen Gesetze, der Propheten und der weisheitlichen Schriften. Der Prophetismus bringe in bestimmten Gebieten der Ethik eine Weiterentwicklung, so auch in bezug auf die Feindesliebe. Zwar gebe es keine Prophetensprüche über die Feindesliebe, aber ihre Aussagen über die Nächstenliebe (Thr 3,27-30; Jes 50,6; Sach 7,9; 8,17) dürften auch auf sie übertragen werden[4]; unter anderem in bezug auf sie schreibt er:

"Die Pflicht der Feindesliebe, wie sie im Pentateuch eingeschärft wird..., wird auch in der nachmosaischen Zeit von den Vertretern und Verkündigern der legitimen Religion anerkannt. Die Prophetie hat zweifellos auch auf diesem Gebiete veredelnd und aneifernd gewirkt"[5].

NIKEL betrachtet, haben wir seine Ausführungen richtig verstanden, das Gebot der Nächstenliebe nicht als Höhepunkt in bezug auf die Feindesliebe. Er geht in seiner Arbeit von der falschen

1 Besonders enttäuschend in dieser Hinsicht sind die beiden neuesten deutschsprachigen Ethiken des Alten Testaments. Nach HEMPEL, Ethos 158, faßt Lev 19,2aβb "eine Fülle teils kultischer, teils allgemein sittlicher, speziell humaner und karitativer Bestimmungen zusammen. In ihrem Rahmen leitet... [Lev 19,15] von den Schutzvorschriften für die Tagelöhner, die Blinden und Lahmen über die Verbote der Verleumdung, des Hasses und der Rachsucht zu der ganz allgemeinen Mahnung hin: 'Liebe deinen Nächsten wie dich selbst; ich bin Jahwe!' ". – Völlig unbefriedigend und großenteils falsch oder aus der Luft gegriffen sind die Ausführungen von VAN OYEN, Ethik 100f: "Die Liebe zum Nächsten (Lev 19,18) vollzieht sich unter dem Aspekt der Nachahmung Gottes: so wie Jahwe sein Volk erlöst hat, während es in großem Elend war, so hat auch der Eidgenosse sich dessen zu erbarmen, der in Elend und Not ist, also auch des Fremdlings und Beisassen, der im Lande lebt. Es liegt in diesem Handeln ein Element eigener Heilsreifung. Die Seele läßt sich auf Gott hin vollenden, indem sie Barmherzigkeit und Güte walten läßt. Denn nur so gelangt der Israelit in die heilige Fülle der lebendigen Gottesgegenwart hinein". Auch VAN OYENs Vergleich des Liebesgebotes mit der Goldenen Regel (a.a.O. 101f) befriedigt nicht.

2 Vgl. dazu oben S. 34ff; 69f.

3 NIKEL, Nächstenliebe 9.

4 Vgl. dazu seine Ausführungen a.a.O. 45f.

5 A.a.O. 45.

Voraussetzung aus, daß die Prophetie gegenüber den pentateuchischen Gesetzen in jedem Falle fortschrittlicher sei, was nicht unbedingt zutreffen muß. Er behauptet zwar, die alttestamentliche Ethik habe sich weiterentwickelt, zeigt aber kaum auf, wie sich dieser Prozeß inhaltlich vollzogen hat. So genügt etwa der Hinweis nicht, die Propheten hätten auch auf dem Gebiete der Feindesliebe "veredelnd und aneifernd gewirkt"[6]. Diese Aussage bedürfte inhaltlicher Konkretisierung. Sie enthält nur die Behauptung, es habe eine Höherentwicklung stattgefunden, nicht aber den Beweis dafür.

Streng durchgeführt wird der Entwicklungsgedanke von EICHRODT. Geht man in seiner Theologie die Abschnitte über die persönliche Gottesbeziehung und die alttestamentliche Sittlichkeit durch[7], so fällt auf, wie stark er die Entwicklung der alttestamentlichen Ethik als Höherentwicklung, als zielgerichteten Prozeß versteht, der erst in der nachexilischen Gemeinde des Gesetzes gefährdet worden ist. Nicht zufällig enthalten diese beiden Abschnitte aus seiner Theologie massiert Wörter und Wendungen, die eine Entwicklung zum Ausdruck bringen: fortschreiten, Höhenlage, Tendenz zur Vereinheitlichung, vertiefen, innerlicher begründen, inhaltliche Neugestaltung, Erweiterung des Bereichs der sittlichen Normen. Wir zeigen an einigen ausgewählten Punkten, wie sich nach EICHRODT die Höherentwicklung der alttestamentlichen Ethik vollzogen hat.

Die Forderung auf Erfüllung der sittlichen Normen erfährt eine immer tiefere Begründung und wird gesteigert. In Israel gab es lange Normen, "die mit einer gewissen Selbständigkeit das Handeln bestimmen, ohne daß man in jedem Falle ein bestimmtes göttliches Gebot dafür anführen müßte... die Volkssitte"[8]. Später wurden sie "als Willensausdruck des einen göttlichen Herrn verstanden..., der das ganze menschliche Leben in allen seinen Beziehungen sich untertan zu machen beanspruchte. Indem die absolute Autorität hinter sie trat, wurden jene Grundsätze menschlichen Zusammenlebens aus der Sphäre bloß relativer Verbindlichkeit im Rahmen und in den Grenzen einer bestimmten geschichtlichen Lage herausgehoben und bekamen an der zeitlosen Unbedingtheit des Heiligen teil"[9]. Unter dem Einfluß der prophetischen Bewegung fand nochmals eine Weiterentwicklung statt:

"die Autorität der sittlichen Normen [wird] innerlicher begründet als bisher: sie ist verankert im Wesen Gottes als des Guten und darf darum bei den von ihr Aufgerufenen ein inneres Verständnis und eine willige Zustimmung verlangen... Hier kann keine äußerliche Unterwerfung unter bestimmte Satzungen mehr genügen, es muß vielmehr zu der aus innerster Überzeugung fließenden Bejahung des Gebotes kommen, die in Liebe, Treue und Gotteserkenntnis..., in Glauben und Vertrauen sich als einheitliche geistige Gesamthaltung äußert. Damit wird das Gesetz völlig der Gefahr, als fremde Zwangsnorm mißverstanden zu werden, entzogen"[10].

Die Ethik erfährt auch material eine Weiterentwicklung, wobei wiederum die Propheten den entscheidenden Einfluß ausgeübt haben:

"Hatte schon in der alten Volksethik das unbedingte Einstehen für den 'Nächsten'... einen Grundpfeiler der Sozialmoral gebildet, so führte die Überwältigung von der unmittelbaren göttlichen Gegenwart bei den Propheten zu einer vertieften Auffassung von den Pflichten, die durch jene gottgewollte Volksverbundenheit allen Volksangehörigen auferlegt werden"[11].

6 Ebd.

7 EICHRODT, Theologie 157-263.

8 EICHRODT, a.a.O. 218.

9 A.a.O. 220.

10 A.a.O. 226.

11 A.a.O. 227f.

Daneben gab es allerdings noch "manche Gebiete des Volkslebens[, die] sich der Herrschaft der sittlichen Normen noch entzogen"[12], so etwa "die geschlechtliche Moral des Mannes"[13].

Ein letzter Aspekt:

"[In Dekalogen und dekalogähnlichen Reihen läßt sich eine] Tendenz zur Vereinheitlichung der ethischen Normen... [erkennen]: in wenigen lapidaren Sätzen sollen die einfachen großen Grundlinien sittlichen Verhaltens gezeichnet werden... Am stärksten ist dieses Bestreben im Dekalog entwickelt, wo unter teilweisem Verzicht auf äußerlich gleichmäßigen Aufbau die Reichweite der Verbote durch Weglassung der konkreten Einzelvergehen und der Strafangabe so weit wie möglich ausgedehnt ist; dadurch bekommen die einzelnen Sätze prinzipielle Bedeutung für alle ähnlichen Fälle und lassen zugleich den sittlichen Gehalt mit erhöhter Prägnanz und Absolutheit hervortreten. Die damit getroffene Auswahl aus der ganzen Mannigfaltigkeit der rechtlichen und sittlichen Vorschriften trägt unausgesprochen die Überzeugung von einer wesentlichen Einheit der sittlichen Anforderungen in sich und übt in der versuchten Umschreibung derselben durch die angeführten Grundsätze eine immanente Kritik an der naturgewachsenen und geschichtlich-zufälligen Masse der bisher sanktionierten Lebensregeln"[14].

In der Darstellung EICHRODTs befindet sich die alttestamentliche Ethik bis zur Zeit der Gemeinde des Gesetzes in konstanter Weiter- und das heißt hier Höherentwicklung. Wie schon gezeigt, bildet das Gebot der Nächstenliebe einen Höhepunkt in diesem Prozeß. Diese Aussage bedarf der Präzisierung. EICHRODT schließt seine Ausführungen zu Lev 19,18.34 mit dem Satz ab:

"[Im Gebot der Nächstenliebe] sind wesentliche Momente prophetischer Erkenntnis in denkbar einfacher und leicht faßlicher Form in der israelitischen Gesetzesbelehrung verankert"[15].

Anders ausgedrückt: Inhaltlich geht das Gebot der Nächstenliebe nicht wesentlich über das hinaus, was die Propheten (doch bis etwa Deuterojesaja) gefordert haben[16]. Die Leistung des "Verfassers" von Lev 19,18 wäre EICHRODT zufolge also in erster Linie pädagogischer Natur. Bei der zeitlichen Einordnung des Liebesgebotes haben wir dieses als Antwort auf die Herausforderungen der exilischen Zeit verstanden. VON RAD hat, als er davon sprach, daß einer bestimmten Zeit die negative Formulierung von Geboten nicht mehr ausreichte, um den Willen Gottes angemessen zu umschreiben, in eine ähnliche Richtung gewiesen. EICHRODT nun arbeitet zwar historisch, geht aber kaum auf die Frage ein, worin denn die Weiterentwicklung der Ethik begründet ist. Er schreibt vor allem die *Ideen*geschichte der Ethik Israels. Dadurch daß er die großen Linien der alttestamentlichen Ethik erarbeitet, kann er das Liebesgebot als Produkt einer sehr langen Entwicklung verstehen, die ihren Höhepunkt in der Prophetie gefunden hat.

b. Die Brüderlichkeitssprache der jüngeren Prophetie und das Liebesgebot

Um das Gebot der Nächstenliebe in die Entwicklung der alttestamentlichen Ethik einordnen zu können, muß man es u.a. mit den Forderungen der Propheten vergleichen, was nicht ganz einfach ist. Einen Vergleichspunkt gibt es allerdings. PERLITT hat darauf hingewiesen, daß sich die Propheten des 8. Jh. zur Formulierung ihrer ethischen Anliegen nicht der Brüderlichkeitssprache bedienen, die sich im Deuteronomium und in Lev 19 und 25 findet[17]. Man kann diesen Un-

12 A.a.O. 222.

13 A.a.O. 223.

14 A.a.O. 221.

15 A.a.O. 232.

16 EICHRODTs Ausführungen über das Gebot der Nächstenliebe stehen, was man gerne übersieht, im Abschnitt "Die Wirkung der prophetischen Bewegung" (a.a.O. 225).

17 Vgl. dazu unsere Ausführungen S. 34ff.

terschied vergröbernd wie folgt umschreiben: Die Propheten des 8. Jh. sagen, *was* man seinen Brüdern nicht tun darf, in Dtn 15 und Lev 19,17f, um zwei Beispiele herauszugreifen, hören wir, was man *seinem Bruder* nicht tun darf. Die Akzente liegen anders.

In der ethischen Verkündigung der jüngeren Prophetie findet sich die Brüderlichkeitssprache wieder, wenn auch nicht gleich betont wie in Deuteronomium und Heiligkeitsgesetz. Wir führen einige Beispiele dafür an.

Interessant ist ein Vergleich von Mi 2,1 und Sach 7,10:

Mi 2,1 [18]

Wehe denen die auf Böses und üble Taten sinnen (ḥošᵉbê⁻ ʾawän ûpåʿᵃ̊lê raʿ) auf ihren Lagern, um es bei Morgengrauen zu vollführen, weil sie die Macht dazu haben!

Sach 7,10

Bedrückt nicht Witwen und Waisen, Fremdlinge und Arme, und sinnt nicht auf Arges widereinander in eurem Herzen (wᵉraʿăt ʾîš ʾaḥîw ʾăl⁻ tăḥšᵉbû bilbăbkäm)!

Sacharja spricht nicht nur vom "Arges sinnen", sondern über Mi 2,1 hinaus davon, daß es im Herzen gehegt wird und sich gegen den Bruder richtet.

Das gleiche Resultat ergibt die Gegenüberstellung von Jes 1,17 und Jer 7,5:

Jes 1,17

Trachtet nach Recht (diršû mišpaṭ)!

Jer 7,5 [19]

Wenn ihr wirklich Recht schafft zwischen den Leuten (ʾim⁻ ʿaśô tăʿᵃśû mišpaṭ bên ʾîš ûbên reʿehû)...

Fordert Jesaja das Trachten nach Recht, hält Jer 7,5 darüber hinaus fest, daß es gegenüber dem Nächsten geübt werden muß.

Wir führen noch zwei Belege an:

Sach 7,9

So spricht der Herr der Heerscharen: "Pflegt wahrhaftiges Recht und übt Güte und Barmherzigkeit gegeneinander (ʾîš ʾät⁻ ʾaḥîw)!"

Sach 8,16

Dies sind die Dinge, die ihr tun sollt: Redet die Wahrheit untereinander (ʾîš ʾät⁻ reʿehû) und sprechet heilsames Recht in euren Toren!

In der jüngeren Prophetie finden sich also Anklänge an die im Deuteronomium erstmals belegte Brüderlichkeitssprache. Ob hier deuteronomischer Einfluß vorliegt oder nicht, wagen wir

18 Übersetzung der JB. Viele Kommentatoren scheiden upoʿᵃlê raʿ metri causa aus. Besser ist es, upåʿᵃ̊lê raʿ zu punktieren und die beiden Worte neben ʾawän als zweites Objekt von ḥošᵉbê zu betrachten. Zu diesem Vorschlag und seiner Begründung s. WOLFF, Dodekapropheton 4 38f.

19 Ob diese Stelle auf den Propheten Jeremia zurückgeht oder nicht, bleibe hier dahingestellt.

nicht zu beurteilen. Nicht erlaubt dürfte es sein, die Existenz dieser Brüderlichkeitssprache bei den späteren Propheten mit dem Hinweis darauf in Abrede zu stellen, re^{a}ʿ und ʾaḥ dienten an diesen Stellen nur zur Umschreibung der Reziprozität. Die emotionale Färbung der beiden Begriffe kann in den Wendungen ʾîš… reʿehû/ʾaḥîw durchaus mitschwingen. Daß es sich tatsächlich so verhält, ist um so wahrscheinlicher, als das Jer 7,5; Sach 7,9.10; 8,16 Gemeinte auch ohne diese Wendungen hätte ausgedrückt werden können[20].

Nach NIKEL und EICHRODT ist in der prophetischen Verkündigung der Höhepunkt alttestamentlicher Ethik erreicht. Wenn man diesen Begriff schon verwenden will: Wäre es dann nicht angebrachter, die Brüderlichkeitsethik im Deuteronomium, im Heiligkeitsgesetz und in der jüngeren Prophetie als zweiten neben der Verkündigung der Propheten zu betrachten?

2. Die systematische Einordnung von Lev 19,18 in die alttestamentliche Ethik

a. Der Platz des Liebesgebotes im Neuen Testament

Im Neuen Testament kommt das Gebot der Nächstenliebe nicht weniger als neunmal vor[21], häufig an zentralen Stellen, einige Male mit dem Gebot der Gottesliebe zusammen.

Seine Wichtigkeit im Neuen Testament verdankt das Liebesgebot allerdings nicht nur oder in erster Linie der großen Anzahl von Belegen, sondern ebensosehr der Tatsache, daß es in ihm als Zentralforderung gekennzeichnet wird.

- Mt 22,38 redet von der Gottesliebe als größtem (ἡ μεγάλη) und erstem Gebot und schickt dem der Nächstenliebe die Einleitung voran: "Das zweite ist ihm gleich" (V. 39).
- Mk 12 antwortet Jesus auf die Frage: "Welches ist das erste Gebot unter allem (πάντων)?" (V. 28) mit dem Gebot, Gott zu lieben und fügt als zweites dasjenige der Nächstenliebe an[22].
- Lk 10 erfährt das Doppelgebot der Liebe indirekt eine Auszeichnung dadurch, daß es die Antwort auf die wichtige Frage bildet: "Meister, was muß ich tun, damit ich das ewige Leben ererbe?" (V. 25)[23].
- Jak 2,8 bezeichnet das Gebot als königliches Gesetz.
- Gal 5,14 wird es mit dem Satz eingeleitet: "Denn das ganze Gesetz ist in einem Wort erfüllt, [nämlich] in dem…".
- Mt 19 schließt das Liebesgebot eine Aufzählung von Geboten des Dekalogs, einem Zentrum alttestamentlicher Gesetzesverkündigung, ab[24].
- Nach Röm 13,8 hat, wer liebt, das Gesetz erfüllt. Im anschließenden Vers wird das Gebot der Nächstenliebe als Zusammenfassung der Gebote bezeichnet: Denn das [Gebot]: 'Du sollst nicht ehebrechen, du sollst nicht töten, du sollst nicht stehlen, du sollst nicht begehren', und wenn es irgendein andres Gebot gibt, ist in diesem Wort zusammengefaßt, in dem: 'Du sollst deinen Nächsten lieben wie dich selbst!'[25].

20 Daß die Brüderlichkeitsethik in nachexilischer Zeit eine wichtige Rolle gespielt hat, geht weiter aus Neh 5 hervor; vgl. dazu unsere Ausführungen auf S. 138f.

21 Mt 5,43; 19,19; 22,39; Mk 12,31.33; Lk 10,27; Röm 13,9; Gal 5,14; Jak 2,8.

22 Zum teils vorhandenen, teils fehlenden jüdischen Hintergrund der Ausdrücke ἡ μεγάλη καὶ πρώτη ἐντολή, ἐντολὴ πρώτη πάντων, δευτέρα (ἐντολή) vgl. BURCHARD, Liebesgebot 53-55.

23 Diese Frage stellten im Judentum Schüler ihrem Lehrer: " 'Rabbi, lehre uns die Wege des Lebens, daß wir auf ihnen das Leben der zukünftigen Welt erlangen' (b.Ber. 28b Bar.)"; zitiert nach: GRUNDMANN, Lukas 222.

24 V. 19. In der Markus- und Lukasfassung (Mk 10,19; Lk 18,20) wird die Gebotsaufzählung Jesu noch nicht durch das Liebesgebot abgeschlossen.

25 KÄSEMANN, Römer 345, nimmt an, daß Paulus hier "einer judenchristlich katechetischen Tradition folgt, wie sie sich in Mt 5,17ff. niedergeschlagen hat".

Nur Mt 5,43, der einzigen Stelle im Neuen Testament, an der das Liebesgebot nicht in der LXX-Fassung von Lev 19,18 zitiert wird und wo es um den Gegensatz zwischen Nächsten- und Feindesliebe geht, erfährt es keine besondere Auszeichnung. Man könnte allerdings sagen, daß es insofern als besonders wichtig ausgezeichnet wird, als Mt 5,43 den Anspruch in sich trägt, seinen Geltungsbereich gegenüber früher zu erweitern, also ein neues Gebot einzuführen.

Im Neuen Testament gilt, wie diese kurze Aufzählung zeigt, das Gebot der Nächstenliebe als wichtigstes Gebot. Dieser Tatbestand gewinnt dadurch zusätzlich an Bedeutung, daß die Zentralstellung des Liebesgebotes auf sehr unterschiedliche Art und Weise ausgedrückt wird[26].

b. Ez 18

Im Alten Testament kommt das Gebot der Nächstenliebe nur ein (zwei) Mal vor; Lev 19,18 (34) enthält zudem, wie schon ausgeführt, keine Aussage über seinen systematischen Ort in der alttestamentlichen Ethik. Um ihn bestimmen zu können, holen wir etwas aus und setzen mit der Exegese eines Textes ein, der mit unserem Thema auf den ersten Blick nichts zu tun zu haben scheint: Ez 18,5-19.

Ez 18,5-19 behandelt "das Problem des Kausalnexus von Schuld und Strafe zwischen den Generationen in Form der Besprechung einer Dreigenerationenreihe"[27]; auf es gehen wir nicht ein. Wir gehen von der Feststellung aus, daß sich in diesem Abschnitt eine Toraliturgie spiegelt, in der "auf eine (durch eine Frage des priesterlichen Schwellenhüters provozierte?) Aussage des Heiligtumsbesuchers, in welcher er über sein Verhalten gegenüber den Rechtsordnungen Auskunft gab, der Spruch des Priesters folgte, welcher über Zulassung oder Abweisung entschied"[28].

Im untersuchten Abschnitt finden sich drei längere und zwei kürzere Beschreibungen desjenigen, der als ṣăddîq gelten kann respektive nicht (vgl. Tabelle S. 161). V. 5-9 (1) schildern das Verhalten eines gerechten Mannes, V. 10-13 (2) das seines gewalttätigen Sohnes, V. 14-17 (3) das des wiederum gerechten Enkels. V. 18 (4) und 19 (5) blicken kurz auf das Verhalten der zweiten, respektive dritten Generation zurück.

① zeichnet das Bild des Gerechten, der leben wird. Das ṣăddîq hûˀ wird dem zugesprochen, der gerecht ist, Recht und Gerechtigkeit übt, nicht auf den Bergen ißt usw., also bestimmte kultische und soziale Gebote befolgt. Als gerecht kann dann nicht gelten, wer eine dieser Vorschriften übertritt. Es wäre nun falsch zu glauben, wer diese begrenzte Anzahl von Einzelgeboten befolge, dürfe als gerecht gelten und deshalb leben. Wie die Abschnitte ② – ⑤ zeigen, kann das geforderte Verhalten mit einer je andern Auswahl von Geboten und Verboten umschrieben werden.

Diesen Tatbestand interpretieren wir wie folgt: In der je verschiedenen Auswahl an Vorschriften in den Abschnitten ①, ③ und ⑤ wird immer das *Ganze* der göttlichen Forderung an Israel mitgedacht, alle Einzelgebote, nicht nur die aufgeführten. Es gilt also:

- Gottes Willen offenbart sich in einzelnen Geboten, geht aber nicht in ihnen auf.
- Wo Einzelvorschriften aufgeführt werden, ist immer der ganze Wille Gottes mitzudenken.

26 Zur Zentralstellung des Liebesgebotes im Neuen Testament vgl. WENDLAND, Ethik 122. Nach ihm bildet es einen der Punkte, in denen die Ethik aller Teile des Neuen Testaments einheitlich ist: es stellt "überall bei den Synoptikern und bei Paulus, bei Jakobus und Johannes die Mitte und die höchste Norm der Ethik dar".

27 ZIMMERLI, Ezechiel 397.

28 ZIMMERLI, a.a.O. 398.

1: Der gerechte Mann (5-9)

5 וְאִישׁ כִּי־יִהְיֶה צַדִּיק וְעָשָׂה
מִשְׁפָּט וּצְדָקָה׃ 6 אֶל[a]־הֶהָרִים[b] לֹא אָכָל וְעֵינָיו לֹא נָשָׂא אֶל־גִּלּוּלֵי
בֵּית יִשְׂרָאֵל וְאֶת־אֵשֶׁת רֵעֵהוּ לֹא טִמֵּא וְאֶל־אִשָּׁה נִדָּה לֹא יִקְרָב׃
7 וְאִישׁ לֹא יוֹנֶה [a]חֲבֹלָתוֹ חוֹב[a] יָשִׁיב גְּזֵלָה[b] לֹא יִגְזֹל לַחְמוֹ לְרָעֵב יִתֵּן
וְעֵירֹם יְכַסֶּה־בָּגֶד׃ 8 בַּנֶּשֶׁךְ[a] לֹא־יִתֵּן וְתַרְבִּית לֹא יִקָּח מֵעָוֶל[b] יָשִׁיב
יָדוֹ מִשְׁפַּט אֱמֶת יַעֲשֶׂה בֵּין אִישׁ לְאִישׁ׃ 9 בְּחֻקּוֹתַי[a] יְהַלֵּךְ[b] וּמִשְׁפָּטַי
שָׁמַר לַעֲשׂוֹת אֱמֶת[c] צַדִּיק הוּא חָיֹה יִחְיֶה נְאֻם אֲדֹנָי[d] יְהוִה׃

2: Der gewalttätige Sohn (10-13)

10 וְהוֹלִיד בֵּן־פָּרִיץ שֹׁפֵךְ דָּם וְעָשָׂה [a-b]אָח מֵאַחַד[b] מֵאֵלֶּה[a]׃ 11 [a]וְהוּא
אֶת־כָּל־אֵלֶּה לֹא עָשָׂה[a] כִּי גַם אֶל[b]־הֶהָרִים[b] אָכַל וְאֶת־אֵשֶׁת רֵעֵהוּ
טִמֵּא׃ 12 עָנִי[a] וְאֶבְיוֹן הוֹנָה גְּזֵלוֹת[b-a] גָּזָל חֲבֹל[a] לֹא יָשִׁיב[c] וְאֶל־הַגִּלּוּלִים
נָשָׂא עֵינָיו תּוֹעֵבָה עָשָׂה׃ 13 בַּנֶּשֶׁךְ נָתַן וְתַרְבִּית לָקַח וָחָי[a] לֹא יִחְיֶה אֵת
כָּל־הַתּוֹעֵבוֹת הָאֵלֶּה עָשָׂה מוֹת יוּמָת[b] דָּמָיו[c] בּוֹ יִהְיֶה׃

3: Der wiederum gerechte Enkel (14-17)

14 וְהִנֵּה
הוֹלִיד בֵּן וַיַּרְא אֶת־כָּל־חַטֹּאת אָבִיו אֲשֶׁר עָשָׂה וַיִּרְאֶה[a] וְלֹא יַעֲשֶׂה
כָּהֵן׃ 15 עַל־הֶהָרִים[a] לֹא אָכָל וְעֵינָיו לֹא נָשָׂא אֶל־גִּלּוּלֵי בֵּית יִשְׂרָאֵל
אֶת[b]־אֵשֶׁת רֵעֵהוּ לֹא טִמֵּא׃ 16 וְאִישׁ לֹא הוֹנָה חֲבֹל[a] לֹא חָבָל וּגְזֵלָה
לֹא גָזָל לַחְמוֹ לְרָעֵב נָתָן וְעֵרוֹם כִּסָּה־בָגֶד׃ 17 מֵעָנִי[a-b] הֵשִׁיב יָדוֹ נֶשֶׁךְ
וְתַרְבִּית לֹא לָקָח מִשְׁפָּטַי עָשָׂה בְּחֻקּוֹתַי[a] הָלָךְ הוּא לֹא יָמוּת בַּעֲוֹן
אָבִיו חָיֹה יִחְיֶה׃

4: Rückblick auf 2 (18)

18 אָבִיו כִּי־עָשַׁק עֹשֶׁק גָּזַל[a] [b]גֵּזֶל אָח[b] וַאֲשֶׁר לֹא־טוֹב
עָשָׂה בְּתוֹךְ עַמָּיו[c] וְהִנֵּה־מֵת בַּעֲוֹנוֹ׃

5: Rückblick auf 3 (19)

19 וַאֲמַרְתֶּם מַדֻּעַ לֹא־נָשָׂא הַבֵּן
בַּעֲוֹן[a] הָאָב וְהַבֵּן מִשְׁפָּט וּצְדָקָה עָשָׂה אֵת כָּל־חֻקּוֹתַי שָׁמַר וַיַּעֲשֶׂה
אֹתָם חָיֹה יִחְיֶה׃

Diese Deutung findet einen Anhaltspunkt im Text selbst, und zwar in den Sätzen, welche die jeweiligen Abschnitte abschließen:

Abschnitt 1:
b^e^ḥuqqôtăj j^e^hăllek ûmišpaṭăj šamăr lă^ca^śôt ^ɔä^mät

Abschnitt 2:
ɔet kål⁻ hăttô^c^ebôt haɔellā ^c^aśā

Abschnitt 3:
mišpaṭăj ^c^aśā b^e^ḥuqqôtăj halak

Abschnitt 4:
wă^ɔa^šär loɔ⁻ ṭôb ^c^aśā b^e^tôk ^c^ămmâw

Abschnitt 5:
ɔet kål⁻ ḥuqqôtăj šamăr wăjjă^ca^śā ɔotam

Neben einer Auswahl von Einzelgeboten dienen auch *formale*[29] Zusammenfassungen dazu, das Israel von Gott gebotene Verhalten zu umschreiben. Gerecht ist also nicht einfach, wer eine bestimmte Anzahl von Einzelgeboten befolgt, sondern, wer alles hält, was Gott ihm befiehlt, alle seine Gebote und Vorschriften. Die einzelnen in Ez 18 aufgeführten Notae eines Gerechten stehen stellvertretend für alle andern. Wer nur sie aufweist und nicht alle Satzungen Jahwes befolgt, ist nicht gerecht. Die zentrale Forderung von Ez 18 besteht darin, Gottes Gebote zu befolgen und seine Verbote nicht zu übertreten, ist also (wenigstens vordergründig) formal und nicht inhaltlich bestimmt.

c. Formale Zusammenfassungen von Gottes Willen

Formale Zusammenfassungen des Israel gebotenen Verhaltens finden sich im Alten Testament viele. Hier sei noch eine besonders wichtige erwähnt: tun, was gut (ṭôb) und recht (jašar) ist in den Augen Jahwes (b^ec^ênê jhwh)[30]. Zwei Beispiele:

> **Dtn 12,28**
> Bewahre und höre all das, was ich dir gebiete, auf daß es dir und deinen Kindern nach dir wohl ergehe ewiglich, wenn du tust, was recht und wohlgefällig ist vor dem Herrn, deinem Gott (kî tă^ca^śā hăṭṭôb w^e^hăjjašar b^ec^ênê jhwh ^ɔä^lohâka).
>
> **Jes 38,2f**
> Da kehrte Hiskia sein Angesicht gegen die Wand, und er betete zum Herrn und sprach: Ach Herr, gedenke doch, daß ich mit Treue und ungeteiltem Herzen vor dir gewandelt bin und getan habe, was dir wohlgefällt (w^e^hăṭṭôb b^ec^ênâka ^c^aśîtî).

HÖVER-JOHAG weisen darauf hin, daß die Wendung ṭôb b^ec^ênê "bundes- und rechtsterminologische[n] Charakter" hat und "als Unterwerfung der eigenen Person unter das Verfügungs-

29 Darunter verstehen wir solche Zusammenfassungen, in denen das gebotene Verhalten inhaltlich noch nicht entfaltet wird, also noch nicht Rechttun u.a.m. gefordert wird.

30 Näheres zu diesen Wendungen findet sich bei STOEBE, Art. ṭwb 657; LIEDKE, Art. jšr 792; JENNI, VETTER, Art. ^c^ăjin 266; HÖVER-JOHAG, Art. ṭwb 328f.

recht eines anderen, bedingt durch die bestehende Rechtslage"[31] verstanden werden muß. Mit der Forderung, das Gute/Rechte in den Augen Jahwes zu tun, wird also verlangt, dem Bundeswillen Jahwes nachzuleben. Sie wird häufig, und zwar in allen Teilen des Alten Testaments, verwendet, um Gottes Willen an Israel umfassend zu umschreiben. Wie der Bundesgedanken eines der Zentren der alttestamentlichen Theologie bildet, so die Erfüllung des Bundeswillens einen Mittelpunkt ihrer Ethik. Die Forderung, das Gute/Rechte in den Augen Jahwes zu tun, ist also nicht rein formal bestimmt.

Die Vokabel ṭôb wird nicht nur im Zusammenhang mit der eben behandelten Wendung in ethischem Kontext gebraucht, sondern auch ohne die ausdrückliche Nennung Jahwes. Der Bezug auf ihn geht dabei nicht verloren, auch wenn er nicht auf den ersten Blick zu erkennen ist. Zwei Beispiele:

> **Ps 37,3**
> Hoffe auf den Herrn und tue, was gut ist (wăʿaśē- ṭôb); bleibe im Lande und übe Treue.
>
> **Am 5,14f**
> Suchet das Gute und nicht das Böse (diršû- ṭôb weʾăl- raʿ), damit ihr lebet! und der Herr, der Gott der Heerscharen, wird so mit euch sein, wie ihr sagt. Hasset das Böse und liebet das Gute (śinʾû- raʿ weʾähäbû ṭôb) und stellet das Recht her im Tor; vielleicht wird dann der Herr, der Gott der Heerscharen, dem Rest Josephs gnädig sein.

Nach WOLFF wird das "Gute" in diesem Abschnitt "näher als Fähigkeit zur rechten richterlichen Entscheidung (mšpṭ) definier[t]"[32]. Wir können dem nicht zustimmen. Das "Gute" beinhaltet u.E. nicht nur die Fähigkeit zur rechten richterlichen Entscheidung, mag auch darauf ein besonderer Akzent liegen. Nein, Ps 37,3 und Am 5,14f meint ṭôb das *ganze* von Gott geforderte Verhalten, das hier wiederum formal umschrieben wird, wobei Am 5,14f ein besonderer Akzent auf das Rechtshandeln fällt. ṭôb bezieht sich auch an diesen beiden Stellen nicht auf ein sittliches Gut, das unabhängig von Jahwe existierte, sondern meint seinen umfassenden (Rechts-)Willen.

d. Die Umschreibung von Jahwes Willen durch eine Auswahl von Bestimmungen

Ez 18 wird die Totalität von Jahwes Willen u.a. durch eine Auswahl von Geboten zum Ausdruck gebracht. Sie stehen stellvertretend für andere Gebote da, "repräsentieren" sie. Dafür gibt es eine Reihe von weiteren Beispielen, von denen wir einige behandeln[33].

Wir setzen mit Prov 6,16-19 ein:

> Sechs Dinge sind es, die der Herr haßt,
> sieben sind seiner Seele ein Greuel:
> hochmütige Augen, eine falsche Zunge,

31 HÖVER-JOHAG, a.a.O. 328.

32 WOLFF, Dodekapropheton 2 294 (tr.).

33 Wir diskutieren hier keine Beispiele aus dem prophetischen Schrifttum, da die Ethik der prophetischen Bücher die beiden nächsten Abschnitte beherrscht.

Hände, die unschuldiges Blut vergießen,
ein Herz, das arge Ränke schmiedet,
Füße, die eilends dem Bösen nachlaufen,
wer Lügen vorbringt als falscher Zeuge,
wer Händel stiftet zwischen Brüdern.

Der Verfasser dieses Abschnitts formuliert den Willen Jahwes mit einer Aufzählung von Dingen, die diesem verhaßt sind. In ihnen liegt deutlich eine Auswahl vor. Aber zugleich ist hier das Bestreben zu erkennen, mit dieser Auswahl das Jahwe verhaßte Verhalten möglichst umfassend zu umschreiben. Das geschieht einmal durch die Form, den Zahlenspruch, der doch eine Totalität zum Ausdruck bringen will[34], zum andern dadurch, daß wichtige Körperteile und Organe der Reihe nach mit einem für sie bezeichnenden Vergehen genannt werden. Der Verfasser durchbricht allerdings in V. 19 dieses Schema, offensichtlich um zwei besonders schlimme Greuel in die Aufzählung aufzunehmen. Auf sie fällt folglich ein besonders starkes Gewicht. Um zwei Dinge geht es also in Prov 6,16-19: um die möglichst umfassende Darstellung dessen, was Jahwe verhaßt ist, und darin weiter um eine Akzentsetzung.

Das bekannteste Beispiel für die Umschreibung von Gottes umfassendem Willen durch eine Auswahl von Geboten bildet der Dekalog. Lange Zeit war unbestritten, daß er "als eine zureichende Umschreibung des ganzen Willens Jahwes an Israel gelten"[35] darf. Bereits seine Stellung in E und im Deuteronomium zeigt, daß er zu den zentralen Dokumenten des Alten Testaments gehört:

"Wenn der sogenannte ethische Dekalog (Ex 20,2-17) für den Elohisten die ganze Sinaioffenbarung, insofern sie Gebot ist, beschreibt und in Anknüpfung daran für die deuteronomische Darstellung dieser Dekalog (Dtn 5,6-21) derjenige Hauptteil der Offenbarung ist, der von Israel selbst empfangen wird, während das übrige durch Mose vermittelt wird, so wird deutlich, daß hier eine gewisse Totalität der Tora erstrebt wird, die der ganzen Offenbarung entsprechen soll"[36].

Die inhaltliche Totalität des Dekalogs deutet VON RAD nur durch die Unterscheidung von Pflichten Gott und dem Nächsten gegenüber an[37]. SCHÜNGEL-STRAUMANN und GESE differenzieren stärker. Beide weisen darauf hin, daß der Dekalog "alle Bereiche des menschlichen Lebens zu erfassen"[38] sucht. Für SCHÜNGEL-STRAUMANN sind das der eigentlich religiöse Bereich, der Kreis der Familie und der öffentlich-rechtliche Bereich[39]. GESE differenziert stärker. Die ersten beiden Gebote beziehen sich nach ihm auf das Gottesverhältnis, das dritte und vierte Gebot haben den Bereich des Heiligen zum Inhalt, das dritte Gebotspaar gilt dem Geschlechtsverhalten, das vierte dem allgemeinen Humanum; das Verhalten in der sozialen Gemeinschaft regeln das neunte und zehnte Gebot[40]. Auch in bezug auf die einzelnen Gebotspaare macht sich ein Bestreben auf Totalität hin geltend. In ihnen wird nämlich "von jeweils zwei Aspekten her ein Bereich angesprochen"[41]. Verstehen wir diese Aussage richtig, meint diese Dualität eine Totalität.

34 Auf diese Funktion des Zahlenspruchs wird in der Literatur, soviel ich sehe, nicht hingewiesen, auch nicht von SAUER, Sprüche.

35 VON RAD, Theologie 205.

36 GESE, Gesetz 60; vgl. dazu weiter ders., Dekalog, besonders 73ff.

37 VON RAD, Theologie 205.

38 SCHÜNGEL-STRAUMANN, Dekalog 112.

39 SCHÜNGEL-STRAUMANN, a.a.O. 112.

40 GESE, Gesetz 61 (unter Umstellung des sechsten und siebenten Gebotes).

41 GESE, a.a.O. 60.

Eine wichtige und überzeugende Korrektur an der communis opinio, wonach der Dekalog so etwas wie eine Zusammenfassung der alttestamentlichen Ethik bilde, hat neuerdings CRÜSEMANN angebracht: Taburegeln fehlen im Dekalog; Bestimmungen betreffend Kult, Gottesdienst, Ökonomie und Staat sucht man in ihm ebenfalls vergebens; weiter enthält er keine der im Alten Testament so wichtigen Schutzbestimmungen zugunsten von personae miserabiles[42].

"Nein, so umfassend und allgemeingültig der Dekalog anscheinend auch redet, er deckt keineswegs alle Bereiche des Lebens und alle Grundthemen biblischen Rechts und biblischer Ethik ab. Und er will es offenbar auch gar nicht"[43].

Der Dekalog wendet sich an die Schicht der Israeliten, die "auf eigenem Lande... wohnen, dessen Reichtum... genießen, von Sklaverei frei [sind]"[44]. Diese Freiheiten, chiffrehaft im Prolog angesprochen, verdanken sie Jahwe. Der Dekalog hat nur ein Thema, das er allerdings umfassend abhandelt: die Bewahrung dieser Freiheit[45].

e. Die Akzentuierung bestimmter ethischer Forderungen

Recht häufig wird in Texten, die Jahwes Willen grundsätzlich entfalten, eine Forderung besonders nachdrücklich erhoben. Wir setzen mit der Behandlung von Jes 1,10-17 ein.

> Höret das Wort des Herrn, ihr Fürsten von Sodom! Horch auf die Weisung unseres Gottes, du Volk von Gomorrha! Was soll mir die Menge eurer Schlachtopfer? spricht der Herr... Eure Hände sind voll Blut; waschet, reinigt euch! Tut hinweg eure bösen Taten, mir aus den Augen! Höret auf, Böses zu tun, lernet Gutes tun! Trachtet nach Recht, führt den Unterdrückten wohl; helfet der Waise zum Rechte, führet die Sache der Witwe (hasîrû ro^{aᶜ} măᶜăl^{e}lêkäm minnägäd ᶜênaj ḥidlû hare^{aᶜ}: limdû hêṭeb diršû mišpaṭ ʾăšš^{e}rû ḥamûṣ[46] šipṭû jatôm rîbû ʾălmanā)!

Man beachte, daß hier – wie an einigen weiteren Stellen – Gottes Willen im Anschluß an kultkritische Ausführungen entfaltet wird. Die Kultkritik nötigt ganz offensichtlich zur grundsätzlichen Besinnung darüber, was Jahwe den Israeliten gebietet. An dieser Stelle fällt auf ein Gebiet des Verhaltens ein starker Akzent, wohl deshalb weil zu Jesajas Zeit die diesbezüglichen Gebote besonders häufig übertreten wurden: das Recht. Allerdings wäre es nun falsch zu meinen, bei Jesaja spielten die übrigen Gebiete der Ethik keine Rolle, wie ja schon der Satz "Höret auf, Böses zu tun, lernet Gutes tun!" zeigt. FOHRER stellt zwischen ihm und den folgenden Imperativen zu Recht folgenden Zusammenhang her:

"[Es] ist zu beachten, daß Jesaja an die Spitze die Grundforderung stellt: Gutes tun, statt Böses tun. Die dann folgenden Einzelanweisungen erläutern dies und bilden nichts anderes als beispielhafte, konkrete Anwendungen der zusammenfassenden Grundforderung. Damit erfolgt ein wichtiger Schritt: An die Spitze und geradezu an die Stelle der Vielfalt der alten Rechtssätze, die zu bloßen Einzelbeispielen werden, tritt als ihre prophetische Interpretation die Konzentration des

42 CRÜSEMANN, Bewahrung 8-10.

43 CRÜSEMANN, a.a.O. 10.

44 A.a.O. 37.

45 A.a.O. 79f.

46 Zur Umvokalisierung von ḥamôṣ in ḥamûṣ und zur Übersetzung von V. 17 s. WILDBERGER, Jesaja I 34; vgl. ferner HAL 94 zu ʾăšš^{e}rû und 314 zu ḥamôṣ.

Gotteswillens in der einen grundlegenden Forderung 'Gutes tun', die damit zugleich dem Bereich des Rechts und des Gesetzes entnommen wird"[47].

In der prophetischen Verkündigung des Gotteswillens fällt auch sonst recht häufig ein Akzent auf Recht und Gerechtigkeit und den Schutz der sozial Benachteiligten. Besonders bekannt ist Am 5,24:

> Aber es ströme wie Wasser das Recht, und die Gerechtigkeit wie ein unversieglicher Bach!

Da sich dieser Vers in einem kultkritischen Abschnitt findet[48], nehmen wir an, daß er ähnlich verstanden werden darf wie Jes 1,16f. Amos verlangt von den Israeliten nur, Recht und Gerechtigkeit zu üben. Durch die Auswahl eben dieser beiden Forderungen legt er den Akzent auf das Gebiet der Ethik, auf dem sich Israel seiner Ansicht nach besonders schuldig gemacht hat. Obwohl sich in diesem Abschnitt keine allgemeine Forderung wie "Höret auf, Böses zu tun, lernet Gutes tun!" findet, darf eine solche doch wohl mitgedacht werden.

> **Jer 7,4-7**
> Verlaßt euch nicht auf täuschende Worte wie diese: "Der Tempel des Herrn, der Tempel des Herrn, der Tempel des Herrn ist hier!" sondern bessert euren Wandel, bessert eure Taten (kî ʾim- hêṭêb têṭîbû ʾät- dărkêkäm w^{e}ʾät- măʿăl^{e}lêkäm)! Wenn ihr wirklich Recht schafft zwischen den Leuten, wenn ihr Fremdling, Waise und Witwe nicht bedrückt und nicht unschuldiges Blut vergießt an dieser Stätte und nicht andern Göttern nachlauft, euch selbst zum Unheil, so will ich euch an diesem Orte wohnen lassen, in dem Lande, das ich euren Vätern gegeben habe von Ewigkeit zu Ewigkeit.

Jer 7 ist recht eng mit Jes 1 verwandt. Wie dort wird Jahwes Willen im Anschluß an in weitestem Sinne kultkritische Ausführungen entfaltet[49]. An seinem Anfang steht wie dort eine formale Umschreibung des geforderten Verhaltens: "sondern bessert euren Wandel, bessert eure Taten". In beiden Kapiteln wird diese Grundforderung konkretisiert und zugleich akzentuiert durch die Aufzählung einiger Gebote, die das Verhalten vor Gericht und den sozial Schwachen gegenüber zum Inhalt haben. Der einzig gewichtige Unterschied zu Jes 1 besteht darin, daß Jer 7 in der uns vorliegenden Gestalt das von Israel geforderte Tun nicht nur in dieser Richtung entfaltet, sondern auch das Verbot, andern Göttern nachzulaufen, enthält.

Ein letztes Beispiel:

> **Sach 8,14-17**
> Denn so spricht der Herr der Heerscharen: Wie ich mir vorgenommen, über euch Unheil zu bringen, als mich eure Väter erzürnten, spricht der Herr der Heerscharen, und mich's nicht gereuen ließ, so habe ich wiederum in diesen Tagen mir vorgenommen, Jerusalem und dem Hause Juda Gutes zu tun. Fürchtet euch nicht! Dies sind die Dinge, die ihr tun sollt: Redet die Wahrheit untereinander

47 FOHRER, Tradition 79.

48 Am 5,21-24. – WOLFF, Dodekapropheton 2 309, macht zu Recht auf die Verwandtschaft zwischen Jes 1,13-17 und Am 5,21-24 mit einem "bis in die Thematik ähnlichen Übergang vom Kultischen zum Rechtlichen" aufmerksam.

49 Die in Jes 1 kritisierten Israeliten suchen Schutz und Sicherheit in bestimmten Kult*handlungen*, die in Jer 7 angesprochenen in einem Kult*raum*.

> und sprechet heilsames Recht in euren Toren! Sinnet nicht auf Arges widereinander in eurem Herzen und liebet nicht falschen Eid! Denn all das hasse ich, spricht der Herr.

V. 16f enthält eine Zusammenfassung des Israel gebotenen Verhaltens, das die Antwort auf Jahwes erneute Zuwendung zu ihm bilden soll. Von den vier Imperativen, in denen der Satz "Das sind die Dinge, die ihr tun sollt" entfaltet wird, beziehen sich der erste und vierte auf wahrhaftes Handeln. Hier liegt also der Akzent im Unterschied zu den bisher behandelten Stellen nicht auf dem Rechttun, sondern auf wahrhaftigem Verhalten.

f. Die Reduktion der Ethik auf einige grundsätzliche Forderungen

Das Alte Testament enthält eine Reihe von Texten, in denen der Gotteswillen auf wenige grundlegende Gebote reduziert wird. Wir behandeln eine Auswahl davon.

> **Sach 7,9f**
> So spricht der Herr der Heerscharen: "Pflegt wahrhaftiges Recht und übt Güte und Barmherzigkeit gegeneinander! Bedrückt nicht Witwen und Waisen, Fremdlinge und Arme, und sinnt nicht auf Arges widereinander in eurem Herzen!"

Auf den ersten Blick mag es scheinen, in diesem Text liege eine Aufzählung von Einzelgeboten vor. Näheres Hinsehen ergibt jedoch, daß der Abschnitt das Israel gebotene Verhalten durch einige grundlegende Vorschriften regelt. Sach 7,9f entfaltet, worauf RUDOLPH[50] aufmerksam macht, Gottes Willen zuerst nach der positiven, dann der negativen Seite hin. Daß die beiden Verse kunstvoll aufgebaut sind, geht weiter daraus hervor, daß in beiden auf ein konkret ein allgemeiner gehaltenes Gebot respektive Verbot folgt. Die beiden konkreten Gebote heben Bereiche des sittlichen Handelns hervor, die bei den Propheten eine wichtige Rolle spielen: gerechtes Handeln vor Gericht und Schutz der sozial Schwachen.

Recht schwierig zu bestimmen ist, was die beiden andern Forderungen beinhalten, nämlich "Übt Güte und Barmherzigkeit gegeneinander" und "Sinnt nicht auf Arges widereinander in eurem Herzen". Deutlich ist, daß es in der ersten um Taten, in der zweiten um das Planen geht. In ähnlicher Weise werden Ps 24,4 Tat und Gesinnung einander gegenübergestellt: n^{e}qî kăppăjim ûbăr⁻ lebab; vgl. damit Spruch 125, 134 aus dem Ägyptischen Totenbuch:

> "Ich bin einer mit reinem Mund und reinen Händen"[51].

Wenn auch Sach 7,9f die beiden aufgeführten Sätze nicht aneinander anschließen, so ist doch das Nebeneinander von Tat und Plan nicht zufällig. Wie Ps 24,4 und im Ägyptischen Totenbuch wird hier durch eine Dualität die Totalität ethischen Handelns umschrieben. Im Unterschied zu Ps 24,4 konkretisiert Sach 7,9f dieses Handeln und Planen.

Wir unterbrechen hier die Exegese von Sach 7,9f. Auf den entscheidenden Punkt gehen wir weiter unten bei der Besprechung anderer Stellen ein. Zwei kurze Bemerkungen zum vorläufigen Abschluß: Zeugt nicht neben dem Inhalt auch der formal wie inhaltlich kunstvolle Aufbau des Abschnittes Sach 7,9f davon, daß sein Verfasser bestrebt war, Jahwes Willen so umfassend wie möglich zu beschreiben? Er wird – dies nur nebenbei – im Anschluß an eine Fastenkritik entfaltet.

50 RUDOLPH, Haggai – Maleachi 145.

51 Übersetzung von HORNUNG, Totenbuch 240.

Ganz deutlich ist in Ps 15 das Bestreben zu erkennen, die Forderung Jahwes an Israel in wenigen grundsätzlichen Bestimmungen festzuhalten. In ihm liegt eine Tempeleinlaßliturgie vor[52]. In der Forschung ist umstritten, ob V. 2 oder 3-5a ihren Grundbestand bilden. KOCH nimmt an, daß V. 2 später durch V. 3-5a – nach ihm "Unschuldsbeteuerung" eines Laien[53] – ergänzt worden ist. Nach LESCOW hingegen bilden V. 3-5a den Grundbestand von Ps 15, währenddem die allgemeineren Sätze von V. 2, wie sie sich auch in anderen Tempeleinlaßliturgien finden (Jes 33,15; Mi 6,8), "mit ihren generalisierenden Tendenzen im Zuge reicherer liturgischer Entfaltung daraus hervorwuchsen"[54]. Wie auch immer: Jahwes Willen findet seinen Ausdruck u.a. in wenigen grundsätzlichen Forderungen; KOCH spricht von "umfassende[n], positive[n] Bestimmungen"[55].

Ps 15,1f
Herr, wer darf Gast sein in deinem Zelte?
Wer darf weilen auf deinem heiligen Berge?
Der unsträflich wandelt (hôlek tamîm) und Gerechtigkeit übt (ûpo^{c}el ṣädäq)
und die Wahrheit redet von Herzen (w^{e}dober $^{\supset ä}$mät bilbabô).

Es ist sicher kein Zufall, daß sich in dieser Zusammenfassung des gebotenen Verhaltens nebeneinander die drei Verben hlk, p^{c}l und dbr, die wichtige Tätigkeiten des Menschen bezeichnen, finden. Darin wie in der Tatsache, daß in Ps 15,2 sowohl Handeln wie Gesinnung erfaßt werden, kommt der Anspruch dieses Psalmes, den Willen Jahwes in seiner Totalität zu erfassen, deutlich zum Ausdruck.

In Ps 15 wird das Israel gebotene Verhalten nicht nur mit wenigen grundsätzlichen Forderungen umschrieben, sondern auch mit einer Auswahl an Einzelgeboten:

Ps 15, 3-5a
der nicht verleumdet mit seiner Zunge
und seinem Nächsten kein Arges tut
und keine Schmähung ausspricht wider den Nachbar;
der den Verworfenen verachtet,
aber die Gottesfürchtigen ehrt;
der Wort hält, auch wenn er sich zum Schaden geschworen;
der sein Geld nicht um Zins gibt
und nicht Bestechung annimmt wider den Unschuldigen.

Wir nehmen an, daß der Beter, der diese Unschuldsbeteuerung einmal gesprochen hat, um den Auswahlcharakter dieser kurzen Reihe wußte. In ihr sind – dies nebenbei – Vergehen zusammengestellt, "die nicht zu einem juristischen Kasus werden bzw. von der Gerichtsbarkeit unter Umständen unerreicht bleiben"[56].

52 Näheres dazu bei KRAUS, Psalmen 253f; KOCH, Tempeleinlaßliturgien 46-51.

53 KOCH, a.a.O. 50.

54 LESCOW, Micha 6 15.

55 KOCH, Tempeleinlaßliturgien 46.

56 KRAUS, Psalmen 257.

Die wohl bekannteste Umschreibung von Gottes Willen in wenigen grundsätzlichen Forderungen findet sich in Mi 6,6-8:

> "Womit soll ich vor den Herrn treten, mich beugen vor dem Gott der Höhe? Soll ich vor ihn treten mit Brandopfern, mit einjährigen Kälbern? Hat der Herr Wohlgefallen an vieltausend Widdern, an ungezählten Bächen Öls? Soll ich meinen Erstgebornen hingeben für meine Sünde, die Frucht meines Leibes als Sühne meiner Seele?" – "Es ist dir gesagt, o Mensch, was gut ist und was der Herr von dir fordert: nichts als Recht üben und die Güte lieben und demütig wandeln vor deinem Gott (higgî̂d l^{e}ka ᵓadam mā̆⁻ ṭôb ûmā⁻ jhwh dôreš mimm^{e}ka kî ᵓim⁻ ᶜ^{a}śôt mišpaṭ w^{eᵓ}ăh^{a}băt ḥäsäd w^{e}hăṣne^{ac} läkät ᶜim⁻ ᵓ^{ä}lohâka)."

Ordnen wir diese drei Verse kurz in den Gesamtzusammenhang von Mi 6,2-8 ein. Nach Mi 6,2 strengt Jahwe einen Prozeß an, dessen "Gegenstand der Verhandlung... nicht Israels Schuld, sondern Jahwes Tun und Jahwes Fordern"[57] bilden. Jahwe fragt das Volk, ob er es erschöpft habe, und fährt – da eine Reaktion des Volkes ausbleibt? – in seiner Selbstrechtfertigung fort: Ich habe euch doch aus Ägypten herausgeführt. Aus V. 6 geht hervor, daß die Hörer Jahwes Selbstrechtfertigung annehmen. Aber "sie nehmen nicht auf, daß der Vorwurf der Überlastung durch Jahwe längst durch die Erinnerung an Jahwes Entlastungen aufgehoben wurde"[58]. Sie machen immer weitergehendere Vorschläge, wie sie sich vor Jahwe durch Opfer reinigen könnten. Als Antwort darauf erfolgt das higgî̂d l^{e}ka ᵓadam. Durch diese Einführung gibt der Verfasser von Mi 6,6-8 zu erkennen, daß er nicht "eine völlig neue Erkenntnis aus[sprechen]"[59] will. Er tritt im Gegenteil mit dem Anspruch auf, Gottes bekannten Willen neu zu verkündigen, besser gesagt: in Erinnerung zu rufen. Das bedeutet nun allerdings nicht unbedingt, wie KOCH annimmt, daß ihr Verfasser "auf eine alte und bekannte Zusammenfassung des göttlichen Willens zurück[greift]"[60]. Wir halten es für wahrscheinlicher – darauf weist auch das Sprachgewand von Mi 6,8 hin –, daß sie ihr Verfasser[61], vielleicht in loser Anknüpfung an ähnliche Zusammenfassungen, selber formuliert hat. Daß die drei Bestimmungen von V. 8 das von den Israeliten geforderte Verhalten möglichst umfassend darstellen wollen, kann wohl nicht bestritten werden. Hingegen fragt sich, ob in Mi 6,8 die zentralen Anliegen der drei wichtigsten vorexilischen Propheten zusammengefaßt sind, wie ROBINSON und in deutlicher, aber unausgesprochener Abhängigkeit von ihm WEISER [62] meinen:

"Es ist nicht der Mangel an Opfern, sondern die sittliche Unzulänglichkeit der Lebensführung, was Jahwes Zorn erregt. Darin stimmen alle Propheten, wenigstens die vorexilischen, überein, und 8 stellt geradezu eine Zusammenfassung dieser ihrer Verkündigung dar. So in der Grundforderung einig haben sie aber doch alle ihr besonderes Anliegen. Das des Amos war Gerechtigkeit und Ehrlichkeit in Politik und Recht, in Handel und Wandel, also rechtes Tun. Das des Hosea ging tiefer; es war gütige Zuverlässigkeit und treue Liebe, die in jeder Lebenslage die Menschenwürde achtete, also rechte Gesinnung. Jesaja ging noch tiefer; er wußte, daß alles umsonst ist ohne die Heiligung, die den Menschen für die Gemeinschaft mit Gott tauglich macht, indem sie

57 WOLFF, Dodekapropheton 4 147 zu V. 3.

58 WOLFF, a.a.O. 150f.

59 So richtig KOCH, Tempeleinlaßliturgien 55.

60 KOCH, a.a.O. 55.

61 Der Abschnitt Mi 6,2-8 muß Micha wohl abgesprochen werden; vgl. dazu WOLFF, Dodekapropheton 4 142-145.

62 WEISER, Hosea – Micha 283.

alles beseitigt, was ihn vor Gottes Antlitz nicht bestehen läßt, und so erst eine dauernde Verbindung mit ihm ermöglicht. Auf diesen drei Pfeilern – Gerechtigkeit, Liebe, Reinheit – beruht in der Tat die gesamte prophetische Verkündigung"[63].

Dieses Urteil enthält zweifelsohne ein Wahrheitsmoment. Aber es bleibt zu beachten, daß auch Jesaja einen starken Akzent auf Recht und Gerechtigkeit legt und sich die schwer deutbare Forderung w^{e}hăṣne^{aᶜ} läkät ᶜim‾ ʾ^{ä}lohâka[64] nicht in einen unmittelbar einsichtigen Zusammenhang mit der Verkündigung Jesajas bringen läßt. Bei ROBINSON und WEISER schimmert klar das Interesse durch, die Stelle Mi 6,8 als *die* Zusammenfassung der prophetischen Verkündigung herauszustellen. Das kann nicht ausschließlich mit ihrem Inhalt zusammenhängen, finden sich doch im Alten Testament selbst einige Mi 6,8 vergleichbare Zusammenfassungen des göttlichen Willens in wenigen zentralen Sätzen. Wir vermuten, daß die Einleitung (Es ist dir gesagt, o Mensch, was gut ist und was der Herr von dir fordert), die sehr allgemein und grundsätzlich gehalten zu sein scheint, diese Einschätzung mitbeeinflußt hat. Dabei entspricht die Anrede ʾadam, wie WOLFF zeigt, ganz einfach "der aufgenommenen Gattung priesterlicher Tora"[65]. Die Frage, ob Mi 6,8 *den* Höhepunkt alttestamentlicher Gebotszusammenfassungen bilde, muß also allein von den drei Forderungen her, welche die Stelle enthält, angegangen werden. Was sie beinhalten, untersuchen wir im Rahmen einer Kurzexegese der mit Mi 6,8 inhaltlich verwandten Stellen. Es handelt sich um folgende:

(Hos 2,21f)[66]
Und ich verlobe dich mir auf ewig, ich verlobe dich mir in Recht und Gerechtigkeit (b^{e}ṣädäq ûb^{e}mišpaṭ), in Güte und Erbarmen (ûb^{e}ḥäsäd ûb^{e}răḥ^{a}mîm), ich verlobe dich mir in Treue (bäʾ^{ä}mûnā), sodaß du den Herrn erkennst.

Hos 12,7
Du wirst zurückkehren zu deinem Gott[67]; übe beständig Liebe und Recht und hoffe stets auf deinen Gott (w^{e}ʾăttā beʾlohâka tašûb ḥäsäd ûmišpaṭ š^{e}mor w^{e}qăwwē ʾäl‾ ʾ^{ä}lohâka tamîd).

Sach 7,9
So spricht der Herr der Heerscharen: "Pflegt wahrhaftiges Recht und übt Güte und Barmherzigkeit gegeneinander (mišpăṭ ʾ^{ä}mät s^{e}poṭû w^{e}ḥäsäd w^{e}răḥ^{a}mîm ᶜ^{a}śû ʾîš ʾät‾ ʾaḥîw)!

Diese Stellen unterscheiden sich zum Teil stark voneinander. Eines jedoch haben sie gemeinsam. Alle fordern auf der einen Seite: Übt mišpaṭ/ṣädäq (oder beides); sprachlich erscheint diese Forderung in unterschiedlicher Gestalt. Inhaltlich unterscheidet sich Sach 7,9 insofern von den übrigen Stellen, als mišpaṭ durch ʾ^{ä}mät näher bestimmt und dadurch die Forderung, Recht

63 ROBINSON, Hosea – Micha 147.

64 Vgl. dazu WOLFF, Dodekapropheton 4 155f.

65 WOLFF, a.a.O. 153.

66 Diese Stelle gehört nur bedingt in diese Aufzählung hinein, da die fünf Substantive "nicht menschliche Eigenschaften, also Qualitäten Israels, meinen, sondern... die Gaben dar[stellen], die Jahwe mitbringt" (RUDOLPH, Hosea 81). Wir führen sie gleichwohl auf, weil diese Gaben das sind, was Gott nach andern Stellen von den Israeliten verlangt.

67 Gegen die ZB, die statt beʾlohâka b^{e}ʾoh^{a}lâka "zu deinen Zelten" liest. Diese Korrektur ist überflüssig; der masoretische Text ergibt einen guten Sinn.

zu üben, vertieft wird. Auf der andern Seite gebieten sie, ḥäsäd, răḥ^{a}mîm (oder beides) zu üben. Wiederum wird diese Forderung sprachlich verschieden formuliert. Dabei verinnerlicht und vertieft Mi 6,8; in diesem Vers wird nämlich nicht geboten, ḥäsäd zu tun (ʿasā, Sach 7,9), zu halten (šmr, Hos 12,7), sondern zu lieben (ʾhb). Sach 7,9 vertieft das Gebot, ḥäsäd und răḥ^{a}mîm zu tun, in einer andern Richtung: Es hält fest, daß diese dem Bruder erwiesen werden müssen.

Was charakterisiert die Doppelforderung, ṣädäq/mišpaṭ zu tun und ḥäsäd/răḥ^{a}mîm zu üben? ṣädäq/mišpaṭ umschreiben "gemeinschaftsgemäßes Verhalten"[68], bezeichnen etwas, worauf jeder Israelit Anspruch hat[69]. ḥäsäd dagegen meint "nie das Selbstverständliche, Pflichtgemäße"[70]. In ihm ist ein "Ausdruck für Großherzigkeit, für eine selbstverzichtende menschliche Bereitschaft [zu] sehen, für den anderen dazusein"[71]. Der Doppelausdruck ḥäsäd w^{e}răḥ^{a}mîm beinhaltet nach STOEBE "die über die Norm hinausgehende Zuwendung von Herzlichkeit und Erbarmen"[72]. Mi 6,8 heißt ʾăh^{a}băt ḥäsäd "Freundlichkeit lieben"[73]. Wir konnten aus Platzgründen die Bedeutung dieser vier Begriffe und ihres gegenseitigen Verhältnisses nicht selber erarbeiten oder auch nur ausführlicher darstellen. Bei aller gebotenen Vorsicht, die sich von daher aufdrängt, lassen sich die aufgeführten Stellen wie folgt auslegen: Gottes Willen tun bedeutet: jedem das zukommen lassen, was ihm gebührt, sich gemeinschaftskonform, rechtlich verhalten, zugleich aber auch bereit sein, mehr zu tun, als sich von selbst versteht, freundlich für den andern dasein, mit andern Worten: sich ihm liebevoll zuwenden.

An den eben untersuchten Stellen läßt sich eine Vertiefung des Gebotenen über das Selbstverständliche und Pflichtgemäße hinaus feststellen. Man darf das Nebeneinander der Forderungen, mišpaṭ/ṣädäq und ḥäsäd/răḥ^{a}mîm zu üben, nicht als *die* typische Zusammenfassung der alttestamentlichen Ethik bezeichnen, aber doch als eine der wichtigsten. Mi 6,8 unterscheidet sich von den andern Stellen vor allem dadurch, daß es auch das Verhalten Gott gegenüber regelt, inhaltlich also umfassender ist[74].

g. Weiterführung

Es gibt im Alten Testament nicht eine, kanonisch gewordene Zusammenfassung des Gotteswillens, sondern vier Möglichkeiten, das, was Jahwe von den Israeliten verlangt, umfassend zu umschreiben: Sie sind – und das ist für die alttestamentliche Ethik typisch – auf verschiedene Weise miteinander kombiniert worden. So finden sich nebeneinander recht häufig einige grundsätzliche Sätze und daneben eine Auswahl von Einzelgeboten, mit denen Gottes Willen umschrieben wird. Zu denken ist etwa an die Einzugsliturgien und die ihnen nachgebildeten Reihen. In Hos 4 geht der Umschreibung des geforderten Verhaltens durch einige zentrale Forderungen eine

68 KOCH, Art. ṣdq 515.

69 Vgl. dazu LIEDKE, Art. špṭ 1004f.

70 STOEBE, Art. ḥäsäd 611.

71 STOEBE, a.a.O. 611.

72 A.a.O. 614.

73 WOLFF, Dodekapropheton 4 137.

74 Aber sogar in dieser Beziehung steht Mi 6,8 nicht einzig da, enthält doch auch Hos 12,7 eine Bestimmung, welche die Gottesbeziehung regelt. Mi 6,8 und Hos 12,7 sind strukturell ähnlich aufgebaut und inhaltlich recht eng miteinander verwandt, wie folgende Gegenüberstellung der drei Hauptforderungen zeigt:

Mi 6,8	**Hos 12,7**
ʿ^{a}śôt mišpaṭ	ûmišpaṭ š^{e}mor
w^{e}ʾăh^{a}băt ḥäsäd	ḥäsäd… š^{e}mor
w^{e}hăṣne^{a}ʿ läkät ʿim- ʾ^{ä}lohâka	w^{e}qăwwē ʾäl- ʾ^{ä}lohâka tamîd

Etwas anders WOLFF, Dodekapropheton 4 158.

Aufzählung von Dekaloggeboten voran. In der Tempelrede (Jer 7) folgt einer dekalogähnlichen Reihe die Zusammenfassung des ethischen Verhaltens in einigen zentralen Geboten; sie beginnt mit einer formalen Zusammenfassung. Diese Kombinationen sind für die alttestamentliche Ethik ebenso bezeichnend wie die einzelnen Zusammenfassungen dessen, was Jahwe von den Israeliten verlangt.

Welches sind die treibenden Kräfte bei ihrer Herausbildung gewesen? Diese Frage läßt sich nicht umfassend beantworten; wir weisen nur auf zwei Punkte hin. Zusammenfassungen dessen, was Jahwe fordert, schließen im Alten Testament häufig an (im weitesten Sinn) kultkritische Aussagen an. Die Zurückweisung eines falsch verstandenen Kultes drängt zur grundsätzlichen Auseinandersetzung mit der Frage: Was fordert denn Gott eigentlich? Die Formulierung ethischer Spitzensätze und Zusammenfassungen entspringt aktuellen Auseinandersetzungen, hat also einen sehr konkreten "Sitz im Leben" und nicht irgendwelche philosophischen Interessen als Anlaß.

Auch die Tempeleinlaßliturgien haben dazu angeregt, grundsätzlich über Gottes Willen nachzudenken, wie aus Ps 15; 24; Jes 33,14-16 und (etwas weniger deutlich) Ez 18 hervorgeht. Der konkrete Anlaß dafür ist hier noch stärker mit Händen zu greifen: Begehrt jemand Einlaß ins Heiligtum, muß die Frage beantwortet werden: "Herr, wer darf Gast sein in deinem Zelte?" (Ps 15,1).

h. Die alttestamentliche Ethik und das Liebesgebot

Das Gebot der Nächstenliebe bildet einen Höhepunkt innerhalb der pentateuchischen Gesetzgebung. Besteht zwischen ihm und den eben untersuchten Zusammenfassungen ein Zusammenhang? Geht man die einschlägige Literatur durch, stellt man bald einmal fest, daß über diese Frage kaum nachgedacht wird. Einige Alttestamentler gehen bei der Behandlung des Liebesgebotes überhaupt nicht auf seinen systematischen Ort innerhalb der alttestamentlichen Ethik ein, andere beschränken sich auf den nichtssagenden Hinweis, daß es einen ihrer Höhepunkte, wenn nicht *den* Höhepunkt bilde.

Von den wenigen Versuchen, Lev 19,18 und die Ethik des übrigen Alten Testaments, insbesondere die der Propheten, miteinander in Verbindung zu bringen, geht einer auf DILLMANN zurück, der in seinem Handbuch der Alttestamentlichen Theologie schreibt:

"Aber die Huld, Freundlichkeit, Liebe gegen den Nächsten (ḥäsäd) wird im ganzen A.T. recht eigentlich als die Grundpflicht neben der Gerechtigkeit gefordert"[75].

Es folgt eine Stellenaufzählung, die mit Lev 19,18 einsetzt. DILLMANN hat bereits richtig erkannt, daß Gerechtigkeit und Liebe die beiden Grundforderungen der alttestamentlichen Ethik sind[76]. Allerdings würdigt er diesen Tatbestand nicht gebührend. Zudem ist es gefährlich, die Gebote, ḥäsäd zu üben, respektive seinen Nächsten zu lieben wie sich selbst, allzu eng aneinanderzurücken.

Am eindringlichsten hat JAGERSMA über den Zusammenhang zwischen Liebesgebot und alttestamentlicher Ethik nachgedacht. Das Gebot der Nächstenliebe bildet nach ihm "één van de belangrijkste uitspraken uit het hele Oude Testament"[77]. Er betrachtet es als Zusammenfassung

75 DILLMANN, Handbuch 436f (tr.).

76 Zum gleichen Resultat ist FOHRER, Grundstrukturen 272, in bezug auf die Verkündigung der Propheten gelangt: "Die Grundlagen des rechten Handelns sind Gerechtigkeit und Liebe, die für das gesamte Leben als grundlegend betrachtet werden".

77 JAGERSMA, leviticus 19 99.

der vorangehenden Verbote und Gebote, was seinen Wert nicht vermindere[78]. JAGERSMA fragt dann, "of voor dat wat hier samengevat wordt ook niet elders in het Oude Testament een basis aanwezig is"[79]. Er beantwortet diese Frage wie folgt: Am 5,15; Mi 6,8 und Sach 8,16ff rufen dazu auf, mišpaṭ, ᵓ^{ä}mät, ḥäsäd und šalôm liebzuhaben. Als Objekt erscheint also nicht ein bestimmter Personenkreis, sondern "een 'wijze van doen', die aan de uitspraken van Leviticus 19,13-18 doet denken"[80]. Daraus zieht er folgenden Schluß:

"Verwantschap tussen Leviticus 19,13-18 en de prediking van de zojuist genoemde profeten lijkt dan ook onmiskenbaar aanwezig. De samenhang tussen mšpṭ en 'liefhebben' zoals we bij Amos, Micha en Zacharia waarnemen doet bovendien vermoeden dat bij het gebod de 'naaste' lief te hebben in Leviticus 19,18 eveneens invloed van deze profeten aanwijsbaar is"[81].

Hier schimmert deutlich das Bedürfnis durch, das Liebesgebot und die Verkündigung der Propheten möglichst eng aneinanderzurücken. Dahinter steckt aller Wahrscheinlichkeit nach die Vorstellung – wir sind gelegentlich auch schon auf sie gestoßen –, in der Prophetie sei der Höhepunkt der alttestamentlichen Ethik erreicht und alle wichtigen Gebote wie z.B. das der Nächstenliebe seien auf ihren Einfluß zurückzuführen. JAGERSMAs Argumentationsgang ist künstlich: Ein Wort allein, ᵓhb, reicht nicht aus, um einen Einfluß der prophetischen Verkündigung auf Lev 19,18 nachzuweisen. Zudem geht er darüber hinweg, daß Lev 19,18 ᵓhb k^{e} und nicht bloßes ᵓhb verwendet wird.

Ein Zusammenhang zwischen prophetischer Ethik und Liebesgebot kann nur in Form der allgemeinen Aussage hergestellt werden, daß die Vertiefung der Ethik bei den Propheten auch auf das Gesetz abgefärbt hat. Zudem hat, wie gezeigt, das Deuteronomium ebenso zu dieser Vertiefung beigetragen wie die Propheten.

Beim kurzen Vergleich zwischen Lev 19,18 und andern Zentralstellen alttestamentlicher Ethik sind nur wenige Resultate abgefallen, was nicht zu erstaunen braucht, da sie schwer miteinander zu vergleichen sind. Und so darf der folgenden Gegenüberstellung von Lev 19,18 und ethischen Zentralstellen nicht zuviel Gewicht beigelegt werden, um so mehr als jenes im Unterschied zu diesen als Einzelgebot und nicht als Zusammenfassung des Willens Jahwes formuliert worden ist: Gott gebietet den Israeliten nach den reifsten Äußerungen der Propheten, Gerechtigkeit und Liebe zu üben, Lev 19,18 hat nur die Liebe zum Gegenstand, eine Liebe allerdings, deren Maß über das von den Propheten geforderte hinausgeht. Berücksichtigt man, welche Rolle im Alten Testament der Gerechtigkeit zukommt, darf man sagen, daß die prophetische Doppelforderung, Gerechtigkeit und Liebe zu üben, typischer alttestamentlich ist als die Liebesforderung von Lev 19,18 allein.

78 JAGERSMA, a.a.O. 100.

79 Ebd.

80 Ebd.

81 JAGERSMA, leviticus 19 101 (tr.).

Literaturverzeichnis

In den Anmerkungen wird unter Angabe des Nachnamens des Verfassers und eines Hauptstichwortes aus dem Titel zitiert (bei Wiederabdrucken nach dem letzten Publikationsort). Deutsche Zitate aus der Bibel sind, wo nichts anderes vermerkt wird, (mit kleinen Änderungen) in der Übersetzung der Zürcher Bibel geboten. Die Abkürzungen im Text und im Literaturverzeichnis richten sich nach: Theologische Realenzyklopädie. Abkürzungsverzeichnis, zusammengestellt von S. Schwertner, Berlin, New York 1976. Abkürzungen, die in diesem Werk fehlen, werden im Literaturverzeichnis aufgelöst. Auf die Transkription hebräischer Worte in Zitaten wird in den Anmerkungen mit in Klammern gesetztem "tr." hingewiesen.

ACKROYD, P.R., Israel
Israel under Babylon and Persia, NCB.OT 4, 1970

ACKROYD, P.R., Verb
The Verb Love – ʾĀhēb in the David-Jonathan Narratives – A Footnote, VT 25, 1975, 213f

ALBERTZ, R., Frömmigkeit
Persönliche Frömmigkeit und offizielle Religion, CThM 9, 1978

ALT, A., Heimat
Die Heimat des Deuteronomiums, in: Kleine Schriften zur Geschichte des Volkes Israel, Bd. 2, München ^{3}1964, 250-275

AMSLER, S., Motivation
La Motivation de l'Éthique dans la Parénèse du Deutéronome, in: Beiträge zur Alttestamentlichen Theologie. Festschrift für W. Zimmerli zum 70. Geburtstag, hg.v. H. Donner, R. Hanhart u. R. Smend, Göttingen 1977, 11-22

AUERBACH, E., Moses
Moses, Amsterdam 1953

AUERBACH, E., Zehngebot
Das Zehngebot – Allgemeine Gesetzes-Form in der Bibel, VT 16, 1966, 255-276

AUGUSTIN, Sermones
Sancti Avrelii Avgvstini Sermones de Vetere Testamento. Sermones I-L, CChr.SL 41,1, 1961

BÄCHLI, O., Israel
Israel und die Völker. Eine Studie zum Deuteronomium, AThANT 41, 1962

BAENTSCH, B., Heiligkeits-Gesetz
Das Heiligkeits-Gesetz Lev. XVII-XXVI. Eine historisch-kritische Untersuchung, Erfurt 1893

BAENTSCH, B., Exodus - Numeri
Exodus - Leviticus - Numeri, HK 1. Abt., 2. Bd., 1903

BARTH, K., KD I/2
Die kirchliche Dogmatik, 1. Bd.: Die Lehre vom Wort Gottes, 2. Halbband, Zollikon 1938

BARZILLAY, J., Art. WESSELY
Art. Wessely, Naphtali Herz, EJ 16, ^{4}1978, 461-463

BECKER, J., Gottesfurcht
Gottesfurcht im Alten Testament, AnBib 25, 1965

BECKER, J., Testamente
Die Testamente der zwölf Patriarchen, JSHRZ 3/1, 1974

BEGRICH, J., Berit

Berit. Ein Beitrag zur Erfassung einer alttestamentlichen Denkform. A. Alt zum 60. Geburtstage, ZAW 60, 1944, 1-11; wiederabgedruckt in: ders., Gesammelte Studien zum Alten Testament, hg.v. W. Zimmerli, TB 21, 1964, 55-66

BERGER, K., Gesetzesauslegung

Die Gesetzesauslegung Jesu. Ihr historischer Hintergrund im Judentum und im Alten Testament. I: Markus und Parallelen, WMANT 40, 1972

BERTHOLET, A., Stellung

Die Stellung der Israeliten und der Juden zu den Fremden, Freiburg i.B., Leipzig 1896

BERTHOLET, A., Leviticus

Leviticus, KHC Abt. 3, 1901

BETTENZOLI, G., Geist

Geist der Heiligkeit. Traditionsgeschichtliche Untersuchung des QDŠ-Begriffes im Buch Ezechiel, QuSem 8, 1979

BEYERLIN, W., Paränese

Die Paränese im Bundesbuch und ihre Herkunft, in: Gottes Wort und Gottes Land. H.-W. Hertzberg zum 70. Geburtstag, hg. v. H. Graf Reventlow, Göttingen 1965, 9-29

BIETENHARD, H., Handschriftenfunde

Die Handschriftenfunde vom Toten Meer (Ḥirbet Qumran) und die Essener-Frage. Die Funde in der Wüste Juda (Eine Orientierung), ANRW 19/1, 1979, 704-778

BIGGER, S.F., Family

The Family Laws of Leviticus 18 in their Setting, JBL 98, 1979, 187-203

Bill. 1

Das Evangelium nach Matthäus erläutert aus Talmud und Midrasch v. ... P. Billerbeck, München 1922

BOECKER, H.J., Redeformen

Redeformen des Rechtslebens im Alten Testament, WMANT 14, ²1970

BRAUN, H., Qumran

Qumran und das Neue Testament, Bd. 1, Tübingen 1966

BROCKELMANN, C., Hebräische Syntax

Hebräische Syntax, Neukirchen 1956

BUBER, M., Ich und Du

Ich und Du, Leipzig 1923; wiederabgedruckt in: ders., Werke. 1. Bd.: Schriften zur Philosophie, München, Heidelberg 1962, 77-170

BUBER, M., Gottesfinsternis

Gottesfinsternis. Betrachtungen zur Beziehung zwischen Religion und Philosophie, Zürich 1953; wiederabgedruckt in: ders., Werke. 1. Bd.: Schriften zur Philosophie, München, Heidelberg 1962, 503-603

BUBER, M., Glaubensweisen

Zwei Glaubensweisen, Zürich 1950; wiederabgedruckt in: ders., Werke. 1. Bd.: Schriften zur Philosophie, München, Heidelberg 1962, 651-782

BUBER, M., Bücher der Weisung

Die fünf Bücher der Weisung. Verdeutscht v. M. Buber gemeinsam mit F. Rosenzweig, Heidelberg ⁹1976

BURCHARD, C., Liebesgebot
Das doppelte Liebesgebot in der frühen christlichen Überlieferung, in: Der Ruf Jesu und die Antwort der Gemeinde. Exegetische Untersuchungen J. Jeremias zum 70. Geburtstag, hg. v. E. Lohse gemeinsam mit C. Burchard u. B. Schaller, Göttingen 1970, 39-62

BURROWS, M., Scrolls
The Dead Sea Scrolls of St. Mark's Monastery. Vol. 2, fasc. 2: Plates and Transcription of the Manual of Discipline, New Haven 1951

CAUSSE, A., Groupe
Du groupe ethnique à la communauté religieuse. Le problème sociologique de la religion d'Israël, Paris 1937

CAZELLES, H., Mission
La mission d'Esdras, VT 4, 1954, 113-140

CHILDS, B.S., Exodus
Exodus. A Commentary, OTL, 1974

COHEN, H., Nächste
Der Nächste. Vier Abhandlungen über das Verhalten von Mensch zu Mensch nach der Lehre des Judentums. Mit einer Vorbemerkung v. M. Buber, Berlin 1935

COHEN, M.A., Role
The Role of the Shilonite Priesthood in the United Monarchy of Ancient Israel, HUCA 36, 1965, 59-98

CRÜSEMANN, F., Bewahrung
Bewahrung der Freiheit. Das Thema des Dekalogs in sozialgeschichtlicher Perspektive, KT 78, 1983

DALMAN, G.H., Handwörterbuch
Aramäisch-Neuhebräisches Handwörterbuch zu Targum, Talmud und Midrasch, Göttingen ²1938 (reprografischer Nachdruck Hildesheim 1967)

DELITZSCH, F., Talmudjude
Rohling's Talmudjude, Leipzig 1881

DERRETT, J.D.M., Love
'Love thy neighbour as a man like thyself'?, ET 83, 1971/72, 55f

DÍEZ-MACHO, A., Neophyti 1. Levítico
Neophyti 1. Targum Palestinense Ms de la Biblioteca Vaticana, t. 3: Levítico, Textos y Estudios 9, Madrid, Barcelona 1971

DIHLE, A., Goldene Regel
Die Goldene Regel. Eine Einführung in die Geschichte der antiken und frühchristlichen Vulgärethik, SAW 7, 1962

DILLMANN, A., Handbuch
Handbuch der alttestamentlichen Theologie. Aus dem Nachlaß des Verfassers hg. v. R. Kittel, Leipzig 1895

DONNER, H., Freund
Der "Freund des Königs", ZAW 73, 1961, 269-277

DOSSIN, G., Correspondance
Correspondance de Iasmaḫ-Addu, ARM. T 5, 1952

DUHM, B., Jeremia
Das Buch Jeremia, KHC Abt. 11, 1901

EBERHARTER, A., Jesus Sirach
Das Buch Jesus Sirach oder Ecclesiasticus, HSAT VI. Bd., 5. Abt., 1925

EHRLICH, A.B., Randglossen
Randglossen zur hebräischen Bibel. Textkritisches, Sprachliches und Sachliches, 2. Bd.: Leviticus, Numeri, Deuteronomium, Leipzig 1909 (reprografischer Nachdruck Hildesheim 1968)

EICHRODT, W., Theologie
Theologie des Alten Testaments, T. 2/3, Stuttgart ^{6}1974

Einheitsübersetzung
Einheitsübersetzung der Heiligen Schrift. Das Alte Testament, hg. im Auftrag der Bischöfe Deutschlands, Österreichs, der Schweiz, des Bischofs von Luxemburg und des Bischofs von Lüttich, Stuttgart 1974 (provisorische Fassung), 1980 (definitive Fassung)

EISSFELDT, O., Einleitung
Einleitung in das Alte Testament, NTG, ^{3}1964

ELLIGER, K., Herr
Ich bin der Herr – euer Gott, in: Theologie als Glaubenswagnis. Festschrift zum 80. Geburtstag v. K. Heim, Hamburg 1954, 9-34; wiederabgedruckt in: ders., Kleine Schriften zum Alten Testament. Zu seinem 65. Geburtstag hg. v. H. Gese u. O. Kaiser, TB 32, 1966, 211-231

ELLIGER, K., Gesetz
Das Gesetz Leviticus 18, ZAW 67, 1955, 1-25; wiederabgedruckt in: ders., Kleine Schriften zum Alten Testament. Zu seinem 65. Geburtstag hg. v. H. Gese u. O. Kaiser, TB 32, 1966, 232-259

ELLIGER, K., Leviticus
Leviticus, HAT 1.R. Bd. 4, 1966

ETHERIDGE, J.W., Targums
The Targums of Onkelos and Jonathan Ben Uzziel on the Pentateuch with the Fragments of the Jerusalem Targum from the Chaldee. Leviticus, Numbers, and Deuteronomy, New York 1968

FERNÁNDEZ, A., Diliges
"Diliges amicum tuum sicut teipsum" (Lev. 19,18)., VD 1, 1921, 27f

FEUCHT, C., Untersuchungen
Untersuchungen zum Heiligkeitsgesetz, ThA 20, 1964

FICHTNER, J., Begriff
Der Begriff des 'Nächsten' im Alten Testament mit einem Ausblick auf Spätjudentum und Neues Testament, WuD 4, 1955, 23-52; wiederabgedruckt in: ders., Gottes Weisheit. Gesammelte Studien zum Alten Testament, hg. v. K.D. Fricke, AzTh 2. R. Bd. 3, 1965, 88-114

FOHRER, G., Einleitung
Einleitung in das Alte Testament, Heidelberg ^{11}1969

FOHRER, G., Tradition
Tradition und Interpretation im Alten Testament, ZAW 73, 1961, 1-30; wiederabgedruckt in: ders., Studien zur alttestamentlichen Theologie und Geschichte (1949-1966), BZAW 115, 1969, 54-83

FOHRER, G., Recht
Das sogenannte apodiktisch formulierte Recht und der Dekalog, KuD 11, 1965, 49-74; wiederabgedruckt in: ders., Studien zur alttestamentlichen Theologie und Geschichte (1949-1966), BZAW 115, 1969, 120-148

FOHRER, G., Grundstrukturen
Theologische Grundstrukturen des Alten Testaments, TBT 24, 1972

FOHRER, G., Geschichte
Geschichte Israels. Von den Anfängen bis zur Gegenwart, UTB 708, 1977

FRANKENBERG, W., Sprüche
Die Sprüche, HK 2. Abt. 3. Bd. 1. T., 1898

FROMM, E., Kunst
Die Kunst des Liebens, Frankfurt, Berlin, Wien 1977

FURLANI, G., Gilgamesch-Epos
Das Gilgamesch-Epos als Hymnus auf die Freundschaft, in: Das Gilgemesch-Epos, hg.v. K. Oberhuber, WdF 215, 1977, 219-236 (Übersetzung aus dem Italienischen: L'Epopea di Gilgameš come inno all'amicizia, in: Belfagor. Rassegna di varia umanità, Vol. 1, 1946, 577-589)

GALLING, K., Wandlungen
Politische Wandlungen in der Zeit zwischen Nabonid und Darius, in: ders., Studien zur Geschichte Israels im persischen Zeitalter, Tübingen 1964, 1-60

GEMSER, B., Importance
The Importance of the Motive Clause in Old Testament Law, VT.S 1, 1953, 50-66

GERSTENBERGER, E., Wesen
Wesen und Herkunft des "apodiktischen Rechts", WMANT 20, 1965

GESE, H., Dekalog
Der Dekalog als Ganzheit betrachtet, ZThK 64, 1967, 121-138; wiederabgedruckt in: ders., Vom Sinai zum Zion. Alttestamentliche Beiträge zur biblischen Theologie, BEvTh 64, 1974, 63-80

GESE, H., Gesetz
Das Gesetz, in: ders., Zur biblischen Theologie. Alttestamentliche Vorträge, BEvTh 78, 1977, 55-84

GESENIUS, W. – KAUTZSCH, E., Hebräische Grammatik
W. Gesenius' Hebräische Grammatik völlig umgearbeitet v. E. Kautzsch, Leipzig ^{28}1909 (3. Nachdruckauflage Hildesheim, New York 1977)

GRELOT, P., Etape
La dernière étape de la rédaction sacerdotale, VT 6, 1956, 174-189

GRUNDMANN, W., Matthäus
Das Evangelium nach Matthäus, ThHK 1, ^{3}1972

GRUNDMANN, W., Lukas
Das Evangelium nach Lukas, ThHK 3, ^{2}1961

HAL
Hebräisches und aramäisches Lexikon, ed. W. Baumgartner, Lieferung 1: ᵓ -ṭābăḥ, Leiden 1967

HALBE, J., Reihe
Die Reihe der Inzestverbote Lev 18_{7-18}. Entstehung und Gestaltwandel, ZAW 92, 1980, 60-88

HAYES, J.H. - MILLER, J.M., History
Israelite and Judaean History, OTL, 1977

HEMPEL, J., Ethos
Das Ethos des Alten Testaments, BZAW 67, ^{2}1964

HEMPEL, J., Literatur
Die althebräische Literatur und ihr hellenistisch-jüdisches Nachleben, Wildpark-Potsdam 1930 (unveränderter photomechanischer Nachdruck Berlin 1968)

HEMPEL, J., Anschauungen
Die israelitischen Anschauungen von Segen und Fluch im Lichte altorientalischer Parallelen, ZDMG 79, 1925, 20-110; wiederabgedruckt in: ders., Apoxysmata, BZAW 81, 1961, 30-113

HENNECKE, E. - SCHNEEMELCHER, W., Apokryphen I
Neutestamentliche Apokryphen in deutscher Übersetzung, 3., völlig neubearbeitete Aufl. hg. v. W. Schneemelcher, I. Bd.: Evangelien, Tübingen 1959

HERRMANN, S., Geschichte
Geschichte Israels in alttestamentlicher Zeit, München 1973

HÖLSCHER, G., Hesekiel
Hesekiel. Der Dichter und sein Buch. Eine literarkritische Untersuchung, BZAW 39, 1924

HÖVER-JOHAG, I., Art. ṭwb
Art. ṭwb, ThWAT 3, 1982, 315-339

HOFFMANN, D., Leviticus
Das Buch Leviticus. 2. Halbband. Lev. XVIII – Ende, Berlin 1906

HOGG, J.E., Love
"Love thy neighbor", AJSL 41, 1924/25, 197f

HOLZINGER, H., Einleitung
Einleitung in den Hexateuch, Freiburg, Leipzig 1893

HORNUNG, E., Totenbuch
Das Totenbuch der Ägypter, BAW.AO, 1979

HORST, F., Eigentum
Das Eigentum nach dem Alten Testament, Kirche im Volk 2, 1949, 87-102; wiederabgedruckt in: ders., Gottes Recht. Studien zum Recht im Alten Testament, TB 12, 1961, 203-221

HORST, F., Nahum - Maleachi
Die Zwölf Kleinen Propheten. Nahum bis Maleachi, HAT 1. R. 14, ^{3}1964, 153-275

HORST, L., Leviticus XVII-XXVI
Leviticus XVII-XXVI und Hezekiel. Ein Beitrag zur Pentateuchkritik, Colmar 1881

HOSSFELD, Dekalog
Der Dekalog. Seine späten Fassungen, die originale Komposition und seine Vorstufen, OBO 45, 1982

JACOB, E., Osée
Osée, CAT 11a, 1965, 7-98

JAGERSMA, H., leviticus 19
"leviticus 19". identiteit. bevrijding. gemeenschap, SSN 14, 1972

JASTROW, M., Dictionary
A Dictionary of the Targumim, the Talmud Babli and Yerushalmi, and the Midrashic Literature, Vol. 2: l – t, New York 1950

JB
Die Bibel. Die Heilige Schrift des Alten und Neuen Bundes. Deutsche Ausgabe mit den Erläuterungen der Jerusalemer Bibel, hg.v. D. Arenhoevel, A. Deißler, A. Vögtle, Freiburg, Basel, Wien ^{15}1979

JEAN, C.-F., Lettres diverses
Lettres diverses, ARM.T 2, 1950

JENNI, E., Art. śnʾ
Art. śnʾ, THAT 2, 1976, 835-837

JENNI, E. – VETTER, D., Art. ʿăjin
Art. ʿăjin, THAT 2, 1976, 259-268

JEPSEN, A., Beiträge
Beiträge zur Auslegung und Geschichte des Dekalogs, ZAW 79, 1967, 277-304

JOÜON, P., Grammaire
Grammaire de l'Hébreu biblique, Rom 1923 (Edition photomécanique corrigée Graz 1965)

KÄSEMANN, E., Römer
An die Römer, HNT 8a, 1973

KAPLAN, J., Art. NAḤMANIDES
Art. NAḤMANIDES, EJ 12, ⁴1978, 774-777

KAUTZSCH, E., Heilige Schrift
Die Heilige Schrift des Alten Testaments. 1. Bd.: 1 Mose bis Ezechiel, 4., umgearbeitete Aufl. hg.v. A. Bertholet, Tübingen 1922

KELLERMANN, D., Art. gwr
Art. gwr, ThWAT 1, 1973, 979-991

KESZLER, W., Dekalog
Die literarische, historische und theologische Problematik des Dekalogs, VT 7, 1957, 1-16

KILIAN, R., Untersuchung
Literarkritische und formgeschichtliche Untersuchung des Heiligkeitsgesetzes, BBB 19, 1963

KIMBROUGH, S.T., Approach
A Non-Weberian Sociological Approach to Israelite Religion, JNES 31, 1972, 195-202

KIMBROUGH, S.T., Religion
Israelite Religion in Sociological Perspective. The Work of Antonin Causse, Studies in Oriental Religions 4, Wiesbaden 1978

KIPPENBERG, H.G., Religion
Religion und Klassenbildung im antiken Judäa. Eine religionssoziologische Studie zum Verhältnis von Tradition und gesellschaftlicher Entwicklung, StUNT 14, 1978

KLAMROTH, E., Exulanten
Die jüdischen Exulanten in Babylonien, BWAT 10, 1912

KLOPFENSTEIN, M., Lüge
Die Lüge nach dem Alten Testament. Ihr Begriff, ihre Bedeutung und ihre Beurteilung, Zürich, Frankfurt 1964

KLOSTERMANN, A., Ezechiel
Ezechiel und das Heiligkeitsgesetz, in: ders., Der Pentateuch. Beiträge zu seinem Verständnis und seiner Entstehungsgeschichte, Leipzig 1893, 368-418

KNOBEL, A., Exodus - Leviticus
Die Bücher Exodus und Leviticus, Leipzig 1857

KNUDTZON, J.A., EAT
Die El-Amarna-Tafeln. Erster Teil: Die Texte. Zweiter Teil: Anmerkungen und Register, VAB 2,1-2, 1915 (Neudruck 1964)

KOCH, K., Tempeleinlaßliturgien
Tempeleinlaßliturgien und Dekaloge, in: Studien zur Theologie der alttestamentlichen Überlieferungen, hg. v. R. Rendtorff u. K. Koch, Neukirchen 1961, 45-60

KOCH, K., Ezra
Ezra and the Origins of Judaism, JSSt 19, 1974, 173-197

KOCH, K., Art. ṣdq
Art. ṣdq, THAT 2, 1976, 507-530

KÖNIG, E., Syntax
Syntax der Hebräischen Sprache. Schlußtheil des Historisch-kritischen Lehrgebäudes des Hebräischen, Leipzig 1897

KORNFELD, W., Leviticus
Das Buch Leviticus, WB, 1972

KRAUS, H.-J., Gottesdienst
Gottesdienst in Israel. Grundriß einer Geschichte des alttestamentlichen Gottesdienstes, München ²1962

KRAUS, H.-J., Volk
Das heilige Volk. Zur alttestamentlichen Bezeichnung ᶜam qādōš, in: Freude am Evangelium. Festschrift für A. de Quervain, München 1966, 50-61; wiederabgedruckt in: ders., Biblisch-theologische Aufsätze, Neukirchen 1972, 37-49

KRAUS, H.-J., Psalmen
Psalmen, BK.AT 15, ⁵1978

KÜHLEWEIN, J., Art. reaᶜ
Art. reaᶜ, THAT 2, 1976, 786-791

KUTSCH, E., Art. Jobeljahr
Art. Jobeljahr, RGG 3, ³1959, 799f

KUTSCH, E., Verheißung
Verheißung und Gesetz. Untersuchungen zum sogenannten "Bund" im Alten Testament, BZAW 131, 1973

LAESSØE, J., Shemshara Tablets
The Shemshara Tablets, Kopenhagen 1959

LANG, B., Frau
"Du sollst nicht nach der Frau eines anderen verlangen". Eine neue Deutung des 9. und 10. Gebots, ZAW 93, 1981, 216-224

LEIBOWITZ, N., Studies
Studies in Vayikra (Leviticus). Translated and adapted from the Hebrew by A. Newman, Jerusalem 1980

LESCOW, T., Micha 6
Micha 6, 6-8. Studien zu Sprache, Form und Auslegung, AzTh 1. R. H. 25, 1966

LEVENSON, J.D., Theology
Theology of the Program of Restoration of Ezekiel 40-48, Harvard Semitic Monograph Series 10, 1976

LEVY, J., Wörterbuch
Wörterbuch über die Talmudim und Midraschim. Bd. 3: m – ᶜ, Berlin, Wien ²1924 (unveränderter fotomechanischer Nachdruck Darmstadt 1963)

LIEDKE, G., Art. jkḥ,
Art. jkḥ, THAT 1, 1971, 730-732

LIEDKE, G., Art. jšr
Art jšr, THAT 1, 1971, 790-794

LIEDKE, G., Art. ṣwh
Art. ṣwh, THAT 2, 1976, 530-536

LIEDKE, G., Art. špṭ
Art. špṭ, THAT 2, 1976, 999-1009

LIEDKE, G. - PETERSEN, C., Art. tôrā
Art. tôrā, THAT 2, 1976, 1032-1043

LOHFINK, N., Hauptgebot
Das Hauptgebot. Eine Untersuchung literarischer Einleitungsfragen zu Dtn 5-11, AnBib 20, 1963

LOHSE, E., Texte
Die Texte aus Qumran, Darmstadt ^{3}1981

Lutherübersetzung
Die Bibel nach der Übersetzung M. Luthers revidiert 1956/1964, Stuttgart (Ausgabe 1968)

MAASS, F., Selbstliebe
Die Selbstliebe nach Leviticus 19,18, in: Festschrift F. Baumgärtel zum 70. Geburtstag, hg. v. L. Rost, ErF 10, 1959, 109-113

MARTIN – ACHARD, R., Art. gwr
Art. gwr, THAT 1, 1971, 409-412

MAYBAUM, S., Assimilation
Assimilation und kein Ende, Gemeindeblatt der Jüdischen Gemeinde zu Berlin, 1. Jg. Nr. 5, 1911, o.S.

MAYBAUM, S., Erklärung
Erklärung einiger biblischer Stellen, in: Judaica. Festschrift zu H. Cohens siebzigstem Geburtstage, Berlin 1912, 405-410

MICHAELIS, J.D., Mosaisches Recht
Mosaisches Recht. Zweiter Theil, Reutlingen ^{2}1793

MICKLEM, N., Leviticus
The Book of Leviticus, IntB 2, 1953, 1-134

MONTEFIORE, H., Love
Thou Shalt Love The Neighbour as Thyself, NT 5, 1962, 157-170

MORAN, W.L., Background
The Ancient Near Eastern Background of the Love of God in Deuteronomy, CBQ 25, 1963, 77-87

MORGENSTERN, J., Decalogue
The Decalogue of the Holiness Code, HUCA 26, 1955, 1-27

MOWINCKEL, S., Geschichte
Zur Geschichte der Dekaloge, ZAW 55, 1937, 218-235

MURAOKA, T., Syntactic Problem
A Syntactic Problem in Lev. xix. 18b, JSSt 23, 1978, 291-297

NIKEL, J., Nächstenliebe
Das Alte Testament und die Nächstenliebe, BZfr 6. F. H. 11/12, $^{1.2}$1913

NISSEN, A., Gott
Gott und der Nächste im antiken Judentum, WUNT 15, 1974

NORDTZIJ, A., Levitikus
Het Boek Levitikus, KVHS, 1940

NOTH, M., Exodus
Das 2. Buch Mose. Exodus, ATD 5, ^{5}1973

NOTH, M., Leviticus
Das 3. Buch Mose. Leviticus, ATD 6, ^{4}1978

NÜBEL, H.-U., Aufstieg
Davids Aufstieg in der Frühe israelitischer Geschichtsschreibung, Diss. theol., Bonn 1959

OHLER, A., Israel
Israel, Volk und Land. Zur Geschichte der wechselseitigen Beziehungen zwischen Israel und seinem Land in alttestamentlicher Zeit, Stuttgart 1979

VAN OYEN, H., Ethik
Ethik des Alten Testaments, Geschichte der Ethik 2, Gütersloh 1967

PATON, L.B., Esther
A Critical and Exegetical Commentary on the Book of Esther, ICC 1908 (Latest impression 1976)

PEDERSEN, J., Israel
Israel. Its Life and Culture, Vol. 1–2, London, Kopenhagen 1926 (Photoprint 1973)

PERLITT, L., Volk
"Ein einzig Volk von Brüdern". Zur deuteronomischen Herkunft der biblischen Bezeichnung "Bruder", in: Kirche. Festschrift für G. Bornkamm zum 75. Geburtstag hg. v. D. Lührmann u. G. Strecker, Tübingen 1980, 27-52

PERLITT, L., Motive
Motive und Schichten der Landtheologie im Deuteronomium, in: G. Strecker (Hg.), Das Land Israel in biblischer Sicht, GTA 25, 1983, 46-58

VON RAD, G., Deuteronomium
Das fünfte Buch Mose. Deuteronomium, ATD 8, ^{2}1968

VON RAD, G., Theologie
Theologie des Alten Testaments. Bd. 1: Die Theologie der geschichtlichen Überlieferungen Israels, München ^{6}1969

VON RAD, G., Gottesvolk
Das Gottesvolk im Deuteronomium, BWANT 47, 1929; wiederabgedruckt in: ders., Gesammelte Studien zum Alten Testament, Bd. 2, TB 48, 1973, 9-108

VON RAD, G., Deuteronomium-Studien
Deuteronomium-Studien, FRLANT 58, 1947; wiederabgedruckt in: ders., Gesammelte Studien zum Alten Testament, Bd. 2, TB 48, 1973, 109-153

RATSCHOW, H., Agape
Agape. Nächstenliebe und Bruderliebe, ZSTh 21, 1950, 160-182

REVENTLOW, H. GRAF, Heiligkeitsgesetz
Das Heiligkeitsgesetz formgeschichtlich untersucht, WMANT 6, 1961

REVENTLOW, H. GRAF, Gebot
Gebot und Predigt im Dekalog, Gütersloh 1962

RINGER, R.J., Nr. 1
Werde Nr. 1. Du bist Dir selbst der Nächste, Landsberg ^{2}1981

ROBERT, A. – FEUILLET, A., Einleitung
Einleitung in die Heilige Schrift. Bd. 1: Allgemeine Einleitungsfragen und Altes Testament, Wien, Freiburg, Basel ^{2}1966

ROBINSON, T.H., Hosea-Micha
Die Zwölf Kleinen Propheten. Hosea bis Micha, HAT 1. R. 14, ^{3}1964, 1-153

ROST, L., Gruppenbildungen
Gruppenbildungen im Alten Testament, ThLZ 80, 1955, 1-8

ROWLEY, H.H., Sanballat
Sanballat and the Samaritan Temple, BJRL 38, 1955/56, 166-198

RUDOLPH, W., Esra - Nehemia
Esra und Nehemia samt 3. Esra, HAT 1. R. 20, 1949

RUDOLPH, W., Hosea
Hosea, KAT 13/1, 1966

RUDOLPH, W., Haggai - Maleachi
Haggai - Sacharja 1-8 – Sacharja 9-14 – Maleachi, KAT 13/4, 1976

RÜCKER, H., Begründungen
Die Begründungen der Weisungen Jahwes im Pentateuch, EThSt 30, 1973

RÜCKER, H., Nächstenliebe
Warum wird ʾāhab (lieben) im Alten Testament selten zur Bezeichnung für Nächstenliebe gebraucht?, in: Dein Wort beachten. Alttestamentliche Aufsätze, hg. v. J. Reindl, Leipzig 1981, 9-15

SAUER, G., Sprüche
Die Sprüche Agurs. Untersuchungen zur Herkunft, Verbreitung und Bedeutung einer biblischen Stilform unter besonderer Berücksichtigung von Proverbia c. 30, BWANT 84, 1963

SCHÄFER-LICHTENBERGER, C., Stadt
Stadt und Eidgenossenschaft im Alten Testament. Eine Auseinandersetzung mit Max Webers Studie "Das antike Judentum", BZAW 156, 1983

SCHMIDT, W.H., Gebot
Das erste Gebot. Seine Bedeutung für das Alte Testament, TEH 165, 1969

SCHOTT, A. – VON SODEN, W., Gilgamesch-Epos
Das Gilgamesch-Epos neu übersetzt und mit Anmerkungen versehen v. A. Schott. Ergänzt und teilweise neu gestaltet v. W. von Soden, Reclam Universal-Bibliothek Nr. 7235, Stuttgart 1958/1977

SCHOTTROFF, W., Gedenken
'Gedenken' im Alten Orient und im Alten Testament. Die Wurzel ZĀKAR im semitischen Sprachkreis, WMANT 15, 1964

SCHÜNGEL-STRAUMANN, H., Dekalog
Der Dekalog – Gottes Gebote?, SBS 67, 1973

SEITZ, G., Studien
Redaktionsgeschichtliche Studien zum Deuteronomium, BWANT 93, 1971

SMEND, R., Weisheit
Die Weisheit des Jesus Sirach. Hebräisch und Deutsch, Berlin 1906

SMEND, R., Entstehung
Die Entstehung des Alten Testaments, ThW 1, 1978

VON SODEN, W., Beiträge
Beiträge zum Verständnis des babylonischen Gilgameš-Epos, ZA NS 19, 1959, 209-235

VON SODEN, W., Grundriß
Grundriß der akkadischen Grammatik samt Ergänzungsheft zum Grundriß der akkadischen Grammatik, AnOr 33/47, ^{2}1969

SONSINO, R., Motive clauses
Motive clauses in Hebrew law. Biblical forms and Near Eastern parallels, SBLDS 45, 1980

STADE, B., Geschichte
Geschichte des Volkes Israel, 1. Bd., Berlin 1887

STAMM, J.J., Dekalog
Der Dekalog im Lichte der neueren Forschung, Bern, Stuttgart ^{2}1962

STEUERNAGEL, C., Deuteronomium
Das Deuteronomium, HK 1. Abt. 3. Bd. 1. T., ^{2}1923

STOEBE, H.J., Art. ḥäsäd
Art. ḥäsäd, THAT 1, 1971, 600-621

STOEBE, H.J., Art. ṭôb
Art. ṭôb, THAT 1, 1971, 652-664

STOEBE, H.J., I Samuel
Das erste Buch Samuelis, KAT 8/1, 1973

STOLZ, F., Art. nś᾽
Art. nś᾽, THAT 2, 1976, 109-117

THIEL, W., Erwägungen
Erwägungen zum Alter des Heiligkeitsgesetzes, ZAW 81, 1969, 40-73

THOMPSON, J.A., Significance
The Significance of the Verb Love in the David-Jonathan Narratives in 1 Samuel, VT 24, 1964, 334-338

THOMPSON, J.A., Israel's "Lovers"
Israel's "Lovers", VT 27, 1977, 475-481

THOMPSON, J.A., Israel's "haters"
Israels's "haters", VT 29, 1979, 200-205

THOMPSON, R.C., Epic of Gilgamesh
The Epic of Gilgamesh. Text, Transliteration, and Notes, Oxford 1930

TOB
Traduction oecuménique de la Bible, Paris 1977

TROELTSCH, E., Soziallehren
Die Soziallehren der christlichen Kirchen und Gruppen, Tübingen ^{3}1923

ULLENDORFF, E., Thought Categories
Thought Categories in the Hebrew Bible, in: Studies in Rationalism, Judaism & Universalism in Memory of L. Roth, ed. by R. Loewe, London, New York 1966, 273-288

VINK, J.G., Leviticus
Leviticus, BOT 2, 1962

VÖLKL, R., Selbstliebe
Die Selbstliebe in der Heiligen Schrift und bei Thomas von Aquin, MThS.S 12, 1956

VRIEZEN, T.C., Erwählung
Die Erwählung Israels nach dem Alten Testament, AThANT 24, 1953

VRIEZEN, T.C., Auslegung
Bubers Auslegung des Liebesgebots. Lev. 19,18b, ThZ 22, 1966, 1-11

VRIEZEN, T.C., Literatuur
De Literatuur van Oud-Israël, Wassenaar ^{4}1973

VUILLEUMIER, R., Malachie
Malachie, CAT 11c, 1981, 217-256

WAGNER, V., Existenz
Zur Existenz des sogenannten "Heiligkeitsgesetzes", ZAW 86, 1974, 307-316

WALLIS, G., Jobeljahr-Gesetz
Das Jobeljahr-Gesetz, eine Novelle zum Sabbathjahr-Gesetz, MIOF 15, 1969, 337-345

WEBER, M., Judentum
Gesammelte Aufsätze zur Religionssoziologie. III. Das antike Judentum, Tübingen 1921

WEINBERG, J.P., BEIT
Das BĒIT ᵓĀḆŌT im 6.-4. Jh. v. u. Z., VT 23, 1963, 400-414

WEINFELD, M., Loyalty Oath
The Loyalty Oath in the Ancient Near East, UF 8, 1976, 379-414

WEISER, A., Hosea-Micha
Das Buch der zwölf Kleinen Propheten. I: Die Propheten Hosea, Joel, Amos, Obadja, Jona, Micha, ATD 24, ^{6}1974

WELLHAUSEN, J., Composition
Die Composition des Hexateuchs und der historischen Bücher des Alten Testaments, Berlin ^{4}1963

WENDLAND, H.-D., Ethik
Ethik des Neuen Testaments, GNT 4, 1970

WENHAM, G.J., Leviticus
The Book of Leviticus, London, Sydney, Auckland, Toronto 1979

WESSELY, N.H., Leviticus
hqdmt whtnṣlwt kwtb hbᵓwr ᶜl spr wjqrᵓ, Berlin 1782

WESTERMANN, C., Art. Rache
Art. Rache, BHH 3, 1966, 1546

WESTERMANN, C., Art. näpäš
Art. näpäš, THAT 2, 1976, 71-96

WESTERMANN, C., Genesis I
Genesis, I. Teilband: Genesis 1-11, BK.AT 1/1, ^{2}1976

WHITLEY, C.F., Exilic Age
The Exilic Age, London, New York, Toronto 1957

WILDBERGER, H., Israel
Israel und sein Land, EvTh 16, 1956, 404-422

WILDBERGER, H., Eigentumsvolk
Jahwes Eigentumsvolk. Eine Studie zur Traditionsgeschichte und Theologie des Erwählungsgedankens, AThANT 37, 1960

WILDBERGER, H., Jesaja I
Jesaja, I. Teilband: Jesaja 1-12, BK.AT 10/1, 1972

WILDEBOER, G., Sprüche
Die Sprüche, KHC Abt. 15, 1897

WISEMAN, D.J., Vassal-Treaties
The Vassal-Treaties of Esarhaddon, Iraq 20, 1958

WOLFF, H.W., Dodekapropheton 2
Dodekapropheton 2. Joel und Amos, BK.AT 14/2, [2]1975

WOLFF, H.W., Dodekapropheton 4
Dodekapropheton 4. Micha, BK.AT 14/4, 1982

VAN DER WOUDE, A.S., Art. qšh
Art. qšh, THAT 2, 1976, 689-692

WURSTER, P., Charakteristik
Zur Charakteristik und Geschichte des Priestercodex und Heiligkeitsgesetzes, ZAW 4, 1884, 112-133

YEIVIN, I., Introduction
Introduction to the Tiberian Masorah, trans. and ed. by E.J. Revell, The Society of Biblical Literature, Masoretic Studies 5, Missoula 1980

ZB
Die Heilige Schrift des Alten und Neuen Testaments (Zürcher Bibel), Zürich 1955

ZIEGLER, J., Sapientia
Sapientia Iesu Filii Sirach, Septuaginta. Vetus Testamentum Graecum Auctoritate Societatis Litterarum Gottingensis ed., Vol. 12,2, Göttingen 1965

ZIMMERLI, W., Jahwe
Ich bin Jahwe, in: Geschichte und Altes Testament, BHTh 16, 1953, 179-209; wiederabgedruckt in: ders., Gottes Offenbarung. Gesammelte Aufsätze zum Alten Testament, TB 19, [2]1969, 11-40

ZIMMERLI, W., Erkenntnis
Erkenntnis Gottes nach dem Buche Ezechiel. Eine theologische Studie, AThANT 27, 1954; wiederabgedruckt in: ders., Gottes Offenbarung. Gesammelte Aufsätze zum Alten Testament, TB 19, [2]1969, 41-119

ZIMMERLI, W., Planungen
Planungen für den Wiederaufbau nach der Katastrophe von 587, VT 18, 1968, 229-255; wiederabgedruckt in: ders., Studien zur alttestamentlichen Theologie und Prophetie. Gesammelte Aufsätze II, TB 51, 1974, 165-191

ZIMMERLI, W., ḥsd
ḥsd im Schrifttum von Qumran, in: Hommages à A. Dupont-Sommer, Paris 1971, 439-449; wiederabgedruckt in: ders., Studien zur alttestamentlichen Theologie und Prophetie. Gesammelte Aufsätze II, TB 51, 1974, 272-283

ZIMMERLI, W., Grundriß
Grundriß der alttestamentlichen Theologie, ThW 3, [2]1975

ZIMMERLI, W., Mitte
Zum Problem der "Mitte des Alten Testamentes", EvTh 35, 1975, 97-118

ZIMMERLI, W., Ezechiel
Ezechiel, BK.AT 13, [2]1979

ZIMMERLI, W., Heiligkeit
"Heiligkeit" nach dem sogenannten Heiligkeitsgesetz, VT 30, 1980, 493-512

BIBELSTELLENREGISTER

Nicht aufgenommen sind hier Lev 19,17f. 33f sowie Stellen, die über das Literraturverzeichnis erschlossen werden können. Ebenfalls unberücksichtigt blieben weniger wichtige Belegzusammenstellungen.

3,12 66
4,4 121
5,2 59
6,28 63
7 172
7,4-7 166
7,5 158f
7,9 59. 154
8,2 20
9,3 63
9,25 121
14,10 20
20,4 23
20,6 23
21,12 60
22,3 60
22,20 20
22,22 20
29,1 90
29,5-7 90
30,14 20
31,3 148

Ez
3,15 132
3,20 61
6,7 111
13,9 106
14,7 42
16,33 20
16,36f 20
18 72. 163. 172
18,5-19 160
18,18 60
18,24 61
18,26 61
20,7 111
20,36-38 106
22 91
22,6ff 72. 91. 154
22,7 91
22,29 60
23,5 20
23,9 20
23,22 20
23,49 65
33,13 61
33,15 61
33,18 61
40-48 82. 125. 134
44,7 121
44,9 121
47f 134
47 130
47,13ff 134
47,14 134
47,22f 134
47,22 42
48, 1-7 134
48, 23-27 134

Hos
2,7 20
2,21f 170
3,1 148
4 171
8,9 20
9,8f 102
9,15 148
11,1 148
11,4 148
12,7 170f
14,5 148

Am
5,14f 163
5,15 173
5,21-24 166
5,24 166

Mi
2,1f 60
2,1 158
2,2 60
6,2-8 169
6,6-8 169
6,8 121. 168ff

Nah
1,2 66. 122

Zeph
3,5 61
3,13 61

Hag
2,5 76
2,13 136

Sach
1,2f 76
5,1-4 139
5,3f 58
5,3 139
5,4 59
7,9f 139. 167
7,9 155. 158f. 170f
7,10 63. 139. 158f

ORBIS BIBLICUS ET ORIENTALIS

Bd. 1 OTTO RICKENBACHER: *Weisheitsperikopen bei Ben Sira.* X–214–15* Seiten. 1973. Vergriffen.

Bd. 2 FRANZ SCHNIDER: *Jesus der Prophet.* 298 Seiten. 1973. Vergriffen.

Bd. 3 PAUL ZINGG: *Das Wachsen der Kirche.* Beiträge zur Frage der lukanischen Redaktion und Theologie. 345 Seiten. 1974. Vergriffen.

Bd. 4 KARL JAROŠ: *Die Stellung des Elohisten zur kanaanäischen Religion.* 294 Seiten, 12 Abbildungen. 1982. 2. verbesserte und überarbeitete Auflage.

Bd. 5 OTHMAR KEEL: *Wirkmächtige Siegeszeichen im Alten Testament.* Ikonographische Studien zu Jos 8, 18–26; Ex 17, 8–13; 2 Kön 13, 14–19 und 1 Kön 22, 11. 232 Seiten, 78 Abbildungen. 1974. Vergriffen.

Bd. 6 VITUS HUONDER: *Israel Sohn Gottes.* Zur Deutung eines alttestamentlichen Themas in der jüdischen Exegese des Mittelalters. 231 Seiten. 1975.

Bd. 7 RAINER SCHMITT: *Exodus und Passa. Ihr Zusammenhang im Alten Testament.* 124 Seiten. 1982. 2. neubearbeitete Auflage.

Bd. 8 ADRIAN SCHENKER: *Hexaplarische Psalmenbruchstücke.* Die hexaplarischen Psalmenfragmente der Handschriften Vaticanus graecus 752 und Canonicianus graecus 62. Einleitung, Ausgabe, Erläuterung. XXVIII–446 Seiten. 1975.

Bd. 9 BEAT ZUBER: *Vier Studien zu den Ursprüngen Israels.* Die Sinaifrage und Probleme der Volks- und Traditionsbildung. 152 Seiten. 1976. Vergriffen.

Bd. 10 EDUARDO ARENS: *The ΗΛΘΟΝ-Sayings in the Synoptic Tradition.* A Historico-critical Investigation. 370 Seiten. 1976.

Bd. 11 KARL JAROŠ: *Sichem.* Eine archäologische und religionsgeschichtliche Studie, mit besonderer Berücksichtigung von Jos 24. 280 Seiten, 193 Abbildungen. 1976.

Bd. 11a KARL JAROŠ/BRIGITTE DECKERT: *Studien zur Sichem-Area.* 81 Seiten, 23 Abbildungen. 1977.

Bd. 12 WALTER BÜHLMANN: *Vom rechten Reden und Schweigen.* Studien zu Proverbien 10–31. 371 Seiten. 1976.

Bd. 13 IVO MEYER: *Jeremia und die falschen Propheten.* 155 Seiten. 1977.

Bd. 14 OTHMAR KEEL: *Vögel als Boten.* Studien zu Ps 68, 12–14, Gen 8, 6–12, Koh 10, 20 und dem Aussenden von Botenvögeln in Ägypten. – Mit einem Beitrag von Urs Winter zu Ps 56, 1 und zur Ikonographie der Göttin mit der Taube. 164 Seiten, 44 Abbildungen. 1977.

Bd. 15 MARIE-LOUISE GUBLER: *Die frühesten Deutungen des Todes Jesu.* Eine motivgeschichtliche Darstellung aufgrund der neueren exegetischen Forschung. XVI–424 Seiten. 1977. Vergriffen.

Bd. 16 JEAN ZUMSTEIN: *La condition du croyant dans l'Evangile selon Matthieu.* 467 pages. 1977. Epuisé.

Bd. 17 FRANZ SCHNIDER: *Die verlorenen Söhne.* Strukturanalytische und historisch-kritische Untersuchungen zu Lk 15. 105 Seiten. 1977.

Bd. 18 HEINRICH VALENTIN: *Aaron.* Eine Studie zur vor-priesterschriftlichen Aaron-Überlieferung. VIII–441 Seiten. 1978.

Bd. 19 MASSÉO CALOZ: *Etude sur la LXX origénienne du Psautier.* Les relations entre les leçons des Psaumes du Manuscrit Coislin 44, les Fragments des Hexaples et le texte du Psautier Gallican. 480 pages. 1978.

Bd. 20 RAPHAEL GIVEON: *The Impact of Egypt on Canaan.* Iconographical and Related Studies. 156 Seiten, 73 Abbildungen. 1978.

Bd. 21 DOMINIQUE BARTHÉLEMY: *Etudes d'histoire du texte de l'Ancien Testament.* XXV–419 pages. 1978.

Bd. 22/1 CESLAS SPICQ: *Notes de Lexicographie néo-testamentaire.* Tome I: p. 1–524. 1978. Epuisé.

Bd. 22/2 CESLAS SPICQ: *Notes de Lexicographie néo-testamentaire.* Tome II: p. 525–980. 1978. Epuisé.

Bd. 22/3 CESLAS SPICQ: *Notes de Lexicographie néo-testamentaire.* Supplément. 698 pages. 1982.

Bd. 23 BRIAN M. NOLAN: *The royal Son of God.* The Christology of Matthew 1–2 in the Setting of the Gospel. 282 Seiten. 1979.

Bd. 24 KLAUS KIESOW: *Exodustexte im Jesajabuch.* Literarkritische und motivgeschichtliche Analysen. 221 Seiten. 1979.

Bd. 25/1 MICHAEL LATTKE: *Die Oden Salomos in ihrer Bedeutung für Neues Testament und Gnosis.* Band I. Ausführliche Handschriftenbeschreibung. Edition mit deutscher Parallel-Übersetzung. Hermeneutischer Anhang zur gnostischen Interpretation der Oden Salomos in der Pistis Sophia. XI–237 Seiten. 1979.

Bd. 25/1a MICHAEL LATTKE: *Die Oden Salomos in ihrer Bedeutung für Neues Testament und Gnosis.* Band Ia. Der syrische Text der Edition in Estrangela Faksimile des griechischen Papyrus Bodmer XI. 68 Seiten. 1980.

Bd. 25/2 MICHAEL LATTKE: *Die Oden Salomos in ihrer Bedeutung für Neues Testament und Gnosis.* Band II. Vollständige Wortkonkordanz zur handschriftlichen, griechischen, koptischen, lateinischen und syrischen Überlieferung der Oden Salomos. Mit einem Faksimile des Kodex N. XVI–201 Seiten. 1979.

Bd. 25/3 MICHAEL LATTKE: *Die Oden Salomos in ihrer Bedeutung für Neues Testament und Gnosis.* Band III. XXXIV–478 Seiten. 1986.

Bd. 26 MAX KÜCHLER: *Frühjüdische Weisheitstraditionen.* Zum Fortgang weisheitlichen Denkens im Bereich des frühjüdischen Jahweglaubens. 703 Seiten. 1979.

Bd. 27 JOSEF M. OESCH: *Petucha und Setuma.* Untersuchungen zu einer überlieferten Gliederung im hebräischen Text des Alten Testaments. XX–392–37* Seiten. 1979.

Bd. 28 ERIK HORNUNG / OTHMAR KEEL (Herausgeber): *Studien zu altägyptischen Lebenslehren.* 394 Seiten. 1979.

Bd. 29 HERMANN ALEXANDER SCHLÖGL: *Der Gott Tatenen.* Nach Texten und Bildern des Neuen Reiches. 216 Seiten, 14 Abbildungen. 1980.

Bd. 30 JOHANN JAKOB STAMM: *Beiträge zur Hebräischen und Altorientalischen Namenkunde.* XVI–264 Seiten. 1980.

Bd. 31 HELMUT UTZSCHNEIDER: *Hosea - Prophet vor dem Ende.* Zum Verhältnis von Geschichte und Institution in der alttestamentlichen Prophetie. 260 Seiten. 1980.

Bd. 32 PETER WEIMAR: *Die Berufung des Mose.* Literaturwissenschaftliche Analyse von Exodus 2, 23–5, 5. 402 Seiten. 1980.

Bd. 33 OTHMAR KEEL: *Das Böcklein in der Milch seiner Mutter und Verwandtes.* Im Lichte eines altorientalischen Bildmotivs. 163 Seiten, 141 Abbildungen. 1980.

Bd. 34 PIERRE AUFFRET: *Hymnes d'Egypte et d'Israël.* Etudes de structures littéraires. 316 pages, 1 illustration. 1981.

Bd. 35 ARIE VAN DER KOOIJ: *Die alten Textzeugen des Jesajabuches.* Ein Beitrag zur Textgeschichte des Alten Testaments. 388 Seiten. 1981.

Bd. 36 CARMEL McCARTHY: *The Tiqqune Sopherim and Other Theological Corrections in the Masoretic Text of the Old Testament.* 280 Seiten. 1981.

Bd. 37 BARBARA L. BEGELSBACHER-FISCHER: *Untersuchungen zur Götterwelt des Alten Reiches im Spiegel der Privatgräber der IV. und V. Dynastie.* 336 Seiten. 1981.

Bd. 38 MÉLANGES DOMINIQUE BARTHÉLEMY. Etudes bibliques offertes à l'occasion de son 60e anniversaire. Edités par Pierre Casetti, Othmar Keel et Adrian Schenker. 724 pages, 31 illustrations. 1981.

Bd. 39 ANDRÉ LEMAIRE: *Les écoles et la formation de la Bible dans l'ancien Israël.* 142 pages, 14 illustrations. 1981.

Bd. 40 JOSEPH HENNINGER: *Arabica Sacra.* Aufsätze zur Religionsgeschichte Arabiens und seiner Randgebiete. Contributions à l'histoire religieuse de l'Arabie et de ses régions limitrophes. 347 Seiten. 1981.

Bd. 41 DANIEL VON ALLMEN: *La famille de Dieu.* La symbolique familiale dans le paulinisme. LXVII–330 pages, 27 planches. 1981.

Bd. 42 ADRIAN SCHENKER: *Der Mächtige im Schmelzofen des Mitleids.* Eine Interpretation von 2 Sam 24. 92 Seiten. 1982.

Bd. 43 PAUL DESELAERS: *Das Buch Tobit.* Studien zu seiner Entstehung, Komposition und Theologie. 532 Seiten + Übersetzung 16 Seiten. 1982.

Bd. 44 PIERRE CASETTI: *Gibt es ein Leben vor dem Tod?* Eine Auslegung von Psalm 49. 315 Seiten. 1982.

Bd. 45 FRANK-LOTHAR HOSSFELD: *Der Dekalog.* Seine späten Fassungen, die originale Komposition und seine Vorstufen. 308 Seiten. 1982.

Bd. 46 ERIK HORNUNG: *Der ägyptische Mythos von der Himmelskuh.* Eine Ätiologie des Unvollkommenen. Unter Mitarbeit von Andreas Brodbeck, Hermann Schlögl und Elisabeth Staehelin und mit einem Beitrag von Gerhard Fecht. XII–129 Seiten, 10 Abbildungen. 1982.

Bd. 47 PIERRE CHERIX: *Le Concept de Notre Grande Puissance (CG VI, 4).* Texte, remarques philologiques, traduction et notes. XIV–95 pages. 1982.

Bd. 48 JAN ASSMANN/WALTER BURKERT/FRITZ STOLZ: *Funktionen und Leistungen des Mythos.* Drei altorientalische Beispiele. 118 Seiten, 17 Abbildungen. 1982.

Bd. 49 PIERRE AUFFRET: *La sagesse a bâti sa maison.* Etudes de structures littéraires dans l'Ancien Testament et spécialement dans les psaumes. 580 pages. 1982.

Bd. 50/1 DOMINIQUE BARTHÉLEMY: *Critique textuelle de l'Ancien Testament.* 1. Josué, Juges, Ruth, Samuel, Rois, Chroniques, Esdras, Néhémie, Esther. Rapport final du Comité pour l'analyse textuelle de l'Ancien Testament hébreu institué par l'Alliance Biblique Universelle, établi en coopération avec Alexander R. Hulst †, Norbert Lohfink, William D. McHardy, H. Peter Rüger, coéditeur, James A. Sanders, coéditeur. 812 pages. 1982.

Bd. 50/2 DOMINIQUE BARTHÉLEMY: *Critique textuelle de l'Ancien Testament.* 2. Isaïe, Jérémie, Lamentations. Rapport final du Comité pour l'analyse textuelle de l'Ancien Testament hébreu institué par l'Alliance Biblique Universelle, établi en coopération avec Alexander R. Hulst †, Norbert Lohfink, William D. McHardy, H. Peter Rüger, coéditeur, James A. Sanders, coéditeur. 1112 pages. 1986.

Bd. 51 JAN ASSMANN: *Re und Amun.* Die Krise des polytheistischen Weltbilds im Ägypten der 18.–20. Dynastie. XII–309 Seiten. 1983.

Bd. 52 MIRIAM LICHTHEIM: *Late Egyptian Wisdom Literature in the International Context.* A Study of Demotic Instructions. X–240 Seiten. 1983.

Bd. 53 URS WINTER: *Frau und Göttin.* Exegetische und ikonographische Studien zum weiblichen Gottesbild im Alten Israel und in dessen Umwelt. XVIII–928 Seiten, 520 Abbildungen. 1983.

Bd. 54 PAUL MAIBERGER: *Topographische und historische Untersuchungen zum Sinaiproblem.* Worauf beruht die Identifizierung des Ǧabal Mūsā mit dem Sinai? 189 Seiten, 13 Tafeln. 1984.

Bd. 55 PETER FREI/KLAUS KOCH: *Reichsidee und Reichsorganisation im Perserreich.* 119 Seiten, 17 Abbildungen. 1984

Bd. 56 HANS-PETER MÜLLER: *Vergleich und Metapher im Hohenlied.* 59 Seiten. 1984.

Bd. 57 STEPHEN PISANO: *Additions or Omissions in the Books of Samuel.* The Significant Pluses and Minuses in the Massoretic, LXX and Qumran Texts. XIV–295 Seiten. 1984.

Bd. 58 ODO CAMPONOVO: *Königtum, Königsherrschaft und Reich Gottes in den Frühjüdischen Schriften.* XVI–492 Seiten. 1984.

Bd. 59 JAMES KARL HOFFMEIER: *Sacred in the Vocabulary of Ancient Egypt.* The Term *DSR,* with Special Reference to Dynasties I–XX. XXIV–281 Seiten, 24 Figuren. 1985.

Bd. 60 CHRISTIAN HERRMANN: *Formen für ägyptische Fayencen.* Katalog der Sammlung des Biblischen Instituts der Universität Freiburg Schweiz und einer Privatsammlung. XXVIII-199 Seiten. 1985.

Bd. 61 HELMUT ENGEL: *Die Susanna-Erzählung.* Einleitung, Übersetzung und Kommentar zum Septuaginta-Text und zur Theodition-Bearbeitung. 205 Seiten + Anhang 11 Seiten. 1985.

Bd. 62 ERNST KUTSCH: *Die chronologischen Daten des Ezechielbuches.* 82 Seiten. 1985.

Bd. 63 MANFRED HUTTER: *Altorientalische Vorstellungen von der Unterwelt.* Literar- und religionsgeschichtliche Überlegungen zu «Nergal und Ereškigal». VIII–187 Seiten. 1985.

Bd. 64 HELGA WEIPPERT/KLAUS SEYBOLD/MANFRED WEIPPERT: *Beiträge zur prophetischen Bildsprache in Israel und Assyrien.* IX–93 Seiten. 1985.

Bd. 65 ABDEL-AZIZ FAHMY SADEK: *Contribution à l'étude de l'Amdouat.* Les variantes tardives du Livre de l'Amdouat dans les papyrus du Musée du Caire. XVI–400 pages, 175 illustrations. 1985.

Bd. 66 HANS-PETER STÄHLI: *Solare Elemente im Jahweglauben des Alten Testamentes.* X–60 Seiten. 1985.

Bd. 67 OTHMAR KEEL/SILVIA SCHROER: *Studien zu den Stempelsiegeln aus Palästina/Israel.* Band I. 115 Seiten, 103 Abbildungen. 1985.

Bd. 68 WALTER BEYERLIN: *Weisheitliche Vergewisserung mit Bezug auf den Zionskult.* Studien zum 125. Psalm. 96 Seiten. 1985.

Bd. 69 RAPHAEL VENTURA: *Living in a City of the Dead.* A Selection of Topographical and Administrative Terms in the Documents of the Theban Necropolis. XII–232 Seiten. 1986.

Bd. 70 CLEMENS LOCHER: *Die Ehre einer Frau in Israel.* Exegetische und rechtsvergleichende Studien zu Dtn 22, 13–21. XVIII–464 Seiten. 1986.

Bd. 71 HANS-PETER MATHYS: *Liebe deinen Nächsten wie dich selbst.* Untersuchungen zum alttestamentlichen Gebot der Nächstenliebe (Lev. 19, 18). XIV–196 Seiten. 1986.